Mario Puzo wurde 1920 in einem der berüchtigtsten Viertel Manhattans geboren. Er ist italienischer Abstammung und wuchs als Sohn eines Eisenbahnarbeiters unter sozial wenig erfreulichen Umständen in New York auf. Während seines Militärdienstes war er nach dem Zweiten Weltkrieg längere Zeit in Deutschland stationiert. Schon in den frühen sechziger Jahren rühmte die Kritik die beiden ersten Romane Puzos, ehe ihm mit »Der Pate« einer der anhaltendsten Bestsellererfolge der letzten Jahre gelang. Für die Drehbücher der beiden »Paten«-Filme wurde Mario Puzo mit zwei Academy Awards ausgezeichnet.

Vollständige Taschenbuchausgabe 1989

Umschlaggestaltung Wilfried Becker
Umschlagfoto Senator Film
Druck und Bindung Elsnerdruck, Berlin
Printed in Germany 5 4 3 2
ISBN 3-426-03251-1

Mario Puzo:
Der Sizilianer

Roman

Knaur®

Für Carol

Erstes Buch
Michael Corleone
1950

Erstes Kapitel

Michael Corleone stand auf einer langen Holzpier in Palermo und sah dem Ozeanriesen nach, der nach Amerika auslief. Mit diesem Schiff hätte er heimkehren sollen, doch dann waren neue Befehle vom Vater gekommen.

Er winkte den Männern in dem kleinen Fischerboot zu, das ihn zu dieser Pier gebracht hatte, den Männern, die in den letzten zwei Jahren seine Leibwächter gewesen waren. Das Fischerboot schwamm auf dem weißschäumenden Kielwasser des Ozeanriesen wie ein Entlein hinter der Mutter. Die Männer an Bord winkten zurück: Er würde sie nie wiedersehen.

Die Pier wimmelte von geschäftigen Männern in ausgebeulter Arbeitskleidung; sie löschten die Ladung anderer Schiffe und beluden Lastwagen – kleine, drahtige Männer, die eher arabisch als italienisch wirkten, mit Schirmmützen, die ihre Gesichter verbargen. Unter ihnen würden sich neue Leibwächter befinden, die dafür sorgten, daß ihm nichts zustieß, bis er von Don Croce Malo empfangen wurde, dem *Capo di Capi* der »Freunde der Freunde«, wie sie in Sizilien genannt wurden. Presse und Außenwelt nannten sie Mafia, doch einem Normalbürger in Sizilien kam dieses Wort nicht über die Lippen. Genau wie Don Croce Malo nie *Capo di Capi* genannt wurde, sondern stets nur »die gute Seele«.

Während seiner zwei Exiljahre in Sizilien hatte Michael zahlreiche Geschichten über Don Croce gehört, einige davon so fantastisch, daß er kaum an die Existenz eines solchen

Mannes glauben konnte. Die Befehle seines Vaters jedoch waren eindeutig: Er sollte heute bei Don Croce zu Mittag essen und dabei mit ihm die Vorkehrungen für die Flucht des größten Banditen Siziliens, Salvatore Giuliano, besprechen. Ohne Giuliano durfte Michael Corleone Sizilien nicht verlassen.

Unten, am Ende der Pier, nicht mehr als fünfzig Meter entfernt, parkte in einer engen Straße ein großer, schwarzer Wagen. Davor standen drei dunkle Gestalten – Silhouetten, aus der gleißenden Lichtfläche geschnitten, die wie eine goldene Wand von der heißen Sonne herabfiel. Michael ging auf die Männer zu. Einen Augenblick blieb er stehen, um sich eine Zigarette anzuzünden und einen Blick auf die Stadt zu werfen.

Palermo lag in einem Talkessel, der von einem längst erloschenen Vulkan geschaffen war: auf drei Seiten von hohen Bergen, auf der vierten vom glitzernd blauen Mittelmeer begrenzt. Schimmernd lag die Stadt im goldenen Schein der sizilianischen Mittagssonne. Rote Lichtbalken zogen sich auf die Erde hinab, als reflektierten sie das Blut, das so viele Jahrhunderte lang auf Siziliens Boden vergossen worden war. Die goldenen Strahlen badeten die stattlichen Marmorsäulen griechischer Tempel, zierliche mohammedanische Türmchen, reich verzierte Fassaden spanischer Kathedralen und – an einem fernen Berghang – die dräuenden Zinnen einer uralten normannischen Burg. Alles hinterlassen von den verschiedenen grausamen Heeren, die seit der Zeit vor Christi Geburt Sizilien beherrscht hatten. Die kegelförmigen Berge dahinter hielten die etwas verweichlichte Großstadt Palermo in einer erstickenden Umarmung, als legten sie der Stadt eine Schlinge um den Hals und sänken gemeinsam mit ihr graziös in die Knie. Hoch oben schossen winzige rote Falken durch den strahlend blauen Himmel.

Michael ging weiter, auf die drei Männer zu, die am Ende

der Pier auf ihn warteten. Aus den schwarzen Silhouetten wurden erkennbare Körper und Gesichter. Mit jedem Schritt sah er sie deutlicher; sie schienen sich voneinander zu lösen, als wollten sie ihn zur Begrüßung umringen.

Jeder dieser drei Männer war mit Michaels Geschichte vertraut. Jeder wußte, daß er der jüngste Sohn des großen Don Corleone, des Paten, war, dessen Macht sich bis nach Sizilien erstreckte. Daß er bei der Hinrichtung eines Feindes des Corleone-Imperiums einen hohen Polizeibeamten von New York City ermordet hatte. Daß er sich wegen dieser beiden Morde im sizilianischen Exil versteckt hatte, und daß er sich jetzt, nachdem alles »arrangiert« worden war, auf dem Rückweg in die Heimat befand, um seinen Platz als Kronprinz der Corleone-Familie wieder einzunehmen. Sie beobachteten Michael, die Art, wie er sich schnell und leicht bewegte, seine mißtrauische Wachsamkeit, sein Gesicht – das Gesicht eines Mannes, der Leid und Gefahr erlitten hatte, eines Mannes, der Respekt verdiente.

Als Michael von der Pier heruntertrat, begrüßte ihn als erster ein Priester von weltlicher Fülle, die plumpe Gestalt mit einer Soutane bekleidet, der Kopf gekrönt von einem schmierigen, fledermausförmigen Hut. Der weiße Priesterkragen war vom roten sizilianischen Staub verschmutzt.

Das war Pater Benjamino Malo, der Bruder des großen Don Croce. Er gab sich zwar bescheiden und gottesfürchtig, war seinem berühmten Verwandten jedoch treu ergeben und scheute vor dem Gedanken, den Teufel in so großer Nähe zu haben, niemals zurück. Böse Zungen flüsterten sogar, er gebe Beichtgeheimnisse an Don Croce weiter.

Pater Benjamino lächelte nervös, als er Michael die Hand schüttelte, und schien erleichtert zu sein über dessen freundliches, schiefes Grinsen, das so gar nicht zu einem berüchtigten Mörder paßte.

Der zweite Mann war nicht so herzlich, immerhin aber

höflich: Inspektor Frederico Velardi, Chef der sizilianischen Sicherheitspolizei und der einzige von den dreien, der sich nicht zu einem Begrüßungslächeln herabließ. Er war hager, viel zu elegant gekleidet für einen Mann, der ein Beamtengehalt bezog, und seine kalten blauen Augen verschossen Blikke wie genetische Kugeln längst vergangener normannischer Eroberer. Inspektor Velardi hatte nichts übrig für einen Amerikaner, der hohe Polizeibeamte umbrachte. Das sollte er mal in Sizilien versuchen! Velardis Händedruck glich dem Kreuzen zweier Klingen.

Der dritte Mann war größer und bulliger; neben den anderen beiden wirkte er riesig. Er ergriff Michaels Hand und zog ihn zu einer liebevollen Umarmung an sich. »Cousin Michael!« sagte er. »Herzlich willkommen in Palermo.« Dann trat er zurück und betrachtete Michael mit aufmerksamer Zuneigung. »Ich bin Stefan Andolini. Dein Vater und ich sind zusammen in Corleone aufgewachsen. Ich habe dich in Amerika kennengelernt, als du noch klein warst. Erinnerst du dich?«

Seltsamerweise erinnerte sich Michael genau. Denn Stefan Andolini war eine Seltenheit in Sizilien: ein Rotschopf. Und das stellte ein Problem für ihn dar, denn die Sizilianer glauben, Judas sei rothaarig gewesen. Auch sein Gesicht war unvergeßlich: der Mund groß und unregelmäßig, die wulstigen Lippen an blutiges Hackfleisch erinnernd; darüber lagen behaarte Nasenlöcher und tief in den Höhlen versteckte Augen. Er lächelte, aber dieses Gesicht weckte Alpträume von Mord.

Die Art der Verbindung mit dem Priester verstand Michael sofort. Inspektor Velardi jedoch war eine Überraschung für ihn. Andolini übernahm die Pflichten eines Familienmitglieds und erklärte Michael die offizielle Position des Inspektors. Michael war mißtrauisch. Was hatte der Mann hier zu suchen? Velardi stand in dem Ruf, einer von

Salvatore Giulianos unerbittlichsten Verfolgern zu sein. Außerdem war offensichtlich, daß der Inspektor und Stefan Andolini sich nicht ausstehen konnten; sie behandelten einander mit der ausgesuchten Höflichkeit zweier Männer, die sich auf ein tödliches Duell vorbereiten.

Der Chauffeur hatte den Wagenschlag geöffnet. Pater Benjamino und Stefan Andolini dirigierten Michael mit höflichem Schulterklopfen auf den Rücksitz. In frommer Bescheidenheit bestand Pater Benjamino darauf, Michael müsse den Fensterplatz nehmen, um die Schönheiten Palermos zu sehen. Andolini ließ sich auf dem anderen Rücksitz nieder. Der Inspektor war bereits vorn beim Chauffeur eingestiegen. Es fiel Michael sofort auf, daß Velardi den Türgriff festhielt, um die Tür jederzeit blitzschnell öffnen zu können. Der Gedanke schoß Michael durch den Kopf, daß Pater Benjamino vielleicht den mittleren Platz gewählt hatte, um nicht direkt als Zielscheibe zu dienen.

Wie ein großer schwarzer Drache glitt der Wagen langsam durch Palermo. Entlang dieser Prachtstraße erhoben sich graziöse, maurisch wirkende Häuser, wuchtige öffentliche Gebäude mit griechischen Säulen, spanische Kirchen. Privathäuser in Blau, Weiß und Gelb, alle mit blumengeschmückten Balkonen, die in der oberen Etage eine Art zweite Straße bildeten. Ein hübscher Anblick – bis auf die Gruppen der Carabinieri, der italienischen Polizei, die überall mit ihren Gewehren patrouillierten. Sogar auf den Balkonen standen sie.

Der große Wagen ließ alle anderen Fahrzeuge winzig erscheinen, vor allem die bäuerlichen Eselskarren, die den größten Teil der frischen Landprodukte anlieferten. Diese Karren waren bis auf den letzten Quadratzentimeter bis zu den Radspeichen und Deichseln hinab in fröhlichen, bunten Farben bemalt. Die Seitenwände vieler Karren zeigten behelmte Ritter und gekrönte Könige in dramatischen Szenen aus den Sagen von Karl dem Großen und Roland, dem alten Helden der sizilianischen Folklore. Auf einigen Karren jedoch entdeckte Michael unter dem Bild eines hübschen jungen Mannes in Moleskin-Hose und ärmellosem weißem Hemd, Pistolen im Gürtel, Gewehr über der Schulter, eine zweizeilige Inschrift, die jeweils mit dem in großen roten Buchstaben gemalten Namen GIULIANO endete.

Während seiner Exiljahre in Sizilien hatte Michael viel über Salvatore Giuliano gehört. Sein Name war ständig in den Zeitungen erschienen. Überall wurde von ihm gesprochen. Michaels junge Frau Apollonia hatte gestanden, daß sie, wie fast alle sizilianischen Kinder und Jugendlichen, jeden Abend für Giulianos Sicherheit betete. Sie bewunderten ihn, er war einer von ihnen, er war so, wie sie alle werden wollten. Jung, in den Zwanzigern, galt er bereits als großer General, weil er die nach ihm ausgesandten Truppen der Carabinieri besiegt hatte. Er sah gut aus, und er war freigebig, denn den größten Teil seiner durch Verbrechen erworbenen Beute verteilte er an die Armen. Er war tugendhaft, und seine Banditen durften weder Frauen noch Priester belästigen. Wenn er einen Spitzel oder Verräter hinrichtete, ließ er dem Opfer stets Zeit genug, um zu beten und seine Seele zu erleichtern, damit er vor dem Herrscher der nächsten Welt in günstigem Licht erschien.

Als sie von der großen Straße abbogen, fiel Michaels Blick auf eine Hauswand, an der ein riesiges Plakat mit dickem schwarzem Aufdruck klebte. Ganz oben konnte er gerade noch das Wort GIULIANO erkennen. Pater Benjamino, der sich zum Fenster hinübergebeugt hatte, erklärte: »Eine von Giulianos Bekanntmachungen. Bei Nacht beherrscht er Palermo trotz allem noch.«

»Und was steht da?« erkundigte sich Michael.

»Er erlaubt den Einwohnern von Palermo, wieder die Straßenbahn zu benutzen«, antwortete Pater Benjamino.

»Er erlaubt es ihnen?« fragte Michael lächelnd. »Ein Bandit erlaubt etwas?«

Stefan Andolini, auf der anderen Seite des Rücksitzes, lachte. »Die Carabinieri fahren mit der Straßenbahn, also jagt Giuliano sie in die Luft. Aber erst, nachdem er die Öffentlichkeit gewarnt hat. Jetzt verspricht er, sie nicht mehr zu sprengen.«

»Und warum hat Giuliano Straßenbahnen voll Polizisten gesprengt?« fragte Michael trocken.

Inspektor Velardi drehte sich um und funkelte Michael mit seinen blauen Augen an. »Weil Rom so dumm war, seine Eltern wegen Umgangs mit einem bekannten Kriminellen – ihrem eigenen Sohn – zu verhaften. Ein Faschistengesetz, das von der Republik nicht aufgehoben wurde.«

Pater Benjamino sagte mit ruhigem Stolz: »Don Croce, mein Bruder, hat für ihre Entlassung gesorgt. O ja, mein Bruder war sehr, sehr verärgert über Rom.«

Großer Gott! dachte Michael. Don Croce war verärgert über Rom? Wer zum Teufel war dieser Don Croce eigentlich, außer ein *pezzonovante* der Mafia?

Der Wagen hielt vor einem langen, rosafarbenen Gebäude. Blaue Minarette krönten die Ecken. Zwei Portiers in prächtiger, mit Goldknöpfen besetzter Uniform bewachten den Eingang. Doch Michael ließ sich von diesem Glanz nicht beeindrucken.

Geübten Blickes musterte er die Straße vor dem Hotel und entdeckte mindestens zehn Leibwächter, die zu zweit einherschlenderten oder zigarillorauchend an den Eisengeländern lehnten. Diese Männer versuchten gar nicht, ihre Funktion zu leugnen. Offene Jacketts ließen umgeschnallte Waffen sehen. Zwei dieser Männer verstellten Michael, als er ausstieg, ganz kurz den Weg und musterten ihn aufmerksam – nahmen Maß für einen Sarg. Inspektor Velardi und die anderen beachteten sie nicht.

Als die Gruppe das Hotel betrat, riegelten die Wachen hinter ihnen den Eingang ab. In der Halle tauchten weitere vier Leibwächter auf und begleiteten sie durch einen langen Korridor. Sie gaben sich stolz wie die Palastdiener eines Kaisers.

Der Korridor endete vor einer schweren Eichentür. Ein Mann auf einem hohen, thronähnlichen Stuhl stand auf und öffnete die Tür mit einem Bronzeschlüssel. Er verneigte sich, wobei er Pater Benjamino verschwörerisch zulächelte.

Sie betraten eine luxuriöse Suite; offene Terrassentüren boten Ausblick auf einen üppigen Garten und ließen den Duft von Zitronenbäumen herein. Auch hier waren zwei Leibwächter postiert. Michael fragte sich, warum Don Croce so schwer bewacht wurde. Er war Giulianos Freund, er war der Vertraute des Justizministers in Rom und daher sicher vor den Carabinieri, die überall in Palermo herumliefen. Wen also und was fürchtete der große Don? Wer war sein Feind?

Die Möbel im Salon der Suite waren ursprünglich für einen italienischen Palazzo gedacht: gewaltige Sessel, Sofas, so lang und tief wie ein kleines Schiff, massive Marmortische, die aussahen, als seien sie aus einem Museum gestohlen. Wahrlich ein passender Rahmen für den Mann, der jetzt aus dem Garten hereinkam, um sie zu begrüßen.

Er blieb stehen, die Arme nach Michael Corleone ausgestreckt. Don Croce war beinahe so breit wie hoch. Dichtes graues Haar, kraus wie bei einem Neger, sorgfältig gepflegt, krönte ein schweres Löwenhaupt. Die Augen, eidechsendunkel, lagen wie zwei Rosinen über den schweren, fleischigen Wangen. Und diese Wangen glichen zwei Mahagoniplatten, die linke Seite glatt gehobelt, die rechte uneben von wucherndem Fleisch. Den überraschend zierlichen Mund schmückte ein schmales Bärtchen. Die kräftige, spitz zulaufende, majestätische Nase war der Bolzen, der dieses Gesicht zusammenhielt.

Unterhalb dieses eindrucksvollen Hauptes war Don Croce jedoch ein Bauer. Eine weite, schlecht sitzende Hose, gehalten von breiten, hellen Hosenträgern, umfing seinen enormen Bauch. Das voluminöse Hemd war zwar schneeweiß und frisch gewaschen, aber nicht gebügelt. Er trug weder Krawatte noch Jackett und stand mit nackten Füßen auf dem Marmorboden.

Er sah nicht aus wie ein Mann, der überall »seinen Schnabel benetzte«, in jedem geschäftlichen Unternehmen von Palermo, bis hinab zu den Marktständen. Unglaublich, daß er für tausend Morde verantwortlich sein sollte! Daß er in Westsizilien mehr Macht besaß als die Regierung in Rom. Und daß er reicher war als die Herzöge und Barone, denen die großen Besitzungen Siziliens gehörten.

Er begrüßte Michael mit einer flüchtigen Umarmung und sagte: »Ich kannte deinen Vater schon, als wir noch beide Kinder waren. Es freut mich, daß er einen so prachtvollen Sohn hat.« Dann erkundigte er sich bei seinem Gast, ob er eine angenehme Reise gehabt habe und ob er vielleicht etwas brauche. Michael antwortete lächelnd, er hätte gern einen Bissen Brot und einen Schluck Wein. Sofort führte Don Croce ihn in den Garten hinaus, denn wie alle Sizilianer nahm er seine Mahlzeiten, wenn möglich, im Freien ein.

Unter einem Zitronenbaum stand ein gedeckter Tisch. Er glänzte von blitzblank poliertem Glas und feinem weißem Leinen. Breite Korbsessel wurden von Dienern zurechtgerückt. Don Croce überwachte das Einnehmen der Plätze mit einer leutseligen Höflichkeit, die einem Jüngeren gut angestanden hätte; er war inzwischen über sechzig. Er ließ Michael zu seiner Rechten Platz nehmen, seinen Bruder, den Priester, zu seiner Linken. Inspektor Velardi und Stefan Andolini placierte er auf die gegenüberliegende Tischseite und musterte sie mit einer gewissen Kälte.

Alle Sizilianer sind kräftige Esser, und einer der wenigen Witze, die man über Don Croce zu reißen wagte, deutete an, daß er lieber gut aß als einen Feind zu töten. Jetzt saß er da, mit einem gütigen, freundlichen Lächeln, Messer und Gabel schon in der Hand, und wartete, während die Diener das Essen brachten. Michael warf einen Blick auf den Garten. Er war von einer hohen Steinmauer umgeben, und an mehreren kleinen Tischen saßen verteilt mindestens zehn Leibwächter, jedoch nie mehr als zwei pro Tisch, und weit genug entfernt, um Don Croce mit seinen Gästen nicht zu stören. Der Garten war erfüllt vom Duft der Zitronenbäume und des Olivenöls.

Don Croce legte Michael persönlich vor, häufte ihm Brathuhn und Kartoffeln auf den Teller, überwachte den Diener, der einen kleinen Teller Spaghetti mit Käse bestreute, und füllte sein Glas mit einheimischem Weißwein. Das alles tat er mit großem Eifer und in der aufrichtigen Überzeugung, daß es für seinen neuen Freund wichtig sei, gut zu essen und gut zu trinken. Michael war hungrig, er hatte seit Tagesanbruch nichts mehr zu sich genommen, und der Don hörte nicht auf, ihm vorzulegen. Auch die anderen Gäste behielt er im Auge und winkte, falls nötig, einem der Diener, ein Glas oder einen leeren Teller zu füllen.

Erst als sie fertig gegessen hatten und einen Espresso tranken, war der Don zu geschäftlichen Gesprächen bereit.

»Du willst also unserem Freund Giuliano zur Flucht nach Amerika verhelfen«, sagte er zu Michael.

»So lauten meine Anweisungen«, antwortete Michael. »Ich soll dafür sorgen, daß er Amerika ohne Zwischenfall erreicht.«

Don Croce nickte; sein schweres Mahagonigesicht zeigte den schläfrigen, liebenswürdigen Ausdruck der Beleibten.

Die kraftvolle Tenorstimme, die aus diesem Gesicht, aus diesem Körper kam, war eine Überraschung. »Es wurde alles zwischen mir und deinem Vater arrangiert: Ich sollte dir Salvatore Giuliano übergeben. Aber im Leben geht nicht immer alles so glatt; es kommt oft etwas dazwischen. Es ist unerwarteterweise schwierig geworden, meinen Teil der Abmachung einzuhalten.« Er hob die Hand, damit Michael ihn nicht unterbrach. »Ohne meine Schuld. Ich habe meine Meinung nicht geändert. Aber Giuliano vertraut niemandem mehr, nicht einmal mir. Seit Jahren, fast von dem Tag an, da er Bandit wurde, habe ich ihm zu überleben geholfen; wir waren Partner. Mit meiner Hilfe stieg er zum größten Mann Siziliens auf, obwohl er erst siebenundzwanzig Jahre alt ist. Aber seine Zeit ist vorbei. Fünftausend italienische Soldaten und Polizisten durchkämmen die Berge. Und trotzdem will er sich mir nicht anvertrauen.«

»Dann kann ich nichts für ihn tun«, erklärte Michael. »Ich habe Anweisung, höchstens sieben Tage zu warten. Dann muß ich nach Amerika abreisen.«

Er wußte nicht, warum es sein Vater für so wichtig hielt, daß Giuliano nach Amerika entkam. Nach zwei langen Jahren des Exils wollte Michael so schnell wie möglich nach Hause zurück. Er machte sich Sorgen um die Gesundheit seines Vaters. Als Michael aus Amerika floh, hatte der Vater schwerverletzt im Krankenhaus gelegen. Nach seiner Flucht war sein älterer Bruder Sonny ermordet und die Corleone-Familie in einen verzweifelten Kampf ums Überleben gegen die Fünf Familien von New York verwickelt worden – in einen Kampf, der von Amerika bis mitten ins Herz von Sizilien reichte, wo Michaels junge Frau getötet worden war. Zwar hatten Boten des Vaters ihm die Nachricht überbracht, daß der alte Don sich von seinen Verletzungen erholt, Frieden mit den Fünf Familien geschlossen, dafür gesorgt habe, daß die Anklagen gegen Michael fallengelassen wurden. Aber Michael wußte genau, daß der Vater auf ihn wartete, weil er seine rechte Hand werden sollte. Ja, daß jedes Familienmitglied ihn sehnlichst erwartete: seine Schwester Connie, sein Bruder Freddie, sein Ziehbruder Tom Hagen und seine arme Mutter, die bestimmt noch immer um Sonny trauerte. Flüchtig mußte Michael auch an Kay denken: Ob sie wohl immer noch an ihn dachte, nachdem er seit zwei Jahren verschwunden war? Die Hauptfrage aber lautete: Warum verzögerte der Vater seine Heimkehr? Dafür konnte es nur einen äußerst schwerwiegenden Grund geben, der mit Giuliano zusammenhing.

Auf einmal merkte er, daß Inspektor Velardi ihn mit seinen kalten, blauen Augen musterte. Das schmale, aristokratische Gesicht war so verächtlich verzogen, als hätte Michael plötzlich Feigheit gezeigt.

»Nur Geduld«, mahnte Don Croce. »Unser Freund Andolini fungiert immer noch als Kontaktmann zwischen mir und Giuliano und seiner Familie. Wir werden alle zusammen beraten. Du wirst Giulianos Eltern in Montelepre besuchen, das liegt auf dem Weg nach Trapani.« Er hielt einen Augenblick inne und lächelte – ein Lächeln, das den schweren Wangen nichts von ihrer Massigkeit nahm. »Man hat mir von deinen Plänen berichtet. Von allen.« Das sagte er mit besonderer Betonung. Und doch, dachte Michael, konnte er unmöglich von allen Plänen Kenntnis haben. Der Pate erzählte nie jemandem alles.

»Wir alle, die wir Giuliano lieben«, fuhr Don Croce fort, »sind uns in zwei Dingen einig. Er darf nicht länger in Sizilien bleiben, er muß nach Amerika auswandern. Sogar Inspektor Velardi ist dieser Meinung.«

»Das ist merkwürdig, selbst für Sizilien«, stellte Michael lächelnd fest. »Schließlich ist der Inspektor Chef der Sicherheitspolizei, die darauf eingeschworen ist, Giuliano zu fangen.«

Don Croce lachte; es war ein kurzes, automatisches Lachen. »Wer kann schon Sizilien begreifen? Aber diese Sache ist ziemlich einfach. Rom will Giuliano lieber glücklich in Amerika wissen als ihn in Palermo vor Gericht belastende Aussagen machen zu lassen. Das ist Politik.«

Michael war verwirrt. Er empfand ein ausgesprochenes Unbehagen. Die Sache lief überhaupt nicht nach Plan. »Warum ist Inspektor Velardi an Giulianos Entkommen interessiert? Als Toter wäre er doch keine Gefahr.«

Inspektor Velardi antwortete verächtlich: »Ich sähe ihn auch lieber tot. Aber Don Croce liebt ihn wie einen Sohn.«

Stefan Andolini starrte den Inspektor haßerfüllt an. Pater Benjamino nahm einen Schluck und zog den Kopf dabei ein. Don Croce aber antwortete dem Inspektor streng: »Wir sind hier alle Freunde, wir müssen Michael die Wahrheit sagen. Giuliano hat eine Trumpfkarte: ein Tagebuch, das er als sein Testament bezeichnet. In diesem Buch liefert er die Beweise dafür, daß die Regierung in Rom, das heißt, bestimmte Beamte, ihm in den Jahren seines Banditentums geholfen haben – aus persönlichen Gründen, zu politischen Zwecken. Wenn dieses Dokument veröffentlicht wird, stürzt die christdemokratische Regierung, und Sozialisten und Kommunisten würden Italien regieren. Inspektor Velardi stimmt mir zu, daß das unbedingt verhindert werden muß. Daher ist er bereit, Giuliano zu helfen, mitsamt seinem Testament zu entkommen – unter der Bedingung, daß nichts darüber veröffentlicht wird.«

»Haben Sie dieses Testament gesehen?« erkundigte sich Michael. In seinen Anweisungen hatte der Vater kein derartiges Dokument erwähnt.

»Ich kenne den Inhalt«, antwortete Don Croce.

»Wenn ich zu bestimmen hätte, ich würde sagen, bringt Giuliano um, und zum Teufel mit seinem Testament«, sagte Inspektor Velardi scharf.

Stefan Andolini sah den Inspektor mit einem Haß an, so nackt und glühend, daß Michael zum erstenmal erkannte, wie gefährlich dieser Mann war – nicht weniger gefährlich als Don Croce selbst. »Giuliano wird sich niemals ergeben«, betonte Andolini, »und Sie sind nicht gut genug, um ihn ins Grab zu bringen. Sie sollten sich lieber in acht nehmen.«

Langsam hob Don Croce den Kopf, und plötzlich herrschte Schweigen am Tisch. Leise, ohne die anderen zu beachten, sprach er zu Michael. »Es könnte sein, daß ich das Versprechen, das ich deinem Vater gegeben habe – das Versprechen, dir Giuliano zu übergeben –, nicht halten kann. Warum Don Corleone sich mit dieser Angelegenheit befaßt, kann ich dir nicht sagen. Aber du darfst sicher sein, daß er seine Gründe hat, und daß es triftige Gründe sind. Nur, was kann ich tun? Heute nachmittag wirst du Giulianos Eltern besuchen und sie überzeugen, daß ihr Sohn mir vertrauen muß, wirst diese lieben Menschen daran erinnern, daß ich es war, der sie aus dem Gefängnis geholt hat.« Er machte eine kleine Pause. »Dann können wir ihrem Sohn vielleicht helfen.«

In den Jahren des Exils und des Versteckens hatte Michael einen animalischen Instinkt für Gefahr entwickelt. Er mochte Inspektor Velardi nicht. Vor dem mörderischen Stefan Andolini hatte er Angst, und Pater Benjamino war ihm unheimlich. Aber vor allem war es Don Croce, der Alarmsignale in Michaels Kopf schrillen ließ.

Alle Männer, die am Tisch saßen, senkten die Stimme, wenn sie mit Don Croce sprachen, sogar sein Bruder, Pater Benjamino. Mit höflich geneigtem Kopf beugten sie sich ihm zu, wenn er sprach, ja sie hörten sogar auf zu kauen. Die Diener umschwirrten ihn, als sei er die Sonne, die Leibwächter strichen ständig und ohne ihn aus den Augen zu lassen durchs Gelände, immer bereit, auf seinen Befehl hinzuzuspringen und jemanden in Stücke zu zerreißen.

Behutsam erklärte Michael: »Don Croce, ich bin gekommen, um jeden Ihrer Wünsche zu befolgen.«

Der Don neigte gnädig sein mächtiges Haupt, faltete die wohlgeformten Hände über dem Bauch und sagte mit kraftvoller Tenorstimme: »Wir müssen ganz und gar offen sein miteinander. Sag mir, wie sehen deine Pläne für Giulianos Flucht aus? Du kannst offen mit mir sprechen.«

Michael warf einen raschen Blick auf Inspektor Velardi. Nie würde er vor dem Chef der sizilianischen Sicherheitspolizei offen sprechen! Don Croce begriff sofort. »Inspektor Velardi befolgt stets meinen Rat«, sagte er. »Du kannst ihm genauso vertrauen wie mir.«

Michael hob sein Glas Wein an den Mund. Über den Rand hinweg konnte er sehen, daß die Leibwächter sie beobachteten wie Zuschauer im Theater. Er sah Inspektor Velardis mißbilligende Grimasse bei der diplomatischen Antwort des Don, die deutlich verriet, daß Don Croce ihn und seine Dienststelle in der Hand hatte. Er sah das Stirnrunzeln des mörderischen, wulstlippigen Stefan Andolini. Nur Pater Benjamino mied seinen Blick und senkte den Kopf. Michael trank das Glas mit dem Weißwein leer, und sofort erschien ein Diener, der es ihm wieder füllte. Plötzlich wirkte der Garten gefährlich.

Er spürte es in den Knochen, daß das, was Don Croce gesagt hatte, nicht wahr sein konnte. Warum sollte auch nur ein einziger von denen, die an diesem Tisch saßen, dem Chef der sizilianischen Sicherheitspolizei trauen? Würde Giuliano das tun? Die Geschichte Siziliens ist durchsetzt von Verrat; Michael dachte an seine ermordete Frau. Warum also war Don Croce so vertrauensselig? Und warum war er so schwer bewacht? Don Croce war der mächtigste Mann der Mafia. Er hatte einflußreiche Verbindungen in Rom und war ihr inoffizieller Vertreter in Sizilien. Wovor fürchtete sich Don Croce also? Es konnte nur Giuliano sein.

Aber der Don beobachtete ihn. Michael versuchte möglichst aufrichtig zu sprechen. »Mein Plan ist einfach. Ich soll in Trapani warten, bis mir Salvatore Giuliano übergeben wird. Von Ihnen und Ihren Leuten. Ein schnelles Schiff wird uns nach Afrika bringen. Von Afrika fliegen wir nach Amerika, wo alles arrangiert wird, damit wir ohne die üblichen Formalitäten einreisen können. Ich hoffe, daß alles so einfach verläuft, wie es klingt.« Er hielt einen Moment inne. »Es sei denn, Sie haben andere Vorschläge.«

Der Don seufzte und trank einen Schluck Wein. Dann richtete er den Blick seiner Eidechsenaugen auf Michael. Er sprach langsam und nachdrücklich. »Sizilien ist ein tragisches Land«, sagte er. »Hier gibt es kein Vertrauen. Und keine Ordnung. Nur überall Gewalt und Verrat. Du siehst mißtrauisch aus, mein junger Freund, und du hast allen Grund dazu. Genau wie unser Giuliano. Laß mich dir folgendes sagen: Turi Giuliano hätte ohne meine Protektion nicht überlebt; er und ich waren wie zwei Finger an einer Hand. Und jetzt hält er mich für seinen Feind. Ich kann dir gar nicht sagen, wie sehr mich das bekümmert! Ich träume davon, daß Turi Giuliano eines Tages zu seiner Familie zurückkehren kann und zum Helden von ganz Sizilien erklärt wird. Er ist ein wahrer Christ und ein tapferer Mann. Mit einem Herzen, so weich, daß er die Liebe aller Sizilianer gewonnen hat.« Don Croce hielt inne und trank ein ganzes Glas Wein. »Aber die Zeit hat sich gegen ihn gewendet. Er ist allein in den Bergen, mit einer Handvoll Männer gegen die Armee, die Italien gegen ihn aufbietet. Bei jeder Gelegenheit ist er verraten worden. Deswegen vertraut er keinem, nicht einmal sich selbst.«

Der Don maß Michael einen Moment lang mit kaltem Blick. »Wenn ich ganz ehrlich sein soll«, sagte er, »und wenn ich Giuliano nicht so sehr liebte, würde ich dir einen Rat geben, den ich dir nicht schulde. Dann würde ich dir vielleicht in aller Fairneß raten, ohne ihn nach Amerika heimzukehren. Denn wir gehen dem Ende einer Tragödie entgegen, die dich in keiner Hinsicht betrifft.« Der Don schwieg einen Moment, dann seufzte er abermals. »Aber du bist natürlich unsere einzige Hoffnung, deswegen muß ich dich bitten, hierzubleiben und uns in dieser Sache beizustehen. Ich werde dich dabei in jeder Hinsicht unterstützen; ich werde Giuliano niemals im Stich lassen.« Don Croce hob sein Weinglas. »Möge er tausend Jahre leben!«

Sie tranken, und Michael überlegte dabei: Wollte der Don, daß er blieb oder daß er Giuliano im Stich ließ? Dann sagte Stefan Andolini: »Vergessen Sie nicht: Wir haben Giulianos Eltern versprochen, daß Michael sie in Montelepre besucht!«

»Aber gewiß«, antwortete Don Croce freundlich. »Wir müssen seinen Eltern Hoffnung machen.«

Pater Benjamino ergänzte ein wenig zu demütig: »Und vielleicht wissen sie etwas über das Testament.«

Don Croce seufzte. »Ja, ja, Giulianos Testament. Er glaubt, es wird sein Leben retten oder wenigstens seinen Tod rächen.« Jetzt wandte er sich direkt an Michael. »Eins darfst du nicht vergessen: Rom fürchtet das Testament, ich nicht. Erkläre seinen Eltern, daß alles, was auf Papier geschrieben steht, zwar die Geschichte beeinflußt, aber nicht das Leben. Das Leben ist eine andere Geschichte.«

8

Die Fahrt von Palermo nach Montelepre dauerte nicht länger als eine Stunde. In dieser Stunde jedoch gelangten Michael und Andolini von der Zivilisation einer Großstadt in die primitive Kultur des ländlichen Sizilien. Stefan Andolini fuhr den winzigen Fiat, und auf seinen glattrasierten Wangen und seinem Kinn leuchteten in der Nachmittagssonne die scharlachroten Haarwurzeln. Er fuhr langsam und vorsichtig wie ein Mann, der das Autofahren erst spät im Leben gelernt hat. Der Fiat keuchte atemlos, als er sich in die weite Berglandschaft emporarbeitete.

Mehrmals wurden sie durch Straßensperren der Polizei aufgehalten, Abteilungen von mindestens zwölf Mann, unterstützt von maschinengewehrbestückten, gepanzerten Mannschaftswagen. Dank Andolinis Papieren wurden sie anstandslos durchgelassen.

Michael hatte nicht gewußt, daß eine Landschaft in so geringer Entfernung von der Großstadt so wild und primitiv sein konnte. Sie kamen durch winzige Dörfer mit Steinhäusern, die gefährlich dicht an steilen Abhängen standen. Doch diese Abhänge waren sorgfältig zu Terrassen geformt, auf denen in sauberen Reihen magere Grünpflanzen gediehen. Kleine Hügel waren übersät mit zahllosen großen, weißen, halb von Moos und Bambus überwucherten Steinen; aus der Ferne wirkten sie wie riesige ungepflegte Friedhöfe.

Immer wieder standen am Straßenrand Heiligenschreine, hölzerne Kästen mit Statuen der Mutter Gottes oder eines Heiligen. Vor einem dieser Schreine sah Michael eine betende Frau knien, während ihr Mann auf dem Eselskarren wartete und dabei aus einer Flasche Wein trank. Der Kopf des Esels hing herab wie der Kopf eines Märtyrers.

Stefan Andolini legte Michael tröstend die Hand auf die Schulter. »Es tut meinem Herzen gut, dich zu sehen, mein lieber Cousin. Wußtest du, daß die Giulianos mit uns verwandt sind?«

Michael war überzeugt, daß das eine Lüge war; es lag so etwas Gewisses in diesem fuchsroten Lächeln. »Nein«, antwortete er. »Ich wußte nur, daß die Eltern in Amerika für meinen Vater gearbeitet haben.«

»Genau wie ich«, gab Andolini zurück. »Wir haben beim Bau des Hauses für deinen Vater auf Long Island geholfen. Der alte Giuliano war ein hervorragender Maurer und ist, obwohl dein Vater ihm eine Stellung in seinem Olivenölhandel anbot, bei seinem Handwerk geblieben. Achtzehn Jahre lang hat er geschuftet wie ein Nigger und gespart wie ein Jude. Dann ist er nach Sizilien zurückgekehrt, um hier wie ein Engländer zu leben. Aber der Krieg und Mussolini haben dafür gesorgt, daß die Lira wertlos wurde, und deswegen gehört ihm jetzt nur noch das Haus und ein kleines Stück Land. Er verflucht den Tag, an dem er Amerika verlassen hat. Sie hatten gedacht, ihr Sohn würde aufwachsen wie ein Prinz, und nun ist er Bandit geworden.«

Der Fiat wirbelte eine Staubwolke auf; die Feigenkakteen neben der Straße wirkten gespenstisch, schienen menschlichen Händen zu gleichen. In den Tälern sah man Olivenhaine und Weingärten. Plötzlich sagte Andolini: »Turi wurde in Amerika gezeugt.«

Er sah Michaels fragenden Blick. »Jawohl, er wurde in Amerika gezeugt, aber in Sizilien geboren. Ein paar Monate hätten sie nur zu warten brauchen, und er wäre amerikanischer Staatsbürger geworden.« Er schwieg einen Moment. »Davon redet Turi ununterbrochen. Glaubst du wirklich, du kannst ihm bei seiner Flucht helfen?«

»Ich weiß nicht«, antwortete Michael. »Nach dem Mittagessen mit dem Inspektor und Don Croce weiß ich überhaupt nichts mehr. Wollen sie wirklich, daß ich helfe? Mein Vater sagte, daß Don Croce es will. Den Inspektor hat er nicht erwähnt.«

Andolini strich sich das gelichtete Haar zurück. Unwillkürlich trat er aufs Gaspedal, daß der Fiat einen Satz vorwärts tat. »Giuliano und Don Croce sind Feinde geworden«, erklärte er. »Aber wir haben Pläne ohne Don Croce gemacht. Turi und seine Eltern zählen auf dich. Sie wissen, daß dein Vater noch nie einen Freund hintergangen hat.«

»Und auf welcher Seite stehst du?« wollte Michael wissen.

Andolini seufzte. »Ich kämpfe für Giuliano«, antwortete er. »Seit fünf Jahren sind wir jetzt Kameraden. Aber ich lebe in Sizilien und kann Don Croce daher keinen offenen Widerstand leisten. Ich balanciere auf einem Hochseil zwischen den beiden, aber Giuliano werde ich niemals verraten.«

Verdammt noch mal, was will der Mann sagen? fragte sich Michael. Warum bekomme ich niemals eine direkte Antwort? Vielleicht weil dies Sizilien ist.

Die Sizilianer fürchteten sich vor der Wahrheit. Tyrannen und Inquisitoren hatten sie Tausende von Jahren hindurch gefoltert, um die Wahrheit aus ihnen herauszupressen. Nun verlangte die Regierung in Rom mit ihren Formularen die Wahrheit von ihnen, verlangten die Priester in den Beichtstühlen die Wahrheit von ihnen unter Androhung ewiger Verdammnis. Aber die Wahrheit ist eine Quelle der Macht – warum sie also umsonst geben?

Ich muß selbst eine Möglichkeit finden, dachte Michael, oder den ganzen Auftrag fallenlassen und sofort heimkehren. Hier jedenfalls befand er sich auf gefährlichem Boden: Eindeutig herrschte eine Art Vendetta zwischen Giuliano und Don Croce, und sich in der Zange einer sizilianischen Vendetta fangen zu lassen, war Selbstmord. Denn die Sizilianer glaubten, daß gnadenlose Rache die einzige Gerechtigkeit sei. Auf dieser katholischen Insel, mit den Statuen des weinenden Jesus in jedem Haus, war christliche Vergebung ein verachtenswerter Ausweg für Feiglinge.

»Warum wurden Giuliano und Don Croce Feinde?« wollte Michael wissen.

»Wegen des tragischen Zwischenfalls an der Portella della Ginestra«, antwortete Andolini. »Vor zwei Jahren. Danach war plötzlich alles anders. Giuliano gab Don Croce die Schuld.«

Auf einmal schien der Wagen nahezu senkrecht hinabzufahren, die Straße fiel steil ins Tal hinunter. Sie kamen an der Ruine einer normannischen Burg vorbei, deren Bewohner vor neunhundert Jahren die ganze Umgebung terrorisiert hatten, die jetzt jedoch nur mehr harmlose Eidechsen und ein paar verirrte Ziegen beherbergte. Tief unten sah Michael das Dorf Montelepre.

Es lag verborgen in den umgebenden Bergen, wie ein Eimer, der in der Tiefe eines Brunnens hängt. Angelegt war es in perfekter Kreisform, einzelne, außen liegende Häuser gab es nicht, und die Spätnachmittagssonne übergoß die Steine seiner Mauern mit dunkelrotem Feuer. Der Fiat rollte jetzt eine schmale, gewundene Straße hinab, und Andolini bremste vor einer Barrikade, an der eine Abteilung Carabinieri postiert war. Einer befahl ihnen mit einem Wink des Gewehrlaufs, den Wagen zu verlassen.

Michael beobachtete, wie Andolini der Polizei seine Papiere zeigte. Er sah den rotumrandeten Sonderpassierschein, der, wie er wußte, nur vom Justizminister in Rom ausgestellt werden konnte. Auch Michael besaß so einen Paß, den er jedoch, laut Befehl, nur als letzten Ausweg vorzeigen sollte. Wie kam ein Mann wie Andolini zu einem so wichtigen Dokument?

Dann saßen sie wieder im Wagen und fuhren durch die schmalen Straßen von Montelepre – so eng, daß nirgends zwei Wagen aneinander vorbeifahren konnten. Alle Häuser hatten elegante Balkone und waren in verschiedenen Farben gestrichen. Sehr viele waren blau, ein paar weiß, manche rosa, einige wenige gelb. Zu dieser Tageszeit waren die Frauen im Haus mit dem Kochen für ihre Ehemänner beschäftigt. Aber es waren auch keine Kinder zu sehen. Dafür patrouillierten an jeder Straßenecke zwei Carabinieri. Montelepre wirkte wie eine besetzte Stadt, in der das Kriegsrecht ausgerufen ist. Nur ein paar alte Männer starrten mit steinernen Mienen von ihren Balkonen herab.

Der Fiat hielt vor einem leuchtend blau gestrichenen Haus; das Gitterwerk des Eingangstors bildete den Buchstaben »G«. Dieses Tor wurde ihnen von einem kleinen, drahtigen Sechzigjährigen in amerikanischem dunklem, gestreiftem Anzug, schneeweißem Hemd und schwarzer Krawatte geöffnet: Giulianos Vater. Er begrüßte Andolini mit einer kurzen, doch liebevollen Umarmung. Michael dagegen klopfte er beinahe dankbar auf die Schulter, als er sie beide ins Haus führte.

Auf dem Gesicht von Giulianos Vater lag ein Ausdruck, wie ihn Menschen haben, die voller Leid den Tod eines unheilbar kranken, geliebten Menschen erwarten. Man spürte, daß er seine Gefühle streng unter Kontrolle hielt, aber er hob die Hand ans Gesicht, als müsse er seine Züge zwingen, nicht zu zerfallen. Er hielt sich aufrecht, bewegte sich steif und schwankte dennoch fast unmerklich.

Sie betraten ein großes Wohnzimmer, ein Luxus für ein sizilianisches Haus in diesem Dorf. Beherrscht wurde das Zimmer von der riesigen Vergrößerung eines Fotos – zu unscharf, um es genau zu erkennen – in einem ovalen, crèmeweißen Holzrahmen. Michael wußte sofort, daß das Salvatore Giuliano sein mußte. Darunter stand auf einem schwarzen, runden Tischchen ein Votivlicht. Auf einem anderen Tisch entdeckte er eine etwas schärfere Fotografie: Vater, Mutter und Sohn standen vor einem roten Vorhang, der Sohn hatte der Mutter besitzergreifend den Arm um die Schultern gelegt. Salvatore Giuliano blickte direkt und fast herausfordernd in die Kamera. Sein Gesicht, außerordentlich hübsch, glich dem einer griechischen Statue, die Züge waren, wie in Marmor gehauen, ein wenig schwer, die Lippen voll und sinnlich, die Augen oval und weit gestellt, mit halb geschlossenen Lidern. Es war das Gesicht eines sehr selbstbewußten Mannes, der fest entschlossen ist, die Welt zu beeindrucken. Michael war überrascht von der liebenswürdigen Gutmütigkeit, die aus diesem hübschen Gesicht sprach.

Es gab noch andere Bilder von ihm, mit seinen Schwestern und deren Männern, doch die standen beinahe versteckt auf dunklen Ecktischchen.

Giulianos Vater führte sie in die Küche. Giulianos Mutter, am Kochherd, drehte sich um und begrüßte sie. Maria Lombardo Giuliano wirkte viel älter als auf dem Foto im Wohnzimmer, sah eigentlich aus wie eine ganz andere Frau. Ihr höfliches Lächeln wirkte wie ein Riß in der beinharten Erschöpfung, die ihr Gesicht mit seiner schuppigen, rauhen Haut verriet. Das Haar, das ihr lang und dicht über die Schultern fiel, war reichlich von grauen Strähnen durchzogen. Auffallend waren ihre Augen: fast schwarz, und sie verrieten einen unpersönlichen Haß auf diese Welt, die sie und ihren Sohn zu vernichten drohte.

Ihren Mann und Stefan Andolini ignorierend, wandte sie sich an Michael. »Werden Sie meinem Sohn helfen oder nicht?« Die beiden anderen Männer waren peinlich berührt von dieser direkten Frage, doch Michael schenkte der Frau ein ernstes Lächeln.

»Doch. Ich bin auf Ihrer Seite.«

Etwas von der Spannung in ihr löste sich, und sie senkte ihren Kopf in die Hände, als hätte sie einen Schlag erwartet. Andolini sagte in beruhigendem Ton: »Pater Benjamino wollte mitkommen, aber ich habe ihm erklärt, daß Sie das nicht wollen.«

Maria Lombardo hob den Kopf, und Michael sah staunend, daß ihre Miene jetzt all ihre Gefühle verriet: die Verachtung, den Haß, die Angst, die Ironie ihrer Worte, die zu dem harten Lächeln paßte. »O ja, Pater Benjamino hat zweifellos ein gutes Herz«, sagte sie. »Und mit seinem guten Herzen gleicht er der Pest, er bringt einem ganzen Dorf den Tod. Er ist wie die Sisalagave: Streift man sie, beginnt man zu bluten. Außerdem trägt er seinem Bruder Beichtgeheimnisse zu, verkauft die ihm anvertrauten Seelen dem Teufel!«

Gelassen und vernünftig, als müsse er eine Wahnsinnige beruhigen, sagte Giulianos Vater: »Don Croce ist unser Freund. Er hat uns aus dem Gefängnis geholt.«

»Ach ja, Don Croce!« fuhr Giulianos Mutter auf. »›Die gute Seele‹, wie freundlich er doch immer ist! Aber ich sage euch, Don Croce ist eine Schlange! Er zielt mit dem Gewehr nach vorn und mordet die Freunde an seiner Seite. Mit unserem Sohn zusammen wollte er Sizilien beherrschen, und nun versteckt sich Turi allein in den Bergen, und ›die gute Seele‹ lebt frei wie ein Vogel mit seinen Huren in Palermo. Don Croce braucht nur zu pfeifen, und Rom leckt ihm die Füße, obwohl er mehr Verbrechen begangen hat als unser Turi. Er ist schlecht, und unser Sohn ist gut. Ach, wenn ich ein Mann wäre wie ihr, ich würde Don Croce umbringen. Ich würde ›die gute Seele‹ zur letzten Ruhe betten.« Sie machte eine angeekelte Geste. »Aber ihr Männer versteht ja nichts!«

Ungeduldig warf Giulianos Vater ein: »Wie ich höre, muß unser Gast in wenigen Stunden weiterfahren und sollte noch etwas essen, bevor wir miteinander reden.«

Auf einmal wurde Giulianos Mutter ganz anders. Fürsorglich sagte sie: »Sie Ärmster! Den ganzen Tag sind Sie gefahren, um uns zu besuchen, und mußten sich Don Croces Lügen und mein Gerede anhören. Wo fahren Sie hin?«

»Morgen früh muß ich in Trapani sein«, antwortete Michael. »Dort werde ich, bis Ihr Sohn kommt, bei Freunden meines Vaters wohnen.«

Es wurde still in der Küche. Michael spürte, daß sie alle seine Geschichte kannten. Sie sahen die Wunde, mit der er seit zwei Jahren lebte, die eingedrückte Gesichtshälfte. Giulianos Mutter kam auf ihn zu und nahm ihn herzlich in den Arm.

»Trinken Sie ein Glas Wein«, schlug sie vor. »Und dann machen Sie einen Spaziergang durchs Dorf. In einer Stunde steht das Essen auf dem Tisch. Bis dahin werden auch Turis Freunde da sein, und wir können uns vernünftig unterhalten.«

Andolini und Giulianos Vater nahmen Michael in die Mitte und schlenderten mit ihm durch die engen, holprigen Straßen Montelepres, deren Steine jetzt, da die Sonne den Himmel verlassen hatte, schwarz glänzten. In der dunstigen, blauen Atmosphäre kurz vor der Dämmerung bewegten sich ringsum nur die Gestalten der Carabinieri. An jeder Kreuzung gingen schlangengleiche Gassen von der Via Bella ab wie Rinnsale von Gift. Die Stadt wirkte verlassen.

»Dies war einst eine von Leben erfüllte Stadt«, erklärte Giulianos Vater. »Schon immer sehr arm, wie ganz Sizilien, mit viel Elend, aber voll Leben. Jetzt sitzen über siebenhundert Einwohner im Gefängnis, verhaftet wegen Verschwörung mit meinem Sohn. Sie sind unschuldig, jedenfalls die meisten, aber die Regierung läßt sie verhaften, um die anderen einzuschüchtern, damit sie gegen meinen Turi aussagen. Über zweitausend Carabinieri sind hier in der Stadt, und weitere tausend machen in den Bergen Jagd auf Turi. Deswegen essen die Leute nicht mehr im Freien, deswegen dürfen die Kinder nicht mehr auf der Straße spielen. Die Polizisten sind so große Feiglinge, daß sie schon schießen, wenn nur ein Karnickel über die Straße läuft. Nach Einbruch der Dunkelheit herrscht Ausgehverbot, und wenn eine Frau ihre Nachbarin besucht und erwischt wird, überschütten sie sie mit Beleidigungen. Die Männer werden in die Kerker von Palermo gebracht und dort gefoltert.« Er seufzte. »In Amerika könnte so etwas niemals passieren. Ich verfluche den Tag, an dem ich Amerika verlassen habe.«

Stefan Andolini blieb stehen und steckte sich ein Zigarillo an. Paffend sagte er mit einem Lächeln: »Ehrlich gesagt, die

Sizilianer riechen lieber den Dreck ihres Dorfes als das kostbare Parfüm von Paris. Was mache ich hier? Genau wie einige andere hätte auch ich nach Brasilien fliehen können. Ach ja, wir lieben das Land, in dem wir geboren sind, wir Sizilianer, aber Sizilien liebt uns nicht.«

Giulianos Vater zuckte die Achseln. »Es war töricht von mir, zurückzukommen. Hätte ich nur noch ein paar Monate gewartet, dann wäre mein Turi als Amerikaner geboren. Aber die Luft jenes Landes muß in den Schoß seiner Mutter eingedrungen sein.« Bedrückt schüttelte er den Kopf. »Warum mußte mein Sohn sich immer um die Schwierigkeiten anderer Menschen kümmern, sogar derer, die keine Blutsverwandten sind? Warum mußte er für einen Mann kämpfen, den er nicht einmal kannte, einen Mann, den sie von der Arbeit fortgeschickt hatten, weil er sich nicht mit dem niedrigen Lohn zufriedengeben wollte? Was ging ihn das an? Er hatte schon immer so großartige Ideen, immer redete er von Gerechtigkeit. Ein echter Sizilianer redet von Brot.«

Als sie die Via Bella hinabgingen, sah Michael, daß sich das Dorf ideal für Hinterhalte und Partisanenkrieg eignete. Die Straßen waren so schmal, daß nur ein einzelnes Motorfahrzeug Platz hatte, und viele waren sogar nur breit genug für die kleinen Eselskarren, mit denen die Sizilianer noch immer ihre Frachten transportierten. Ein paar Männer konnten eine ganze Invasionstruppe aufhalten und dann in die weißen Kalksteinberge fliehen, die die Stadt umgaben.

Sie kamen auf die Piazza. Andolini deutete auf die kleine Kirche, die sie beherrschte. »In dieser Kirche hat Turi sich versteckt, als die Carabinieri ihn zum erstenmal verhaften wollten. Seitdem ist er wie ein Gespenst.« Die drei Männer starrten auf die Kirchentür, als müßte jeden Moment Salvatore Giuliano erscheinen.

Die Sonne sank hinter die Berge; kurz vor dem Ausgehverbot kehrten sie wieder ins Haus zurück. Drinnen warteten zwei Männer auf sie.

Der eine war ein schlanker, junger Mann mit fahler Haut und großen, dunklen, fiebrigen Augen. Er hatte einen sorgfältig gestutzten Schnurrbart und war beinahe mädchenhaft hübsch, wirkte jedoch auf keinen Fall weibisch. Er trug jene stolze Grausamkeit zur Schau, die einen Mann auszeichnet, der um jeden Preis befehlen will.

Als er ihm als Gaspare Pisciotta vorgestellt wurde, wunderte sich Michael. Pisciotta war Turi Giulianos stellvertretender Kommandeur, Cousin und bester Freund, und nach Giuliano der meistgesuchte Mann von Sizilien. Fünf Millionen Lire waren auf seinen Kopf ausgesetzt. Nach den Geschichten, die Michael gehört hatte, beschwor der Name Gaspare Pisciotta das Bild eines weitaus gefährlicheren und bösartigeren Mannes herauf. Aber da stand er, überschlank und mit der fiebrigen Röte der Schwindsüchtigen im Gesicht, hier, in Montelepre, umzingelt von zweitausend Mann der römischen Militärpolizei!

Der zweite Mann wirkte ebenso erstaunlich, aber aus einem anderen Grund. Beinahe wäre Michael zusammengezuckt: Der Mann war klein wie ein Zwerg, hielt sich aber so würdevoll, daß Michael sofort spürte, ein Zusammenzucken würde einer tödlichen Beleidigung gleichkommen. Er trug einen erstklassig geschnittenen grauen Nadelstreifenanzug und zum crèmefarbenen Hemd eine breite, silbrige Krawatte. Sein Haar war dicht und nahezu weiß; trotzdem konnte er nicht älter als fünfzig sein. Er war elegant. Jedenfalls so elegant, wie ein sehr kleiner Mann sein kann. Sein gutaussehendes Gesicht war zerfurcht, sein breiter Mund sinnlich geschwungen.

Er bemerkte Michaels Verlegenheit und begrüßte ihn mit ironischem, doch freundlichem Lächeln.

Vorgestellt wurde er Michael als Professor Hector Adonis.

Maria Lombardo Giuliano hatte den Tisch in der Küche gedeckt. Sie aßen an einem Balkonfenster, wo sie den rotgestreiften Himmel sehen und beobachten konnten, wie das Nachtdunkel die Berge ringsum auslöschte. Michael aß langsam, in dem Bewußtsein, daß sie ihn alle einzuschätzen versuchten. Das Essen war einfach, aber gut: Spaghetti mit fast schwarzer Tintenfischsauce und Kaninchenragout mit einer scharfen Sauce aus Peperoni und Tomaten. Schließlich sagte Gaspare Pisciotta in sizilianischem Dialekt: »Sie sind also der Sohn von Vito Corleone, der sogar noch größer sein soll als unser Don Croce. Und Sie wollen unseren Turi retten.«

Sein Ton war kühl und spöttisch, ein Ton, der dazu herausforderte, beleidigt zu sein, falls man es wagte. Sein Lächeln schien den Beweggrund jeder Handlung in Frage zu stellen, als wolle er sagen: »Na schön, du tust etwas Gutes, aber was hast du selbst davon?« Dennoch war er keineswegs respektlos. Er kannte Michaels Vorgeschichte: Sie waren alle beide Mörder.

»Ich folge den Anweisungen meines Vaters«, gab Michael zurück. »Ich soll in Trapani warten, bis Giuliano kommt. Dann soll ich ihn nach Amerika bringen.«

Pisciotta fragte, jetzt etwas ernster: »Und sobald Turi in Ihrer Hand ist – garantieren Sie dann für seine Sicherheit? Können Sie ihn vor Rom schützen?«

Michael merkte, daß Giulianos Mutter ihn aufmerksam, mit angespannter, besorgter Miene beobachtete. Bedächtig antwortete er: »So gut, wie man eine Garantie gegen das Schicksal geben kann. Jawohl, ich bin zuversichtlich.«

Er sah, wie sich die Miene der Mutter entspannte, Pisciotta aber entgegnete rauh: »Ich nicht. Heute nachmittag haben Sie Ihr Vertrauen in Don Croce gesetzt. Sie haben ihm Ihren Fluchtplan verraten.«

»Warum auch nicht?« gab Michael zurück. Woher zum Teufel hatte Pisciotta so schnell die Details seiner Unterredung mit Don Croce erfahren? »In den Anweisungen meines Vaters heißt es, Don Croce werde dafür sorgen, daß Giuliano zu mir gebracht wird. Außerdem habe ich ihm nur *einen* Fluchtplan verraten.«

»Gibt es mehrere?« erkundigte sich Pisciotta. Er sah Michael zögern. »Sie können offen sprechen. Wenn man den Menschen in diesem Raum nicht trauen kann, gibt es für Turi keine Hoffnung.«

Jetzt meldete sich Hector Adonis, der kleine Mann, zum erstenmal zu Wort. Er besaß eine außergewöhnlich voll tönende Stimme, die Stimme eines geborenen Redners, eines Menschenverführers. »Mein lieber Michael, Sie müssen wissen, daß Don Croce Turi Giulianos Feind ist. Die Informationen Ihres Vaters sind überholt. Daher können wir Turi nicht ohne Vorsichtsmaßnahmen zu Ihnen bringen.« Er sprach das elegante Italienisch der Römer, nicht den sizilianischen Dialekt.

»Ich habe Vertrauen in Don Corleones Zusage, meinem Sohn zu helfen«, erklärte Giulianos Vater. »Ich zweifle nicht an seinem Wort.«

»Ich bestehe darauf, daß Sie uns in Ihre Pläne einweihen«, betonte Hector Adonis energisch.

»Ich kann Ihnen nur das sagen, was ich auch Don Croce gesagt habe«, antwortete Michael. »Warum sollte ich irgend jemandem meine Alternativpläne verraten? Wenn ich Sie fragen würde, wo Turi Giuliano sich jetzt versteckt – würden Sie mir das auch verraten?«

Michael sah Pisciotta bei dieser Antwort anerkennend grinsen. Hector Adonis jedoch entgegnete: »Das ist nicht dasselbe. Sie müssen nicht unbedingt erfahren, wo Turi steckt. Aber um Ihnen helfen zu können, müssen wir Ihre Pläne kennen.«

»Ich weiß überhaupt nichts über Sie«, wandte Michael ruhig ein.

Ein strahlendes Lächeln erschien auf Hector Adonis' gutaussehendem Gesicht. Der kleine Mann stand auf und verneigte sich. »Verzeihen Sie«, sagte er, und es klang ehrlich. »Ich war Turis Lehrer, als er noch klein war, und seine Eltern erwiesen mir die Ehre, mich zu seinem Paten zu bestimmen. Heute bin ich Professor für Geschichte und Literatur an der Universität Palermo. Die beste Empfehlung für mich jedoch kann von allen an diesem Tisch bestätigt werden: Ich bin und war immer ein Mitglied von Giulianos Bande.«

Stefan Andolini sagte ruhig: »Auch ich bin Mitglied der Bande. Meinen Namen kennst du und weißt, daß ich dein Cousin bin. Aber ich werde auch Fra Diavolo genannt.«

Das war ebenfalls ein legendärer Name in Sizilien, den Michael immer wieder gehört hatte. Dieses Mordbubengesicht hat er sich verdient, dachte er. Auch Andolini war also ein Flüchtling, auf dessen Kopf ein Preis ausgesetzt war. Und doch hatte er heute mittag beim Essen neben Inspektor Velardi gesessen.

Alle warteten auf seine Antwort. Michael hatte nicht die Absicht, ihnen von seinen endgültigen Plänen zu erzählen, aber irgend etwas mußte er ihnen sagen. Da Giulianos Mutter ihn eindringlich anstarrte, wandte er sich allein an sie. »Es ist ganz einfach«, erklärte er. »Zunächst muß ich Sie warnen: Ich kann nicht länger als eine Woche warten. Ich bin schon zu lange von zu Hause fortgewesen, und mein Vater braucht meine Hilfe bei seinen eigenen Problemen. Sie werden sicher verstehen, wie sehr es mich zu meiner Familie zurückzieht. Aber mein Vater wünscht, daß ich Ihrem Sohn helfe. Seine letzten, von einem Kurier überbrachten Anweisungen lauteten, daß ich Don Croce hier besuchen und dann nach Trapani weiterfahren soll. Dort wohne ich in der Villa des einheimischen Don, wo mich Männer aus Amerika erwarten, denen ich hundertprozentig vertrauen kann. Qualifizierte Männer.« Er hielt einen Augenblick inne. Das Wort »qualifiziert« hatte eine besondere Bedeutung in Sizilien: Es wurde zumeist auf hochrangige Mafia-Henker angewendet. Dann fuhr er fort: »Sobald Turi zu mir kommt, ist er in Sicherheit. Die Villa ist eine Festung. Und innerhalb weniger Stunden werden wir an Bord eines schnellen Schiffs zu einer afrikanischen Stadt sein. Dort wird uns ein Sonderflugzeug erwarten, das uns geradewegs nach Amerika bringt, wo er dann unter dem Schutz meines Vaters steht, so daß Sie keine Angst mehr um ihn zu haben brauchen.«

Hector Adonis fragte: »Wann sind Sie bereit, Turi Giuliano zu empfangen?«

»Morgen früh werde ich in Trapani eintreffen. Geben Sie mir von da an vierundzwanzig Stunden Zeit.«

Plötzlich brach Giulianos Mutter in Tränen aus. »Mein armer Turi! Niemandem vertraut er mehr. Er wird nicht nach Trapani kommen.«

»Dann kann ich ihm nicht helfen«, entgegnete Michael kalt.

Giulianos Mutter schien vor Verzweiflung zu schrumpfen. Seltsamerweise war es Pisciotta, der zu ihr ging, um sie zu trösten. Er küßte sie und nahm sie in den Arm. »Keine Angst, Maria Lombardo«, sagte er. »Auf mich hört Turi noch. Ich werde ihm sagen, daß wir alle an diesen Mann aus Amerika glauben. Ist es nicht so?« Fragend sah er die anderen an, und alle nickten. »Ich werde Turi persönlich nach Trapani bringen.«

Damit schienen alle zufrieden zu sein. Michael erkannte, daß es seine eiskalte Antwort gewesen war, die sie bewogen hatte, ihm zu vertrauen. Als Sizilianer waren sie mißtrauisch gegen eine allzu herzliche, menschliche Großzügigkeit.

Aber Michael hatte jetzt kein Verständnis mehr für ihre Vorsichtigkeit, mit der sie die Pläne seines Vaters durchkreuzten. Don Croce war auf einmal ein Feind, Giuliano kam vielleicht nicht so schnell wie möglich, ja vielleicht sogar überhaupt nicht. Was ging ihn Turi Giuliano eigentlich an? Und überhaupt, dachte er, was geht Giuliano meinen Vater an?

Sie führten ihn in das kleine Wohnzimmer, wo die Mutter Kaffee und Anisette servierte und sich dafür entschuldigte, daß es nicht auch noch etwas Süßes gab. Der Anisette werde Michael für die lange Nachtfahrt nach Trapani wärmen, erklärten sie. Hector Adonis zog ein goldenes Zigarettenetui aus seinem eleganten Jackett, reichte es herum, steckte sich selbst eine Zigarette in den feingeschnittenen Mund und vergaß sich sogar so weit, daß er sich tief in den Sessel hineinlehnte und seine Füße in der Luft hängen ließ. Einen Moment lang sah er aus wie eine in sich zusammengefallene Marionette.

Maria Lombardo deutete auf das große Porträt an der Wand. »Ist er nicht hübsch?« fragte sie. »Und er ist ebenso gut wie schön. Mir hat es fast das Herz gebrochen, daß er Bandit wurde. Erinnern Sie sich noch an jenen schrecklichen Tag, Signor Adonis? Und an all die Lügen über die Portella della Ginestra? So etwas hätte mein Sohn nie tun können!«

Die anderen Männer waren verlegen. Zum zweitenmal an diesem Tag fragte sich Michael, was an der Portella della Ginestra geschehen war, wollte seine Neugierde aber nicht offen zeigen.

Hector Adonis sagte: »Als ich Turi noch unterrichtete, war er ein sehr eifriger Leser; die Sagen von Karl dem Großen und Roland kannte er auswendig, und nun ist er selber ein Mythos geworden. Auch mein Herz brach, als er Bandit wurde.«

»Er kann von Glück sagen, wenn er am Leben bleibt«, sagte Giulianos Mutter bitter. »Ach, warum wollten wir damals nur, daß unser Sohn hier zur Welt kommen sollte? Weil wir wollten, daß er ein echter Sizilianer wurde.« Sie stieß ein hartes, bitteres Lachen aus. »Und genau das ist er geworden. Er ist in ständiger Angst um sein Leben, und auf seinen Kopf ist ein Preis ausgesetzt.« Sie hielt inne und sagte dann heftig: »Dabei ist mein Sohn ein Heiliger!«

Michael bemerkte, daß Pisciotta merkwürdig lächelte – so, wie es die Menschen tun, wenn sie zuhören, wie liebende Eltern übertrieben von den Tugenden ihrer Kinder schwärmen. Selbst Giulianos Vater machte eine ungeduldige Handbewegung. Stefan Andolini lächelte auf seine verschlagene Art, und Pisciotta sagte liebevoll, aber kühl: »Meine liebe Maria Lombardo, tun Sie nicht, als wäre Ihr Sohn so hilflos! Er hat mehr ausgeteilt als eingesteckt, und seine Feinde fürchten ihn immer noch.«

Etwas ruhiger antwortete Giulianos Mutter: »Ich weiß, daß er oft getötet hat, aber er war nie ungerecht. Und er hat ihnen stets Zeit gelassen, ihre Seele zu erleichtern und ein letztes Gebet zu sprechen.« Plötzlich ergriff sie Michaels Hand und zog ihn in die Küche und auf den Balkon hinaus. »Die kennen meinen Sohn alle nicht richtig«, erklärte sie Michael. »Die wissen nicht, wie sanft und freundlich er ist. Vielleicht muß er den Männern gegenüber anders sein, aber mir gegenüber ist er so, wie er wirklich ist. Er gehorcht mir aufs Wort und hat niemals etwas Böses zu mir gesagt. Er war ein liebevoller, pflichtbewußter Sohn. In seiner ersten Zeit als Bandit schaute er von den Bergen herab, ohne etwas zu sehen. Und ich schaute hinauf und konnte auch nichts sehen. Aber einer spürte die Gegenwart des anderen, einer die Liebe des anderen. Und heute abend spüre ich ihn auch. Ich denke an ihn, ganz allein ist er jetzt in den Bergen und wird von Tausenden Soldaten gejagt, und es bricht mir das Herz.

Sie sind vielleicht der einzige, der ihn noch retten kann. Versprechen Sie mir, daß Sie warten werden?« Sie hielt seine Hände fest in den ihren, und die Tränen strömten ihr über die Wangen.

Michael sah in die dunkle Nacht hinaus, auf die Stadt Montelepre, eingeschmiegt in die hohen Berge, mit einem einzigen beleuchteten Punkt, der Piazza in der Ortsmitte. Der Himmel war mit Sternen übersät. Von den Straßen unten drangen immer wieder einmal das Klirren von Waffen und die rauhen Stimmen patrouillierender Carabinieri herauf. Es war, als sei die Stadt voller Gespenster. Sie kamen in der lauen Luft der Sommernacht, die erfüllt war vom Duft der Zitronenbäume, dem leisen, aber durchdringenden Zirpen zahlloser Insekten, dem unerwarteten Ruf einer Polizeistreife.

»Ich werde warten, solange es geht«, versicherte Michael leise. »Aber mein Vater braucht mich zu Hause. Sie müssen Ihren Sohn überreden, daß er zu mir kommt.«

Sie nickte; dann führte sie ihn zu den anderen zurück. Pisciotta ging ruhelos auf und ab. Er wirkte nervös. »Wir haben beschlossen, alle hier zu warten, bis es Morgen wird und das Ausgehverbot endet«, erklärte er. »Da draußen im Dunkeln laufen zu viele schießwütige Soldaten herum; es könnte zu einem Zwischenfall kommen. Haben Sie was dagegen?« fragte er Michael.

»Nein«, antwortete Michael. »Solange es keine zu große Zumutung für unsere Gastgeber ist.«

Das taten sie als unwichtig ab. Sie waren schon oft die ganze Nacht hindurch geblieben, wenn Turi Giuliano sich in die Stadt geschlichen hatte, um seine Eltern zu besuchen.

Und außerdem gab es noch vieles zu besprechen, zahlreiche Einzelheiten festzulegen. Sie machten es sich für die lange Nacht bequem. Hector Adonis legte Jackett und Krawatte ab und wirkte trotzdem noch elegant. Die Mutter machte frischen Kaffee.

Michael bat die Männer, ihm alles über Turi Giuliano zu erzählen. Die Eltern versicherten ihm abermals, ihr Turi sei ihnen immer ein wunderbarer Sohn gewesen. Stefan Andolini berichtete von dem Tag, an dem Turi Giuliano ihm das Leben geschenkt hatte. Pisciotta erzählte komische Geschichten über Turis Tollkühnheit, seinen Humor und Mangel an Grausamkeit. Wenn er Verrätern und Feinden gegenüber auch unbarmherzig sein konnte, so beleidigte er sie doch niemals in ihrer Männlichkeit, etwa durch Folter oder Demütigung. Und dann schilderte er ihm die Tragödie an der Portella della Ginestra. »Er hat damals den ganzen Tag geweint«, sagte Pisciotta. »Vor allen Mitgliedern seiner Bande.«

»Er hätte die Menschen an der Ginestra niemals umbringen können«, versicherte Maria Lombardo.

Hector Adonis tröstete sie. »Das wissen wir alle. Er war immer ein sanfter Mensch.« Zu Michael sagte er: »Er liebte Bücher; ich dachte immer, er würde ein Dichter oder Gelehrter werden. Er war jähzornig, aber nie grausam. Weil sein Zorn unschuldig war. Er haßte Ungerechtigkeit. Er haßte die Brutalität der Carabinieri den Armen und ihre Unterwürfigkeit den Reichen gegenüber. Schon als Junge wurde er wütend, wenn er von einem Bauern hörte, der das Getreide, das er anbaute, nicht behalten, den Wein, den er kelterte, nicht trinken, die Schweine, die er schlachtete, nicht essen durfte. Und trotzdem war er ein sehr sanfter Junge.«

Pisciotta lachte. »Heute ist er nicht mehr so sanft. Und Sie, Hector, sollten jetzt nicht den kleinen Lehrer spielen. Zu Pferde waren Sie stets ein ebenso großer Mann wie wir.«

Hector Adonis musterte ihn streng. »Aspanu«, sagte er, »dies ist nicht der richtige Zeitpunkt für deine Witze.«

Pisciotta entgegnete aufgebracht: »Glauben Sie wirklich, ich könnte jemals Angst vor Ihnen haben, Kleiner?«

Pisciottas Kosename war also Aspanu, und zwischen den beiden Männern herrschte tiefe Abneigung. Immer wieder spielte Pisciotta auf die Größe des anderen an, und Adonis sprach zu Pisciotta in streng zurechtweisendem Ton. Eigentlich herrschte zwischen allen Anwesenden ein gewisses Mißtrauen; die anderen schienen sich Stefan Andolini vom Leib zu halten, Giulianos Mutter vertraute wohl keinem von ihnen ganz und gar. Und doch wurde im Laufe der Nacht klar, daß sie alle Turi liebten.

Vorsichtig erkundigte sich Michael: »Es gibt ein von Turi Giuliano geschriebenes Testament. Wo ist es?«

Alle schwiegen, alle beobachteten ihn aufmerksam. Auf einmal schloß ihr Mißtrauen auch Michael ein.

Schließlich sagte Hector Adonis: »Er hat es auf meinen Rat hin zu schreiben begonnen, und ich habe ihm dabei geholfen. Turi hat jede Seite signiert. Er hat alles über die geheimen Bündnisse mit Don Croce, mit der Regierung in Rom und die Wahrheit über die Portella della Ginestra aufgezeichnet. Würde das Testament veröffentlicht, würde die Regierung stürzen. Falls es zum Schlimmsten kommen sollte, ist es Giulianos letzter Trumpf.«

»Liegt es an einem sicheren Platz?« fragte Michael.

Pisciotta antwortete: »Ja. Don Croce würde es nur allzu gern in die Finger kriegen.«

Giulianos Mutter ergänzte: »Wir werden dafür sorgen, daß Ihnen das Testament rechtzeitig übergeben wird. Vielleicht können Sie es mit dem Mädchen nach Amerika schicken.«

Verblüfft sah Michael die anderen an. »Was für ein Mädchen?« Alle wandten verlegen den Blick ab. Sie wußten, daß dies eine unangenehme Überraschung für ihn war, und fürchteten seine Reaktion.

»Die Verlobte meines Sohnes«, erklärte Giulianos Mutter. »Sie ist schwanger.« Dann sprach sie zu den anderen. »Sie kann sich nicht in Luft auflösen. Wird er sie mitnehmen oder nicht? Er soll es uns jetzt sofort sagen.« Obwohl sie versuchte, ruhig zu bleiben, hatte sie eindeutig Angst vor Michaels Reaktion. »Sie wird zu Ihnen nach Trapani kommen. Turi will, daß Sie sie vor ihm nach Amerika schicken. Sobald sie ihm Nachricht gibt, daß sie in Sicherheit ist, wird Turi auch zu Ihnen kommen.«

»Diesbezüglich habe ich keine Anweisungen«, wandte Michael vorsichtig ein. »Ich müßte zunächst mit meinen Leuten in Trapani reden – wegen der Zeitfrage. Ich weiß, daß Sie und Ihr Mann Ihrem Sohn folgen sollen, sobald er in Amerika ist. Kann das Mädchen nicht warten und später mit Ihnen zusammen fahren?«

»Mit dem Mädchen testen wir Sie«, antwortete Pisciotta rauh. »Sie wird ein Codewort schicken, und dann weiß Giuliano, ob er es nicht nur mit einem ehrlichen, sondern auch mit einem intelligenten Mann zu tun hat. Erst dann kann er sich darauf verlassen, daß Sie ihn heil aus Sizilien herausbringen.«

Giulianos Vater wurde ärgerlich. »Aspanu«, sagte er, »ich habe dir und meinem Sohn bereits erklärt, daß Don Corleone mir versprochen hat, uns zu helfen.«

»So lauten Turis Anweisungen«, erklärte Pisciotta ausweichend.

Michael überlegte rasch. Dann sagte er: »Ich finde das sehr gut. So können wir die Fluchtroute testen und sehen, ob sie auch sicher ist.« Er hatte nicht die Absicht, für Giuliano denselben Fluchtweg zu benutzen. An Giulianos Mutter gewandt fuhr er fort: »Ich könnte Sie und Ihren Mann mit dem Mädchen zusammen wegbringen.« Dabei sah er sie fragend an, doch beide Eltern schüttelten den Kopf.

»Keine schlechte Idee«, meinte Hector Adonis leise.

Giulianos Mutter sagte: »Wir werden Sizilien nicht verlassen, solange unser Sohn noch hier ist.« Giulianos Vater verschränkte die Arme über der Brust und nickte. Michael kannte ihre Gedankengänge: Wenn Turi Giuliano in Sizilien starb, wollten sie nicht in Amerika sein. Sie mußten bleiben, um ihn zu betrauern, zu beerdigen, Blumen auf sein Grab zu legen. Das Ende der Tragödie gehörte ihnen. Das Mädchen konnte gehen; sie war ihm nur durch Liebe verbunden, nicht durch Blut.

Irgendwann in der Nacht zeigte Maria Lombardo Giuliano Michael ein Album mit Zeitungsberichten und Fahndungsplakaten mit den verschiedenen Belohnungen der Regierung in Rom für Giulianos Festnahme. Sie zeigte ihm einen Bildbericht, der 1948 von »Life« in Amerika veröffentlicht worden war. In diesem Bericht hieß es, Giuliano sei der größte Bandit der heutigen Zeit, ein italienischer Robin Hood, der die Reichen beraubte, um den Armen zu helfen. Dazu war einer der berühmten Briefe abgedruckt, die Giuliano an die Zeitungen geschickt hatte.

Darin hieß es: »Seit fünf Jahren kämpfe ich für die Freiheit Siziliens. Den Armen gebe ich, was ich den Reichen nehme. Die Menschen Siziliens sollen entscheiden, was ich bin: Bandit oder Freiheitskämpfer. Entscheiden sie gegen mich, werde ich mich Ihnen zur Aburteilung stellen. Solange sie jedoch für mich sind, werde ich weiterhin den totalen Krieg führen und die Fäulnis, den Schmutz ausräumen, der die sizilianischen Menschen unterdrückt.«

Das klingt wahrhaftig nicht nach einem flüchtigen Banditen, dachte Michael, während Maria Lombardo ihn voll Stolz anstrahlte. Er empfand eine gewisse Zuneigung zu ihr; sie sah seiner eigenen Mutter sehr ähnlich. Ihr Gesicht war zerfurcht von durchlebten Ängsten, doch ihre Augen leuchteten vor angeborener Lust zu weiterem Kampf gegen das Schicksal.

Endlich dämmerte der Morgen. Michael verabschiedete sich. Zu seiner Überraschung nahm Giulianos Mutter ihn herzlich in die Arme.

»Sie erinnern mich an meinen Sohn«, erklärte sie. »Ich vertraue Ihnen.« Dann ging sie zum Kaminsims und nahm eine Holzstatuette der Mutter Gottes herunter. Sie war schwarz, ihre Gesichtszüge waren negroid. »Nehmen Sie das hier als Geschenk von mir. Es ist mein einziger Besitz, der Ihrer wert ist.«

Michael wollte die Gabe ablehnen, doch sie bestand darauf, daß er sie nahm.

Hector Adonis erklärte: »Von diesen Statuetten gibt es nur noch sehr wenige in Sizilien. Es ist seltsam, aber wir sind Afrika sehr nahe.«

Giulianos Mutter sagte: »Es spielt keine Rolle, wie sie aussieht, Sie können trotzdem zu ihr beten.«

»O ja«, bestätigte Pisciotta verächtlich. »Die hier kann genauso viel wie die andere.«

Michael sah zu, wie Pisciotta sich von Giulianos Mutter verabschiedete. Er spürte die echte Zuneigung zwischen den beiden. Pisciotta küßte sie auf beide Wangen und tätschelte sie tröstend. Sie aber legte ganz kurz den Kopf an seine Schulter und sagte: »Aspanu, Aspanu, ich liebe dich, wie ich meinen eigenen Sohn liebe. Laß nicht zu, daß sie Turi töten.«

Sie weinte.

Pisciotta hatte seine kalte, distanzierte Haltung abgelegt. »Ihr werdet alt werden, in Amerika«, versprach er aufmunternd.

Dann wandte er sich an Michael. »In spätestens einer Woche werde ich Ihnen Turi bringen.«

Dann ging er rasch und lautlos zur Tür hinaus: Auch er hatte einen rotumrandeten Sonderpaß und konnte sofort wieder in den Bergen untertauchen. Hector Adonis wollte bei den Giulianos bleiben, obwohl er ein eigenes Haus im Dorf besaß.

Stefan Andolini und Michael stiegen in den Fiat und fuhren über die Piazza auf die Straße, die nach Castelvetrano und zur Hafenstadt Trapani führte. Wegen Andolinis vorsichtiger Fahrweise und der zahlreichen Straßensperren des Militärs wurde es Mittag, bis sie Trapani erreichten.

Zweites Buch

Turi Giuliano

1943

Zweites Kapitel

Im September 1943 war Hector Adonis Professor für Geschichte und Literatur an der Universität Palermo. Sein extrem kleiner Wuchs verführte seine Kollegen dazu, ihn mit weniger Respekt zu behandeln, als seine Begabung es verdiente. Doch im sizilianischen Kulturkreis, in dem die meisten Spitznamen brutal auf körperlichen Mängeln fußten, war das nicht anders zu erwarten. Der einzige Mensch, der den wahren Wert des Professors erkannte, war der Rektor seiner Universität.

In diesem September 1943 sollte sich Hector Adonis' Leben verändern. Für Süditalien war der Krieg vorbei. Die Amerikaner hatten Sizilien erobert und waren aufs Festland weitergezogen. Der Faschismus war tot, Italien wiedergeboren; zum erstenmal seit vierzehn Jahrhunderten hatte die Insel Sizilien keinen richtigen Herrn. Doch Hector Adonis, der die Ironie der Geschichte kannte, hegte keine großen Hoffnungen. Denn schon hatte die Mafia begonnen, die Rechtsherrschaft über Sizilien an sich zu reißen. Ihre krebsartig wuchernde Macht würde sich als ebenso tödlich erweisen wie die irgendeines Staates. Sein Bürofenster bot ihm den Blick auf das Gelände der Universität mit seinen wenigen Gebäuden.

Dormitorien waren unnötig, denn hier gab es kein Collegeleben wie in England und Amerika. Hier lernten die meisten Studenten zu Hause und konsultierten ihre Professoren in festgelegten Zeitabständen. Die Professoren hielten

Vorlesungen, die die Studenten ungestraft schwänzen konnten. Sie brauchten nur ihr Examen abzulegen. Es war ein System, das Hector Adonis ganz allgemein für eine Schande und im besonderen deshalb für töricht hielt, weil es sich um Sizilianer handelte, die, wie er meinte, eine noch strengere pädagogische Disziplin benötigten als die Studenten anderer Länder.

Von seinem bleiverglasten Fenster aus beobachtete er jedes Semester aufs neue die Anreise der Mafiachefs aller sizilianischen Provinzen, die den Universitätsprofessoren ihre Lobby-Besuche abstatteten. Unter der Faschistenherrschaft waren die Mafiachefs vorsichtiger, bescheidener gewesen; jetzt, unter der segensreichen, durch die Amerikaner eingeführten Demokratie, waren sie wieder aufgetaucht wie Regenwürmer, die sich durch die aufgeweichte Erde emporarbeiten, und hatten ihren alten Stil angenommen. Keine Rede mehr von Bescheidenheit.

Die Mafiachefs, die Freunde der Freunde, Führer der kleinen, lokalen Clans in den zahlreichen Dörfern Siziliens, kamen im Festtagsstaat, um sich für Studenten einzusetzen, die mit ihnen verwandt waren, oder für Söhne reicher Grundbesitzer oder für Söhne von Freunden, die in ihren Studienfächern an der Universität versagt hatten und keinen akademischen Grad erlangen würden, wenn niemand energisch eingriff. Diese akademischen Grade waren von größter Wichtigkeit. Wie sonst sollten die Familien die Söhne loswerden, die keinen Ehrgeiz besaßen, keinerlei Talent, keine Intelligenz? Die Eltern würden sie für den Rest ihres Lebens versorgen müssen. Mit einem akademischen Grad jedoch, einem Diplom der Universität, konnten dieselben Taugenichtse Lehrer, Ärzte, Parlamentsmitglieder oder im ungünstigsten Fall zumindest kleine staatliche Verwaltungsbeamte werden.

Hector Adonis zuckte die Achseln: Er fand Trost in der

Historie. Seine heißgeliebten Briten hatten in der größten Zeit des Empire ihre Truppen ebenso inkompetenten Söhnen reicher Familien anvertraut, denen die Eltern Offizierspatente in der Armee oder das Kommando über ein großes Schiff kauften. Und dennoch hatte das Empire floriert. Gewiß, diese Befehlshaber hatten ihre Soldaten in überflüssige Massaker geschickt, doch immerhin mußte man zugeben, daß sie mit ihren Männern gestorben waren, denn Tapferkeit war das erste Gebot ihrer Klasse. Und ihr Tod hatte wenigstens verhindert, daß diese inkompetenten, wertlosen Männer dem Staat zur Last fielen. Die Italiener waren nicht so eiskalt praktisch. Sie liebten ihre Kinder, schützten sie vor persönlichen Katastrophen und überließen den Staat seinem Schicksal.

Von seinem Fenster aus entdeckte Hector Adonis mindestens drei lokale Mafiachefs auf der Suche nach ihren Opfern. Sie trugen Mützen, Lederstiefel und über dem Arm schwere Samtjacken, denn es war noch immer relativ warm. Als Geschenke hatten sie mit Obst gefüllte Körbe oder bastumwickelte Flaschen mit selbstgekeltertem Wein mitgebracht. Keine Bestechung – nur ein kleines Trostpflaster für den Schrecken, der sich bei ihrem Anblick in der Brust der Professoren regen mußte. Denn die meisten Professoren waren gebürtige Sizilianer und wußten, daß derartige Bitten nicht abgelehnt werden konnten.

Einer der Mafiachefs, so rustikal gekleidet, daß er direkt in der »Cavalleria Rusticana« hätte mitspielen können, betrat das Gebäude und kam die Treppe herauf. Mit ironischem Vergnügen stellte sich Hector Adonis darauf ein, die ihm bevorstehende altvertraute Komödie zu spielen.

Adonis kannte den Mann. Er hieß Buccilla und besaß in einem Dorf namens Partinico, unweit von Montelepre, einen Hof und Schafherden. Sie schüttelten sich die Hand, und Buccilla überreichte ihm den Korb, den er mitgebracht hatte.

»Wir haben so viel Obst, das vom Baum fällt und verfault, daß ich mir dachte, bring doch dem Professor was davon mit«, erklärte Buccilla. Er war ein kleiner, breit gebauter Mann mit einem von lebenslanger schwerer körperlicher Arbeit gestählten Körper. Adonis wußte, daß er in dem Ruf stand, ehrlich zu sein, ein bescheidener Mann, obwohl er seine Macht hätte benutzen können, um reich zu werden. Er verkörperte die Rückkehr zum Erscheinungsbild der alten Mafiachefs, die nicht um Reichtum kämpften, sondern um Respekt und Ehre.

Lächelnd nahm Adonis den Obstkorb entgegen. Welcher sizilianische Bauer würde jemals etwas verfaulen lassen? Auf jede Olive, die vom Baum fiel, kamen einhundert Kinder, und diese Kinder waren wie Heuschrecken.

Buccilla seufzte. Er gab sich leutselig, aber Adonis wußte, daß diese Leutseligkeit innerhalb von Sekundenbruchteilen in gefährliche Wut umschlagen konnte. Also lächelte er mitfühlend, als Buccilla sagte: »Ach, das Leben ist eine Plage! Ich habe auf meinem eigenen Land zu tun, aber wenn ein Nachbar mich um eine Gefälligkeit bittet – wie kann ich sie ihm abschlagen? Mein Vater kannte schon seinen Vater, mein Großvater seinen Großvater. Und es liegt in meiner Natur, ist vielleicht sogar mein Unglück, daß ich stets alles tue, um was mich ein Freund bittet. Denn schließlich – sind wir nicht alle Christen?«

Geschickt antwortete Hector Adonis: »Wir Sizilianer sind alle gleich. Wir sind zu großzügig. Deswegen nutzen die oben im Norden, in Rom, uns auch so schamlos aus.«

Buccilla musterte ihn. Hier würde es keine Probleme geben. Und hatte er nicht irgendwo gehört, daß dieser Professor zu den Freunden gehörte? Verängstigt wirkte er jedenfalls nicht. Aber wenn er ein Freund der Freunde war, warum wußte er, Buccilla, dann nichts davon? Nun ja, es gab so viele verschiedene Ebenen bei den Freunden. Auf jeden Fall war dies ein Mann, der die Welt verstand, in der er lebte.

»Ich wollte Sie um einen Gefallen bitten«, erklärte Buccilla. »Unter uns Sizilianern. Der Sohn meines Nachbarn ist in diesem Jahr durchgefallen. Sie selbst haben ihn durchfallen lassen, behauptet mein Nachbar. Aber als ich Ihren Namen hörte, antwortete ich ihm: ›Wie bitte? Signor Adonis? Der Mann hat doch ein Herz aus Gold! Der wäre niemals so unfreundlich gewesen, wenn er die Umstände gekannt hätte. Niemals!‹ Und dann bat er mich mit Tränen in den Augen, Ihnen die ganze Geschichte zu erzählen und Sie demütig darum zu bitten, die Noten zu ändern, damit er in die Welt hinausgehen und seinen Lebensunterhalt verdienen kann.«

Hector Adonis ließ sich nicht täuschen durch Buccillas ausgesuchte Höflichkeit. Auch dies erinnerte ihn wieder an die Engländer, die er so sehr bewunderte, diese Menschen, die auf so subtile Art unverschämt sein konnten, daß man sich tagelang in ihren Beleidigungen sonnte, bevor einem klar wurde, daß man von ihnen tödlich verletzt worden war. Tödlich verletzt – bei den Engländern nur eine Redensart, bei Signor Buccilla jedoch würde die Ablehnung seiner Bitte sofort mit dem Schuß aus einer *lupara* in einer dunklen Nacht quittiert werden. Höflich knabberte Hector Adonis an den Oliven und Beeren aus seinem Korb. »Aber nein, wir können einen jungen Mann in dieser schrecklichen Welt doch nicht einfach verhungern lassen!« erklärte er. »Wie heißt er denn?« Als Buccilla ihm den Namen genannt hatte, holte Adonis eine Mappe aus seinem Schreibtisch und blätterte darin, obwohl ihm der Name gut bekannt war.

Der durchgefallene Student war ein Dummkopf, ein Lümmel, ein Tölpel; primitiver als die Schafe auf Buccillas Hof. Er war ein Faulpelz, ein Schürzenjäger, ein unfähiger Aufschneider, ein hoffnungslos Ungebildeter, der nicht mal den Unterschied zwischen der Ilias und Verga kannte. Trotz allem jedoch lächelte Hector Adonis liebenswürdig und sagte im Brustton äußerster Überraschung: »Ah ja, er hatte ein paar kleine Schwierigkeiten in einem Examen. Aber das läßt sich leicht korrigieren. Sagen Sie ihm, er soll zu mir kommen; ich werde ihn persönlich hier in meinen Räumen vorbereiten und gesondert examinieren. Er wird kein zweites Mal durchfallen.«

Sie reichten sich die Hand, und Buccilla ging. Wieder einen Freund gewonnen, dachte Adonis. Was machte es schon, daß all diese jungen Taugenichtse akademische Grade bekamen, die sie nicht verdient hatten! Im Italien des Jahres 1943 konnten sie sich mit ihren Diplomen den verwöhnten Hintern wischen und in mittelmäßige Positionen absteigen.

Das Schrillen des Telefons riß ihn aus seinen Gedanken und brachte ihm neuen Ärger. Es klingelte einmal kurz und nach einer Pause dreimal noch kürzer. Die Frau in der Telefonzentrale schwatzte mit irgend jemandem und betätigte den Hebel in den Pausen ihres eigenen Gesprächs. Das regte ihn so sehr auf, daß er gereizter als angebracht sein »*pronto*« in die Sprechmuschel rief.

Unglücklicherweise handelte es sich bei dem Anrufer um den Rektor der Universität. Seine Stimme zitterte vor Angst, sein Ton klang beinahe weinerlich flehend. »Mein lieber Professor Adonis«, sagte er, »dürfte ich Sie zu mir ins Büro bitten? Die Universität steht vor einem schweren Problem, für das nur Sie möglicherweise eine Lösung finden können. Es ist von größter Wichtigkeit. Glauben Sie mir, mein lieber Professor, ich werde Ihnen ewig dankbar sein!«

Diese Unterwürfigkeit machte Hector Adonis nervös. Was erwartete dieser Idiot von ihm? Daß er über den Dom von Palermo sprang? Dafür ist der Herr Rektor besser geeignet, dachte Adonis erbittert, der ist mindestens einsachtzig groß. Soll er doch springen und nicht einen Untergebenen mit den kürzesten Beinen von ganz Sizilien darum bitten! Diese Vorstellung gab ihm seine gute Laune wieder. Freundlich sagte er: »Vielleicht geben Sie mir einen Anhaltspunkt. Dann kann ich mich unterwegs vorbereiten.«

Der Rektor senkte die Stimme zum Flüstern. »Der ehrenwerte Don Croce hat uns mit seinem Besuch beehrt. Sein Neffe studiert Medizin, und sein Professor machte den Vorschlag, er solle sich mit Anstand aus dem Studium zurückziehen. Und nun ist Don Croce hier, um uns höflichst zu bitten, diesen Vorschlag nochmals zu überdenken. Der Professor der medizinischen Fakultät besteht jedoch darauf, daß der junge Mann ausscheidet.«

»Wer ist der Idiot?« erkundigte sich Hector Adonis.

»Der junge Doktor Nattore«, antwortete der Rektor. »Ein geschätztes Mitglied unseres Lehrkörpers, aber leider ein bißchen weltfremd.«

»In fünf Minuten bin ich bei Ihnen«, versprach Hector Adonis.

Während er zum Hauptgebäude hinübereilte, überlegte sich Hector Adonis, was er tun sollte. Er kannte Dr. Nattore gut. Ein brillanter Mediziner, ein Lehrer, dessen Tod ein Verlust für Sizilien, dessen Rücktritt ein Verlust für die Universität sein würde. Überdies einer von jenen hochtrabenden Langweilern, ein Mann mit unverrückbaren Prinzipien und echtem Ehrgefühl. Aber selbst er mußte vom großen Don Croce gehört haben, selbst er mußte ein winziges Körnchen gesunden Menschenverstandes in seinem genialen Hirn verborgen haben. Für sein Verhalten mußte es einen anderen Grund geben!

Vor dem Hauptgebäude parkte ein großer schwarzer Wagen, an dem zwei Männer in dunklen Straßenanzügen lehnten, die aber auch keine wohlanständigen Erscheinungen aus ihnen machten. Das mußten der Leibwächter und der

Chauffeur des Don sein, die dieser aus Respekt vor den Akademikern, die er besuchte, hier unten warten ließ. Adonis bemerkte ihre zuerst verblüffte, dann belustigte Miene beim Anblick seiner kleinen Gestalt im perfekt geschnittenen Anzug und mit der Aktentasche unterm Arm. Er warf ihnen einen eiskalten Blick zu, der sie überraschte. Konnte ein so kleiner Mann ein Freund der Freunde sein?

Das Büro des Rektors machte eher den Eindruck einer Bibliothek als einer Geschäftszentrale, denn er war weit mehr Gelehrter als Verwaltungsbeamter. Die Wände waren mit vollen Bücherregalen bedeckt, die Sitzmöbel schwer, aber bequem. Don Croce saß in einem tiefen Sessel und trank Espresso. Sein Gesicht erinnerte Hector Adonis an den Bug eines Schiffes aus der Ilias, verwittert von jahrelangen Schlachten auf wilden Meeren. Der Don gab vor, ihn nicht zu kennen, und Adonis ließ sich ihm vorstellen. Der Rektor wußte natürlich, daß das eine Farce war, der junge Dr. Nattore jedoch ließ sich täuschen.

Der Rektor war der größte Mann der Universität, Hector Adonis der kleinste. Aus Höflichkeit nahm der Rektor sofort wieder Platz und rutschte tief in seinen Sessel, bevor er sprach.

»Wir haben hier eine kleine Meinungsverschiedenheit«, begann der Rektor. Dr. Nattore schnaufte verächtlich, Don Croce jedoch neigte zustimmend den Kopf. »Don Croce hat einen Neffen, der gern Arzt werden möchte«, fuhr der Rektor fort. »Professor Nattore meint nun, er habe nicht die notwendigen Zensuren für ein Arztdiplom. Eine Tragödie. Don Croce war so liebenswürdig, herzukommen und mir den Fall seines Neffen persönlich vorzutragen, und da Don Croce so viel für unsere Universität getan hat, dachte ich, wir könnten versuchen, unser Bestes zu tun, um ihm ein bißchen entgegenzukommen.«

Ohne den geringsten Anflug von Sarkasmus ergänzte

Don Croce liebenswürdig: »Ich selbst bin Analphabet, aber man kann wohl wirklich nicht sagen, daß ich im Geschäftsleben keinen Erfolg hätte.« Bestimmt nicht, dachte Hector Adonis; ein Mann, der Minister bestechen, Morde bestellen, Laden- und Fabrikbesitzer einschüchtern kann, braucht nicht lesen und schreiben zu können. »Ich habe meinen Weg durch Erfahrungen gemacht«, fuhr Don Croce fort. »Warum kann also mein Neffe das nicht auch? Meiner armen Schwester wird es das Herz brechen, wenn ihr Sohn nicht den Titel ›Doktor‹ vor seinem Namen führen darf. Sie glaubt aufrichtig an Christus; sie möchte der ganzen Welt helfen.«

Mit jenem Mangel an Einfühlungsvermögen, den man so häufig bei denen findet, die sich im Recht glauben, erklärte Dr. Nattore stur: »Ich werde meine Einstellung nicht ändern.«

Don Croce seufzte. In schmeichelndem Ton sagte er: »Welchen Schaden kann mein Neffe denn anrichten? Ich werde ihm einen Regierungsposten beim Militär verschaffen oder in einem katholischen Krankenhaus für alte Menschen. Er wird ihnen die Hände halten und sich ihre Sorgen anhören. Er ist äußerst liebenswürdig und wird die alten Wracks mit Sicherheit für sich einnehmen. Was verlange ich denn schon? Ein bißchen Manipulation der Papiere, die ihr hier ständig manipuliert.« Verächtlich musterte er die Bücherwände.

Hector Adonis, aufs tiefste beunruhigt von Don Croces Sanftmut, einem Gefahrensignal bei einem solchen Mann, überlegte ärgerlich, wie leicht es doch für den Don war, so zu denken. Der wurde schon bei der kleinsten Indisposition seiner Leber von seinen Leuten in die Schweiz geschafft. Aber Adonis wußte genau, daß es an ihm war, den Ausweg aus dieser Sackgasse zu finden. »Mein lieber Dr. Nattore«, begann er. »Wir werden doch sicher etwas tun können. Ein bißchen Privatunterricht, eine kleine Sonderausbildung an einem Wohlfahrtskrankenhaus, wie?«

Obwohl er in Palermo geboren war, wirkte Dr. Nattore nicht wie ein Sizilianer. Sein blondes Haar lichtete sich bereits, und er ließ sich seinen Zorn anmerken – etwas, das ein echter Sizilianer in einer kritischen Situation niemals gezeigt hätte. Das lag ganz zweifellos an den defekten, vor langer Zeit von einem normannischen Eroberer ererbten Genen. »Sie verstehen mich nicht, mein lieber Professor Adonis. Der junge Narr will Chirurg werden!«

Jesus, Joseph, Jungfrau Maria und alle Heiligen! dachte Hector Adonis. Das bedeutet echte Probleme.

Das erschrockene Schweigen seiner Kollegen ausnutzend, fuhr Dr. Nattore fort: »Ihr Neffe hat keine Ahnung von Anatomie. Er hat eine Leiche so zerhackt, als müsse er ein Schaf für den Spieß zerteilen. Er versäumt die meisten Vorlesungen, er bereitet sich nicht für die Zwischenprüfungen vor, er betritt den Operationssaal, als sei es ein Ballsaal. Zugegeben, er ist sehr liebenswürdig, einen netteren Burschen findet man kaum. Aber schließlich sprechen wir hier von einem Mann, der eines Tages mit einem scharfen Messer in einem menschlichen Körper arbeiten soll.«

Hector Adonis wußte genau, was Don Croce jetzt dachte: Wen interessiert es schon, wie schlecht der Junge als Chirurg sein wird! Dies war eine Frage der Familienehre, des Respektverlustes, falls der Junge durchfiel. So schlecht er als Chirurg auch sein mochte, er würde niemals so viele Menschen umbringen wie Don Croces fleißigste Angestellte. Außerdem hatte der junge Dr. Nattore sich seinem Willen nicht gebeugt, war nicht auf den Wink eingegangen, daß Don Croce bereit sei, die Chirurgie-Frage fallenzulassen, daß er bereit sei, sich für den Neffen mit einem Dr.-med.-Titel zu begnügen.

Es wurde Zeit, daß Hector Adonis die Sache zum Abschluß brachte. »Mein lieber Don Croce«, sagte er, »ich bin überzeugt, daß Doktor Nattore sich Ihren Wünschen fügt, wenn wir ihm weiterhin gut zureden. Aber warum diese romantische Idee Ihres Neffen, Chirurg zu werden? Wie Sie ja sagten, ist er viel zu liebenswürdig, und Chirurgen sind geborene Sadisten. Außerdem – wer legt sich in Sizilien freiwillig unters Messer?« Er hielt einen Moment inne und fuhr dann fort: »Überdies muß er seine Ausbildung in Rom fortsetzen, wenn wir ihn hier das Examen bestehen lassen, und die Römer werden jeden Vorwand benutzen, um einen Sizilianer zur Strecke zu bringen. Wenn Sie darauf bestehen, leisten Sie Ihrem Neffen einen Bärendienst. Darf ich einen Kompromiß vorschlagen?«

Dr. Nattore murmelte, ein Kompromiß komme nicht in Frage. Zum erstenmal verschossen Don Croces Eidechsenaugen Feuer. Dr. Nattore verstummte, und Hector Adonis fuhr eilig fort: »Ihr Neffe wird das Examen als praktischer Arzt bestehen, nicht als Chirurg. Wir werden erklären, er habe ein zu weiches Herz, um Menschen aufzuschneiden.«

Don Croce breitete die Arme aus und öffnete die Lippen zu einem kalten Lächeln. »Sie haben mich mit Ihrem Verstand und Ihrer Vernunft besiegt«, sagte er zu Adonis. »Nun gut, so sei es. Mein Neffe wird praktischer Arzt und nicht Chirurg. Damit muß meine Schwester sich abfinden.« Nachdem er so sein eigentliches Ziel erreicht hatte, verabschiedete er sich rasch; mehr hatte er gar nicht erwartet. Der Rektor begleitete ihn noch zum Wagen. Alle im Zimmer bemerkten den letzten Blick, den Don Croce Dr. Nattore zuwarf, bevor er ging. Es war ein durchdringender Blick, als wolle er sich seine Züge einprägen, damit er diesen Mann, der es gewagt hatte, sich seinem Willen zu widersetzen, niemals vergaß.

Als die beiden fort waren, wandte sich Hector Adonis an Dr. Nattore. »Und Sie, mein lieber Kollege, müssen sofort von dieser Universität verschwinden und Ihren Beruf in Rom ausüben«, sagte er.

»Sind Sie verrückt?« begehrte Dr. Nattore auf.

»Nicht so verrückt wie Sie«, entgegnete Adonis. »Ich möchte, daß Sie heute abend mit mir essen, dann werde ich Ihnen erklären, warum unser Sizilien kein Garten Eden ist.«

»Aber warum soll ich fort?« protestierte Dr. Nattore.

»Weil Sie zu Don Croce Malo nein gesagt haben. Sizilien ist nicht groß genug für Sie beide.«

»Aber er hat doch bekommen, was er wollte!« rief Dr. Nattore verzweifelt aus. »Sein Neffe wird Arzt. Sie und der Rektor haben sich damit einverstanden erklärt.«

»Aber Sie nicht«, sagte Hector Adonis. »Wir haben uns einverstanden erklärt, um Ihnen das Leben zu retten. Trotzdem sind Sie jetzt ein gebrandmarkter Mann.«

Am Abend bewirtete Hector Adonis in einem der besten Restaurants von Palermo sechs Professoren, darunter auch Dr. Nattore. Jeder dieser Professoren hatte an diesem Tag den Besuch eines »ehrenwerten Mannes« erhalten, und alle hatten sich einverstanden erklärt, die Zensuren eines durchgefallenen Studenten zu ändern. Entsetzt hörte sich Dr. Nattore ihre Berichte an und sagte schließlich: »Aber das darf es doch in der medizinischen Fakultät nicht geben! Nicht bei einem Arzt!« Er sagte es so lange, bis sie die Geduld mit ihm verloren. Ein Philosophieprofessor wollte wissen, warum die Medizin für die menschliche Rasse wichtiger sei als die komplizierten Denkprozesse des menschlichen Verstandes und die ewige Unverletzlichkeit der menschlichen Seele. Als sie fertig waren, erklärte sich Dr. Nattore bereit, die Universität Palermo zu verlassen und nach Brasilien auszuwandern, wo ein guter Chirurg, wie seine Kollegen ihm versicherten, an Gallenblasen ein Vermögen verdienen konnte.

In dieser Nacht schlief Hector Adonis den Schlaf des

Gerechten. Am nächsten Morgen jedoch erhielt er einen dringenden Anruf aus Montelepre. Turi Giuliano, sein Patensohn, dessen Intelligenz er immer gefördert, dessen Sanftmut er immer geschätzt hatte, und dessen Zukunft von ihm genau geplant worden war, hatte einen Polizisten getötet.

Drittes Kapitel

Montelepre war ein Dorf mit siebentausend Seelen, so tief ins Tal der Cammarata-Berge gebettet wie in seine Armut.

Am 2. September 1943 bereiteten sich die Einwohner auf ihre Festa vor, die am folgenden Tag beginnen und drei Tage dauern sollte.

Die Festa war in jedem Dorf das größte Ereignis des ganzen Jahres, wichtiger als Ostern, Weihnachten und Neujahr, wichtiger als die Jahrestage der Beendigung des Weltkriegs oder der Geburtstag eines Nationalhelden. Die Festa war dem Ortsheiligen des jeweiligen Dorfes gewidmet. Sie war einer der wenigen Bräuche, in die sich Mussolinis Faschistenregierung nicht einzumischen gewagt, die zu verbieten sie nicht versucht hatte.

Zur Organisation der Festa wurde alljährlich ein Dreier-Komitee der meistrespektierten Männer des Dorfes gebildet. Diese drei ernannten Vertreter, die Geld und Materialspenden sammelten. Jede Familie gab entsprechend ihrem Vermögen. Die Stellvertreter sammelten auch auf der Straße.

Wenn dann der große Tag nahte, begann das Dreier-Komitee den im Laufe des vorangegangenen Jahres angesammelten Sonderfonds auszugeben. Sie engagierten eine Musikkapelle, sie engagierten einen Clown. Sie setzten großzügige Geldpreise für die Pferderennen aus, die an den drei Tagen stattfinden sollten. Sie engagierten Spezialisten zum Dekorieren der Kirche und der Straßen sowie ein Puppentheater. Imbißverkäufer bauten ihre Stände auf.

Die Familien von Montelepre nahmen die Festa zum Anlaß, ihre heiratsfähigen Töchter zu präsentieren: Neue Kleider wurden gekauft, Anstandsdamen zur Begleitung bestimmt. Eine Schar von Prostituierten aus Palermo schlug ihr riesiges Zelt unmittelbar vor dem Dorf auf und schmückte die rot-weiß-grün gestreiften Zeltwände mit ihren Lizenzen und ärztlichen Attesten. Ein berühmter frommer Frater, der vor Jahren stigmatisiert worden war, erhielt den Auftrag, die offizielle Predigt zu halten. Und schließlich, am dritten Tag, wurde die Bahre mit dem Heiligen durch die Straßen getragen, gefolgt von sämtlichen Einwohnern mitsamt ihren Mulis, Pferden, Schweinen und Eseln. Die Statue des Heiligen war überschüttet mit Geldscheinen, Blumen, bunten Bonbons und dicken, bastumwickelten Weinflaschen.

Die drei Tage der Festa bedeuteten sehr viel für diese Menschen. Daß sie den ganzen Rest des Jahres hindurch hungern und auf derselben Piazza, auf der sie jetzt ihren Heiligen verehrten, sonst den Schweiß ihres Körpers für hundert Lire pro Tag an die Landbarone verkaufen mußten, spielte an diesen Tagen keine Rolle.

Am ersten Tag der Montelepre-Festa sollte Turi Giuliano am Eröffnungsritual teilnehmen, der Paarung des Wundermulis von Montelepre mit dem größten und stärksten Esel des Dorfs. Ein weibliches Maultier kann nur sehr selten empfangen; normalerweise ist es – als Produkt der Paarung einer Stute mit einem Esel – unfruchtbar. In Montelepre jedoch existierte ein fruchtbares Muli: Es hatte zwei Jahre zuvor einen Esel geworfen, und sein Besitzer hatte sich als Beitrag seiner Familie zur großen Festa bereit erklärt, den Dienst dieses Mulis und, falls das Wunder eintreten sollte, den daraus resultierenden Sprößling der Festa des folgenden Jahres zur Verfügung zu stellen.

Zwischen dem sizilianischen Bauern und seinem Maultier oder Esel bestand eine gewisse Wesensverwandtschaft. Es waren schwer arbeitende Tiere, die, genau wie der Bauer, eine stählerne, störrische Natur besaßen. Genau wie der Bauer arbeiteten sie endlose Stunden, ohne zusammenzubrechen – im Gegensatz zu den edleren Pferden, die sorgfältig gepflegt werden mußten. Sie waren trittsicher und suchten sich hoch oben in den Bergen ihren Weg, ohne zu stürzen oder sich ein Bein zu brechen – ebenfalls im Gegensatz zu den feurigen Hengsten oder den reinrassigen schnellen Stuten. Außerdem konnten Bauer, Esel und Muli von einer Kost leben, die andere Menschen und Tiere umgebracht hätte. Die Hauptaffinität zwischen den dreien aber bestand darin, daß Bauer, Esel und Muli mit Zuneigung und Respekt behandelt werden mußten, weil sie sonst tödlich gefährlich und störrisch werden konnten.

Die katholischen Volksfeste entsprangen uralten heidnischen Ritualen, bei denen die Götter um Wunder gebeten wurden. An diesem schicksalsschweren Tag im September 1943 sollte während der Festa in Montelepre ein Wunder geschehen, das die Geschicke aller siebentausend Einwohner beeinflussen würde.

Mit zwanzig Jahren galt Turi Giuliano als tapferer, ehrenwerter, starker junger Mann, dem allergrößter Respekt gebührte. Er war ein Mann von Ehre – ein Mann also, der seine Mitmenschen mit größter Fairneß behandelte, ein Mann aber auch, den man nicht ungestraft beleidigen durfte.

Bei der letzten Ernte hatte er sich durch seine Weigerung hervorgetan, als Landarbeiter für den beleidigend niedrigen Lohn zu schuften, den der Verwalter des örtlichen Gutsbesitzers festgesetzt hatte. Anschließend hatte er die anderen Männer zu überreden versucht, ebenfalls nicht zu arbeiten, sondern die Ernte verfaulen zu lassen. Auf eine Anzeige des Barons hin war er von den Carabinieri verhaftet worden. Als man ihn aufgrund der Fürsprache von Hector Adonis aus dem Gefängnis entlassen hatte, hegte er keinerlei Groll oder Haß. Er war für seine Prinzipien eingetreten, und das war ihm genug.

Bei einer weiteren Gelegenheit hatte er eine Messerstecherei zwischen Aspanu Pisciotta und einem anderen jungen Mann einfach dadurch unterbrochen, daß er unbewaffnet zwischen die Kampfhähne trat und ihre Wut mit vernünftigen Argumenten beschwichtigte.

Ungewöhnlich daran war, daß dieses Verhalten bei jedem anderen für als Menschenfreundlichkeit getarnte Feigheit angesehen worden wäre; Giuliano jedoch hatte etwas an sich, das eine derartige Auslegung verbot.

An diesem zweiten Septembertag dachte Salvatore Giuliano, von Freunden und Familie Turi genannt, über einen Zwischenfall nach, der in seinen Augen ein vernichtender Schlag für seinen männlichen Stolz gewesen war.

Im Grunde war es eine Bagatelle. In Montelepre gab es weder ein Kino noch ein Gemeindehaus, sondern nur ein einziges kleines Café mit Billardtisch. Am Abend zuvor hatten Turi Giuliano, sein Cousin Gaspare »Aspanu« Pisciotta und ein paar andere junge Männer Billard gespielt. Einige ältere Männer aus dem Dorf hatten ihnen weintrinkend dabei zugesehen. Guido Quintana, einer von diesen Männern, war angetrunken. Er war ein bekannter Mann, von Mussolini wegen Verdachts auf Mitgliedschaft in der Mafia verhaftet gewesen. Die Eroberung Siziliens durch die Amerikaner hatte bewirkt, daß er als Opfer des Faschismus befreit wurde, und man munkelte, daß er zum Bürgermeister von Montelepre ernannt werden sollte.

Wie jeder Sizilianer kannte auch Turi Giuliano die legendäre Macht der Mafia. In diesen letzten Monaten der Freiheit hatte sie wieder ihren Schlangenkopf im Land erhoben, als sei sie durch den frischen Lehm einer neuen demokratischen Regierung aufs neue fruchtbar geworden. Schon flüsterte man im Dorf, die Ladenbesitzer müßten an gewisse »ehrenwerte Männer« eine »Versicherung« zahlen. Und natürlich war ihm aus der Geschichte bekannt, wie viele Bauern, die versucht hatten, bei mächtigen Aristokraten und Grundbesitzern ihren Lohn einzutreiben, ermordet worden waren, wie fest die Mafia die Kontrolle über die Insel in der Hand gehabt hatte, bevor Mussolini sie mit seiner Mißachtung aller Gesetze dezimierte wie eine gefährliche Schlange, die ihren giftigen Zahn in ein ihr unterlegenes Reptil schlägt. Turi Giuliano ahnte den Terror, der in der Luft lag.

Quintana beobachtete Giuliano und seine Freunde mit leichter Verachtung. Vielleicht reizten sie ihn durch ihren fröhlichen Lärm. Schließlich war er ein seriöser Mann, der vor einem Wendepunkt seines Lebens stand: Von der Mussolini-Regierung auf eine wüste Insel verbannt, war er nun an seinen Geburtsort zurückgekehrt. Sein Ziel für die kommenden Monate war es, sich bei den Einwohnern Respekt zu verschaffen.

Vielleicht war es aber auch Giulianos Schönheit, die ihn irritierte, denn Guido Quintana war ein extrem häßlicher Mensch. Seine Erscheinung wirkte einschüchternd – nicht aufgrund eines einzelnen Zuges, sondern aufgrund der lebenslangen Gewohnheit, der Außenwelt eine angsteinflößende Fassade zu zeigen. Vielleicht aber war es die natürliche Feindschaft des geborenen Bösewichts gegen einen geborenen Helden.

Auf jeden Fall erhob er sich plötzlich so, daß er gegen Giuliano stieß, als dieser gerade um den Billardtisch herumging. Turi, mit seiner angeborenen Höflichkeit älteren Menschen gegenüber, entschuldigte sich höflich. Guido Quintana musterte ihn verächtlich von oben bis unten. »Warum liegst du nicht zu Hause im Bett und schläfst, damit du dir morgen dein Brot verdienen kannst?« höhnte er. »Meine Freunde warten schon stundenlang darauf, endlich Billard spielen zu können.« Damit nahm er Giuliano das Billard-Queue aus der Hand und winkte ihn lächelnd aus dem Weg.

Alle beobachteten Turi gespannt. Es war keine tödliche Beleidigung. Wäre der Mann jünger, die Beleidigung gröber gewesen, hätte Giuliano sich zum Kampf gezwungen gesehen, um seinen Ruf als Mann zu wahren. Aspanu Pisciotta trug ständig ein Messer bei sich und stellte sich jetzt so hin, daß er Quintanas Freunde aufhalten konnte, falls sie sich zum Eingreifen entschlossen. Pisciotta hatte keinen Respekt vor Älteren und erwartete, daß sein Freund und Cousin den Streit beendete.

In diesem Augenblick jedoch empfand Giuliano eine seltsame Unsicherheit. Der Mann wirkte so einschüchternd; er schien auch auf die schwersten Konsequenzen einer Auseinandersetzung gefaßt zu sein. Und seine Freunde im Hintergrund, ebenfalls ältere Männer, lächelten belustigt, als hätten sie keinerlei Zweifel am Ausgang des Zwischenfalls. Einer von ihnen trug Jagdkleidung und hatte ein Gewehr dabei. Giuliano selbst war unbewaffnet. Und dann, einen winzigen, beschämenden Sekundenbruchteil lang, empfand er Angst. Nicht etwa davor, daß er verletzt oder besiegt werden, daß sich herausstellen könnte, daß der Mann stärker war als er. Sondern davor, daß er beschämt werden würde. Daß diese Männer wußten, was sie taten, daß sie die Situation in der Hand hatten und er nicht. Daß sie ihn auf dem Heimweg in den dunklen Straßen von Montelepre abknallen würden. Daß er am nächsten Tag nichts als ein toter Narr sein würde. Es war der taktische Instinkt eines geborenen Guerillakämpfers, der ihn zum Nachgeben veranlaßte.

Also nahm Turi Giuliano den Freund beim Arm und führte ihn zum Café hinaus. Pisciotta kam widerstandslos mit, höchst verwundert, weil sein Freund so schnell aufgegeben hatte, doch ohne etwas von dessen Angst zu ahnen. Er wußte, daß Turi gutmütig war, und vermutete, er habe mit dem anderen nicht wegen einer solchen Bagatelle Streit anfangen und ihn beleidigen wollen. Als sie die Via Bella hinauf nach Hause gingen, hörten sie hinter sich das Klicken der Billardkugeln.

Turi Giuliano hatte in dieser Nacht nicht viel schlafen können. Hatte er wirklich Angst gehabt vor diesem Mann mit dem bösen Gesicht? Hatte er gezittert wie ein Mädchen? Lachten sie ihn jetzt aus? Was dachte sein Cousin und bester Freund, was dachte Aspanu jetzt von ihm? Daß er ein Feigling war? Daß er, Turi Giuliano, der Anführer der jungen Männer von Montelepre, der respektierteste der jungen Männer, der als der stärkste und furchtloseste von allen galt, daß er bei der ersten Drohung eines richtigen Mannes gekniffen hatte? Aber dann wieder sagte er sich: Warum wegen eines unbedeutenden Zwischenfalls beim Billard, wegen der gereizten Unhöflichkeit eines älteren Mannes eine tödliche Vendetta riskieren? Es wäre etwas ganz anderes gewesen als ein Streit unter Jugendlichen. Diese Auseinandersetzung hätte weit ernster werden können, das hatte er genau gewußt. Er hatte gewußt, daß diese Männer zu den Freunden der Freunde gehörten, und das hatte ihm Angst eingeflößt.

Giuliano schlief schlecht und erwachte in jener mürrischen Laune, die so gefährlich ist bei heranwachsenden jungen Männern. Er kam sich selbst lächerlich vor. Wie die meisten jungen Männer hatte er stets ein Held sein wollen. Hätte er in einem anderen Teil Italiens gelebt, wäre er längst Soldat gewesen, als echter Sizilianer jedoch hatte er sich nicht freiwillig gemeldet, und Hector Adonis, sein Pate, hatte gewisse Arrangements getroffen, damit er nicht eingezogen wurde. Denn obwohl Sizilien von Italien aus regiert wurde, betrachtete sich kein echter Sizilianer als Italiener. Und, ehrlich gesagt, auch die italienische Regierung war nicht besonders scharf darauf, Sizilianer einzuziehen, vor allem in diesem letzten Kriegsjahr. Die Sizilianer hatten zu viele Verwandte in Amerika, die Sizilianer waren geborene Verbrecher und Verräter. Die Sizilianer waren zu dumm für eine Ausbildung in moderner Kriegführung und machten Ärger, wo sie auftauchten.

Draußen, auf der Straße, schwand Turi Giulianos Mißstimmung vor der klaren Schönheit des Tages. Die goldene Sonne strahlte voll Glanz, die Luft war erfüllt vom Duft der Zitronen- und Olivenbäume. Er liebte das Dorf Montelepre, die krummen Gassen, die Steinhäuser mit den Balkonen voll bunt leuchtender Blumen, die in Sizilien ganz von allein wuchsen. Er liebte die roten Ziegeldächer, die sich bis ans andere Ende des tief in sein Tal geschmiegten Dorfes erstreckten, das von der Sonne mit purem Gold übergossen wurde.

Die reichen Dekorationen der Festa – die Girlanden bunter Pappmaché-Heiliger, die über die Straßen gespannt waren, die mit Blumen geschmückten Häuser – kaschierten die tiefe Armut dieser typisch sizilianischen Ortschaft, deren Häuser in ihren drei bis vier Zimmern Männer, Frauen, Kinder und Tiere beherbergten. Viele Häuser verfügten über keinerlei sanitäre Einrichtungen, und sogar die zahllosen Blumen und die kalte Bergluft konnten den Müllgeruch nicht überdecken, der mit der Sonne zusammen aufstieg.

Bei schönem Wetter lebten die Menschen außerhalb ihrer Häuser. Die Frauen saßen auf Holzstühlen auf den kopfsteingepflasterten Terrassen und bereiteten die Mahlzeiten vor, die ebenfalls draußen eingenommen wurden. Kleine Kinder jagten auf den Straßen Hühner, Puter und Zicklein; ältere Kinder flochten Bambuskörbe. Am Ende der Via Bella, dort, wo sie in die Piazza mündete, stand ein riesiger, vor zweitausend Jahren von den Griechen erbauter Brunnen, aus dessen steinernem Dämonengesicht das Wasser sprudelte. An den Hängen der umliegenden Berge gediehen mühsam grüne, terrassenförmig angelegte Gärten. In der Ebene weiter unten sah man die Ortschaften Partinico und Castellamare liegen, und am Horizont dräute mordgierig das blutige, dunkle Steindorf Corleone.

Vom anderen Ende der Via Bella, der Straße, die in die Hauptstraße der Ebene von Castellamare überging, sah Turi Aspanu Pisciotta mit einem Eselchen herabkommen. Sekundenlang fragte er sich, wie Aspanu ihn nach der gestrigen Demütigung wohl behandeln würde. Der Freund war berühmt für seine scharfe Zunge. Würde er eine verächtliche Bemerkung machen? Wieder wurde Giuliano von einer Woge hilflosen Zornes erfaßt und schwor, sich nie wieder so überrumpeln zu lassen. Nie wieder würde er Rücksicht auf die Konsequenzen nehmen, sondern allen beweisen, daß er kein Feigling war. Aber in einem Winkel seines Gedächtnisses sah er die ganze Szene deutlich vor sich: Quintanas Freunde, die hinter ihm warteten, einer von ihnen mit dem Jagdgewehr. Sie gehörten zu den Freunden der Freunde und würden sich rächen. Vor ihnen selbst hatte er keine Angst; er fürchtete sich nur vor einer Niederlage, die ihm absolut sicher zu sein schien, denn obwohl sie nicht so stark waren wie er, waren sie weitaus grausamer.

Aspanu Pisciotta zeigte sein unverschämt fröhliches Grinsen, als er sagte: »Der kleine Esel hier wird's nicht allein schaffen, Turi. Wir müssen ihm helfen.«

Giuliano antwortete nicht; er war erleichtert, daß der Freund den letzten Abend vergessen hatte. Es rührte ihm immer wieder ans Herz, daß Aspanu, der die Fehler anderer so bissig und treffend kommentierte, ihn stets nur mit äußerster Zuneigung und größtem Respekt behandelte. Den Esel hinter sich herziehend, gingen sie gemeinsam zur Piazza hinunter. Um sie herum tobten Kinder wie Pilotfische. Die Kinder wußten, was dem Esel bevorstand, und waren hektisch vor Erregung. Für sie würde es ein Riesenspaß werden, ein herrlich aufregendes Ereignis an einem sonst immer sehr langweiligen Sommertag.

Auf der Piazza hatte man eine etwas über einen Meter hohe kleine Plattform errichtet, die aus schweren, von den umliegenden Bergen herausgehauenen Steinblöcken bestand. Turi Giuliano und Aspanu Pisciotta schoben den Esel über eine kleine Erdrampe hinauf. Mit einem Strick banden sie seinen Kopf an eine Eisenstange. Der Esel setzte sich. Die weißen Flecken über Augen und Schnauze wirkten wie eine Clownsmaske. Die Kinder, die sich um die Plattform scharten, lachten und johlten. Einer der kleinen Jungen rief: »Welcher ist der Esel?« Und alle Kinder jubelten.

Turi Giuliano, der nicht wußte, daß dies der letzte Tag seines Lebens als unbekannter Dorfjunge war, betrachtete die Szene mit dem Stolz eines Mannes, der genau da steht, wo er stehen sollte. Er befand sich auf dem Fleckchen Erde, auf dem er geboren war und sein bisheriges Leben verbracht hatte. Die Außenwelt konnte ihm nichts anhaben. Selbst das Gefühl der Demütigung vom Abend zuvor hatte sich gelegt. Er kannte diese hoch aufragenden Kalksteinberge so genau, wie ein Kind seinen Sandkasten kennt. Diese Berge brachten Steinplatten ebenso mühelos hervor wie Gras, bildeten Höhlen und Verstecke, in denen eine Armee Unterschlupf finden konnte. Turi Giuliano kannte jedes Haus, jeden Bauernhof, jeden Arbeiter und sämtliche von den Normannen und Mauren hinterlassenen Burgruinen sowie die Skelette wunderschöner, verfallener Griechentempel.

An einem anderen Zugang zur Piazza erschien jetzt ein Bauer, der das Wundermuli am Strick führte. Das war der Mann, der sie für die Arbeit dieses Vormittags bezahlte. Er hieß Papera und genoß wegen einer erfolgreich gegen einen Nachbarn geführten Vendetta den höchsten Respekt der Einwohner von Montelepre. Die beiden hatten sich über ein Stück Land mit einem Olivenhain gestritten. Der Streit zog sich zehn Jahre lang hin und dauerte damit sogar länger als alle Kriege, die Mussolini Italien aufgezwungen hatte. Dann wurde der Nachbar eines Nachts, kurz nach Siziliens Befreiung durch die Alliierten und der Errichtung einer demokratischen Regierung, tot aufgefunden, fast in der Mitte durchgeschnitten vom Schuß aus einer *lupara*, der abgesägten Schrotflinte, die in Sizilien für derartige Dinge so beliebt ist. Der Verdacht fiel natürlich sofort auf Papera, doch der hatte sich praktischerweise bei einem Streit mit den Carabinieri verhaften lassen und die Mordnacht in einer Gefängniszelle der Bellampo-Kaserne verbracht. Es wurde gemunkelt, dies sei das erste Anzeichen dafür, daß die alte Mafia wieder zum Leben erwache, daß Papera – ein angeheirateter Verwandter Guido Quintanas – Mitglied der Freunde der Freunde geworden sei, damit sie ihm halfen, den Streit zu beenden.

Als Papera das Maultier zur Plattform führte, wurde er so dicht von lärmenden Kindern umlagert, daß er sie mit freundlichen Flüchen und gelegentlichem Knallen der Peitsche in seiner Hand verscheuchen mußte. Die Kinder entwischten der Peitsche leicht, da Papera sie mit gutmütigem Lächeln hoch über ihren Köpfen schwang.

Der weißgesichtige Esel, der den Kopf des Maultiers unten witterte, bäumte sich auf, gegen den Strick, der ihn auf der Plattform festhielt. Unter dem Gejohle der Kinder hoben Turi und Aspanu ihn an, während Papera das Maultier so zurechtschob, daß es dem Rand der Plattform das Hinterteil präsentierte.

In diesem Moment kam Frisella, der Barbier, aus seinem Salon, um sich das Spektakel anzusehen. Der Maresciallo hinter ihm, pompös und gewichtig, rieb sich das glatte, rote Gesicht. Er war der einzige Mann in Montelepre, der sich täglich rasieren ließ. Selbst auf der Plattform roch Giuliano das starke Rasierwasser, mit dem der Barbier ihn übergossen hatte.

Maresciallo Roccofino musterte die Menschenmenge, die sich auf dem Platz versammelt hatte, mit professionellem Blick. Als Kommandeur der zwölf Mann starken Abteilung der Nationalpolizei war er für Ruhe und Ordnung im Dorf verantwortlich. Die Festa war stets eine problematische Zeit, daher hatte er schon eine Viermannstreife zur Piazza abkommandiert, die aber nicht erschienen war. Er beobachtete Papera, den Wohltäter des Dorfes, mit seinem Wundermuli. Er war überzeugt, daß Papera den Mord an seinem Nachbarn bestellt hatte. Diese sizilianischen Wilden nutzten ihre geheiligten Freiheiten weiß Gott aus! Die werden eines Tages noch bedauern, daß es Mussolini nicht mehr gibt, dachte er grimmig. Verglichen mit den Freunden der Freunde würde der Diktator in der Erinnerung dastehen wie ein zweiter Franz von Assisi.

Frisella, der Barbier, war der Possenreißer von Montelepre. In seinem Salon versammelten sich beschäftigungslose Männer, die keine Arbeit finden konnten, um sich seine Scherze anzuhören und seinem Klatsch zu lauschen. Er gehörte zu jenen Barbieren, die sich selbst besser bedienen als ihre Kunden. Sein Schnurrbart war tadellos getrimmt, sein Haar pomadisiert und mustergültig frisiert, doch sein Gesicht glich dem des Kasperle in einem Marionettentheater: Knollennase, breiter Mund, der offenstand wie ein Tor, und ein Unterkiefer ohne Kinn.

Jetzt rief er laut: »Turi, bring deine Viecher zu mir in den Laden. Dann parfümier' ich sie, daß dein Esel denkt, er bespringt eine Herzogin!«

Turi ignorierte ihn. Als er, Turi, noch klein war, hatte Frisella ihm immer die Haare geschnitten – so schlecht, daß seine Mutter es schließlich selbst machte. Aber sein Vater ging immer noch zu Frisella, um den neuesten Dorfklatsch zu hören und den ehrfürchtig lauschenden Zuhörern Geschichten aus Amerika zu erzählen. Turi Giuliano mochte den Barbier nicht, denn Frisella war ein fanatischer Faschist gewesen und sollte darüber hinaus ein Vertrauter der Freunde der Freunde sein.

Der Maresciallo steckte sich eine Zigarette an und stolzierte die Via Bella hinauf, ohne Giuliano zu bemerken – ein Fehler, den er in den folgenden Wochen noch bereuen sollte.

Der Esel versuchte jetzt von der Plattform zu springen. Giuliano lockerte den Strick, damit Pisciotta ihn an die Stelle des Plattformrandes führen konnte, unter der das Wundermuli stand. Das Hinterteil des Maultiers ragte ein Stück über die Plattform hinaus. Giuliano lockerte den Strick noch weiter. Das Maultier schnaufte einmal kurz und schob sich im selben Augenblick rückwärts, als der Esel nach vorn drängte. Der Esel umklammerte das Hinterteil des Maultiers mit den Vorderbeinen, stieß einige Male krampfhaft zu und blieb mit einem komischen Ausdruck von Seligkeit auf dem weißgefleckten Gesicht in der Luft hängen. Papera und Pisciotta lachten, als Giuliano heftig am Strick zog und den erschlafften Esel zu seiner Eisenstange zurückführte. Die Menge jubelte und rief Segenswünsche. Die Kinder waren schon wieder davongelaufen und suchten nach neuen Zerstreuungen.

Immer noch lachend sagte Papera: »Wenn wir alle so leben könnten wie diese Esel, eh? Was für ein Leben wäre das!«

Pisciotta erwiderte respektlos: »Ich werde Sie mit Bambus und Olivenkörben beladen, Signor Papera, und Sie acht Stunden am Tag mit Stockschlägen über die Bergpfade jagen. Das ist das Leben, das ein Esel führt!«

Der Bauer sah ihn finster an. Er hatte den versteckten Vorwurf, daß er ihnen zu wenig für diese Arbeit bezahlte, wohl verstanden. Er hatte Pisciotta noch nie gemocht und eigentlich Giuliano den Auftrag gegeben. Turi wurde von allen Menschen in Montelepre geliebt. Pisciotta aber, das war etwas anderes. Er hatte eine zu scharfe Zunge und eine zu träge Art. Faul. Die Tatsache, daß er eine schwache Brust hatte, war keine Entschuldigung. Er konnte immer noch Zigaretten rauchen, den lockeren Mädchen von Palermo den Hof machen und sich anziehen wie ein Dandy. Und dann dieser freche kleine Schnurrbart im französischen Stil! Soll er sich doch zu Tode husten und mit seiner schwachen Brust zum Teufel gehen! dachte Papera. Er gab ihnen ihre zweihundert Lire, für die sich Giuliano höflich bedankte, und machte sich mit dem Maultier auf den Weg zu seinem Hof. Die beiden jungen Männer banden den Esel los und brachten ihn zum Haus der Giulianos zurück. Die Arbeit des Esels hatte gerade erst begonnen; auf ihn wartete jetzt eine weit weniger angenehme Aufgabe.

Giulianos Mutter hatte ein frühes Mittagessen für die beiden Jungen bereitgestellt. Turis Schwestern Mariannina und Giuseppina halfen der Mutter, die Pasta für das Abendessen zuzubereiten. Eier und Mehl wurden auf einem lakkierten Holzbrett zu einem hohen Berg aufgehäuft und kräftig durchgeknetet. Dann wurde mit einem Messer ein Kreuzeszeichen in den Teig geritzt, um ihn zu weihen. Anschließend schnitten Mariannina und Giuseppina Streifen herunter, wickelten sie um ein Sisalblatt, zogen das Blatt wieder heraus und erhielten so ein hohles Teigrohr. Riesige Schüsseln voll Oliven und Trauben schmückten den Raum.

Turis Vater arbeitete auf dem Feld, aber heute nicht so lange wie sonst, denn am Nachmittag wollte er an der Festa teilnehmen. Am Tag darauf sollte anläßlich Marianninas Verlobung im Haus der Giulianos ein großes Fest stattfinden.

Turi war immer Maria Lombardo Giulianos Lieblingskind gewesen. Die Schwestern erinnerten sich, daß die Mutter ihn als Baby täglich gebadet hatte. Die Blechwanne wurde sorgfältig am Herd erwärmt, die Mutter prüfte die

Wassertemperatur mit dem Ellbogen, die Spezialseife kam aus Palermo. Anfangs waren die Schwestern eifersüchtig gewesen, aber dann hatte die Zärtlichkeit, mit der die Mutter das nackte Baby wusch, sie zu faszinieren begonnen. Turi hatte als Baby niemals geweint, hatte immer gekräht und gelacht, wenn seine Mutter ihn hätschelte und den ihrer Meinung nach perfekten Körper des Kindes bewunderte. Er war zwar der Jüngste in der Familie, wurde jedoch, als er heranwuchs, der kräftigste. Und blieb ihnen immer ein wenig fremd. Er las Bücher und redete über Politik, und natürlich waren alle davon überzeugt, daß seine Größe und sein kräftiger Körperbau von seiner Zeit im Mutterleib in Amerika stammten. Die Schwestern liebten ihn für seine Sanftmut und Selbstlosigkeit.

An diesem Vormittag machten die Frauen sich Sorgen um Turi und beobachteten ihn nervös, während er aß – Brot, Ziegenkäse, Oliven – und Zichorienkaffee trank. Sobald er das Mittagessen beendet hatte, sollten er und Aspanu mit dem Esel nach Corleone marschieren, um ein riesiges Käserad sowie einige Schinken und Würste herauszuschmuggeln. Um seiner Mutter diesen Gefallen zu tun und zum Erfolg der Verlobungsfeier der Schwester beizutragen, nahm er es in Kauf, einen Tag der Festa zu versäumen. Einen Teil der Lebensmittel wollten sie auf dem schwarzen Markt verkaufen, um Bargeld für die Familienkasse zu bekommen.

Für die drei Frauen war es eine Freude, die beiden jungen Männer zu beobachten. Sie waren schon von klein auf Freunde und standen sich trotz ihrer Verschiedenheit näher als Brüder. Aspanu Pisciotta bezauberte alle Frauen mit seiner dunklen Haut, dem schmalen Menjoubärtchen, den funkelnden dunklen Augen und dem pechschwarzen Haar. Und dennoch, seine glänzende Erscheinung wurde seltsamerweise von Turi Giulianos stiller, griechischer Schönheit überstrahlt. Turi war so kräftig gebaut wie die antiken griechischen Statuen überall in Sizilien. Und seine Haare, seine Haut waren hellbraun. Beherrschend an ihm aber waren die Augen. Sie waren von einem verträumten Goldbraun; wenn er sie abwandte, wirkten sie unauffällig. Wenn er sie jedoch direkt auf einen Menschen richtete, senkten die Lider sich halb hinab wie bei den Statuen, und sein Gesicht nahm einen Ausdruck von Ruhe, von maskenartiger Gelassenheit an.

Während sich Pisciotta mit Maria Lombardo unterhielt, stieg Turi Giuliano in sein Schlafzimmer hinauf, um sich für den Weg zurechtzumachen, der vor ihm lag. Und um vor allem die Pistole zu holen, die er dort oben versteckt hatte. In Erinnerung an die am Vorabend erlittene Demütigung war er entschlossen, den bevorstehenden Auftrag bewaffnet auszuführen. Daß er schießen konnte, wußte er, denn der Vater hatte ihn oft auf die Jagd mitgenommen.

In der Küche wartete die Mutter allein auf ihn, um sich von ihm zu verabschieden. Als sie ihn umarmte, spürte sie die Pistole an seinem Körper.

»Sei vorsichtig, Turi«, warnte sie ihn besorgt. »Leg dich nicht an mit den Carabinieri. Gib ihnen alles, was du hast, wenn sie dich anhalten!«

Giuliano versuchte sie zu beruhigen. »Von mir aus können sie alles haben«, erklärte er. »Aber schlagen oder verhaften lasse ich mich nicht von ihnen.«

Dafür hatte sie Verständnis. Sie war stolz auf ihren Sohn. Vor vielen Jahren hatten ihr Stolz und ihr Zorn auf die Armut sie veranlaßt, ihren Mann zu einem neuen Anfang in Amerika zu überreden. Sie war eine Träumerin gewesen, hatte an die Gerechtigkeit geglaubt und daran, daß ihr ein angemessener Platz in der Welt zustand. Und als sie sich in Amerika ein Vermögen zusammengespart hatte, veranlaßte derselbe Stolz sie zu dem Entschluß, nach Sizilien zurückzukehren, um dort zu leben wie eine Königin. Doch dann war alles anders gekommen. Die Lira war im Krieg wertlos und sie selbst wieder arm geworden. Zwar hatte sie sich mit ihrem Schicksal abgefunden, aber für ihre Kinder hegte sie Hoffnungen. Deshalb war sie froh darüber, daß Turi denselben starken Willen zeigte, den sie besessen hatte. Aber sie fürchtete den Tag, an dem er mit der stahlharten Realität des Lebens auf Sizilien in Konflikt geraten mußte.

Sie sah ihm nach, als er auf die kopfsteingepflasterte Via Bella hinaustrat und dort auf Aspanu Pisciotta traf. Turi, ihr Sohn, bewegte sich wie eine große Katze, mit einer so breiten Brust, so muskulösen Armen und Beinen, daß Aspanu dagegen wie ein Sisalgrashalm wirkte. Doch Aspanu besaß jene listige Härte, jene gewisse Grausamkeit in seinem Mut, die ihrem Sohn Turi fehlte. Aspanu würde Turi vor der verräterischen Welt beschützen, in der sie alle leben mußten.

Sie sah ihnen nach, wie sie die Via Bella hinaufgingen bis dorthin, wo sie zum Dorf hinaus auf die Ebene von Castellamare führte. Turi Giuliano, ihr Sohn, und Gaspare Pisciotta, der Sohn ihrer Schwester. Zwei junge Männer, knapp zwanzig Jahre alt, aber jünger wirkend. Sie liebte beide und fürchtete für beide. Schließlich verschwanden sie mit ihrem Esel hinter einem Buckel der Straße, aber sie wartete noch, bis beide schließlich wieder auftauchten, hoch über Montelepre, und in die Berge eindrangen, die das Dorf umgaben. Maria Lombardo Giuliano blickte ihnen nach, als würde sie sie nie wiedersehen, bis sie im spätvormittäglichen Dunst um die Berggipfel verschwanden. Und so begann ihr Mythos.

Viertes Kapitel

In diesem September 1943 konnten die Menschen nur durch den Schwarzmarkthandel existieren. Die strenge Rationierung der Lebensmittel im Krieg hielt weiter an, und die Bauern mußten ihre Produkte zu festgesetzten Preisen und gegen fast wertloses Papiergeld in zentralen Lagerhäusern der Regierung abliefern. Die Regierung wiederum sollte diese Lebensmittel zu niedrigen Preisen an die Bevölkerung verteilen. Dieses System sollte garantieren, daß alle ausreichend Nahrung bekamen, um überleben zu können. In Wirklichkeit jedoch versteckten die Bauern alles, was sie nur konnten, weil nämlich Don Croce und seine Bürgermeister sich das, was sich in den Lagerhäusern der Regierung ansammelte, aneigneten und selbst auf dem schwarzen Markt verkauften. So mußte die Bevölkerung, um überleben zu können, gezwungenermaßen auf dem Schwarzmarkt einkaufen und damit die Gesetze gegen das Schmuggeln übertreten. Wer dabei erwischt wurde, kam vor Gericht und wurde ins Gefängnis gesteckt. Was nützte es da, daß in Rom eine demokratische Regierung eingesetzt worden war? Zwar verhungerten sie, aber dafür durften sie wählen.

Turi Giuliano und Aspanu Pisciotta machten sich nun leichten Herzens daran, diese Gesetze zu übertreten. Es war Pisciotta, der über Schwarzmarktkontakte verfügte und die ganze Sache arrangiert hatte. Er hatte einem Bauern versprochen, ein großes Käserad vom Land zu einem Schwarzmarkthändler in Montelepre zu schmuggeln. Ihr Lohn dafür sollten vier Räucherschinken und ein Korb Würste sein, die die Verlobungsfeier von Turis Schwester zu einem großen Fest machen würden. Dabei brachen sie gleich zwei Gesetze: eines, das den Schwarzmarkthandel verbot, und ein anderes, das den Schmuggel von einer italienischen Provinz in die andere untersagte. Zum Durchsetzen der Schwarzmarktgesetze konnten die Behörden allerdings nicht viel tun: Sie hätten jeden einzelnen Sizilianer verhaften müssen. Etwas anderes war es mit dem Schmuggel. Carabinieri-Streifen durchkämmten das Gelände, stellten Straßensperren auf, bezahlten Denunzianten. Bei den Karawanen Don Croce Malos, der amerikanische Militär-Lastwagen und Sonderpässe der Militärregierung benutzte, konnten sie natürlich nicht eingreifen. Dafür blieben in ihrem Netz viele kleine Bauern und hungernde Dorfbewohner hängen.

Giuliano und Pisciotta brauchten vier Stunden, um den Bauernhof zu erreichen. Sie nahmen den riesigen, weißen Käse mitsamt den anderen Sachen und schnallten ihn auf ihren Esel. Getarnt wurde die Schmuggelware mit einer Schicht Sisalgras und Bambusstangen, so daß es aussah, als hätten sie nur Futter für die Tiere geholt, die sich zahlreiche Dorfbewohner hielten. Das alles taten sie mit der Unbekümmertheit und Selbstsicherheit der Jugend, ja kleiner Kinder, die ihre Schätze vor den Eltern verstecken, als sei die Absicht der Täuschung bereits genug. Ihre Selbstsicherheit entsprang überdies dem Bewußtsein, geheime Pfade durch die Berge zu kennen.

Als sie sich auf den langen Heimweg machten, schickte Giuliano seinen Cousin voraus; er sollte Ausschau nach Carabinieri halten. Für den Fall, daß Gefahr drohte, hatten sie ein Pfeifsignal verabredet. Der Esel trug den Käse leicht und trottete brav voran – er hatte seinen Lohn schon erhalten. Zwei Stunden waren sie in leicht ansteigendem Gelände unterwegs, ohne daß ihnen Gefahr gedroht hätte. Dann entdeckte Giuliano ungefähr drei Meilen hinter ihnen eine Karawane von sechs Maultieren und einen Mann zu Pferde, die ihnen auf dem Bergpfad folgten. Wenn der Pfad anderen Schwarzhändlern bekannt war, konnte er auch von den Carabinieri für eine Straßensperre vorgesehen worden sein. Vorsichtshalber schickte er Pisciotta noch ein Stück weiter voraus.

Nach einer Stunde hatte er Aspanu eingeholt, der auf einem großen Stein saß, eine Zigarette rauchte und hustete. Aspanu war blaß: er durfte eigentlich nicht rauchen. Turi Giuliano setzte sich neben ihn, um sich ein bißchen auszuruhen. Eines der stärksten Bande zwischen ihnen bestand seit ihrer Kindheit darin, daß sie niemals versuchten, sich gegenseitig zu kommandieren, deswegen sagte Turi nichts. Schließlich drückte Aspanu die Zigarette aus und steckte die Kippe ein. Dann machten sie sich wieder auf den Weg: Giuliano mit dem Esel am Zügel, Aspanu hinter ihm.

Sie benutzten einen Bergpfad, der die Straßen und kleinen Dörfer umging. Sie kamen an einem antiken griechischen Brunnen vorbei, der durch den Mund einer zerfallenen Statue Wasser spie, und an der Ruine einer normannischen Burg, die vor Jahrhunderten allen Invasoren den Weg versperrt hatte. Und wieder begann Turi Giuliano von Siziliens Vergangenheit und seiner eigenen Zukunft zu träumen. Er dachte an Hector Adonis, seinen Paten, der ihm versprochen hatte, nach der Festa zu kommen und seine Bewerbung um einen Studienplatz an der Universität Palermo abzufassen. Turi wurde ein bißchen traurig. Hector Adonis besuchte nie eine Festa; die betrunkenen Männer würden sich nur über seine geringe Körpergröße lustig machen, und die Kinder, von denen manche größer waren als er, würden ihn verspotten. Turi fragte sich, warum Gott das körperliche Wachstum dieses Mannes aufgehalten und ihm dafür den Kopf mit Wissen vollgestopft hatte. Denn für Turi war Hector Adonis der klügste Mann der Welt, und er liebte ihn wegen des Wohlwollens, das er ihm und seinen Eltern gegenüber bewies.

Er dachte an seinen Vater, der so hart auf seinem kleinen Stück Land arbeitete, und an seine Schwestern in ihren abgetragenen Kleidern. Wie gut nur, daß Mariannina so schön war, daß sie trotz ihrer Armut und der unruhigen Zeiten einen Mann gefunden hatte! Die größten Sorgen machte er sich jedoch um seine Mutter. Schon als Kind hatte er gespürt, wie verbittert, wie unglücklich Maria Lombardo war. Sie hatte die Früchte Amerikas gekostet und konnte nun in den mit Armut geschlagenen Dörfern Siziliens nicht mehr glücklich sein. Wenn der Vater von jenen herrlichen Zeiten erzählte, brach die Mutter immer in Tränen aus.

Er aber würde das Schicksal seiner Familie wenden, sagte sich Turi. Er würde hart arbeiten und fleißig studieren und ein ebenso großer Mann werden wie sein Pate.

Sie kamen durch ein kleines Wäldchen, eines der wenigen, die noch übrig waren in diesem Teil Siziliens, wo es jetzt nur noch große weiße Steine und Marmorsteinbrüche zu geben schien. Auf der anderen Seite des Berges würde dann der Abstieg nach Montelepre beginnen, wo sie sich vor den Carabinieri-Streifen in acht nehmen mußten. Zunächst aber kamen sie an die Quattro Moline, das Wegkreuz, wo es ebenfalls ratsam war, Vorsicht walten zu lassen. Giuliano zog den Zügel des Esels an und winkte Aspanu, stehenzubleiben. Ganz still standen sie da. Es war kein beunruhigender Laut zu hören, nur das gleichmäßige Summen zahlloser Insekten, die umherschwärmten und mit Flügeln und Beinen ein Geräusch wie eine weit entfernte Säge erzeugten. Die beiden jungen Männer überquerten die Wegkreuzung und verschwanden wieder in der Sicherheit eines Wäldchens. Turi Giuliano spann seine Träume weiter.

Plötzlich wichen die Bäume zurück, als wären sie beiseite

geschoben worden, und die beiden jungen Männer traten auf eine kleine Lichtung mit unebenem, von winzigen Steinen und dünnem Gras bedecktem Boden. Die Spätnachmittagssonne, die in weiter Ferne zu sinken begann, schien bleich und hart auf die granitenen Berge. Hinter der Lichtung wand sich der Pfad in langen Spiralen nach Montelepre hinab. Auf einmal wurde Giuliano aus seinen Träumen hochgeschreckt. Ein Lichtblitz wie ein angerissenes Streichholz blendete sein linkes Auge. Er zerrte am Zügel, damit der Esel stehenblieb, und hob warnend die Hand in Aspanus Richtung.

In nur dreißig Meter Entfernung traten fremde Männer aus einem Bambusdickicht. Es waren drei. Turi Giuliano erkannte die steifen, schwarzen Militärmützen und die schwarzen Uniformen mit den weißen Litzen. Ein elendes, dummes Gefühl der Verzweiflung, der Scham darüber, daß er sich hatte erwischen lassen, stieg in ihm auf. Mit schußbereiten Waffen schwärmten die drei Carabinieri aus, während sie näherkamen. Zwei von ihnen waren sehr jung, mit rotbackigen, frischen Gesichtern, die Militärmützen beinahe komisch auf den Hinterkopf geschoben. Sie wirkten ernst und doch triumphierend, als sie ihre Maschinenpistolen auf ihn richteten.

Der Carabiniere in der Mitte war älter und hatte ein Gewehr. Sein Gesicht war mit Pocken- und anderen Narben übersät, die Mütze hatte er sich tief über die Augen gezogen. An seinem Ärmel prangten Sergeantenstreifen. Der Lichtblitz, den Giuliano gesehen hatte, war ein Sonnenstrahl auf dem Stahl seines Gewehrlaufs gewesen. Der Mann lächelte grimmig, während er sein Gewehr fest auf Giulianos Brust gerichtet hielt. Angesichts dieses Lächelns verwandelte sich Giulianos Verzweiflung in Zorn.

Der Sergeant mit dem Gewehr trat vor, die beiden anderen näherten sich von den Seiten. Jetzt war Giuliano auf der

Hut. Die beiden jungen Carabinieri mit ihren Maschinenpistolen fürchtete er nicht so sehr; die traten sorglos an den Esel heran, nahmen ihre Gefangenen nicht ernst. Sie winkten Giuliano und Pisciotta von dem Tier fort, und der eine warf sich die Maschinenpistole über die Schulter, um die Bambustarnung vom Rücken des Esels zu reißen. Als er die Schmuggelware sah, stieß er einen freudig-gierigen Pfiff aus. Daß Aspanu sich allmählich an ihn heranschob, bemerkte er nicht, aber der Sergeant mit dem Gewehr merkte es. »Du da, mit dem Schnurrbart – weg da!« Gehorsam trat Aspanu wieder zu Turi zurück.

Der Sergeant kam ein bißchen näher. Giuliano beobachtete ihn angespannt. Das pockennarbige Gesicht wirkte erschöpft, aber die Augen des Mannes funkelten, als er sagte: »Oho, meine Freunde, das ist aber ein schöner Käse! Den könnten wir in unserer Kaserne zur Pasta essen. Ihr braucht mir nur den Namen des Bauern zu nennen, von dem ihr ihn habt, dann lassen wir euch mit dem Esel laufen.«

Sie antworteten nicht. Er wartete. Sie antworteten nicht.

Schließlich sagte Giuliano ruhig: »Tausend Lire für Sie, wenn Sie uns laufenlassen.«

»Mit deinen Lire kannst du dir den Hintern wischen«, gab der Sergeant zurück. »Jetzt zeig mir mal deine Papiere, aber schnell! Wenn die nicht in Ordnung sind, bring' ich dich zum Scheißen, und dann kannst du dir auch damit noch den Arsch abwischen.«

Die unverschämten Worte, die unverschämten schwarzen Uniformen mit den weißen Tressen weckten eine eiskalte Wut in Giuliano. In diesem Augenblick wußte er, daß er sich niemals verhaften lassen, daß er nie dulden würde, daß diese Männer ihm die Nahrung für seine Familie raubten.

Turi Giuliano holte seinen Ausweis heraus und ging auf den Sergeanten zu. Er hoffte das Gewehr unterlaufen zu können. Sein körperliches Koordinationsvermögen war besser als das der meisten anderen Männer; auf diese Chance wollte er setzen. Doch der Gewehrlauf winkte ihn wieder zurück. »Wirf ihn auf den Boden!« befahl der Mann. Giuliano gehorchte.

Pisciotta, der fünf Schritte links von Giuliano stand und wußte, was der Freund vorhatte, auch wußte, daß Turi unter dem Hemd die Pistole trug, versuchte den Sergeanten abzulenken. Den Körper herausfordernd vorgereckt, mit der Hand an der Hüfte das Messer berührend, das er in einer Scheide auf dem Rücken trug, sagte er betont verächtlich: »Wenn wir Ihnen den Namen des Bauern nennen, Sergeant, warum brauchen Sie dann unsere Ausweise? Abgemacht ist abgemacht.« Er hielt einen Augenblick inne und fuhr dann sarkastisch fort: »Wir wissen doch, daß ein Carabiniere immer sein Wort hält.« Das Wort »Carabiniere« spie er ihm voll Haß ins Gesicht.

Der Sergeant ging ein paar Schritte auf Pisciotta zu, dann blieb er stehen. Lächelnd legte er das Gewehr an. »Und du, mein kleiner Dandy«, sagte er, »raus jetzt mit deinem Ausweis! Oder hast du keine Papiere – wie dein Esel, der einen viel schöneren Schnurrbart hat als du?«

Die jüngeren Polizisten lachten. Pisciottas Augen funkelten. Er trat einen Schritt auf den Sergeanten zu. »Nein, ich habe keinen Ausweis. Und ich kenne keinen Bauern. Die Sachen da haben wir unterwegs gefunden.«

Diese törichte Trotzhaltung verfehlte ihre Wirkung. Pisciotta hatte gewollt, daß der Sergeant auf Schlagweite an ihn herankam, aber der Mann wich einige Schritte zurück und lächelte wieder. »Der *bastonado* wird dir deine sizilianische Unverschämtheit schon austreiben!« Er hielt einen Augenblick inne, dann kommandierte er: »Runter auf den Boden, alle beide!«

Bastonado – das war die Bezeichnung für Schläge mit Peitschen und Knüppeln. Giuliano kannte einige Einwohner von Montelepre, die in der Bellampo-Kaserne auf diese Weise gezüchtigt worden waren. Mit gebrochenen Knien, melonengroß angeschwollenen Köpfen und so schweren inneren Verletzungen waren sie nach Hause gekommen, daß sie nie wieder arbeiten konnten. Das würden die Carabinieri ihm niemals antun. Giuliano ging auf ein Knie nieder, als wollte er sich hinlegen, stützte eine Hand auf den Boden und legte die andere an seinen Gürtel, damit er die Pistole herausziehen konnte. Die Lichtung lag jetzt im weichen, dunstigen Licht der einsetzenden Dämmerung, die Sonne war unter den Gipfel des entferntesten Berges gesunken. Pisciotta stand aufrecht und stolz, weigerte sich, dem Befehl Folge zu leisten. Sie würden ihn doch nicht wegen eines Stücks Käse erschießen! Er sah die Maschinenpistolen in den Händen der jungen Carabinieri zittern.

In diesem Augenblick hörten sie hinter sich Maultiergewieher und Hufgeklapper, und auf die Lichtung heraus kam die Maultierkarawane, die Giuliano am Nachmittag hinter sich auf dem Bergpfad entdeckt hatte. Der Reiter, der sie anführte, ein großer Mann in einer schweren Lederjacke, trug eine *lupara* über der Schulter. Er sprang vom Pferd und zog ein dickes Bündel Lirescheine aus der Tasche. »So, so«, sagte er zu dem Sergeanten, »ein paar kleine Fische hast du aufgegabelt.« Die beiden kannten sich offenbar. Zum erstenmal ließ der Sergeant in seiner Aufmerksamkeit nach und nahm das ihm angebotene Geld. Die beiden Männer grinsten einander zu. Die Gefangenen schienen sie völlig vergessen zu haben.

Ganz langsam bewegte sich Turi Giuliano zu dem nächststehenden Carabiniere hinüber, während Pisciotta sich auf das Bambusdickicht zuschob. Die Carabinieri schienen es nicht zu bemerken. Giuliano streckte seinen Polizisten mit einem Hieb des Unterarms zu Boden und schrie Pisciotta zu: »Lauf!« Pisciotta tauchte im Bambusdickicht unter, Giuliano lief auf die Bäume zu. Der zweite Polizist war entweder zu verblüfft oder zu ungeschickt, um die Maschinenpistole rechtzeitig herumzureißen. Giuliano, dicht davor, sich in die Sicherheit des Wäldchens zu katapultieren, wurde von einem Gefühl des Triumphes getragen. In der Luft warf er seinen Körper herum, so daß er zwischen zwei dicken Bäumen landete, die ihm Schutz boten. Dabei zog er seine Pistole unter dem Hemd hervor.

Aber er hatte sich nicht geirrt, als er den Sergeanten für den gefährlichsten hielt. Der Mann ließ sofort das Geldbündel fallen, riß das Gewehr hoch und schoß. An dem Treffer war nicht zu zweifeln: Giulianos Körper schlug wie ein toter Vogel zu Boden.

Giuliano hörte den Schuß, und gleichzeitig wurde sein Körper vom Schmerz zerrissen; es war, als hätte ihn ein gigantischer Knüppel getroffen. Er landete auf dem Boden zwischen den beiden Bäumen, wollte aufstehen, aber es gelang ihm nicht. Seine Beine waren lahm; er konnte sie nicht bewegen. Die Pistole in der Hand, verdrehte er seinen Oberkörper und sah den Sergeanten triumphierend das Gewehr in der Luft schwenken. Dann spürte er, daß seine Hose sich mit warmem, klebrigem Blut füllte.

In dem Sekundenbruchteil, bevor er seine Pistole abdrückte, empfand Turi Giuliano nicht einmal Erstaunen: darüber, daß sie wegen eines Stücks Käse auf ihn geschossen hatten; darüber, daß sie das Netz seiner Familie mit so grausamer Lässigkeit zerrissen hatten, nur weil er davongelaufen war nach einer so kleinen Übertretung eines Gesetzes, das doch jeder brach. Die Mutter würde bis ans Ende ihrer Tage weinen. Und nun schwamm sein ganzer Körper in Blut – er, der nie jemandem etwas Böses getan hatte!

Er drückte ab und sah das Gewehr fallen, sah die schwarze Mütze des Sergeanten mit den weißen Tressen hoch in die Luft wirbeln, während der Körper zusammensackte und auf die mit Steinen übersäte Erde fiel. Auf diese Entfernung war es ein unmöglicher Schuß mit der Pistole, aber es schien Giuliano, als sei seine Hand mit der Kugel geflogen und wie ein Dolch ins Auge des Sergeanten gedrungen.

Eine Maschinenpistole begann zu rattern, aber die Kugeln pfiffen in harmlosem Bogen über ihn hinweg, stoben wie kleine Vögel auseinander. Dann war es totenstill. Selbst die Insekten hatten ihr unablässiges Summen eingestellt.

Turi Giuliano rollte sich in die Büsche. Er hatte gesehen, wie das Gesicht des Feindes zu einer blutigen Maske zerriß, und das gab ihm Hoffnung. Er war nicht machtlos. Wieder versuchte er aufzustehen, und diesmal gehorchten ihm die Beine. Er wollte laufen, aber nur ein Bein machte einen Satz nach vorn, das andere schlurfte über den Boden. Sein Schritt war warm und klebrig, seine Hose blutgetränkt, sein Blick getrübt. Als er durch einen unerwarteten hellen Fleck hastete, fürchtete er schon, im Kreis gelaufen und wieder auf die Lichtung gekommen zu sein, und wollte umkehren. Aber sein Körper begann zu fallen – nicht zu Boden, sondern in eine unendliche, rotglühende Leere hinein.

Auf der Lichtung nahm der junge Polizist die Hand vom Abzug der Maschinenpistole, und das Rattern erstarb. Der Schmuggler erhob sich, das dicke Geldbündel in der Hand, vom Boden und überreichte es dem anderen Polizisten. Der Mann richtete die Maschinenpistole auf ihn und sagte: »Sie sind verhaftet.«

Der Schmuggler antwortete: »Jetzt braucht ihr es nur unter euch beiden zu teilen. Laßt mich laufen.«

Die Carabinieri betrachteten den am Boden liegenden Sergeanten. Kein Zweifel, er war tot. Die Kugel hatte das

Auge mitsamt der Augenhöhle zerschmettert, und aus der Wunde sickerte eine gelbe Flüssigkeit, in die schon ein Gekko seine Fühler stippte.

»Ich werde ihm nachgehen, in die Büsche; er ist verletzt. Ich bringe euch seinen Leichnam, und ihr beide werdet die Helden sein. Nur laßt mich laufen.«

Der andere Polizist hob den Ausweis auf, den Turi auf Befehl des Sergeanten zu Boden geworfen hatte, und las laut: »Salvatore Giuliano aus Montelepre.«

»Hat keinen Sinn, jetzt nach ihm zu suchen«, erklärte der andere. »Zuerst müssen wir Meldung machen, das ist wichtiger.«

»Feiglinge!« schimpfte der Schmuggler. Sekundenlang erwog er, seine *lupara* von der Schulter zu nehmen, merkte aber, daß ihn die beiden voller Haß musterten. Er hatte sie beleidigt. Zur Strafe für diese Beleidigung zwangen sie ihn, den Leichnam des Sergeanten auf sein Pferd zu laden und sie zu Fuß in die Kaserne zu begleiten. Zuvor erleichterten sie ihn noch um seine Waffe. Sie waren unruhig, und er hoffte nur, daß sie ihn nicht aus Versehen oder aus reiner Nervosität erschossen. Davon abgesehen machte er sich keine großen Sorgen. Maresciallo Roccofino aus Montelepre war ihm sehr gut bekannt. Sie hatten früher schon Geschäfte miteinander gemacht und würden es zweifellos wieder tun.

Die ganze Zeit hindurch hatte nicht einer von ihnen einen Gedanken an Pisciotta verschwendet. Der aber hatte ihr Gespräch gehört. Mit gezogenem Messer lag er im tiefen Bambusdickicht und wartete darauf, daß sie Turi Giuliano nachjagten; dann wollte er einen von ihnen überfallen und sich, nachdem er ihm die Kehle durchgeschnitten hatte, dessen Maschinenpistole nehmen. In seiner Seele wütete eine Grausamkeit, die jede Todesfurcht verdrängte, und als er hörte, wie sich der Schmuggler erbot, Turi Giuliano zu verfolgen, prägte er sich das Gesicht des Mannes unauslöschlich ein. Fast tat es ihm leid, daß sie den Rückzug antraten und ihn allein auf dem Berghang ließen, und als sie seinen Esel an die Maultierkarawane anbanden, versetzte es ihm einen Stich.

Aber Turi war schwer verwundet und brauchte Hilfe. Aspanu schlug einen Bogen um die Lichtung und rannte durch den Wald, um auf die Seite zu gelangen, auf der sein Freund verschwunden war. Im Unterholz war nichts von einem Leichnam zu sehen, deswegen lief er den Pfad hinab, auf dem sie gekommen waren.

Und immer noch fand er keine Spur von Turi, bis er über einen riesigen Granitblock kletterte, dessen Oberseite ein kleines Becken bildete. In diesem Felsbecken entdeckte er eine kleine Pfütze fast schwarzen Blutes; die andere Seite des Felsblocks war mit langen, noch hellroten Blutstreifen verschmiert. Er lief weiter und sah Giuliano, die Todespistole noch in der Hand, quer über dem Bergpfad liegen.

Er kniete neben ihm nieder, nahm ihm die Waffe ab und steckte sie sich in den Gürtel. In diesem Moment schlug Turi die Augen auf – Augen, in denen ein furchtbarer Haß loderte, die aber an Aspanu Pisciotta vorbeiblickten. Pisciotta weinte fast vor Erleichterung und versuchte Turi auf die Füße zu stellen, aber er war nicht stark genug. »Bitte versuche aufzustehen, Turi, ich werde dir helfen!« bat Pisciotta. Giuliano stemmte die Hände auf den Boden und richtete den Oberkörper auf. Als Pisciotta ihm den Arm um die Taille legte, wurde seine Hand warm und feucht. Er zuckte zurück, riß das Hemd des Freundes auf und sah voller Entsetzen das riesige Loch in Giulianos Seite. Er lehnte Giuliano an einen Baum, riß sich das eigene Hemd herunter, stopfte es in das Loch, um die Blutung zu stillen, und knotete die Ärmel um Turis Taille. Er legte dem Freund einen Arm um die Mitte, ergriff mit seiner freien Hand Giulianos Linke und hob sie hoch in die Luft. In dieser Haltung blieben sie beide im Gleichgewicht, während er Giuliano mit vorsichtigen, kleinen Schritten den Pfad hinunterführte. Aus der Ferne sah es aus, als tanzten sie gemeinsam den Berg hinab.

So versäumte Turi Giuliano die Festa der heiligen Rosalie, von der sich die Einwohner von Montelepre ein Wunder erhofften.

Er versäumte den Schießwettbewerb, den er mit Sicherheit gewonnen hätte. Er versäumte die Pferderennen, bei denen die Reiter die Köpfe ihrer Gegner mit Knüppeln und Peitschen bearbeiteten. Er versäumte die purpurroten, gelben und grünen Raketen, die am sternenbesetzten Himmel explodierten und ihn bestickten.

Er versäumte die magischen Süßigkeiten aus Marzipan, geformt wie Karotten, Bambusstengel und rote Tomaten – so süß, daß sie den ganzen Körper betäubten; er versäumte die Zuckerfiguren der Marionetten-Ritter aus den alten Sagen, Roland, Olivier und Karl den Großen, die Zuckerschwerter besetzt mit Rubinen aus Pfefferminz und Smaragden aus winzigen Fruchtstückchen, die die Kinder zu Hause ins Bett mitnahmen, um von ihnen zu träumen, bevor sie einschliefen. Und er versäumte die Verlobungsfeier seiner Schwester.

Die Paarung des Esels mit dem Wunder-Maultier blieb ohne Ergebnis. Es gab kein Fohlen. Die Einwohner von Montelepre waren enttäuscht. Erst Jahre später erfuhren sie, daß die Festa in der Person des jungen Mannes, der den Esel gehalten hatte, doch ein Wunder bewirkt hatte.

Fünftes Kapitel

Der Abt machte seine Abendrunde durch das Franziskanerkloster und spornte seine Mönche an, fleißig zu sein. Er kontrollierte die Kisten in der Reliquien-Werkstatt und stattete dann der Bäckerei einen Besuch ab, wo die dicken, knusprigen Laibe für die umliegenden Dörfer hergestellt wurden. Er inspizierte den Gemüsegarten und suchte in den mit Oliven, Tomaten und Trauben bis zum Rand gefüllten Bambuskörben nach Flecken auf der samtigen Haut der Früchte. Seine Mönche waren emsig wie die Bienen – wenn auch nicht so fröhlich. Im Gegenteil, sie waren mürrisch, ganz ohne jene besondere Freude, die notwendig ist, um Gott zu dienen. Der Abt zog eine lange, schwarze Zigarre aus seiner Kutte hervor und machte einen Spaziergang auf dem Klostergrundstück, um seinen Appetit fürs Abendessen anzuregen.

Dabei entdeckte er Aspanu Pisciotta, der gerade dabei war, Turi Giuliano durchs Klostertor zu schleppen. Der Pförtner versuchte ihn daran zu hindern, aber Pisciotta drückte ihm eine Pistole an den tonsurgeschmückten Kopf, und er sank in die Knie, um seine letzten Gebete zu sprechen. Dann legte Pisciotta dem Abt Giulianos blutenden, fast leblosen Körper vor die Füße.

Der Abt war ein hochgewachsener, hagerer Mann mit vornehmem, ein wenig affenähnlichem Gesicht: zarte Knochen, breite Nase und Augen wie kleine braune Knöpfe. Obwohl schon siebzig, war er noch kräftig, war sein Verstand noch so scharf und präzise wie in den Zeiten vor Mussolini, als er für die Mafia-Kidnapper, die ihn bezahlten, elegante Lösegeld-Briefe geschrieben hatte.

Heutzutage war er, obwohl es allgemein – sowohl bei den Bauern als auch bei den Behörden – bekannt war, daß sein Kloster den Schwarzmarkthändlern und Schmugglern als Hauptquartier diente, hochgeachtet und wurde von niemandem an seinen illegalen Aktivitäten gehindert: Man hatte Respekt vor seiner frommen Berufung und fand, er habe einen gewissen materiellen Lohn verdient für die geistliche Führung, die er der Gemeinde angedeihen ließ.

So war Abt Manfredi durchaus nicht entsetzt darüber, daß zwei blutverschmierte Bauernburschen in die geweihte Domäne des heiligen Franziskus eindrangen. Schließlich kannte er Pisciotta gut. Er hatte den jungen Mann schon mehrmals bei Schmuggel- und Schwarzmarktgeschäften eingesetzt, und es war ihnen eine gewisse Schlitzohrigkeit gemeinsam, die sie gegenseitig amüsierte: den einen, weil er sich wunderte, sie bei einem so alten und frommen Mann zu entdecken, den anderen, sie bei einem so jungen und unerfahrenen zu finden.

Der Abt beruhigte den Pförtner und wandte sich dann an Pisciotta: »Nun, mein lieber Aspanu, was hast du denn jetzt wieder angerichtet?« Pisciotta zog das Hemd um Giulianos Wunde fester. Erstaunt betrachtete der Abt den kummervollen Ausdruck in dem jungen Gesicht; er hätte es nicht für möglich gehalten, daß Aspanu derartiger Gefühle fähig war.

»Dies ist mein Cousin und bester Freund, Salvatore Giuliano«, erklärte Pisciotta. »Wie Sie sehen, hat er Pech gehabt. Schon bald werden überall die Carabinieri nach ihm suchen. Und nach mir. Sie sind unsere einzige Hoffnung. Ich bitte Sie, verstecken Sie uns und holen Sie einen Arzt. Wenn Sie mir diesen Gefallen tun, haben Sie mich auf ewig zum Freund.« Er betonte das Wort »Freund« und sah dem

Abt dabei offen in die Augen. Er wollte dem frommen Mann mit diesem Blick nicht drohen, ihm aber zu verstehen geben, daß er sich mit einer Weigerung einen tödlichen Feind machen würde.

Abt Manfredi begriff alles. Er hatte viel gehört von dem jungen Giuliano: ein guter Junge, sehr geachtet in Montelepre, ein großartiger Schütze und Jäger, weit männlicher, als seine Jahre es vermuten ließen. Sogar die Freunde der Freunde hatten ein Auge auf ihn als eventuellen Rekruten geworfen. Der große Don Croce persönlich hatte ihn bei einem privaten und gleichzeitig geschäftlichen Besuch im Kloster dem Abt gegenüber als einen jungen Mann erwähnt, den sich heranzuziehen durchaus profitabel sein könnte.

Doch als er jetzt den bewußtlosen Giuliano betrachtete, war er fast sicher, daß der junge Mann eher ein Grab als eine Zuflucht, eher einen Priester für die Letzte Ölung als einen Arzt brauchte. Also bedeutete es kaum ein Risiko, Pisciottas Bitte nachzukommen; einem Leichnam Zuflucht zu gewähren war selbst in Sizilien kein Verbrechen. Der junge Mann allerdings brauchte nicht unbedingt zu wissen, daß der Gefallen, den er ihm tat, von so geringem Wert sein würde. »Und warum suchen sie euch?« erkundigte er sich.

Pisciotta zögerte. Wenn der Abt erfuhr, daß ein Polizist getötet worden war, verweigerte er ihnen vielleicht die Zuflucht. Andererseits – wenn er völlig unvorbereitet war auf die Suche, die mit Sicherheit stattfinden würde, überraschte sie ihn möglicherweise so sehr, daß er ihn und Turi verriet. Er beschloß die Wahrheit zu sagen. Er tat es schnell.

Der Abt senkte den Blick, voll Mitleid mit einer weiteren an die Hölle verlorenen Seele, und sah auf Giuliano nieder. Blut sickerte durch das Hemd, das fest um seinen Körper geknotet war. Vielleicht starb der Ärmste, während sie sich noch unterhielten, und löste auf diese Weise das Problem.

Als Franziskanermönch war der Abt von christlicher

Nächstenliebe erfüllt; in diesen furchtbaren Zeiten jedoch mußte er auch die praktischen und materiellen Folgen seiner barmherzigen Taten bedenken. Wenn er ihnen Schutz gewährte und der Junge starb, konnte das nur von Vorteil für ihn sein. Die Behörden würden sich mit dem Leichnam zufriedengeben, die Familie würde für immer in seiner Schuld stehen. Erholte Giuliano sich jedoch, mochte seine Dankbarkeit sich sogar als noch wertvoller erweisen. Ein Mann, der trotz seiner schweren Verletzung noch eine Pistole abfeuern und einen Polizisten töten konnte, war es wert, daß man ihn sich verpflichtete.

Er konnte die beiden Missetäter natürlich auch den Carabinieri ausliefern, die kurzen Prozeß mit ihnen machen würden. Doch wo lag da sein eigener Vorteil? Die Behörden konnten nicht mehr für ihn tun, als sie es jetzt schon taten. Das Gebiet, in dem sie herrschten, war ihm sicher. Nein, auf der anderen Seite des Zaunes brauchte er Freunde. Ein Verrat an diesen beiden Jungen würde ihm nur Feinde unter der Landbevölkerung und den ewigen Haß zweier Familien eintragen. So töricht, zu glauben, seine Kutte würde ihn vor der dann zweifellos einsetzenden Vendetta retten, war der Abt nicht; und außerdem hatte er Pisciottas Gedanken erraten: Hier war ein junger Mann, der es noch weit bringen würde, bevor er den Weg zur Hölle antrat. Nein, den Haß sizilianischer Bauern durfte man nicht unterschätzen. Als wahre Christen würden sie einer Statue der Mutter Gottes niemals Schande bereiten, in der Hitze der Vendetta jedoch würden sie den Papst selbst erschießen, wenn er die Omertà brach, das uralte Gesetz des Schweigens jeder Behörde gegenüber. In diesem Land mit seinen unzähligen Jesus-Statuen hielt niemand etwas von der Forderung, die andere Wange hinzuhalten. In diesem unaufgeklärten Land war Vergebung der Ausweg der Feiglinge. Der sizilianische Bauer wußte nicht, was das war: Barmherzigkeit.

Eine Gewißheit hatte er jedenfalls: Pisciotta würde ihn niemals verraten. Bei einem ihrer kleinen Schmuggelgeschäfte hatte der Abt einmal dafür gesorgt, daß Pisciotta verhaftet und verhört wurde. Der Vernehmungsbeamte, ein Angehöriger der Sicherheitspolizei von Palermo und keiner von diesen Carabinieri-Dummköpfen, war zunächst sehr behutsam gewesen, dann aber grob. Doch weder List noch Grausamkeit hatten Pisciotta zum Reden gebracht. Er hatte geschwiegen. Der Vernehmungsbeamte hatte ihn laufen lassen und dem Abt versichert, daß dies ein Bursche sei, dem man auch wichtigere Aufträge anvertrauen könne. Seitdem hatte der Abt Aspanu Pisciotta ins Herz geschlossen und sprach oft ein Gebet für seine Seele.

Der Abt steckte zwei Finger in seinen knochigen, eingesunkenen Mund und pfiff. Den Mönchen, die herbeigelaufen kamen, befahl er, Giuliano in einen entfernten Flügel des Klosters zu bringen, das Privatquartier des Abtes, in dem er während des Krieges Deserteure, die Söhne reicher Bauern, versteckt hatte. Dann schickte er einen Mönch ins nur ein paar Kilometer entfernte Dorf San Giuseppe Jato, um den Arzt zu holen.

Pisciotta saß auf dem Bett und hielt seinem Freund die Hand. Die Wunde hatte aufgehört zu bluten, und Turi Giulianos Augen waren geöffnet, aber sie blickten stumpf. Pisciotta, den Tränen nahe, wagte kein Wort zu sprechen. Er tupfte Giuliano die Schweißtropfen von der Stirn. Turis Haut hatte eine bläuliche Färbung angenommen.

Eine Stunde dauerte es, bis der Arzt kam, der, nachdem er gesehen hatte, daß eine Horde Carabinieri die Berge absuchte, keineswegs überrascht war, daß sein Freund, der Abt, einen Verwundeten beherbergte. Darüber machte er sich keinerlei Sorgen: Wen kümmerten schon Polizei und Regierung? Der Abt war ein sizilianischer Landsmann, der Hilfe brauchte und der ihm jeden Sonntag einen Korb Eier, zu Weihnachten ein Faß Wein und zu Ostern ein Lamm schickte.

Der Arzt untersuchte Giuliano und versorgte die Wunde. Die Kugel hatte den Körper durchschlagen und vermutlich lebenswichtige Organe zerrissen, auf jeden Fall aber die Leber getroffen. Der Blutverlust war groß gewesen, der junge Mann war geisterhaft blaß, die Haut am ganzen Körper bläulich-weiß. Um den Mund zeichnete sich ein weißer Ring ab, für den Arzt ein erstes Anzeichen des bevorstehenden Todes.

Er seufzte. »Ich habe getan, was ich konnte«, erklärte er dem Abt. »Die Blutung steht, aber er hat mehr als ein Drittel Blut verloren, und das ist normalerweise tödlich. Halten Sie ihn warm, geben Sie ihm ein bißchen Milch, und ich werde Ihnen etwas Morphium dalassen.« Mit Bedauern betrachtete er Giulianos kraftvollen Körper.

»Was soll ich seinen Eltern sagen?« flüsterte Pisciotta. »Hat er eine Chance?«

Der Doktor seufzte. »Sagen Sie ihnen, was Sie wollen. Aber die Wunde ist tödlich. Er sieht kräftig aus, er könnte noch ein paar Tage leben; aber machen Sie sich keine Hoffnung.« Er sah die Verzweiflung in Pisciottas Augen, den flüchtigen Ausdruck der Erleichterung auf dem Gesicht des Abtes und ergänzte ironisch: »Aber in diesen heil'gen Hallen ist ein Wunder natürlich nicht ausgeschlossen...«

Der Abt und der Arzt verließen das Zimmer. Pisciotta beugte sich über den Freund, um ihm den Schweiß von der Stirn zu tupfen, und war erstaunt, in Giulianos Augen eine Andeutung von Ironie zu entdecken. Er beugte sich tiefer hinab. Turi Giuliano flüsterte; es kostete ihn große Mühe: »Sag meiner Mutter, daß ich nach Hause kommen werde!« Und dann tat er etwas, das Pisciotta in all den Jahren danach nicht vergessen sollte: Er hob plötzlich die Hände und packte Pisciotta bei den Haaren. Es waren kräftige

Hände; sie konnten unmöglich einem Sterbenden gehören. Sie zogen Pisciotta tief herab. »Du mußt mir gehorchen!« befahl Giuliano.

Am Morgen, nachdem Giulianos Eltern ihn gerufen hatten, traf Hector Adonis in Montelepre ein. Er benutzte sein dortiges Haus nur selten. Als junger Mensch hatte er seinen Geburtsort gehaßt. Besonders aber mied er die Festa. Die Dekorationen bedrückten ihn, in ihrer bunten Fröhlichkeit sah er nur Tarnung für die Armut des Dorfes. Außerdem hatte er während er Festa stets Demütigungen einstecken müssen: betrunkene Männer, die sich über seinen Kleinwuchs lustig machten, Frauen, die amüsiert und verächtlich über ihn lächelten.

Es half auch nichts, daß er so viel mehr wußte als sie. Die Leute waren zum Beispiel stolz darauf, daß jede Familie ihr Haus in derselben Farbe anstrich, wie es ihre Vorfahren getan hatten. Sie wußten nicht, daß sie mit ihrer Hausfarbe ihre Abstammung verrieten, das Blut, das sie zusammen mit den Häusern ihrer Vorfahren geerbt hatten. Daß vor Jahrhunderten die Normannen ihre Häuser weiß, die Griechen sie blau, die Araber sie in verschiedenen Rosa- und Rottönen gestrichen hatten. Und die Juden gelb. Heute betrachteten sie sich alle als Sizilianer. Ihr Blut war in mehr als tausend Jahren so sehr vermischt worden, daß man den Besitzer eines Hauses heute nicht mehr an seinen Zügen erkennen konnte, und wenn man dem Eigentümer eines gelben Hauses erklärte, er habe jüdische Vorfahren, bekam man unter Umständen ein Messer in den Bauch.

Aspanu Pisciotta wohnte in einem weißen Haus, obwohl er aussah wie ein Araber. Das Haus der Giulianos war vorwiegend blau, und Turi Giulianos Gesicht wirkte echt griechisch, obwohl er den Körperbau der kräftigen, großknochigen Normannen besaß. All dieses Blut aber hatte sich offenbar zu etwas Seltsamem und Gefährlichem vereinigt und den echten Sizilianer hervorgebracht, und das war es, was Adonis veranlaßt hatte, heute nach Montelepre zu kommen.

Die Via Bella war an jeder Kreuzung von zwei grimmig dreinblickenden Carabinieri mit schußbereiten Gewehren und Maschinenpistolen bewacht. Obwohl der zweite Tag der Festa begann, war dieser Ortsteil menschenleer, und auf der Straße spielten keine Kinder. Hector Adonis parkte seinen Wagen auf dem Gehsteig vor dem Haus der Giulianos. Zwei Carabinieri beobachteten ihn mißtrauisch, bis er ausstieg; dann lächelten sie belustigt über seine Statur.

Es war Pisciotta, der ihm die Tür öffnete und ihn einließ. Giulianos Eltern warteten in der Küche mit einem Frühstück aus Wurst, Brot und Kaffee. Maria Lombardo hatte sich wieder beruhigt, nachdem ihr geliebter Aspanu ihr versichert hatte, daß ihr Sohn gesund werden würde. Sie war mehr zornig als ängstlich. Und Giulianos Vater wirkte mehr stolz als traurig. Sein Sohn hatte bewiesen, daß er ein Mann war: Er lebte, und sein Feind war tot.

Abermals erzählte Pisciotta seine Geschichte, diesmal auf eine tröstlich humorvolle Weise. Er bagatellisierte Giulianos Wunde sowie die eigene Heldentat – daß er Giuliano ins Kloster geschleppt hatte. Doch Hector Adonis wußte genau: Einen Verletzten kilometerweit durch so schwieriges Gelände zu tragen, mußte für einen so zierlich gebauten Mann wie Aspanu Pisciotta unendlich anstrengend gewesen sein. Außerdem fand er, daß Pisciotta zu schnell über die Beschreibung der Wunde hinwegging. Adonis befürchtete das Schlimmste.

»Wieso wußten die Carabinieri, daß sie hierherkommen mußten?« erkundigte er sich. Pisciotta erklärte ihm, daß Giuliano seinen Ausweis vorgezeigt hatte.

Giulianos Mutter brach in lautes Wehklagen aus. »Warum hat Turi ihnen den Käse nicht gegeben? Warum mußte er unbedingt kämpfen?«

Giulianos Vater antwortete barsch: »Was hätte er denn tun sollen? Den Bauern verraten? Damit hätte er nur Schande über unseren Namen gebracht.«

Hector Adonis wunderte sich über alle diese Bemerkungen. Wie er wußte, war die Mutter viel stärker und heißblütiger als der Vater. Und doch hatte die Mutter Resignation und der Vater Trotz erkennen lassen. Und Pisciotta, der junge Aspanu – wer hätte gedacht, daß er so tapfer sein würde, den Freund zu retten und in Sicherheit zu bringen und jetzt die Eltern so kaltblütig über die Verletzung ihres Sohnes zu belügen!

Der Vater sagte: »Wenn er nur nicht seinen Ausweis abgegeben hätte! Unsere Freunde hätten geschworen, daß er hier auf der Straße war.«

»Aber sie hätten ihn trotzdem verhaftet«, sagte Giulianos Mutter. Sie fing an zu weinen. »Jetzt muß er in den Bergen leben.«

»Wir müssen uns vergewissern, daß ihn der Abt nicht der Polizei ausliefert«, meinte Hector Adonis.

»Das wird er nicht wagen!« gab Pisciotta ungeduldig zurück. »Er weiß, daß ich ihn in seiner Kutte aufhängen würde!«

Adonis sah Pisciotta nachdenklich an. Von dem jungen Mann ging eine tödliche Bedrohung aus. Es wäre unklug, das Selbstbewußtsein eines solchen Jungen zu verletzen, dachte Adonis. Die Polizei begriff nicht, daß man einen älteren Mann, der schon vom Leben selbst gedemütigt worden war und der sich die kleinen Kränkungen anderer Menschen nicht mehr so zu Herzen nahm, relativ ungestraft beleidigen konnte. Bei einem jungen Mann jedoch waren derartige Kränkungen tödlich.

Hilfesuchend sahen sie Hector Adonis an, der ihrem Sohn schon früher oft geholfen hatte. »Wenn die Polizei erfährt, wo er sich aufhält, wird dem Abt nichts anderes übrig bleiben«, erklärte er. »Er ist in gewissen Dingen selbst nicht über jeden Verdacht erhaben. Ich halte es für das Beste, wenn ich – mit Ihrer Erlaubnis – meinen Freund Don Croce Malo bitte, sich bei dem Abt für ihn zu verwenden.«

Die Giulianos wunderten sich, daß er den großen Don persönlich kannte; nur Pisciotta lächelte verständnisinnig. Adonis fragte ihn scharf: »Und was tun Sie hier? Sie werden erkannt und verhaftet werden. Die haben Ihre Personenbeschreibung!«

Verächtlich gab Pisciotta zurück: »Die beiden Carabinieri hätten sich vor Angst fast in die Hosen gemacht. Die würden nicht mal ihre eigene Mutter wiedererkennen. Außerdem habe ich ein Dutzend Zeugen, die schwören werden, daß ich gestern in Montelepre war.«

Mit großem Nachdruck wandte sich Hector Adonis an die Eltern: »Sie dürfen auf keinen Fall versuchen, Ihren Sohn zu besuchen, und niemandem, auch nicht Ihren besten Freunden, verraten, wo er ist. Die Polizei hat überall ihre Denunzianten und Spitzel. Aspanu wird Turi bei Nacht besuchen. Sobald er transportfähig ist, werde ich dafür sorgen, daß er an einem anderen Ort unterkommt, bis sich die Lage ein bißchen beruhigt hat. Dann läßt sich mit Geld einiges arrangieren, und Turi kann wieder nach Hause kommen. Machen Sie sich keine Sorge um ihn, Maria, achten Sie auf Ihre Gesundheit. Und Sie, Aspanu, halten mich bitte auf dem laufenden.«

Er umarmte die Eltern. Als er ging, weinte Maria Lombardo immer noch.

Er hatte viel zu tun: Vor allem mußte er Don Croce benachrichtigen und dafür sorgen, daß Turi in seiner Zufluchtsstätte sicher war. Zum Glück setzte die Regierung in

Rom für Informationen über den Mord an einem Carabiniere keine Belohnung aus, sonst hätte der Abt Turi genauso schnell verkauft wie eine von seinen heiligen Reliquien.

Turi Giuliano lag regungslos auf dem Bett. Er hatte gehört, wie der Arzt seine Wunde als tödlich bezeichnete. Aber er konnte einfach nicht glauben, daß er sterben mußte. Sein Körper schien, losgelöst von Schmerz und Angst, frei in der Luft zu schweben. Er würde nie sterben. Er wußte nicht, daß starker Blutverlust Euphorie auslöst.

Tagsüber pflegte ihn einer der Mönche und flößte ihm gewissenhaft Kuhmilch ein. Am Abend kam der Abt mit dem Arzt. In der Nacht besuchte ihn Pisciotta, hielt seine Hand und half ihm über die langen, schlimmen Stunden der Dunkelheit hinweg. Nach zwei Wochen erklärte der Arzt, es sei ein Wunder geschehen.

Turi Giuliano hatte seinen Körper mit dem eigenen Willen gezwungen, zu heilen, das verlorene Blut zu ersetzen, die lebenswichtigen Organe, die von dem Stahlmantelgeschoß zerrissen worden waren, wieder zusammenzuflicken. Und in der vom Blutverlust erzeugten Euphorie träumte er von zukünftigem Ruhm. Er verspürte eine neue Freiheit, hatte das Gefühl, daß er von nun an für keine seiner Taten mehr zur Rechenschaft gezogen werden konnte. Daß die Gesetze der Gesellschaft und die noch strengeren sizilianischen Familiengesetze ihn nicht mehr binden konnten. Daß er jegliche Tat begehen durfte; daß seine blutige Wunde ihn unschuldig machte. Und all das, weil ein törichter Carabiniere wegen eines Stücks Käse auf ihn geschossen hatte.

Während der Wochen seiner Rekonvaleszenz rief er sich immer wieder die Tage ins Gedächtnis zurück, als er und die anderen Dorfbewohner sich auf der Piazza versammelt und darauf gewartet hatten, daß die *gabellotti*, die Verwalter der großen Landgüter, sie mit dem verächtlichen, hämischen Lächeln mächtiger Männer zu Hungerlöhnen für die Tagesarbeit auswählten. Die ungerechte Verteilung der Ernte, die sie alle nach einem Jahr schwerster Arbeit in Armut zurückließ. Die anmaßende Hand des Gesetzes, die die Armen bestrafte und die Reichen davonkommen ließ.

Wenn ich von meiner Verletzung genese, schwor er sich, werde ich dafür sorgen, daß der Gerechtigkeit Genüge getan wird. Nie wieder wollte er ein machtloser, der Laune des Schicksals ausgelieferter Junge sein. Er wollte sich wappnen – körperlich und geistig. Und eines stand für ihn fest: Nie wieder würde er hilflos vor der Welt dastehen wie vor Guido Quintana und dem Carabiniere, der ihn niedergeschossen hatte. Der junge Mann, der Turi Giuliano gewesen war, existierte nicht mehr.

Nach einem Monat verschrieb ihm der Arzt weitere vier Wochen Ruhe mit ein bißchen Bewegung. Giuliano zog sich eine Mönchskutte an und ging auf dem Klostergrundstück spazieren. Der Abt, der den jungen Mann liebgewonnen hatte, begleitete ihn oft und erzählte ihm von den Reisen in ferne Länder, die er in seiner Jugend unternommen hatte. Die Zuneigung des Abts wurde keineswegs geringer, als Hector Adonis ihm für die Gebete, die er für die Armen sprach, eine bestimmte Geldsumme schickte und Don Croce den Abt davon in Kenntnis setzte, daß er sich für den jungen Mann interessiere.

Giuliano selbst staunte über das Leben, das die Mönche führten. In einem Land, in dem die Menschen fast verhungerten, in dem die Arbeiter ihren Schweiß für hundert Lire pro Tag verkaufen mußten, lebten die Franziskanermönche wie die Fürsten. Das Kloster war ein riesiges, reiches Landgut.

Sie besaßen einen Zitronengarten und einen Olivenhain mit jahrhundertealten Bäumen. Sie besaßen eine kleine Bambuspflanzung und eine Schlachterei, in der ihre Schafe und Schweine verarbeitet wurden. Hühner und Puter liefen in Scharen herum. Jeden Tag aßen die Mönche Fleisch zu ihren Spaghetti, tranken selbstgekelterten Wein aus dem riesigen Keller und tauschten auf dem Schwarzmarkt Tabak ein, den sie wie die Besessenen qualmten.

Aber sie waren auch sehr fleißig. Tagsüber arbeiteten sie – barfuß, die Kutten bis zu den Knien gerafft –, daß ihnen der Schweiß von der Stirn troff. Auf ihren tonsurierten Köpfen trugen sie zum Schutz vor der Sonne seltsam geformte schwarze oder braune amerikanische Herrenhüte, die der Abt für ein Faß Wein von einem Nachschub-Offizier der Militärregierung bekommen hatte. Diese Hüte trugen die Mönche auf verschiedene Art, einige mit dem Rand nach unten wie Gangster, andere mit dem Rand nach oben gebogen, um in der so entstehenden Rille ihre Zigaretten aufbewahren zu können.

Während der zweiten vier Wochen fühlte Giuliano sich wie ein Klosterbruder. Zum größten Erstaunen des Abts arbeitete er fleißig auf den Feldern mit und half den älteren Mönchen, die schweren Körbe mit Obst und Oliven zum Vorratsschuppen zu tragen. Giuliano genoß diese Arbeit, genoß es, wieder seine Kraft beweisen zu können. Obwohl sie seine Körbe bis über den Rand vollhäuften, zitterten ihm niemals die Knie. Der Abt war stolz auf ihn und sagte, er könne so lange bleiben, wie er wolle. Er habe die Anlagen zu einem echten Mann Gottes.

Turi Giuliano war glücklich. Der Abt weihte ihn in die Geheimnisse des Klosters ein. Stolz erklärte der alte Mann, daß mit Ausnahme des Weins alle Produkte seines Klosters direkt auf dem schwarzen Markt verkauft und nicht an die Vorratshäuser der Regierung geliefert würden. Bei Nacht berauschten sich die Mönche am Glücksspiel und am Wein; sogar Frauen wurden eingeschmuggelt. Vor all dem jedoch verschloß der Abt die Augen. »Wir leben in einer schweren Zeit«, sagte er zu Giuliano. »Der verheißene Lohn des Himmels ist zu fern, die Männer müssen schon jetzt ein paar Freuden genießen. Der liebe Gott wird ihnen verzeihen.«

An einem regnerischen Nachmittag führte der Abt Turi in einen Flügel des Klosters, der als Lagerhaus verwendet wurde. Dort stapelten sich die verschiedenartigsten Reliquien, angefertigt von einer Gruppe alter Mönche. Wie ein Geschäftsmann beklagte der Abt die schlechten Zeiten. »Niemals zuvor war unser Lagerhaus mehr als halb voll. Und jetzt sieh dir an, was wir an heiligen Schätzen angehäuft haben! Eine Gräte des Fisches, der von Christus vermehrt wurde. Den Stab, den Moses auf dem Weg ins Gelobte Land benützte.« Er hielt inne und betrachtete Giulianos verdutzte Miene mit zufriedener Belustigung. Dann verzog sich sein knochiges Gesicht zu einem verschmitzten Grinsen. Er versetzte einem Haufen Holzsplitter einen kräftigen Fußtritt. »Das da ging am besten«, sagte er beinahe schadenfroh. »Hunderte von Splittern des Kreuzes, an das unser Herr geschlagen wurde. Und in diesem Korb liegen Reliquien von jedem Heiligen, den es gibt. In ganz Sizilien existiert kein Haushalt, der nicht einen Knochen von einem Heiligen besitzt. Und in einem speziellen, verschlossenen Lagerraum haben wir dreizehn Arme des heiligen Andreas, drei Köpfe von Johannes dem Täufer und sieben Rüstungen der Jungfrau von Orléans. Im Winter ziehen unsere Mönche umher und verkaufen all diese Schätze.«

Turi Giuliano mußte lachen; aber er dachte an die Armen, die immer betrogen wurden – sogar von jenen, die ihnen den Weg zum Heil wiesen. Auch dies durfte er nicht vergessen.

Der Abt zeigte ihm eine riesige Wanne voll Medaillons,

die der Kardinal von Palermo gesegnet hatte, dreißig Leichentücher, in die gewickelt Jesus zu Grabe getragen worden war, und zwei schwarze Muttergottesstatuen. Als Giuliano sie sah, hörte er auf zu lachen. Er erzählte dem Abt von der schwarzen Statue seiner Mutter, die sie von klein auf verehrt hatte, und die sich seit Generationen in ihrer Familie befand. War das auch eine Fälschung? Der Abt tätschelte ihm freundlich die Schulter und erklärte, das Kloster stelle diese Statuen schon seit über hundert Jahren aus gutem Olivenholz her; doch seien selbst die Kopien wertvoll, da nur sehr wenige angefertigt würden.

Der Abt hielt es für ungefährlich, einem Mörder diese läßlichen Sünden frommer Männer anzuvertrauen. Aber Giulianos mißbilligendes Schweigen störte ihn. Wie zur Rechtfertigung sagte er: »Vergiß nicht, daß wir, die wir unser Leben Gott geweiht haben, auch in der materiellen Welt der Menschen leben müssen, die gar nicht daran denken, auf den Lohn des Himmels zu warten. Auch wir haben Familien, denen wir helfen, die wir beschützen müssen. Viele von uns Mönchen sind arm und stammen von den Armen ab, die das Salz der Erde sind. Wir dürfen nicht zulassen, daß unsere Brüder und Schwestern, unsere Neffen, Nichten, Cousins und Cousinen in diesen schweren Zeiten hungern. Die Heilige Kirche selbst braucht unsere Hilfe, weil sie sich mächtiger Feinde erwehren muß. Die Kommunisten und Sozialisten müssen bekämpft werden, und das kostet Geld. Welch ein Trost für die Mutter Kirche sind doch die Gläubigen! Indem wir ihnen Reliquien verkaufen, erhalten wir das Geld, das wir brauchen, um die Ungläubigen zu schlagen, und gleichzeitig wird ein Bedürfnis ihrer Seelen gestillt. Wenn wir sie nicht beliefern, würden sie ihr Geld nur für Glücksspiele, Wein und schamlose Weiber ausgeben. Meinst du nicht?«

Giuliano nickte lächelnd. Es war überwältigend für ihn,

einen so großen Meister der Heuchelei kennenzulernen. Den Abt ärgerte dieses Lächeln: Von einem Mörder, dem er Zuflucht gewährt und den er von der Pforte des Todes zurückgeholt hatte, erwartete er eine höflichere Reaktion. Dieser Schmuggler, dieser Mörder, dieser *Bauer* Signor Turi Giuliano müßte sich eigentlich verständnisvoller, christlicher zeigen! Streng sagte der Abt: »Vergiß nicht, daß wahrer Glaube auf unserem Glauben an Wunder beruht.«

»Ja«, gab Giuliano zurück. »Und ich weiß tief im Herzen, daß es Ihre Pflicht ist, uns zu helfen, sie zu finden.« Er sagte es ohne Bosheit, mit einem gewissen Humor, mit der ehrlichen Absicht, seinen Wohltäter zu erfreuen. Aber er mußte sich beherrschen, um nicht laut herauszulachen.

Der Abt war zufrieden, seine Zuneigung wieder geweckt. Turi war ein prächtiger Bursche, seine Gesellschaft hatte er in den vergangenen Monaten sehr genossen, und es war tröstlich zu wissen, daß dieser Mann tief in seiner Schuld stand. Er würde bestimmt nicht undankbar sein; sein nobles Herz hatte er bereits bewiesen. Tagtäglich bewies er dem Abt in Wort und Tat seine Dankbarkeit und seinen Respekt. Er besaß nicht das kalte Herz eines Verbrechers. Was würde werden aus so einem Mann – im heutigen Sizilien, einem Land voller Denunzianten, Banditen und anderen Sündern? Ach was, dachte der Abt, ein Mann, der einmal gemordet hat, tut es wieder, ohne mit der Wimper zu zucken. Er beschloß, Turi Giuliano durch Don Croce auf den rechten Weg bringen zu lassen.

Eines Tages, als Turi sich auf seinem Bett ausruhte, erhielt er einen seltsamen Besuch. Der Abt stellte ihn als Pater Benjamino Malo vor, einen sehr lieben Freund, und ließ die beiden dann allein.

Fürsorglich sagte Pater Benjamino: »Mein lieber junger Freund, ich hoffe, Sie haben sich von Ihrer Verletzung erholt. Der Abt sagt mir, es war ein Wunder.«

Höflich antwortete Giuliano: »Von Gottes Gnaden.« Pater Benjamino neigte zustimmend den Kopf.

Giuliano musterte ihn aufmerksam. Dies war ein Priester, der nie auf dem Feld gearbeitet hatte. Seine Soutane war am Saum zu sauber, sein Gesicht zu gedunsen und zu weiß, seine Hände waren zu weich. Aber sein Verhalten war fromm: bescheiden, geprägt von christlicher Demut.

Auch die Stimme war weich und sanft. »Mein Sohn, ich werde Ihnen die Beichte abnehmen und Ihnen die heilige Kommunion reichen. Dann können Sie frei von Sünden und reinen Herzens in die Welt hinausziehen.«

»Verzeihen Sie, Pater«, erwiderte Turi, »ich bin noch nicht im Stande der Bußfertigkeit, und es wäre falsch von mir, jetzt schon zu beichten. Aber ich danke Ihnen für Ihren Segen.«

Der Priester nickte. »Ja, das würde Ihre Sünden erschweren. Aber ich mache Ihnen ein anderes Angebot, das für diese Welt vielleicht praktischer ist. Don Croce, mein Bruder, hat mich geschickt, Sie zu fragen, ob Sie bei ihm in Villaba Zuflucht suchen wollen. Sie würden einen anständigen Lohn bekommen, und die Behörden würden es natürlich – wie Sie wohl wissen – niemals wagen, Sie zu belästigen, solange Sie unter seinem Schutz stehen.«

Giuliano wunderte sich, daß die Nachricht von seiner Tat schon bis zu Don Croce gedrungen war.

Er wußte, daß er vorsichtig sein mußte.

Er verabscheute die Mafia und wollte sich nicht in ihrem Netz fangen lassen.

»Es ist mir eine große Ehre«, antwortete er. »Ich danke Ihnen und Ihrem Bruder. Aber ich muß erst mit meiner Familie sprechen. Ich muß die Wünsche meiner Eltern berücksichtigen. Erlauben Sie mir also fürs erste, daß ich Ihr freundliches Angebot ausschlage.«

Der Priester war sichtlich sehr erstaunt. Deswegen

fügte Turi hinzu: »Vielleicht denke ich in ein paar Wochen anders und werde Sie in Villaba aufsuchen.«

Pater Benjamino hatte sich von seinem Schrecken erholt. Segnend hob er beide Hände. »Gehen Sie mit Gott, mein Sohn«, sagte er. »Sie werden immer willkommen sein im Haus meines Bruders.« Er schlug das Kreuzzeichen und ging hinaus.

Turi Giuliano wußte, daß es Zeit war, zu gehen. Als Aspanu Pisciotta ihn an jenem Abend besuchen kam, erklärte ihm Giuliano, welche Vorbereitungen er für seine Rückkehr in die Außenwelt treffen sollte. Auch sein Freund hatte sich verändert, das spürte er. Pisciotta zuckte weder zusammen noch protestierte er gegen die Befehle, die, wie er wußte, sein Leben ebenfalls grundlegend verändern würden. Schließlich sagte Giuliano zu ihm: »Aspanu, du kannst mit mir kommen oder bei deiner Familie bleiben. Tu das, was du tun zu müssen glaubst.«

Pisciotta lächelte: »Glaubst du wirklich, ich würde zulassen, daß du den Ruhm allein erntest, daß du dich in den Bergen herumtreibst, während ich Esel zur Arbeit führe und Oliven pflücke? Und was ist mit unserer Freundschaft? Soll ich dich allein lassen in den Bergen, obwohl wir seit unserer Kinderzeit zusammen gespielt und gearbeitet haben? Nur wenn du als freier Mann nach Montelepre zurückkehrst, werde ich auch dorthin zurückkehren. Also Schluß mit dem Unsinn. In vier Tagen hole ich dich ab. Ich brauche ein bißchen Zeit, um alles zu erledigen, was du mir aufgetragen hast.«

Vier Tage lang war Pisciotta beschäftigt. Den Schmuggler zu Pferde, der sich erboten hatte, den verwundeten Giuliano zu suchen, hatte er bereits gefunden. Er hieß Marcuzzi und war ein gefürchteter Mann, der unter dem Schutz Don Croces und Guido Quintanas in großem Stil Schmuggel betrieb. Er hatte einen Onkel desselben Namens, der ein großer Mafiachef war.

Wie Pisciotta feststellte, unternahm Marcuzzi regelmäßig Ausflüge von Montelepre nach Castellamare. Den Bauern, bei dem der Schmuggler die Maultiere einstellte, kannte Pisciotta, und als er sah, daß die Tiere aufs Feld hinausgeführt und zu einer Scheune in der Nähe des Dorfes gebracht wurden, wußte er, daß Marcuzzi am nächsten Tag wieder losziehen würde. Bei Tagesanbruch postierte Pisciotta sich an dem Weg, den Marcuzzi nehmen mußte, und wartete auf ihn. Er hatte eine *lupara* bei sich, eine Waffe, die in vielen sizilianischen Familien geradezu als Haushaltsgegenstand betrachtet wurde. Ja, so selbstverständlich war die tödliche sizilianische Schrotflinte und so häufig wurde sie für einen Mord benutzt, daß Mussolini, als er die Mafia vernichtet hatte, alle Steinmauern auf drei Fuß Höhe abtragen ließ, damit kein Mörder sie mehr als Hinterhalt benutzen konnte.

Pisciotta hatte beschlossen, Marcuzzi zu töten – nicht nur weil der Schmuggler sich der Polizei gegenüber erboten hatte, den verwundeten Giuliano zu ermorden, sondern auch weil er sich seinen Freunden gegenüber damit brüstete. Der Tod des Schmugglers würde für alle anderen, die Giuliano verraten wollten, eine Warnung sein. Außerdem brauchte er die Waffen, die Marcuzzi, wie er wußte, mit sich trug.

Er brauchte nicht lange zu warten. Weil Marcuzzi unbeladene Maultiere mitführte, um in Castellamare Schwarzmarktwaren abzuholen, war er sorglos. Während er auf dem Leitmuli den Bergpfad hinabritt, hatte er sein Gewehr über die Schulter gehängt, statt es schußbereit in der Hand zu tragen. Als er Pisciotta sah, dachte er an nichts Böses. Schließlich stand da nur ein junger Mann mit einem Dandy-Bärtchen, der aufreizend grinste. Erst als Pisciotta die *lupara* unter seiner Jacke hervorholte, wurde Marcuzzi mißtrauisch.

»Du hast mich auf dem falschen Weg erwischt«, knurrte er. »Ich habe die Ware noch nicht geholt. Und diese Maultiere stehen unter dem Schutz der Freunde der Freunde. Sei nicht dumm, such dir lieber ein anderes Opfer.«

»Ich will nur dein Leben«, sagte Pisciotta leise. Er lächelte grausam. »Es gab vor ein paar Monaten einen Tag, da wolltest du für die Polizei unbedingt den Helden spielen. Erinnerst du dich?«

Marcuzzi erinnerte sich. Wie zufällig drehte er das Muli seitwärts, um seine Hand vor Pisciotta zu verbergen, mit der er seine Pistole aus dem Gürtel zog. Gleichzeitig riß er am Zügel des Maultiers, um sich in Schußposition zu bringen. Das letzte, was er sah, bevor die *lupara* ihn aus dem Sattel fegte und auf den Pfad schleuderte, war Pisciottas Lächeln.

Mit grimmiger Befriedigung stand Pisciotta vor dem Leichnam und jagte ihm noch eine Ladung in den Kopf; dann nahm er sich die Pistole, die Marcuzzi noch in der Hand hielt, und das Gewehr, das an seiner Schulter hing. Er holte sämtliche Gewehrpatronen aus den Taschen des Mannes und steckte sie in die eigenen. Dann erschoß er rasch und methodisch alle vier Maultiere als Warnung für jeden, der Giulianos Feinden helfen wollte, und sei es auch nur indirekt. Er empfand kein Mitleid, und seine Grausamkeit war ihm eine Genugtuung. Denn trotz der Liebe zu seinem Freund hatten sie stets miteinander im Wettkampf gelegen. Und obwohl er Turi als Führer anerkannte, war er stets von dem Gefühl getrieben worden, ihm beweisen zu müssen, daß er seiner Freundschaft wert war, indem er sich mutig und klug zeigte. Jetzt war auch er aus dem magischen Kreis der Kindheit, der normalen Gesellschaft herausgetreten und hatte sich zu seinem Freund gesellt. Mit dieser Tat hatte er sich auf ewig an Turi Giuliano gebunden.

Zwei Tage später, kurz vor dem Abendessen, verließ Turi Giuliano das Kloster. Er umarmte alle Mönche, die sich im Refektorium versammelt hatten, und bedankte sich für ihre Gastfreundschaft. Die Mönche bedauerten, daß er ging. Gewiß, er hatte nie an ihren frommen Ritualen teilgenommen, er hatte nicht gebeichtet und nicht Buße getan für den Mord, den er begangen hatte; doch einige von diesen Mönchen hatten ihr Leben als Mann mit ähnlichen Verbrechen begonnen und wollten nicht richten.

Der Abt begleitete Giuliano zum Klostertor, wo Pisciotta ihn erwartete. Hier überreichte er ihm ein Abschiedsgeschenk. Es war eine Statue der schwarzen Mutter Gottes, ein Duplikat jener, die Maria Lombardo, Giulianos Mutter, gehörte. Giuliano packte sie in den grünen amerikanischen Duffelbag, den Pisciotta mitgebracht hatte.

Mit ironischem Gesichtsausdruck sah Pisciotta zu, wie sich der Abt und Giuliano voneinander verabschiedeten. Er wußte, daß der Abt ein Schmuggler, ein heimliches Mitglied der Freunde der Freunde und seinen armen Mönchen ein harter Sklaventreiber war. Deswegen hatte er kein Verständnis für diesen sentimentalen Abschied. Es kam ihm nicht in den Sinn, daß die Liebe, die Zuneigung und der Respekt, die Giuliano bei ihm selbst auslöste, auch einen so mächtigen und alten Mann wie den Abt packen konnten.

Obwohl der Abt aufrichtige Zuneigung zu Turi hegte, war sie nicht ohne Eigennutz. Er wußte, daß dieser Junge eines Tages möglicherweise zu einer Macht wurde, mit der man in Sizilien rechnen mußte. Turi Giuliano dagegen war aufrichtig dankbar. Der Abt hatte ihm das Leben gerettet und ihn in vielen Dingen unterwiesen.

Sie umarmten sich. »Ich stehe tief in Ihrer Schuld«, sagte Turi. »Wenn Sie irgendwie Hilfe brauchen, denken Sie an mich. Was immer Sie auch verlangen – ich werde es tun.«

Der Abt tätschelte ihm die Schulter. »Christliche Nächstenliebe verlangt keine Bezahlung. Kehre zurück auf Gottes Weg, mein Sohn, und zahle IHM Tribut.« Aber er sagte es mechanisch. Er kannte die Naivität junger Menschen. Aus ihr konnte ein flammender Teufel hervorgehen, dem blind gehorcht wurde. Er würde Giulianos Versprechen nicht vergessen.

Trotz Pisciottas Protest schulterte Giuliano den Duffelbag selbst. Gemeinsam schritten die zwei jungen Männer durchs Klostertor. Keiner von ihnen blickte zurück.

Sechstes Kapitel

Von einer vorspringenden Klippe nahe dem Gipfel des Monte d'Ora aus konnten Giuliano und Pisciotta auf Montelepre hinabblicken. Nur wenige Kilometer unter ihnen gingen in den Häusern die Lichter an, um gegen die hereinbrechende Dunkelheit anzukämpfen. Giuliano bildete sich sogar ein, die Musik aus den Lautsprechern auf dem Dorfplatz zu hören, die täglich das Programm des römischen Senders brachten, um die Spaziergänger vor der Abendmahlzeit zu unterhalten.

Aber die Bergluft war trügerisch. Zwei Stunden würden sie brauchen, um in ihr Dorf zurückzukehren, und vier Stunden, bis sie wieder hier oben waren. Giuliano und Pisciotta hatten hier schon als Kinder gespielt; sie kannten jeden Stein auf dem Berg, jede Höhle und jeden Tunnel. Weiter hinten auf diesem Plateau lag die Grotta Bianca, die Lieblingshöhle ihrer Kinderzeit, größer als das größte Haus von Montelepre.

Aspanu hat meine Befehle gewissenhaft befolgt, dachte Giuliano. Die Höhle war ausgestattet mit Schlafsäcken, Kochtöpfen, Schachteln voll Munition, Säcken voll Lebensmitteln. Auch eine Holzkiste mit Signalraketen, Laternen und Messern stand da. Weiter hinten waren einige Kanister Kerosin aufeinandergestapelt. Turi lachte. »Ach Aspanu, hier oben können wir ewig leben!«

»Ein paar Tage«, widersprach Aspanu. »Hierher sind die Carabinieri zuerst gekommen, als sie dich suchten.«

»Die suchen doch nur bei Tageslicht«, gab Turi zurück. »In der Nacht sind wir hier sicher.«

Tiefe Dunkelheit hatte sich über die Berge gesenkt, aber der Himmel war so sternenklar, daß die beiden jungen Männer einander deutlich sehen konnten. Pisciotta hatte den Duffelbag geöffnet und zog Kleidungsstücke und Waffen heraus. Langsam, fast feierlich bewaffnete sich Turi Giuliano. Er zog die Mönchskutte aus, stieg in die Moleskin-Hose und schlüpfte in die weite Lammfelljacke mit den vielen Taschen. Er steckte sich zwei Pistolen in den Gürtel und schnallte sich die Maschinenpistole so unter die Jacke, daß sie verdeckt war und doch blitzschnell hervorgeholt werden konnte. Er legte sich den Patronengürtel um die Taille und füllte die Jackentaschen mit zusätzlichen Munitionsschachteln. Pisciotta reichte ihm ein Messer, das er in einen der Armystiefel steckte, die er angezogen hatte. Dazu kam noch eine weitere kleine Pistole, die in ein Schnurholster paßte, das er unter dem Kragen seiner Lammfelljacke angebracht hatte. Das Gewehr trug er offen über der Schulter.

Jetzt war er fertig. Er lächelte Pisciotta zu, der offen nur eine *lupara* und ein Messer trug. »Ich komme mir nackt vor«, sagte Pisciotta. »Kannst du denn laufen, mit all dem Eisen an deinem Körper? Wenn du fällst, kann ich dich bestimmt nicht mehr aufrichten.«

Giuliano lächelte immer noch, das heimliche Lächeln eines Kindes, das glaubt, die Welt in ihre Schranken weisen zu können. Die große Narbe an seinem Körper schmerzte unter dem Gewicht von Waffen und Munition, doch er begrüßte diesen Schmerz. Er gab ihm eine Art Absolution. »Jetzt bin ich bereit, meine Familie zu besuchen und meinen Feinden gegenüberzutreten«, sagte er zu Pisciotta. Dann begannen die beiden jungen Männer den langen, gewundenen Pfad vom Gipfel des Monte d'Ora bis in das Dorf Montelepre tief unten hinabzusteigen.

Sie gingen unter einer Sternenkuppel dahin. Bewaffnet gegen den Tod und die Mitmenschen, den Duft ferner Zitronengärten und Wildblumen tief einatmend, empfand Turi Giuliano eine heitere Ruhe, die er noch niemals zuvor erlebt hatte. Er war einem zufälligen Widersacher nicht mehr hilflos ausgeliefert. Er brauchte den Feind in sich selbst, der an seinem Mut zweifelte, nicht mehr zu bekämpfen. Er hatte sich mit dem eigenen Willen gezwungen, nicht zu sterben, hatte seinen zerrissenen Körper gezwungen, zu heilen, und glaubte nun, er könne dies seinem Körper immer aufs neue befehlen. Er zweifelte nicht daran, daß ihm ein einzigartiges Schicksal bevorstand. Er verfügte über den Zauber jener mittelalterlicher Helden, die nicht sterben konnten, bis sie ans Ende ihrer langen Geschichte gelangt waren und große Siege erfochten hatten.

Niemals würde er diese Berge verlassen, diese Olivenbäume, dieses Sizilien! Er hatte zwar nur eine unbestimmte Vorstellung davon, wie sein zukünftiger Ruhm aussehen würde, aber er zweifelte keinen Augenblick an ihm. Nie wieder würde er ein armer Bauernjunge sein, der sich vor den Carabinieri, den Richtern, der vernichtenden Korruption des Gesetzes fürchtete!

Jetzt kamen sie aus den Bergen heraus auf die Straße, die nach Montelepre führte. Am Wegrand stand ein verschlossener Schrein der Mutter Gottes mit dem Kind, deren blaues Gipskleid im Mondlicht glänzte wie das Meer. Der Duft der Obstgärten erfüllte die Luft mit einem Duft, der Giuliano fast schwindlig machte. Er sah, wie Pisciotta sich bückte, um eine in der Nachtluft süß gewordene Kaktusfeige aufzuheben, und empfand Liebe zu dem Freund, der ihm das Leben gerettet hatte – eine Liebe, deren Wurzeln in der gemeinsam verbrachten Kindheit lagen. Er wollte seine Unsterblichkeit mit ihm teilen. Es war eben nicht ihr Schicksal gewesen, als zwei namenlose Bauern an einem Berghang in

Sizilien zu sterben. In seinem Überschwang rief Giuliano: »Aspanu, Aspanu, ich glaube, ich glaube!« Und lief den letzten Berghang hinab, hinaus aus dem geisterhaft weißen Fels, an den verschlossenen Schreinen mit ihren Christus- und Märtyrerstatuen vorbei. Lachend lief Pisciotta neben ihm her, und so rannten sie gemeinsam ins Licht des Mondes hinein, das die Straße nach Montelepre überflutete.

Die Berge liefen aus in einer hundert Meter breiten Wiese, die bis an die schwarzen Mauern der Häuser der Via Bella heranführte. Hinter diesen Mauern besaß ein jedes Haus seinen Garten mit Tomatenbeeten, manchmal auch mit einem vereinzelten Oliven- oder Zitronenbaum. Das Tor im Gartenzaun der Giulianos war nicht verschlossen; die beiden jungen Männer schlüpften geräuschlos hindurch und sahen, daß Giulianos Mutter sie erwartete. Mit tränenüberströmtem Gesicht eilte sie in Turis Arme. Sie küßte ihn innig und flüsterte: »Mein geliebter Sohn!« Und Turi Giuliano stand da im Mondlicht und reagierte zum erstenmal in seinem Leben nicht auf ihre Liebe.

Es war jetzt fast Mitternacht, und der Mond schien noch hell; deswegen gingen sie rasch ins Haus, um nicht von Spionen beobachtet zu werden. Die Fensterläden waren geschlossen, und an allen Straßen hatten sich Verwandte der Familien Giuliano und Pisciotta postiert, um vor Polizeistreifen zu warnen. Im Haus der Giulianos warteten Freunde und Familienmitglieder darauf, Turis Heimkehr feiern zu können. Ein Festmahl war aufgetischt worden, das auch zu Ostern nicht üppiger hätte ausfallen können. Denn nur diese eine Nacht hatten sie noch mit ihm, bevor Turi in die Berge ging, um dort zu leben.

Giulianos Vater umarmte den Sohn und klopfte ihm anerkennend auf den Rücken. Dann begrüßten ihn seine beiden

Schwestern. Auch Hector Adonis war da. Außerdem hatte sich eine Nachbarin eingefunden, die La Venera genannt wurde. Sie war eine etwa fünfunddreißigjährige Witwe. Ihr Mann, ein berühmter Bandit namens Candeleria, war erst vor einem Jahr verraten worden und der Polizei in einen Hinterhalt gelaufen. Sie hatte sich mit Giulianos Mutter angefreundet, doch Turi wunderte sich, daß sie bei diesem Treffen anwesend war. Nur die Mutter konnte sie dazu eingeladen haben. Flüchtig fragte er sich, warum.

Sie aßen, tranken und behandelten Turi Giuliano, als wäre er von einem langen Auslandsurlaub zurückgekehrt. Doch dann wollte der Vater seine Wunde sehen. Giuliano zog sein Hemd aus der Hose und zeigte ihm die große, flammend rote Narbe, deren umgebendes Gewebe vom Trauma des Schusses noch blauschwarz gefärbt war. Die Mutter brach in Wehklagen aus. Lächelnd fragte Giuliano sie: »Wäre es dir lieber gewesen, wenn ich mit den Zeichen des *bastonado* im Gefängnis säße?«

Obwohl diese vertraute Szene den glücklichsten Tagen seiner Kinderzeit gleichkam, empfand er doch eine große Distanz zu allem. All seine Lieblingsspeisen wurden serviert: Tintenfisch, fetttriefende Makkaroni mit Kräuter-Tomatensauce, Lammbraten, eine große Schüssel Oliven, grüner und roter Salat, reichlich übergossen mit reinem Olivenöl erster Pressung, bastumflochtene Flaschen mit sizilianischem Wein – alles auf sizilianischem Boden gewachsen. Die Eltern erzählten ihre Geschichten vom Leben in Amerika. Und Hector Adonis unterhielt alle mit den Glanzpunkten der sizilianischen Geschichte. Von Garibaldi und seinen berühmten Rothemden sprach er. Vom Tag der Sizilianischen Vesper, als die Sizilianer sich vor vielen Jahrhunderten erhoben hatten, um die fränzösische Besatzungsarmee niederzumetzeln. Von all den Geschichten der Unterdrückung Siziliens, angefangen mit Rom, gefolgt von den Mauren, den

Normannen, Franzosen, Deutschen und Spaniern. Armes Sizilien! Niemals frei, seine Bewohner immer hungrig, ihre Arbeit so billig verkauft, ihr Blut so leichtfertig vergossen.

Daher gab es heute nicht einen Sizilianer mehr, der an die Regierung, an die Gesetze, an das Ordnungsschema der Gesellschaft glaubte, das stets nur benutzt worden war, um sie zu Lasttieren zu degradieren. Turi hatte diese Geschichten im Laufe der Zeit immer wieder gehört und seinem Gedächtnis eingeprägt. Aber erst jetzt wurde ihm klar, daß nur er allein diesen Zustand ändern konnte.

Er beobachtete Aspanu, der zum Kaffee eine Zigarette rauchte. Selbst bei diesem fröhlichen Treffen spielte ein ironisches Lächeln um seine Lippen. Giuliano wußte genau, was er jetzt dachte und später aussprechen würde: Du brauchst nur dumm genug zu sein, um dich von einem Polizisten niederschießen zu lassen, einen Mord begehen, ein Verbrecher werden – und schon beweisen deine Lieben dir ihre Zuneigung und behandeln dich wie einen Heiligen. Und doch war Aspanu der einzige, demgegenüber er kein Gefühl der Fremdheit verspürte.

Dann war da die Frau, La Venera. Warum hatte die Mutter sie eingeladen, und warum war sie gekommen? Sie hatte noch immer ein hübsches Gesicht mit pechschwarzen Brauen und so dunkelroten Lippen, daß sie in dieser raucherfüllten, dämmrigen Beleuchtung beinahe purpurn wirkten. Wie ihre Figur aussah, war schwer zu sagen, denn sie trug das sackartige schwarze Kleid der sizilianischen Witwen.

Turi Giuliano mußte ihnen die ganze Geschichte der Schießerei an der Wegkreuzung erzählen. Der Vater, ein bißchen betrunken, brummte beim Tod des Polizisten anerkennend. Die Mutter schwieg. Der Vater erzählte, wie der Bauer gekommen war, um seinen Esel zu suchen, und was er dem Bauern geantwortet hatte: »Sei froh, daß du nur einen Esel verloren hast. Ich habe einen Sohn verloren.«

»Ein Esel, der einen Esel sucht«, warf Aspanu ein.

Alle lachten. Giulianos Vater fuhr fort: »Als der Bauer hörte, daß ein Polizist erschossen worden war, hatte er viel zuviel Angst davor, seinen Anspruch geltend zu machen, weil er fürchtete, den *bastonado* zu bekommen.«

»Er wird bezahlt werden«, sagte Turi.

Schließlich schilderte Hector Adonis, wie er Turi retten wollte. Die Familie des Toten sollte eine Entschädigung bekommen. Um das Geld dafür aufbringen zu können, würden Giulianos Eltern eine Hypothek auf ihr kleines Stück Land aufnehmen müssen. Auch Adonis wollte eine gewisse Summe beisteuern. Mit diesen Plänen würde man jedoch warten müssen, bis sich die Gefühlswogen wieder geglättet hatten. Der große Don Croce würde seinen Einfluß bei Regierungsbeamten und bei der Familie des Getöteten geltend machen. Schließlich war das Ganze mehr oder weniger ein Unfall gewesen. Auf keiner Seite hatte es wirklich bösen Willen gegeben. Eine Farce konnte gespielt werden, solange die Familie des Opfers und die zuständigen Regierungsbeamten mitmachten. Der einzige Haken war der Ausweis am Schauplatz des Mordes. Im Ablauf von einem Jahr jedoch würde Don Croce dafür sorgen können, daß er aus den Akten der Staatsanwaltschaft verschwand. Aber das Allerwichtigste war, daß Turi Giuliano sich dieses eine Jahr lang nichts mehr zuschulden kommen ließ. Er mußte in die Berge gehen.

Turi Giuliano hörte sich alles geduldig an, lächelte, nickte, verbarg seine Verärgerung. Sie sahen ihn immer noch so, wie er zur Zeit der Festa vor über zwei Monaten gewesen war. Er hatte seine Lammfelljacke ausgezogen und die Waffen abgelegt; sie lagen zu seinen Füßen unter dem Tisch. Doch weder das noch die riesige, häßliche Narbe hatte sie beeindrucken können. Sie konnten sich nicht vorstellen, wie sehr sein ganzes Wesen von diesem Schuß in seinen Körper zerrissen worden war und daß er nie wieder der junge Mann sein würde, den sie gekannt hatten.

In diesem Haus war er im Augenblick sicher. Zuverlässige Freunde kontrollierten die Straßen und beobachteten die Carabinieri-Kaserne, um ihn rechtzeitig vor einem Überfall warnen zu können. Das Haus selbst, Hunderte von Jahren alt, bestand aus Stein; die Fenster waren mit schweren, dreißig Zentimeter dicken Holzläden verschlossen. Die Holztür war stark und mit eisernen Riegeln bewehrt. Kein Lichtstrahl fiel in die Nacht hinaus, kein Feind konnte sich mit einem unerwarteten Angriff den Zugang erzwingen. Und doch fühlte sich Turi in Gefahr. Diese lieben Menschen wollten ihn in sein früheres Leben zurückzwingen, ihn überreden, Landarbeiter zu werden, die Waffen niederzulegen, und ihn damit hilflos ihren Gesetzen ausliefern. In diesem Augenblick erkannte er, daß er zu denen, die ihn am innigsten liebten, grausam sein mußte. Der Traum des jungen Mannes war es immer gewesen, Liebe zu gewinnen statt Macht. Doch jetzt war alles anders geworden. Jetzt sah er ein, daß Macht das Wichtigste war.

Höflich wandte er sich an Hector Adonis und die anderen. »Lieber Pate, ich weiß, daß du aus Zuneigung und Besorgnis sprichst. Aber ich kann nicht zulassen, daß meine Eltern ihr Stückchen Land verlieren, um mir aus der Patsche zu helfen. Und all ihr anderen, macht euch keine Sorgen um mich. Ich bin ein erwachsener Mann, der für seinen Leichtsinn bezahlen muß. Und ich will nicht, daß jemand für den Carabiniere, den ich erschossen habe, Schadenersatz bezahlt. Schließlich hat er versucht, mich umzubringen, nur weil ich ein bißchen Käse schmuggeln wollte. Ich hätte niemals auf ihn geschossen, wenn ich nicht gedacht hätte, daß ich sterben muß, und die Rechnung ausgleichen wollte. Aber das ist vorbei. Das nächstemal lasse ich mich nicht so einfach abknallen.«

»Außerdem lebt sich's in den Bergen viel lustiger«, ergänzte Pisciotta grinsend.

Doch Giulianos Mutter ließ sich nicht beruhigen. Alle sahen sie die panische Angst, die in ihren Augen brannte. Verzweifelt bat sie: »Werde nicht zum Banditen, beraube keine Armen, die schon genug Elend zu bewältigen haben. Werde kein Verbrecher! Laß dir von La Venera erzählen, war für ein Leben ihr Mann geführt hat.«

La Venera hob den Kopf und sah Giuliano direkt in die Augen. Er staunte über ihren sinnlichen Ausdruck, es war, als versuche sie seine Leidenschaft zu wecken. Ihre Augen blickten kühn und starrten ihn beinahe auffordernd an. Bisher hatte er in ihr nur eine ältere Frau gesehen; jetzt spürte er, daß sie auf ihn erotisch wirkte.

Als sie sprach, war ihre Stimme rauh vor Rührung. »In denselben Bergen, in die du gehen willst, mußte mein Mann wie ein Tier hausen«, begann sie. »Immer voll Angst. Immer. Er konnte nichts essen. Er konnte nicht schlafen. Wenn wir im Bett lagen, zuckte er bei jedem kleinsten Geräusch zusammen. Wenn wir schliefen, lagen seine Schußwaffen neben dem Bett auf dem Fußboden. Aber das half ihm alles nichts. Als unsere Tochter krank war und er sie besuchen wollte, warteten sie schon auf ihn. Sie wußten, daß er ein weiches Herz hatte. Er wurde auf der Straße erschossen wie ein Hund. Sie standen daneben und lachten mir ins Gesicht.«

Giuliano sah Pisciottas Grinsen. Candeleria, der große Bandit – weichherzig? Er hatte sechs Männer, die der Denunziation verdächtig waren, niedergemetzelt, reiche Bauern ausgeraubt, von armen Bauern Geld erpreßt und die ganze Umgebung terrorisiert. Nur seine Frau sah ihn ganz anders.

La Venera bemerkte Pisciottas Lächeln nicht. Sie fuhr fort: »Ich begrub ihn, und eine Woche später begrub ich mein Kind. Es war Lungenentzündung, sagten sie. Aber ich wußte, daß ihr das Herz gebrochen war. Am besten erinnere ich mich an meine Besuche bei ihm in den Bergen. Immer fror er und hungerte, und manchmal war er sogar krank. Alles hätte er gegeben, um wieder das Leben eines ehrlichen Bauern führen zu können. Am schlimmsten aber war, daß sein Herz so hart wurde wie ein Olivenkern. Er war kein Mensch mehr, er ruhe in Frieden. Deshalb, lieber Turi, sei nicht so stolz. Wir werden dir in deinem Unglück helfen; nur werde nicht so wie mein Mann in der letzten Zeit vor seinem Tod.«

Alle schwiegen. Pisciotta lächelte nicht mehr. Giulianos Vater murmelte, er würde den Hof gerne loswerden; dann könne er morgens wenigstens ausschlafen. Hector Adonis starrte stirnrunzelnd auf die Tischplatte. Niemand sprach.

Die Stille wurde von einem hastigen Klopfen an der Tür unterbrochen, ein Zeichen von einem Wachtposten. Pisciotta ging und sprach mit dem Mann. Als er zurückkam, gab er Giuliano einen Wink, sich zu bewaffnen. »Die Carabinieri-Kaserne ist hell erleuchtet«, berichtete er. »Und am unteren Ende der Via Bella, dort, wo sie in die Piazza mündet, versperrt ein Polizei-Lieferwagen die Straße. Sie scheinen sich auf eine Razzia in diesem Haus vorzubereiten.« Einen Augenblick hielt er inne. »Wir müssen uns beeilen mit dem Abschiednehmen.«

Was alle erstaunte, war die Gelassenheit, mit der Turi Giuliano sich für die Flucht vorbereitete. Während er noch die Mutter umarmte, hatte er schon seine Lammfelljacke in der Hand. Er verabschiedete sich von den anderen und war im nächsten Moment voll bewaffnet, hatte die Jacke angezogen und das Gewehr umgehängt. Und alles war ohne schnelle oder hastige Bewegung geschehen. Einen Augenblick stand er da und lächelte ihnen zu, dann sagte er zu Pisciotta: »Du kannst noch hierbleiben und später in die Berge nachkommen, aber du kannst auch jetzt gleich mitkommen.« Wortlos ging Pisciotta zur Hintertür und öffnete sie.

Giuliano umarmte seine Mutter ein letztes Mal; sie küßte ihn und warnte: »Versteck dich, tu nichts Voreiliges. Bitte, laß uns dir helfen!« Aber er hatte sich schon von ihr gelöst.

Pisciotta ging voraus, quer über die Felder bis zum Fuß der Berghänge. Als Giuliano einen scharfen Pfiff ausstieß, blieb Pisciotta stehen und wartete, bis Turi ihn eingeholt hatte. Der Weg in die Berge war frei, und die Wachtposten hatten ihm berichtet, in dieser Richtung gebe es keine Polizeistreifen. Nach einer vierstündigen Kletterpartie würden sie in der Grotta Bianca sicher sein.

»Aspanu«, fragte Giuliano, »wieviel Mann haben die Carabinieri in ihrer Garnison?«

»Zwölf«, antwortete Pisciotta. »Und den Maresciallo.«

Giuliano lachte. »Dreizehn ist eine Unglückszahl. Warum laufen wir vor so wenigen davon?« Er blieb stehen. »Komm mit«, sagte er dann.

Er ging voraus, quer über die Felder zurück, so daß sie das Dorf ein Stück weiter unten an der Straße erreichten. Sie überquerten die Via Bella, bis sie das Haus der Giulianos von einer dunklen, engen Gasse aus ungefährdet beobachten konnten. Wartend duckten sie sich in den Schatten.

Fünf Minuten später hörten sie einen Jeep die Via Bella herabrattern. Er war vollgestopft mit sechs Carabinieri, darunter der Maresciallo höchstpersönlich. Zwei Mann liefen sofort durch die Nebenstraße, um den Hintereingang zu blockieren. Der Maresciallo ging mit drei Mann zur Haustür und hämmerte gegen das Holz. Gleichzeitig hielt hinter dem Jeep ein kleiner Lastwagen, aus dem mit schußbereitem Gewehr zwei weitere Carabinieri sprangen, um die Straße zu bewachen.

Giuliano beobachtete das alles interessiert. Es war sein erstes taktisches Unternehmen, und er staunte, wie mühelos er Herr der Lage wurde, wenn er den Entschluß faßte, Blut zu vergießen. Gewiß, auf den Maresciallo und die drei Mann vor der Tür durfte er nicht schießen, weil die Kugeln ins Haus dringen und seine Familie gefährden könnten. Die beiden Männer, die die Straße bewachten, und die beiden Fahrer in ihren Fahrzeugen zu töten war jedoch ein Kinderspiel. Falls er das wollte, brauchte er nur zu warten, bis der Maresciallo mit seinen Männern im Haus der Giulianos verschwunden war. Herauszukommen würden sie nicht wagen, so daß er und Pisciotta in aller Ruhe den Rückzug durch die Felder antreten konnten. Und was die Polizisten betraf, die mit ihrem Lastwagen das Ende der Straße blokkierten, so waren sie viel zu weit entfernt, um ein ernstzunehmender Faktor zu sein. Sie würden nicht genug Selbstvertrauen besitzen, um ohne Befehl die Straße heraufzukommen.

Aber im Augenblick hatte er keine Lust, Blut zu vergießen. Es war ausschließlich ein intellektuelles Manöver, bei dem er vor allem den Maresciallo in Aktion beobachten wollte; denn dieser Mann würde in Zukunft sein Hauptgegner sein.

Jetzt wurde die Haustür von Giulianos Vater geöffnet. Der Maresciallo packte den alten Mann grob beim Arm und schleuderte ihn mit dem Befehl, zu warten, unsanft auf die Straße hinaus.

Ein Maresciallo der italienischen Carabinieri ist der höchstrangige Unteroffizier der nationalen Polizei und gewöhnlich Befehlshaber einer kleinen Ortsabteilung. Als solcher ist er ein wichtiges Mitglied der dörflichen Gesellschaft und wird mit dem gleichen Respekt behandelt wie der Bürgermeister oder der Pfarrer. Auf die Art von Begrüßung, die ihm durch Giulianos Mutter zuteil wurde, war der Maresciallo daher nicht gefaßt: Sie stellte sich ihm in den Weg und spuckte vor ihm aus, um ihm ihre Verachtung zu zeigen.

Mit seinen drei Männern mußte er sich den Zutritt zum Haus erzwingen und sich, während er es durchsuchte, von Giulianos Mutter aufs gröbste beleidigen und verfluchen lassen. Alle wurden auf die Straße hinausgeführt, wo sie vernommen werden sollten; auch aus den benachbarten Häusern holte man Männer und Frauen.

Nachdem die Durchsuchung des Hauses ergebnislos verlaufen war, versuchte der Maresciallo die Bewohner zu verhören. Giulianos Vater gab sich erstaunt. »Glauben Sie wirklich, ich würde meinen eigenen Sohn verraten?« fragte er den Maresciallo, und die Menschen auf der Straße schrien zustimmend. Der Maresciallo befahl der Familie Giuliano, ins Haus zurückzukehren.

In ihrem dunklen Gäßchen sagte Pisciotta zu Giuliano: »Die können von Glück sagen, daß deine Mutter nicht unsere Waffen hatte.« Turi antwortete nicht. Das Blut war ihm zu Kopf gestiegen. Es kostete ihn ungeheure Anstrengung, sich zu beherrschen. Der Maresciallo hatte mit seinem Gummiknüppel zugeschlagen und einen Mann getroffen, der es gewagt hatte, gegen die grobe Behandlung von Giulianos Eltern zu protestieren. Zwei andere Carabinieri griffen sich wahllos Einwohner von Montelepre heraus und warfen sie in den wartenden Lastwagen, während sie die Leute unablässig traten und niederknüppelten, ihre Angst- und Protestschreie ignorierend.

Plötzlich stand ein Mann ganz allein vor den Carabinieri auf der Straße. Er stürzte sich auf den Maresciallo. Ein Schuß knallte, und der Mann fiel aufs Pflaster. In einem der Häuser begann eine Frau zu schreien, dann kam sie herausgelaufen und warf sich über ihren am Boden liegenden Mann. Turi Giuliano kannte sie; es war eine alte Freundin seiner Familie, die seiner Mutter immer frischgebackenen Obstkuchen brachte.

Turi tippte Pisciotta auf die Schulter. »Komm mit!« flüsterte er und lief die engen, winkligen Straßen zur Piazza am unteren Ende der Via Bella hinab.

»Verdammt, was machst du?« schrie Pisciotta verzweifelt, verstummte aber sofort. Denn plötzlich wußte er, was Turi vorhatte: Der Lastwagen mit den Gefangenen mußte die Via Bella ganz hinabfahren, um auf der Piazza wenden und zur Bellampo-Kaserne hinauffahren zu können.

Während er die dunklen Parallelstraßen hinablief, fühlte Giuliano sich unsichtbar, gottgleich. Nicht einmal im Traum würde der Feind sich vorstellen können, daß er das tat, was er jetzt vorhatte; die Carabinieri vermuteten, er werde sich in die Berge retten. Eine wilde Begeisterung erfüllte ihn. Sie würden schon lernen, daß sie das Haus seiner Eltern nicht ungestraft überfallen konnten. Sie würden kein zweites Mal kaltblütig einen Mann niederschießen. Er würde sie zwingen, Achtung vor seinen Nachbarn und seiner Familie zu haben!

Als er die untere Seite der Piazza erreichte, sah er im Licht der einzigen Straßenlaterne den Polizeiwagen, der die Einmündung der Via Bella blockierte. Als hätten sie ihn in eine solche Falle locken können! Was hatten die sich eigentlich gedacht? War das ein Beispiel für kluges polizeiliches Verhalten? Er wechselte zu einer anderen Nebenstraße, um zum Hintereingang der Kirche zu gelangen, die die Piazza beherrschte. Pisciotta folgte ihm. Drinnen sprangen sie über das Altargeländer und zögerten dann beide einen Sekundenbruchteil auf dem geheiligten Treppenabsatz, auf dem sie selbst vor langer Zeit als Ministranten agiert und dem Pfarrer gedient hatten, wenn er den Einwohnern von Montelepre die sonntägliche Messe las und die heilige Kommunion austeilte. Mit gezogenen Waffen knicksten sie und bekreuzigten sich ungeschickt; einen Moment lang wirkte der Anblick der Wachsstatuen – des dornengekrönten Christus, der vergoldeten, hellblau gewandeten Muttergottes und der vielen Heiligen – dämpfend auf ihre Kampflust. Dann liefen sie durch den kurzen Gang zu der großen Eichentür, wo sie ihr Schußfeld, die Piazza, gut übersehen konnten. Dort knieten sie abermals nieder, um ihre Waffen bereitzumachen.

Der Lieferwagen, der die Via Bella blockierte, setzte zurück, damit der Lastwagen mit den Verhafteten auf die Piazza fahren, wenden und die Straße wieder hinauffahren konnte. In diesem Moment stieß Giuliano die Kirchentür auf und sagte zu Pisciotta: »Schieß über ihre Köpfe hinweg!« Gleichzeitig feuerte er mit seiner Maschinenpistole auf den Lieferwagen, zielte jedoch nur auf Reifen und Motor. Plötzlich wurde die ganze Piazza in grelles Licht getaucht: Der Motor explodierte, und der Lieferwagen fing Feuer. Die beiden Carabinieri auf dem Vordersitz stolperten heraus wie in sich zusammenbrechende Marionetten. Pisciotta, neben ihm, schoß mit dem Gewehr auf die Fahrerkabine des Lastwagens mit den Verhafteten. Turi Giuliano sah den Fahrer herausspringen und fallen. Der andere bewaffnete Carabiniere sprang ab, und Pisciotta feuerte noch einmal. Auch der zweite Polizist ging zu Boden. Turi wandte sich an Pisciotta, um ihm Vorwürfe zu machen, als plötzlich die Buntglasfenster der Kirche unter dem Feuer von Maschinengewehren zersplitterten und die farbigen Scherben wie Rubine über den Kirchenboden schlitterten. Jetzt sah Turi ein, daß es keine Gnade mehr für sie geben konnte. Daß Aspanu recht hatte. Daß sie töten mußten, um nicht getötet zu werden.

Giuliano zog seinen Freund am Arm, hastete durch die Kirche zurück, zur Hintertür hinaus und durch die dunklen, winkligen Gassen von Montelepre. Heute nacht hatte es keinen Sinn mehr, die Gefangenen zu befreien. Durch die letzte Mauer des Dorfes gelangten sie aufs offene Feld und rannten, bis sie die steilen, mit riesigen weißen Felsbrocken übersäten Berghänge erreicht hatten. Als sie auf dem Gipfel des Monte d'Ora im Cammarata-Gebirge angekommen waren, dämmerte bereits der Tag.

Vor über eintausend Jahren hatte sich Spartakus hier mit seinem Sklavenheer versteckt und es zum Kampf gegen die römischen Legionen geführt. Als er jetzt auf dem Gipfel des Monte d'Ora stand und zusah, wie strahlend die Sonne aufging, war Turi Giuliano von einem jungenhaften Triumphgefühl darüber erfüllt, daß er seinen Feinden entkommen war. Nie wieder würde er einem anderen Menschen gehorchen. Er würde selber bestimmen, wo er leben und wo er sterben wollte, und er hatte nicht den geringsten Zweifel daran, daß alles, was er tat, Sizilien zum Ruhm und zur Freiheit gereichen würde, daß es wahrhaftig gut war, nicht schlecht. Daß er für Gerechtigkeit kämpfen würde, um den Armen zu helfen. Daß er jeden Kampf gewinnen, die Liebe der Unterdrückten erringen würde.

Er war zwanzig Jahre alt.

Siebentes Kapitel

Don Croce Malo war im Dorf Villaba geboren, einem winzigen Kaff, das er reich und in ganz Sizilien berühmt machen sollte. Die Sizilianer empfanden es durchaus nicht als Ironie, daß er aus einer frommen Familie stammte, die ihn für den Beruf eines Priesters der Heiligen Katholischen Kirche erzogen hatte, daß sein Vorname ursprünglich Crocefisso lautete, ein religiöser Name, den nur die frömmsten Eltern ihren Söhnen gaben. Ja, als er ein Junge war, hatte man ihn sogar dazu bestimmt, bei den Mysterienspielen, die zum heiligen Osterfest aufgeführt wurden, die Rolle des Christus zu übernehmen, und man lobte ihn für seinen frommen Ausdruck.

Als er um die Jahrhundertwende jedoch zum Mann heranwuchs, wurde es klar, daß es Croce Malo schwerfiel, eine andere Autorität anzuerkennen als sich selbst. Er schmuggelte, erpreßte, stahl und – schlimmer als alles andere – schwängerte schließlich ein junges Dorfmädchen, eine unschuldige Magdalena der Mysterienspiele. Er weigerte sich, sie zu heiraten, und behauptete, sie hätten sich beide von der religiösen Inbrunst des Spiels hinreißen lassen; deshalb müsse ihm verziehen werden.

Die Familie des Mädchens wollte diese Erklärung nicht akzeptieren und bestand auf Ehe oder Tod. Croce Malo war zu stolz, um ein entehrtes Mädchen zu heiraten, und floh in die Berge. Nach einigen Jahren als Bandit hatte er Glück und bekam Kontakt mit der Mafia.

»Mafia« ist arabisch und heißt soviel wie Ort der Zuflucht; Eingang in die sizilianische Sprache fand das Wort im zehnten Jahrhundert, als die Sarazenen das Land beherrschten. Während ihrer gesamten Geschichte wurden die Sizilianer unbarmherzig von Römern, Normannen, Franzosen, Spaniern und vom Papsttum unterdrückt. Die Regierungen versklavten die Arbeiter, beuteten ihre Arbeitskraft aus, vergewaltigten ihre Frauen, ermordeten ihre Führer. Nicht einmal die Reichen kamen ungeschoren davon. Viele von ihnen beraubte die Inquisition der Heiligen Katholischen Kirche ihres Reichtums, weil sie angeblich Ketzer waren. Und so entstand die »Mafia« als Geheimgesellschaft von Rächern. Wenn die Königshöfe sich weigerten, gegen einen normannischen Edelmann vorzugehen, der die Frau eines Bauern vergewaltigt hatte, wurde er von einer Bande Bauern ermordet. Wenn ein Polizeichef einen kleinen Gauner mit der gefürchteten *cassetta* folterte, wurde der Polizeichef getötet. Allmählich formierten sich die willensstärksten Bauern und Armen zu einer organisierten Gesellschaft, die vom Volk unterstützt wurde und sich praktisch zu einer zweiten, mächtigeren Regierung entwickelte. Wenn irgendwo ein Unrecht geschah, das Wiedergutmachung verlangte, ging man nicht zur offiziellen Polizei, sondern zum zuständigen Mafiachef, der in der Sache vermittelte.

Das schwerste Verbrechen, das ein Sizilianer begehen konnte, war die Weitergabe von Informationen über die Mafia an die Behörden. Man schwieg. Dieses Schweigen wurde Omertà genannt. Im Lauf der Jahrhunderte bezog man in diesen Brauch auch das Weitergeben von Informationen über ein Verbrechen sogar gegen die eigene Person an die Polizei ein. Die gesamte Kommunikation zwischen der Bevölkerung und den Polizeibehörden riß ab – so gründlich, daß sogar den kleinen Kindern verboten wurde, einem Fremden den Weg zu einem Dorf oder dem Haus einer bestimmten Person zu zeigen.

Jahrhundertelang wurde Sizilien von der Mafia beherrscht, einer so unbestimmten und undurchsichtigen Größe, daß die Behörden nie ganz das Ausmaß ihrer Macht erfaßten. Bis zum Zweiten Weltkrieg wurde auf der Insel das Wort »Mafia« nicht ausgesprochen.

Fünf Jahre nach Don Croces Flucht in die Berge war er bekannt als »Qualifizierter«, das heißt als Mann, dem man die Eliminierung eines Menschen ohne mehr als die minimalsten Probleme anvertrauen konnte. Er war ein »Mann von Respekt«, und nachdem er gewisse Maßnahmen getroffen hatte, kehrte er in seinen etwa vierzig Meilen südlich von Palermo gelegenen Geburtsort Villaba zurück. Zu diesen Maßnahmen gehörte das Zahlen einer Entschädigung an die Familie des Mädchens, das er entehrt hatte; dies wurde später als überaus großzügige Geste gepriesen, obwohl es weit eher ein Beweis seiner Klugheit war. Das schwangere Mädchen war schon – vorgeblich als Witwe, um ihre Schande nicht laut werden zu lassen – zu Verwandten nach Amerika verfrachtet worden, doch die Familie hatte ihn nicht vergessen. Schließlich waren sie Sizilianer. Don Croce, ein erfahrener Mörder, ein brutaler Erpresser, Mitglied der gefürchteten Freunde der Freunde, konnte sich nicht darauf verlassen, daß all diese Eigenschaften ihn wirksam vor der Familie schützten, über die er Schande gebracht hatte. Es war eine Ehrenangelegenheit, und ohne die Entschädigung hätten sie ihn umbringen müssen.

Indem er Großzügigkeit mit Vorsicht kombinierte, erlangte Croce Malo den ehrenvollen Titel eines Don. Mit vierzig war er oberster Chef der Freunde der Freunde, den man hinzuzog, wenn es galt, besonders schwere Auseinandersetzungen zwischen rivalisierenden *cosce* der Mafia zu schlichten, besonders hitzige *vendette* zu beenden. Er war vernünftig, er war klug, er war ein geborener Diplomat – man nannte ihn bald den »Friedensdon« –, vor allem aber fiel er beim Anblick von Blut nicht in Ohnmacht. Die Widerspenstigen wurden durch wohlüberlegte Morde beseitigt, und Don Croce gelangte zu Reichtum. Sogar Benjamino, sein Bruder, wurde reich, obwohl er Sekretär des Kardinals von Palermo geworden war, aber Blut war eben dicker als Weihwasser, und Don Croce schuldete er vor allen anderen Treue.

Don Croce heiratete und wurde Vater eines Sohnes, den er anbetete. Dann landete er, noch nicht so vorsichtig, noch nicht so bescheiden, wie er es später unter der Fuchtel der Not werden sollte, einen Coup, der ihn in ganz Sizilien berühmt und zum Gegenstand der Bewunderung auch in höchsten Kreisen der römischen Gesellschaft machte.

Aufgrund seiner Zugehörigkeit zu den Freunden der Freunde hatte er in eine stolze Familie einheiraten können, die kurz zuvor für eine so unerhört hohe Summe einen Adelstitel erworben hatte, daß sich das Blut in ihren Adern blau färbte. Nach ein paar Ehejahren jedoch behandelte ihn seine Frau mit so wenig Respekt, daß er das unbedingt ändern mußte, wenn auch nicht mit seinen üblichen Methoden. Weil seine Frau sich als Adelige fühlte, hatten die nüchterne Art ihre Mannes, seine bäuerliche Grobheit, seine Angewohnheit, nichts zu sagen, wenn er nichts Wichtiges zu sagen hatte, seine nachlässige Kleidung und sein ständiger Kommandoton sie bald zutiefst ernüchtert.

Nach außen hin ließ sie sich ihren Mangel an Respekt natürlich nicht anmerken. Man lebte schließlich in Sizilien und nicht in England oder Amerika. Aber der Don war ein überaus sensibler Mensch; er merkte schon bald, daß seine Frau nicht den Boden anbetete, auf dem er ging, und das war ihm Beweis genug für ihre Respektlosigkeit. Er nahm sich vor, ihre Liebe derart zurückzuerobern, daß sie bis an ihr

Lebensende halten würde und er sich daraufhin ganz seinen Geschäften widmen konnte. Sein scharfer Verstand befaßte sich mit dem Problem und fand eine Lösung, die eines Machiavelli würdig gewesen wäre.

Der italienische König wollte nach Sizilien kommen, um seine ergebenen Untertanen zu besuchen, und ergeben waren sie ihm wahrhaftig. Alle Sizilianer haßten die Regierung in Rom und fürchteten die Mafia. Die Monarchie dagegen liebten sie, weil sie einen Zweig ihrer eigenen Familien darstellte, die aus den Blutsverwandten, der Mutter Gottes und Gott selbst bestanden. Prächtige Feste waren für den Besuch des Königs geplant.

An seinem ersten Sonntag in Sizilien nahm der König an der Messe im großen Dom von Palermo teil. Er sollte beim Sohn eines Angehörigen des uralten sizilianischen Hochadels, des Fürsten Ollorto, Pate sein. Der König war schon Pate von mindestens hundert Kindern, Söhnen von Feldmarschällen, Herzögen und den mächtigsten Männern der faschistischen Partei. Es handelte sich um rein politische Schachzüge zur Festigung der Verbindung zwischen der Krone und den Führungskräften der Regierung. Königliche Patenkinder wurden automatisch Cavalieri, Ritter der Krone, und bekamen als Beweis für diese Ehre die entsprechenden Dokumente samt Schärpe und einen kleinen Silberbecher.

Don Croce war gut vorbereitet. Er hatte dreihundert Personen in der festlichen Menge postiert. Sein Bruder Benjamino gehörte zu den Priestern, die bei der Zeremonie amtierten. Fürst Ollortos Sohn wurde getauft, und der stolze Vater hielt, als er den Dom verließ, den Säugling triumphierend empor. Die Menge jubelte. Fürst Ollorto gehörte zu den weniger gehaßten Adligen und war ein schlanker, hübscher Mann: Das Aussehen spielte in Sizilien stets eine große Rolle.

In diesem Augenblick drängte eine Gruppe von Don Croces Leuten in den Dom und versperrte dem König den Weg nach draußen. Der König war ein kleiner Mann mit einem Schnurrbart, in dem sich mehr Haare befanden als auf seinem Kopf. Er trug die bunte, pompöse Galauniform der Cavalieri, in der er wie ein Zinnsoldat wirkte, aber er war ein äußerst warmherziger Mensch. Als Pater Benjamino ihm nun also ein zweites Kind in die Arme drückte, war er zwar verblüfft, protestierte aber nicht. Die hereindrängende Menge hatte ihn auf Don Croces Anweisung von seiner Entourage und dem amtierenden Kardinal von Palermo getrennt, so daß niemand eingreifen konnte. Hastig benetzte Pater Benjamino das Kind mit Weihwasser aus einem nahen Becken, dann riß er es dem König aus den Armen und reichte es an Don Croce weiter. Don Croces Frau weinte Freudentränen, als sie vor dem König niederkniete. Er war jetzt Pate ihres einzigen Kindes. Was wollte sie mehr?

Don Croce wurde dick. Das knochige Gesicht bekam Wangen, die riesigen Mahagoniplatten glichen. Sein krauses Haar färbte sich stacheldrahtgrau. Sein Leib wölbte sich in majestätischer Pracht; seine Augen verschwanden fast in den Fleischfalten, die sich wie schweres Moos über sein Gesicht legten. Mit jedem Pfund wuchs auch seine Macht, bis er wie ein geheimnisvoller Obelisk wirkte. Er schien keine menschlichen Schwächen zu haben; nie zeigte er Zorn, nie zeigte er Gier. Er gab sich auf unpersönliche Art freundlich, aber Zuneigung zeigte er nicht. Er war sich seiner großen Verantwortung bewußt und gab seinen Befürchtungen niemals im Bett oder am Busen seiner Frau Ausdruck. Er war der wahre König von Sizilien. Aber sein Sohn – der rechtmäßige Erbe – war mit einer seltsamen Krankheit geschlagen: Er entwickelte sich zum frommen Sozialreformer und wanderte nach Brasilien aus, um die wilden Indios am Amazonas zu missionieren und auszubilden. Dessen schämte sich der Don so sehr, daß er den Namen seines Sohnes nie wieder in den Mund nahm.

Als Mussolini mächtig zu werden begann, war Don Croce von ihm zunächst nur wenig beeindruckt. Er hatte ihn eingehend beobachtet und war zu der Schlußfolgerung gelangt, daß es sich hier weder um einen klugen noch um einen mutigen Mann handelte. Wenn ein solcher Mann Italien regieren konnte, dann folgte daraus, daß er, Don Croce, Sizilien regieren konnte.

Doch dann kam die Katastrophe. Nachdem Mussolini einige Jahre an der Macht war, fiel sein nichts Gutes verheißender Blick auf Sizilien und die Mafia. Er erkannte, daß es sich dabei nicht um einen ungeordneten Haufen von Verbrechern handelte, sondern um eine echte zweite Regierung, die einen Teil seines Reiches beherrschte. Und er erkannte, daß die Mafia im Lauf der Geschichte gegen jede Regierung in Rom konspiriert hatte. Seit tausend Jahren hatten sich die Herrscher Siziliens an ihr versucht und waren gescheitert. Nun schwor der Diktator, sie endgültig zu zerschlagen. Die Faschisten hielten nichts von Demokratie, der legalen Gesellschaftsform. Sie taten, was ihnen paßte, für das, was sie für das Wohl des Staates hielten. Kurz gesagt, sie bedienten sich der Methoden von Don Croce Malo.

Mussolini schickte seinen zuverlässigsten Minister, Cesare Mori, als Präfekt mit unbegrenzter Macht nach Sizilien. Zunächst suspendierte Mori die Gesetzesgewalt aller Gerichtshöfe Siziliens und umging sämtliche juristischen Sicherungen. Er überschwemmte Sizilien mit Truppen, die Befehl hatten, zuerst zu schießen und dann Fragen zu stellen. Ganze Dörfer ließ er verhaften und deportieren.

Vor der Diktatur hatte es in Italien keine Todesstrafe gegeben, daher befand es sich der Mafia gegenüber im Nachteil, die den Tod als wirksamstes Mittel zur Durchsetzung ihrer Macht benutzte. Unter dem Präfekten Mori wurde das anders. Stolze Mafiosi, die sich an das Gesetz der Omertà hielten und sogar der gefürchteten *cassetta* widerstanden, wurden erschossen. Sogenannte Verschwörer verbannte man auf winzige, abgelegene Inseln im Mittelmeer. Innerhalb eines Jahres war die sizilianische Mafia dezimiert und als regierende Macht vernichtet. Daß Tausende von Unschuldigen sich in diesem großen Netz fingen und mit den Schuldigen leiden mußten, ließ Rom gleichgültig.

Don Croce, der die fairen Regeln der Demokratie liebte, war empört über das Verhalten der *fascisti*. Freunde und Kollegen wurden, da sie viel zu clever waren, um Spuren ihrer Verbrechen zu hinterlassen, aufgrund falscher Beschuldigungen verhaftet. Manche steckte man nur aufgrund von Gerüchten ins Gefängnis. War das juristisches Fairplay? Die Faschisten bedeuteten einen Rückfall in die Zeit der Inquisition. An diese Rechte hatte Don Croce nie geglaubt.

Und noch schlimmer: Die Faschisten hatten die *cassetta* wieder eingeführt, jenes mittelalterliche Folterinstrument, ein neunzig Zentimeter langer, sechzig Zentimeter breiter Kasten, der eine erstaunliche Wirkung auf widerspenstige Körper ausübte. Die Zunge selbst des hartnäckigsten Mafioso wurde so lose wie die Moral einer Engländerin, wenn man ihn in die *cassetta* steckte. Don Croce dagegen prahlte, er habe niemals mit Folterungen gearbeitet. Ein schlichter Mord sei stets genug.

Wie ein gewaltiger Wal verschwand Don Croce in den trüben Wassern des sizilianischen Untergrunds. Als Pseudo-Franziskaner lebte er unter Abt Manfredis Schutz in einem Kloster. Die beiden Männer waren einander durch lange Freundschaft verbunden. Der Don hatte, obwohl sehr stolz auf sein Analphabetentum, den Abt bitten müssen, die entsprechenden Lösegeldforderungen zu schreiben, als er am Anfang seiner Karriere das Gewerbe des Kidnappens betrieb. Sie waren immer aufrichtig zueinander gewesen, und beide hatten dieselben Neigungen: lockere Frauen, guten Wein und trickreiche Diebereien. Der Don hatte den Abt oft auf seine Reisen in die Schweiz mitgenommen, wo er seine Ärzte aufsuchte und den angenehmen Luxus des Landes genoß. Eine erholsame, hübsche Abwechslung nach den eher gefährlichen Freuden Siziliens.

Als der Zweite Weltkrieg ausbrach, konnte Mussolini Sizilien nicht mehr soviel Aufmerksamkeit widmen. Diese Gelegenheit ergriff Don Croce sofort, um ganz unauffällig ein Kommunikationsnetz mit den verbliebenen Freunden der Freunde auf die Beine zu stellen und den alten Mafia-Getreuen, die auf den Inseln Pantelleria und Stromboli in der Verbannung lebten, Hoffnung zu machen. Und er kümmerte sich um die Familien jener Mafiachefs, die Präfekt Mori hatte einsperren lassen.

Don Croce wußte, daß letztlich ein alliierter Sieg seine einzige Hoffnung war; also mußte er mit aller Kraft auf diesen Sieg hinarbeiten. Er nahm mit Partisanengruppen Verbindung auf und befahl seinen Männern, allen alliierten Piloten, die einen Abschuß überlebten, zu helfen. So war Don Croce gut auf den kritischen Zeitpunkt vorbereitet.

Als die Amerikaner im Juli 1943 Sizilien eroberten, reichte Don Croce ihnen helfend die Hand. Dienten nicht zahlreiche Sizilianer, Söhne von Einwanderern, in dieser Armee? Sollten Sizilianer gegen Sizilianer kämpfen – nur wegen der Deutschen? Don Croces Männer überredeten Tausende von italienischen Soldaten, zu desertieren und sich an einem von der Mafia vorgeschlagenen Ort zu verstecken. Don Croce persönlich nahm Verbindung mit Geheimagenten der amerikanischen Army auf und führte die Angriffstruppen durch die Berge, so daß sie die eingegrabenen schweren Geschütze der Deutschen umgehen konnten. So kam es, daß die amerikanische Army ihren Angriff weit vor Ablauf des Terminplans und mit nur sehr geringen Verlusten durchführen konnte, während die britischen Truppen auf der anderen Seite der Insel schwere Verluste erlitten und nur sehr langsam vorankamen.

Obwohl Don Croce inzwischen fast fünfundsechzig Jahre alt und ungeheuer schwergewichtig war, führte er persönlich eine Gruppe Mafioso-Partisanen nach Palermo hinein und entführte den deutschen General, der die Verteidigung leitete. Mit seinem Gefangenen hielt er sich in der Stadt versteckt, bis die Front zusammenbrach und die Amerikaner einmarschierten. In seinen Meldungen nach Washington nannte der amerikanische Oberkommandierende von Süditalien Don Croce »General Mafia«. Unter diesem Namen wurde er in den darauffolgenden Monaten bei den amerikanischen Stabsoffizieren bekannt.

Der amerikanische Militärgouverneur von Sizilien hieß Colonel Alfonso La Ponto. Als hochrangiger Politiker im Staat New Jersey hatte er sofort eine Offiziersstelle bekommen und war für diese Aufgabe ausgebildet worden. Seine größten Vorzüge waren Umgänglichkeit und gründliche Erfahrung in der Kunst, einen politischen Handel abzuschließen. Seine Stabsoffiziere in der Militärregierung hatte man aufgrund ähnlicher Qualifikationen ausgewählt. Das Hauptquartier der AMGOT bestand aus zwanzig Offizieren mit fünfzig Unteroffizieren und Mannschaften, viele von ihnen italienischer Herkunft. Mit der aufrichtigen Liebe eines Blutsbruders nahm Don Croce sie alle an sein Herz und behandelte sie mit Ergebenheit und Zuneigung. Und das, obwohl er sie seinen Freunden gegenüber häufig als »unsere Lämmer in Christo« bezeichnete.

Aber Don Croce hatte »die Ware geliefert« – so nannten

es die Amerikaner, Colonel La Ponto machte ihn zu seinem Chefberater und Zechbruder. Oft besuchte der Colonel Don Croce zu Hause und stöhnte vor Behagen über die gute, vertraute Küche.

Das erste Problem, das gelöst werden mußte, war die Ernennung neuer Bürgermeister für die sizilianischen Kleinstädte und Dörfer. Die früheren waren natürlich Faschisten gewesen und saßen in amerikanischen Gefängnissen.

Don Croce empfahl Mafiachefs, die im Gefängnis gesessen hatten. Da ihre Akten eindeutig bewiesen, daß sie von der faschistischen Regierung wegen Widerstands gegen die Ziele und das Wohl des Staates gefoltert und eingekerkert worden waren, nahm man an, daß die Verbrechen, derer man sie beschuldigte, falsche Anschuldigungen waren. Bei den köstlichen Fisch- und Spaghetti-Gerichten seiner Frau erzählte Don Croce wunderschöne Geschichten darüber, wie seine Freunde, allesamt Mörder und Diebe, sich geweigert hatten, ihren Glauben an die demokratischen Grundsätze der Freiheit und Gerechtigkeit aufzugeben. Der Colonel war entzückt, so schnell die idealen Männer für die Zivilverwaltung unter seiner Leitung zu finden. Innerhalb eines Monats hatten die meisten Dörfer im Westen Siziliens einen von den hartgesottensten Mafiosi, die in den faschistischen Gefängnissen zu finden gewesen waren, als Bürgermeister.

Und sie dienten der amerikanischen Army hervorragend. Nur eine Mindestzahl an Besatzungstruppen brauchte zurückgelassen zu werden, um bei der Bevölkerung des eroberten Gebiets für Ordnung zu sorgen. Während der Krieg auf dem Festland weiterging, gab es hinter den amerikanischen Linien keine Sabotage und keine Spione. Der Schwarzhandel der Bürger war auf ein Minimum begrenzt. Dem Colonel wurde dafür ein Orden sowie die Beförderung zum Brigadegeneral zuteil.

Don Croces Mafia-Bürgermeister sorgten mit äußerster Härte dafür, daß die Schmuggelgesetze eingehalten wurden. und unermüdlich kontrollierten die Carabinieri Straßen und Berge. Es war wie in alten Zeiten. Don Croce erteilte beiden Seiten Befehle. Regierungsinspektoren stellten sicher, daß eigensinnige Bauern den staatlichen Lagerhäusern ihr Korn, ihre Oliven und Trauben zu den offiziell festgesetzten Preisen lieferten, von wo aus diese Produkte dann den Rationen entsprechend an die sizilianische Bevölkerung verteilt wurden. Damit das reibungslos vonstatten ging, erbat und erhielt Don Croce amerikanische Army-Lastwagen als Leihwagen; so konnten die Waren zu den hungernden Städten Palermo, Monreale und Trapani, nach Syracus und Catania, ja sogar nach Neapel auf dem Festland transportiert werden. Die Amerikaner staunten über Don Croces Tüchtigkeit und lohnten sie ihm mit schriftlichen Belobigungen für seine den Streitkräften der Vereinigten Staaten geleisteten Dienste.

Diese Belobigungen jedoch konnte Don Croce nicht essen und weil er Analphabet war, konnte er sie nicht einmal lesen. Auch das Schulterklopfen des Colonels La Ponto füllte ihm nicht den dicken Bauch. Don Croce, der Dankbarkeit der Amerikaner und dem Lohn Gottes mißtrauend, entschied, daß seine vielen guten Taten im Dienste der Menschheit und der Demokratie unbedingt honoriert werden müßten. Und so rollten denn diese bis an den Rand gefüllten amerikanischen Lastwagen, deren Fahrer offizielle, vom Colonel unterschriebene Passierscheine besaßen, ganz anderen, von Don Croce festgelegten Zielen zu. Vor den persönlichen Warenhäusern des Don in kleinen Dörfern wie Montelepre, Villaba und Partinico wurden sie abgeladen. Dann verkauften der Don und seine Kollegen sie zum Fünfzigfachen des offiziellen Preises auf dem florierenden schwarzen Markt. So festigte er seine Verbindungen zu den mächtigsten Chefs der wiedererwachenden Mafia.

Er war mehr als großzügig. Colonel La Ponto bekam kostbare Geschenke in Gestalt von antiken Statuen, Gemälden und Schmuck. Dem Don war es ein Vergnügen. Die Offiziere und Männer der amerikanischen Militärregierung waren für ihn wie Söhne, und wie ein liebevoller Vater überschüttete er sie mit Gaben. Diese Männer, ausgewählt wegen ihrer Kenntnis der italienischen Kultur, viele von ihnen sizilianischer Abstammung, erwiderten seine Fürsorge. Sie unterschrieben Sonderpässe, sie warteten die Don Croce zugeteilten Lastwagen mit besonderer Sorgfalt. Sie besuchten seine Feste, auf denen sie nette sizilianische Mädchen kennenlernten, und genossen jene Herzlichkeit, die die andere Seite des sizilianischen Charakters ist. In die sizilianischen Familien aufgenommen, mit den vertrauten Speisen ihrer ausgewanderten Mütter verwöhnt, machten viele von ihnen den Töchtern von Mafiosi den Hof.

Don Croce hatte alles vorbereitet, um seine frühere Machtstellung wieder einnehmen zu können. Mafiachefs aus ganz Sizilien standen in seiner Schuld. Er kontrollierte die artesischen Brunnen, deren Wasser zu Preisen an die Inselbevölkerung verkauft wurde, die ihm einen kräftigen Gewinn sicherten. Er schuf sich ein wahres Lebensmittel-Monopol – erhob eine Steuer auf jeden Marktstand, auf jede Schlachterei, auf die Cafés und Bars und selbst auf die umherziehenden Wandermusikanten. Und weil die amerikanische Army die einzige Benzinquelle war, kontrollierte er eben auch die Kraftstoffversorgung. Er stellte Verwalter für die großen Adelsgüter und beabsichtigte, mit der Zeit auch diese Güter unter seine Kontrolle zu bringen und das Land billig zu erwerben. Er war auf dem besten Weg, sich jene Macht zurückzuerobern, die er besessen hatte, bevor Mussolini an die Macht kam. Er war entschlossen, wieder reich zu werden. In den kommenden Jahren wollte er, wie man so sagt, Sizilien durch seine Olivenpresse drehen.

Nur eines beunruhigte Don Croce: Sein einziger Sohn hatte sich diesen Irrsinn mit den guten Taten in den Kopf gesetzt. Sein Bruder, Pater Benjamino, durfte keine Familie gründen. Der Don hatte keinen Blutsverwandten, dem er sein Imperium vererben konnte. Er hatte keinen zuverlässigen Kriegschef, jung und ihm durch Blutsbande verpflichtet, der ihm eine gepanzerte Faust sein würde, wenn sich der Samthandschuh als unwirksam erwies.

Die Leute des Don hatten den jungen Salvatore Giuliano bereits ins Auge gefaßt, und Abt Manfredi hatte seine Fähigkeiten bestätigt. Jetzt gingen weitere Gerüchte über die Taten des Jungen in Sizilien um. Der Don witterte eine Lösung für sein einziges Problem.

Achtes Kapitel

Am Morgen nach ihrer Flucht aus Montelepre badeten Turi und Aspanu Pisciotta in dem Bach, der hinter ihrer Höhle am Monte d'Ora vorbeifloß. Dann breiteten sie eine Decke aus, streckten sich, jeder sein Gewehr in der Hand, darauf aus und genossen den Anblick der aufgehenden Sonne.

Die Grotta Bianca war eine langgestreckte Höhle, hinten begrenzt von einer Wand aus Felsblöcken, die fast bis zur Decke reichten. Als sie noch klein waren, hatten Turi und Aspanu es geschafft, sich durch die kleine Lücke oben zu zwängen, und einen Durchgang entdeckt, der bis zur anderen Seite des Berges führte. Der Gang hatte schon vor Christi Geburt existiert: Er war von der Heerschar des Spartacus gegraben worden, die sich vor den römischen Legionen versteckte.

Tief unten lag Montelepre wie eine winzige Spielzeugstadt. Die vielen Pfade, die zur Bergklippe emporführten, glichen dünnen, kalkweißen Würmern, die an den Flanken der Berge klebten. Eins um das andere wurden die grauen Steinhäuser von Montelepre im Licht der aufgehenden Sonne zu Gold.

Die Morgenluft war klar, die Kaktusfeigen, die auf dem Boden lagen, waren kühl und süß. Turi hob eine auf und biß hinein, um seinen Mund zu erfrischen. In wenigen Stunden würde die Sonnenhitze sie in saftlose Wattebälle verwandeln. Geckos mit dicken, ballonähnlichen Köpfen auf winzigen Insektenbeinen krochen ihm über die Hand; sie sahen häßlich, furchterregend aus, aber sie waren harmlos. Er schnippte sie fort.

Während Aspanu die Gewehre reinigte, beobachtete Turi das Dorf. Mit bloßem Auge konnte er winzige Punkte ausmachen: Menschen, die das Haus verließen, um ihr kleines Stück Land zu bearbeiten. Er versuchte sein Elternhaus zu finden. Vor langer Zeit hatten er und Aspanu auf seinem Dach die Flaggen von Sizilien und Amerika gehißt. Sie hatten viel Lob für ihren Patriotismus eingeheimst, im Grunde aber hatten sie nur das Haus markieren wollen, damit sie es sehen konnten, wenn sie in den nahen Bergen umherstreiften – eine beruhigende Verbindung zur Welt der Erwachsenen.

Unvermittelt fiel ihm etwas ein, das sich vor zehn Jahren ereignet hatte. Von den faschistischen Beamten der Stadt war der Befehl ergangen, die amerikanische Flagge vom Dach der Giulianos zu nehmen. Die beiden Jungen waren so wütend gewesen, daß sie beide Flaggen herunterholten, die amerikanische und die sizilianische. Dann hatten sie die Flaggen zu ihrem Geheimversteck, der Grotta Bianca, mitgenommen und sie vergraben.

»Behalte die Wege im Auge«, sagte Giuliano zu Pisciotta und ging in die Höhle. Selbst nach zehn Jahren wußte er noch genau, wo sie die Flaggen vergraben hatten: rechts in der Ecke, dort, wo die Felsblöcke auf der Erde auflagen. Sie hatten ein Loch unter den untersten Felsblock gegraben und die Erde dann wieder fest angedrückt.

Eine Schicht dünnes, schleimiges, grünschwarzes Moos hatte die Stelle überwuchert, Giuliano stieß seine Stiefelspitze hinein und benutzte dann einen kleineren Stein als Spitzhacke. Nach wenigen Minuten hatte er die Flaggen ausgegraben. Die amerikanische war nur noch ein schleimiger Fetzen, die sizilianische jedoch hatten sie in sie hineingewickelt, und die äußere hatte die innere Flagge geschützt.

Giuliano entfaltete sie: Die Farben Scharlachrot und Gold leuchteten noch genauso wie damals, als er noch klein war. Kein einziges Loch war zu entdecken. Er nahm sie mit hinaus und sagte lachend zu Pisciotta: »Erinnerst du dich, Aspanu?«

Pisciotta starrte die Flagge an. Dann lachte auch er, aber viel aufgeregter. »Ein Wink des Schicksals!« rief er laut, sprang auf und riß Giuliano die Flagge aus der Hand. Er trat an den Klippenrand und schwenkte sie in Richtung Dorf. Sie brauchten keine Worte. Giuliano riß einen Baumschößling aus der Bergwand, sie gruben ein Loch, klemmten den Schößling mit Steinen hinein und befestigten die Flagge so am Stamm, daß sie für alle Welt sichtbar im Wind flatterte. Dann setzten sie sich an den Klippenrand und warteten.

Es wurde Mittag, bis sie endlich etwas sahen, und dann war es nur ein einzelner Mann, der auf einem Esel den staubigen Pfad zu ihrer Klippe heraufgeritten kam.

Sie beobachteten ihn noch eine Stunde lang. Als der Esel die Berge erreichte und den Pfad nach oben einschlug, sagte Pisciotta: »Verdammt, der Reiter ist kleiner als der Esel. Das muß dein Pate sein, Adonis.«

Giuliano hörte die Verachtung, die in Pisciottas Ton lag. Pisciotta – so schlank, so gepflegt, so gut gebaut – grauste es vor körperlichen Verunstaltungen. Vor seiner Tuberkulose, die ihm zuweilen Blut auf die Lippen trieb, empfand er Ekel – nicht wegen der Gefahr für sein Leben, sondern weil sie das beeinträchtigte, was er für seine Schönheit hielt. Die Sizilianer verleihen den Menschen mit Vorliebe Spitznamen, die sich auf körperliche Fehler oder Abnormitäten beziehen, und Pisciotta war von einem Freund einmal »Papierlunge« genannt worden. Pisciotta hatte ihn mit seinem Taschenmesser zu erstechen versucht. Nur dank Giulianos Eingreifen war ein Mord verhindert worden.

Giuliano lief ein paar Meilen weit den Berghang hinab und versteckte sich hinter einem großen Granitblock. Dies war eines seiner Kinderspiele mit Aspanu. Er wartete, bis Adonis auf dem Pfad an ihm vorbeigekommen war, dann trat er aus seinem Versteck hervor und rief: »Halt! Stehenbleiben!« Dabei richtete er die *lupara* auf den Paten.

Langsam drehte Adonis sich so um, daß er ungesehen seine Pistole ziehen konnte. Doch Giuliano war lachend hinter den Felsblock getreten; nur der Lauf seiner *lupara* glänzte im Sonnenlicht.

»Ich bin's, Turi, Patenonkel«, rief Giuliano und wartete, bis Adonis die Pistole wieder in den Gürtel gesteckt und seinen Rucksack abgelegt hatte. Dann erst senkte Giuliano die *lupara* und zeigte sich. Hector Adonis hatte wegen seiner kurzen Beine stets Schwierigkeiten mit dem Absitzen, und Giuliano wollte ihm helfen. Doch als er auf den Pfad heraustrat, ließ der Professor sich unerwartet geschickt herabgleiten. Sie umarmten sich. Gemeinsam stiegen sie zur Klippe hinauf, Giuliano mit dem Esel am Zügel.

»Nun, junger Mann, hast du alle Brücken hinter dir abgebrochen«, bemerkte Hector Adonis trocken. »In der letzten Nacht zwei weitere tote Polizisten. Jetzt ist es wahrhaftig kein Spiel mehr.«

Als sie die Klippen erreicht hatten und Pisciotta ihn begrüßte, sagte Adonis: »Als ich die sizilianische Flagge sah, wußte ich, daß ihr hier oben seid.«

Pisciotta grinste. »Turi, ich und dieser Berg, wir haben uns von Italien getrennt«, witzelte er.

Hector Adonis warf ihm einen scharfen Blick zu. Diese Egozentrik der Jugend! Fest überzeugt von der eigenen großen Bedeutung!

»Das ganze Dorf hat eure Flagge gesehen«, erklärte Adonis. »Unter anderem auch der Maresciallo. Die Carabinieri werden kommen, um sie herunterzuholen.«

Frech entgegnete Pisciotta: »Immer der Schulmeister, der alles weiß! Unsere Flagge können sie gern haben, aber mehr werden sie hier nicht finden. Bei Nacht sind wir sicher. Es wäre ein Wunder, wenn die Carabinieri nach Einbruch der Dunkelheit ihre Kaserne verlassen.«

Adonis ignorierte ihn und packte seinen Rucksack aus. Er gab Giuliano einen scharfen Feldstecher, einen Erste-Hilfe-Kasten, ein sauberes Hemd, etwas Unterwäsche, einen Pullover, Rasierzeug und sechs Stück Seife. »Das alles werdet ihr hier oben brauchen.«

Giuliano freute sich über den Feldstecher. Der stand ganz oben auf seiner Liste der Dinge, die er sich innerhalb der nächsten Woche besorgen wollte. Die Seife, das wußte er, hatte seine Mutter im Verlauf des vergangenen Jahres gehamstert.

Ein großes Extrapaket enthielt ein dickes Stück körnigen, mit Pfeffer gewürzten Käse, einen Laib Brot und zwei große, runde Brotkuchen, die mit Schinken und Mozarella gefüllt und mit hartgekochten Eiern gekrönt waren.

»Die Brotkuchen schickt dir La Venera«, erklärte Adonis. »Sie hat sie immer für ihren Mann gebacken, als er in den Bergen war, sagt sie. Von einem einzigen könnt ihr die ganze Woche leben.«

Pisciotta lächelte verschmitzt.

Die beiden jungen Männer saßen im Gras und rissen sich Stücke vom Brotlaib herunter. Pisciotta schnitt mit dem Messer Scheiben vom Käse. Im Gras um sie herum wimmelte es von Insekten, deshalb legten sie den Sack mit den Lebensmitteln auf einen Granitbrocken. Sie tranken Wasser aus dem klaren Bach, der nur dreißig Meter unter ihnen dahinplätscherte. Dann ruhten sie sich an einer Stelle aus, wo sie über den Klippenrand sehen konnten.

Hector Adonis seufzte. »Ihr beiden scheint äußerst zufrieden mit euch zu sein, aber dies ist kein Spaß. Wenn sie euch kriegen, erschießen sie euch.«

»Und wenn ich sie kriege, erschieße ich sie«, gab Giuliano gelassen zurück.

Hector Adonis war entsetzt. Sie würden niemals auf Pardon hoffen können. »Sei nicht dumm«, warnte er. »Du bist noch ein Junge.«

Giuliano sah ihn lange an. »Für die war ich alt genug, um mich wegen eines Stücks Käse zu erschießen. Erwartest du, daß ich davonlaufe? Meine Familie verhungern lasse? Mich von dir mit Freßpaketen versorgen lasse, während ich Urlaub in den Bergen mache? Die kommen, um mich umzubringen, also werde ich sie umbringen. Und du, mein lieber Patenonkel – als ich noch klein war, hast du mir da nicht Vorträge über das elende Leben der sizilianischen Bauern gehalten? Wie sie unterdrückt werden, von Rom und seinen Steuereinnehmern, vom Adel, von den reichen Grundbesitzern, die uns für unsere Arbeit mit Lire bezahlen, die uns kaum am Leben erhalten? Mit zweihundert anderen Männern aus Montelepre bin ich auf den Marktplatz gezogen. und sie haben für uns geboten, als wären wir Vieh. Einhundert Lire für einen Vormittag Arbeit, haben sie gesagt, nehmt an oder laßt es bleiben. Und die meisten Männer mußten annehmen. Wer soll denn der Streiter für Sizilien sein, wenn nicht Salvatore Giuliano?«

Jetzt war Hector Adonis wirklich verzweifelt. Es war schlimm genug, ein Verbrecher zu sein, aber ein Revolutionär zu sein, war noch gefährlicher. »Das ist alles gut und schön in der Literatur«, sagte er, »aber im Leben kann dich das ins frühe Grab bringen.« Er schwieg einen Moment. »Was hast du denn mit deinen Heldentaten der letzten Nacht erreicht? Deine Nachbarn sitzen immer noch im Gefängnis.«

»Ich werde sie befreien«, versicherte Giuliano ruhig. Er las die Verwunderung auf dem Gesicht seines Paten. Er brauchte seine Anerkennung, seine Hilfe, sein Verständnis. Er sah, daß Adonis ihn noch immer für den gutmütigen Dorfjungen hielt. »Du mußt begreifen, was ich jetzt bin.« Er stockte einen Moment lang. Durfte er alles aussprechen, was er dachte? Doch dann fuhr er fort: »Ich habe keine Angst vor dem Tod.« Lächelnd sah er Hector Adonis an, mit jenem jungenhaften Lächeln, das Adonis so gut kannte und das er liebte. »Darüber bin ich selber erstaunt, wirklich! Aber ich habe keine Angst davor, umgebracht zu werden. Es erscheint mir einfach unmöglich.« Er lachte laut. »Ihre Polizei, ihre gepanzerten Wagen, ihre Maschinengewehre, alle aus Rom, vor denen fürchte ich mich nicht. Ich kann sie schlagen. Siziliens Berge sind voller Banditen. Passatempo und seine Bande. Terranova. Sie alle bieten Rom die Stirn. Und was die können, das kann ich auch.«

Hector Adonis war gleichzeitig belustigt und besorgt. Hatte die Wunde Giulianos Verstand beeinträchtigt? Oder war das, was er hier sah, der Entstehungsmythos der großen Helden der Geschichte, der Alexander, der Caesar, der Roland? Wann hatte der Traum dieser Helden begonnen, wenn nicht, als sie in einer einsamen Bergschlucht saßen und sich mit Freunden unterhielten? Laut aber sagte er gelassen: »Terranova und Passatempo kannst du vergessen. Die sind erwischt worden und sitzen im Gefängnis der Bellampo-Kaserne. In ein paar Tagen sollen sie nach Palermo gebracht werden.«

»Ich werde sie rausholen, und dann erwarte ich, daß sie mir dankbar sind«, erklärte Giuliano.

Der grimmige Ton, in dem er dies sagte, verblüffte Hector Adonis und begeisterte Pisciotta. Es war erstaunlich für sie beide zu sehen, wie Giuliano sich verändert hatte. Sie hatten ihn immer geliebt und geachtet. Er hatte schon immer sehr viel Würde und Haltung für einen so jungen Mann an den Tag gelegt. Doch nun spürten sie zum erstenmal seinen Willen zur Macht.

»Dankbar?« warf Hector Adonis ein. »Passatempo hat seinen Onkel umgebracht, der ihm den ersten Esel geschenkt hatte.«

»Dann muß ich ihn Dankbarkeit lehren«, sagte Giuliano. Er schwieg einen Moment. »Und nun muß ich dich um einen Gefallen bitten. Denk gut darüber nach. Wenn du nein sagst, werde ich trotzdem dein ergebenes Patenkind bleiben. Vergiß, daß du ein guter Freund meiner Eltern bist, und vergiß deine Zuneigung zu mir. Ich erbitte diesen Gefallen für das Sizilien, das zu lieben du mich gelehrt hast: Hör und sieh dich für mich in Palermo um.«

Hector Adonis entgegnete: »Um was du mich, als Professor der Universität Palermo, wirklich bittest, ist, Mitglied deiner Verbrecherbande zu werden.«

»Das ist doch nicht so abwegig in Sizilien, wo jeder irgendwie mit den Freunden der Freunde zu tun hat«, unterbrach ihn Pisciotta ungeduldig. »Und wo, wenn nicht in Sizilien, trägt ein Professor für Geschichte und Literatur eine Pistole?«

Hector Adonis musterte die beiden jungen Männer, während er sich seine Antwort überlegte. Er konnte ihnen einfach Hilfe versprechen und sein Versprechen wieder vergessen. Genauso einfach konnte er sich weigern und statt dessen versprechen, ihnen von Zeit zu Zeit Hilfe zu leisten, die ein Freund ihnen leisten würde, wie er es heute tat. Die ganze Komödie konnte durchaus recht kurz werden. Giuliano konnte im Kampf getötet oder verraten werden. Er konnte nach Amerika auswandern. Dann wäre das Problem gelöst, dachte er traurig.

Hector Adonis dachte an einen längst vergangenen Sommertag, einen Tag wie diesen, als Turi und Aspanu höchstens acht Jahre alt gewesen waren. Sie hatten auf der Wiese zwischen dem Haus der Giulianos und den Bergen gesessen und auf das Mittagessen gewartet. Hector Adonis hatte Turi eine Tasche voll Bücher mitgebracht, darunter das »Rolandslied«; er hatte es ihnen vorgelesen.

Adonis kannte diese Dichtung fast auswendig. Jeder gebildete Sizilianer liebte sie, und die Ungebildeten liebten die Legende. Sie war die Hauptattraktion der Puppentheater, die in jeder Stadt und jedem Dorf spielten, und ihre legendären Personen waren auf jeden Wagen gemalt, der durch die sizilianischen Berge rollte. Zwei tapfere Ritter Karls des Großen, Roland und Olivier, kämpften gegen die Sarazenen und ermöglichten dadurch dem Kaiser den Rückzug nach Frankreich. Adonis schilderte, wie sie gemeinsam in der Schlacht von Roncevalles gefallen waren, wie Olivier Roland dreimal gebeten hatte, in sein Horn Olifant zu stoßen und das Heer Karls des Großen zurückzurufen, und wie sich Roland aus Stolz geweigert hatte. Als die Sarazenen sie dann überwältigten, stieß Roland doch noch in sein großes Horn, aber es war zu spät. Als Karl der Große umkehrte, um seine Ritter zu retten, fand er sie tot zwischen den Leichen von Tausenden von Sarazenen und raufte sich den Bart. Adonis erinnerte sich an die Tränen in Turi Giulianos Augen und an Aspanu Pisciottas seltsam verächtliche Miene. Für den einen war es der größte Augenblick im Leben eines Mannes, für den anderen ein demütigender Tod von der Hand Ungläubiger.

Die beiden Jungen waren aufgesprungen und zum Essen ins Haus gelaufen. Turi legte Aspanu den Arm um die Schulter, und Hector lächelte über die Geste. Es war Roland, der Olivier stützte, damit sie aufrecht vor den angreifenden Sarazenen sterben konnten. Im Sterben hatte Roland seinen Panzerhandschuh in den azurblauen Himmel gereckt, und ein Engel hatte ihn ihm abgenommen. So hieß es jedenfalls in Gedicht und Legende.

Das war vor tausend Jahren gewesen, aber Sizilien litt noch immer, und auch die Landschaft mit ihren Olivenhainen und glühheißen Ebenen, den Heiligenschreinen am Wegrand und den zahllosen Kreuzen, an denen die aufständischen Sklaven des Spartacus gekreuzigt wurden, war genauso brutal geblieben. Und sein Patenkind wollte nun auch einer von diesen Helden werden, ohne zu begreifen, daß sich, um Sizilien zu ändern, ein moralischer Vulkan auftun müßte, der das Land einäscherte.

Als Adonis die beiden beobachtete, Pisciotta lang ausgestreckt im Gras, Giuliano mit seinen dunkelbraunen Augen und einem Lächeln, das zu bedeuten schien, er wisse genau, was sein Pate jetzt dachte, schien die Szene eine seltsame Verwandlung durchzumachen. Adonis sah die beiden auf einmal in Marmor gehauen, mit Körpern, die aus dem normalen Leben gerissen waren. Pisciotta wurde zu einer Gestalt auf einer Vase, der Gecko in seiner Hand zu einer Natter, klar gezeichnet in der Morgensonne der Berge. Er wirkte gefährlich, ein Mann, der die Welt mit Gift und Dolchen füllte.

Salvatore Giuliano, sein Patenkind Turi, befand sich auf den anderen Seite der Vase. Er besaß die Schönheit eines griechischen Apoll, die Züge fein geformt, das Weiß der Augen so klar, daß es fast den Eindruck der Blindheit erweckte. Seine Miene, offen und frei, verriet die Unschuld eines legendären Helden. Oder vielmehr, dachte Adonis, seine Sentimentalität unterdrückend, die Entschlossenheit eines jungen Mannes, der sich fest vornimmt, ein Held zu werden. Sein Körper besaß die muskulöse Kompaktheit mediterraner Statuen, die prallen Schenkel, den kraftvollen Rücken. Sein Körper war sozusagen amerikanisch: hochgewachsener und breiter als der der meisten Sizilianer.

Schon als Kind hatte Pisciotta praktische Intelligenz bewiesen. Giuliano, der Großzügige, hatte an das Gute im

Menschen geglaubt und war stolz auf die eigene Aufrichtigkeit und Ehrlichkeit gewesen. In jenen Tagen hatte Hector Adonis oft gedacht, daß Pisciotta der Führer sein würde, wenn sie erwachsene Männer waren, und Giuliano der Gefolgsmann. Aber er hätte es besser wissen müssen. Der Glaube an die eigene Tugend ist weit gefährlicher als der Glaube an die eigene Intelligenz.

Pisciottas spöttische Stimme riß Hector Adonis aus seinen Träumereien. »Bitte sagen Sie ja, Professor. Ich bin der stellvertretende Kommandeur von Giulianos Bande, aber ich habe niemanden, den ich kommandieren kann.« Er grinste. »Ich bin bereit, klein anzufangen.«

Hector Adonis ließ sich nicht provozieren, Giulianos Augen dagegen blitzten vor Zorn. Aber er fragte ruhig: »Wie lautet deine Antwort?«

»Ja«, sagte Hector Adonis. Was sollte ein Pate sonst sagen?

Dann erklärte ihm Giuliano, was er tun solle, wenn er wieder in Montelepre war, und schilderte ihm seine Pläne für den nächsten Tag. Wieder erschrak Adonis über die Kühnheit und die Grausamkeit des Vorhabens. Doch als Giuliano ihn auf seinen Esel hob, beugte er sich hinab und küßte sein Patenkind.

Pisciotta und Giuliano sahen zu, wie Adonis den Pfad nach Montelepre hinabritt. »Er ist so klein«, sagte Pisciotta. »Er hätte besser zu uns gepaßt, als wir als Kinder Banditen spielten.«

Giuliano wandte sich zu ihm um. »Und damals wären auch deine Scherze eher angebracht gewesen«, tadelte er ihn sanft. »Sei bitte ernst, wenn wir von ernsthaften Dingen sprechen.« In der Nacht jedoch, bevor sie einschliefen, umarmten sie einander. »Du bist mein Bruder«, sagte Giuliano. »Vergiß das nicht.« Dann wickelten sie sich in ihre Decken und schliefen zum letztenmal als Unbekannte.

Neuntes Kapitel

Turi Giuliano und Aspanu Pisciotta waren vor Tagesanbruch aufgestanden, bevor es hell wurde, denn es war unwahrscheinlich, daß die Carabinieri in der Dunkelheit aufbrachen, um sie mit der Morgensonne zugleich zu überraschen. Noch spät am Abend zuvor hatten sie den Panzerwagen aus Palermo mit zwei Jeepladungen Verstärkungstruppen in der Bellampo-Kaserne eintreffen sehen. Während der Nacht hatte Giuliano Kontrollgänge den Berghang hinab unternommen und auf Geräusche gelauscht, die darauf schließen ließen, daß jemand sich ihrer Klippe näherte – eine Vorsichtsmaßnahme, über die sich Pisciotta lustig machte. »Als Kinder waren wir solche Draufgänger«, sagte er zu Giuliano, »glaubst du wirklich, diese faulen Carabinieri würden in der Dunkelheit ihr Leben aufs Spiel setzen oder auf ihren kostbaren Schlaf in den weichen Betten verzichten?«

»Wir müssen uns diese Dinge zur Gewohnheit machen«, antwortete Turi Giuliano. Eines Tages, das wußte er, würden sie es mit gefährlicheren Feinden zu tun haben.

Turi und Aspanu arbeiteten fleißig; sie breiteten ihre Waffen auf einer Decke aus und kontrollierten sie in allen Details. Dann aßen sie etwas vom Brotkuchen der Venera und spülten mit Wein aus einer Flasche nach, die Hector Adonis ihnen mitgebracht hatte. Der Kuchen mit seinen scharfen Gewürzen wärmte ihnen den Magen und gab ihnen die Kraft, am Rand der Klippe eine Hecke aus Baumschößlingen und Steinen zu errichten. Hinter diesem Bollwerk beobachteten sie mit dem Feldstecher das Dorf und die Bergpfade. Während Pisciotta Wache hielt, lud Giuliano die Waffen und füllte die Taschen seiner Lammfelljacke mit Schachteln voll Munition. Er arbeitete sorgfältig und bedächtig. Er vergrub alle Vorräte und tarnte die jeweiligen Stellen mit großen Steinen. Die Überprüfung all dieser Details würde er nie einem anderen überlassen. Daher war es Pisciotta, der entdeckte, daß der Panzerwagen die Bellampo-Kaserne verließ.

»Du hast recht gehabt«, sagte Pisciotta. »Der Wagen entfernt sich von uns über die Castellamare-Ebene.«

Sie grinsten einander an. Giuliano war von einer freudigen Erregung erfüllt. Der Kampf gegen die Polizei würde nun doch nicht so schwierig werden. Er war geradezu ein Kinderspiel. Der Panzerwagen würde um eine Straßenbiegung verschwinden, im Bogen zurückkehren und auf der Rückseite ihrer Klippe in die Berge kommen. Die Behörden mußten von dem Tunnel Kenntnis haben und erwarten, daß sie ihn zur Flucht benutzten; dann würden sie dem Panzerwagen direkt vor die Räder laufen. Und vor die Maschinengewehre.

In einer Stunde würden die Carabinieri eine Abteilung den Monte d'Ora hinaufschicken, um sie mit einem Frontalangriff aufzuscheuchen. Es war günstig, daß die Polizei sie für wilde Jugendliche, gewöhnliche Banditen hielt. Die rotgoldene Flagge Siziliens, die sie am Rande der Klippe gehißt hatten, bewies ihren Leichtsinn. Jedenfalls würde die Polizei das glauben.

Eine Stunde später fuhren ein Mannschaftswagen und ein Jeep mit Maresciallo Roccofino zum Tor der Bellampo-Kaserne hinaus. Gemächlich näherten sich die Fahrzeuge dem Fuß des Monte d'Ora und hielten dann zum Aussteigen. Zwölf mit Gewehren bewaffnete Carabinieri schwärmten auf den schmalen Pfaden aus, die den Hang hinaufführten. Maresciallo Roccofino nahm seine mit Litzen besetzte Mütze ab und deutete auf die rotgoldene Flagge, die auf der Klippe flatterte.

Turi Giuliano, hinter der Schutzwand, beobachtete die Szene durch seinen Feldstecher. Flüchtig dachte er an den Panzerwagen auf der anderen Seite des Berges. Würden sie dort ebenfalls Männer den Hang hinaufschicken? Aber die würden Stunden für den Weg brauchen. Er verbannte sie aus seinen Gedanken und wandte sich an Pisciotta. »Aspanu, wenn wir nicht so klug sind, wie wir glauben, werden wir heute abend nicht zu unseren Müttern und einer schönen Portion Spaghetti nach Hause gehen, wie wir es als Kinder immer getan haben.«

Pisciotta lachte. »Wir sind nie gern nach Hause gegangen, weißt du noch? Aber ich muß zugeben, jetzt macht es mehr Spaß. Wollen wir ein paar von ihnen umbringen?«

»Nein«, entschied Giuliano. »Wir feuern über ihre Köpfe hinweg.« Er mußte daran denken, daß Pisciotta ihm zwei Nächte zuvor ungehorsam gewesen war. »Aspanu«, warnte er, »du mußt mir gehorchen. Es ist sinnlos, sie zu töten. Das würde diesmal zu nichts führen.«

Eine Stunde lang warteten sie geduldig. Dann schob Giuliano seine Flinte durch die Hecke aus Schößlingen und gab zwei Schüsse ab. Es war erstaunlich, wie schnell diese gerade, selbstsichere Reihe von Männern auseinanderstob – wie Ameisen, die hastig im Gras verschwinden. Pisciotta schoß viermal. Dann stiegen an verschiedenen Stellen des Berghangs Rauchwölkchen auf: Die Carabinieri schossen zurück.

Giuliano legte die Flinte fort und griff zum Feldstecher. Er sah den Maresciallo und seinen Sergeanten mit einem Funkgerät hantieren. Vermutlich warnten sie den Panzerwagen auf der anderen Seite des Berges, daß die Banditen unterwegs seien. Wieder nahm er seine Flinte zur Hand und schoß zweimal. Dann sagte er zu Pisciotta: »Wir müssen gehen.«

Sie krochen zur abgewandten Seite der Klippe, wo die vorrückenden Carabinieri sie nicht mehr sehen konnten, schlidderten den steinübersäten Hang hinab und rollten fünfzig Meter weiter, bevor sie sich mit schußbereiten Gewehren aufrappelten. Tief geduckt liefen sie bergab und hielten nur ab und zu einmal an, damit Giuliano die Angreifer durchs Fernglas beobachten konnte.

Die Carabinieri schossen immer noch auf die Klippe; sie ahnten nicht, daß die beiden Banditen sich jetzt an ihrer Flanke befanden. Giuliano lief voraus, einen winzigen, verborgenen Pfad zwischen den schweren Felsbrocken entlang bis in ein Wäldchen. Dort ruhten sie sich ein paar Minuten aus und rannten dann schnell und geräuschlos weiter. Nach knapp einer Stunde erreichten sie die Ebene, die Montelepre von den Bergen trennte, schlugen aber einen Bogen zum anderen Ende des Dorfes; es lag jetzt zwischen ihnen und dem Mannschaftswagen. Die Waffen unter ihren Jacken versteckt, überquerten sie die Ebene wie zwei Bauern auf dem Weg zur Feldarbeit und betraten Montelepre am oberen Ende der Via Bella, nur hundert Meter von der Bellampo-Kaserne entfernt.

In diesem Augenblick befahl Maresciallo Roccofino seinen Männern, den Hang weiter hinaufzusteigen, bis zu der Klippe, an deren Rand die Flagge wehte. Seit einer Stunde hatte es kein Gegenfeuer mehr gegeben, und er war sicher, daß die beiden Banditen durch ihren Tunnel geflohen waren und nun die andere Bergseite hinab dem Panzerwagen direkt entgegenliefen. Er wollte die Falle zuschnappen lassen. Eine weitere Stunde brauchten seine Männer, um die Klippe zu erreichen und die Flagge herunterzureißen. Der Maresciallo betrat die Höhle und ließ die Steine wegräumen, die den Zugang zum Tunnel versperrten. Er schickte seine Männer durch den Gang und die andere Bergseite hinab zum Panzerwagen. Verdutzt mußte er feststellen, daß die Beute ihm entwischt war. Er teilte seine Männer in Suchtrupps ein – überzeugt davon, daß sie die Flüchtigen, wo immer die sich auch versteckt haben mochten, aufstöbern würden.

Hector Adonis hatte Giulianos Anweisungen gewissenhaft befolgt. Oben an der Via Bella wartete ein Karren, innen und außen mit Gestalten uralter Legenden bemalt. Selbst die Speichen der Räder und die Radkränze waren mit winzigen gepanzerten Gestalten bedeckt, so daß man, wenn die Räder rollten, den Eindruck hatte, als wirbelten die Männer im Kampf.

Der Karren wirkte wie ein Mann, der am ganzen Leib tätowiert ist. Davorgespannt war ein verschlafenes weißes Maultier. Giuliano sprang auf den leeren Kutschsitz und warf einen Blick auf die Ladefläche des Karrens. Sie war vollgestellt mit riesigen bastumflochtenen Weinkrügen. Mindestens zwanzig waren es. Giuliano versteckte seine Flinte hinter einer Reihe von Krügen. Noch einmal blickte er zu den Bergen empor: Nicht das geringste war zu sehen, nur die Flagge, die immer noch wehte. Grinsend sah er zu Pisciotta hinab. »Alles in Ordnung«, sagte er. »Lauf los und führ deine kleine Komödie auf!«

Pisciotta salutierte ironisch und doch ernst, knöpfte seine Jacke über der Pistole zu und machte sich auf den Weg zum Tor der Bellampo-Kaserne. Dabei warf er einen kurzen Blick die Straße hinab, die nach Castellamare führte, um sicherzugehen, daß sich kein Wagen auf dem Rückweg aus den Bergen befand.

Turi Giuliano, auf dem Kutschersitz, sah zu, wie Pisciotta langsam über das offene Feld auf den Steinweg zuschritt, der zum Tor führte. Dann warf er einen Blick die Via Bella hinab. Er sah sein Elternhaus, doch niemand stand vor der Tür. Er hatte gehofft, ganz kurz seine Mutter sehen zu können. Vor einem anderen Haus saßen ein paar Männer im Schatten des Balkons an einem Tisch und tranken Wein. Plötzlich erinnerte er sich an den Feldstecher an seinem Hals; er nahm ihn ab und warf ihn hinter sich in den Karren.

Am Tor stand ein junger Carabiniere Wache, der höchstens achtzehn war. Die rosigen Wangen und das bartlose Gesicht ließen darauf schließen, daß er aus dem Norden Italiens stammte; mit seiner schwarzen, weiß besetzten Uniform, sackartig und schlecht gearbeitet, und der litzengeschmückten, martialisch wirkenden Militärmütze sah er aus wie ein Clown. Vorschriftswidrig hielt er eine Zigarette in seinem jungen, wie ein Amorbogen geformten Mund. Als Pisciotta sich ihm näherte, musterte er ihn mit verächtlicher Belustigung. Selbst nach dem, was in den letzten Tagen passiert war, hatte der Mann sein Gewehr nicht schußbereit.

Der Posten sah nur einen abgerissenen Bauern, der es wagte, sich einen eleganteren Schnurrbart stehen zu lassen, als ihm zukam. »He, du da, du Tölpel, wo willst du hin?« Aber er nahm das Gewehr nicht von der Schulter. Pisciotta hätte ihm in Sekundenschnelle die Kehle durchschneiden können.

Statt dessen versuchte er unterwürfig zu tun und seinen Hohn über die Arroganz dieses Kindes zu unterdrücken. »Bitte schön, ich möchte den Maresciallo sprechen. Ich habe wertvolle Informationen.«

»Die kannst du mir geben«, sagte der Posten.

Jetzt konnte Pisciotta nicht mehr anders. Geringschätzig fragte er: »Und kannst du mich auch bezahlen?«

Der Posten war verblüfft über soviel Frechheit. Dann sagte er verächtlich, jedoch leicht mißtrauisch: »Keine Lira würd' ich dir geben, und wenn du mir melden würdest, daß Jesus wiedergekommen ist.«

Pisciotta grinste. »Viel besser als das. Ich weiß, wo Turi Giuliano ist, der Mann, bei dem ihr euch blutige Nasen geholt habt.«

Argwöhnisch erkundigte sich der Posten: »Seit wann hilft ein Sizilianer der Polizei in diesem verdammten Land?«

Pisciotta kam einen Schritt näher. »Ich habe Ambitionen«, erklärte er. »Ich habe einen Antrag gestellt, um Carabiniere zu werden. Nächsten Monat gehe ich zur Prüfung nach Palermo. Wer weiß, vielleicht tragen wir beide schon bald die gleiche Uniform.«

Der Posten musterte Pisciotta jetzt mit etwas freundlicherem Interesse. Es stimmte, viele Sizilianer wurden Polizisten. Es war ein Ausweg aus der Armut, es war ein winziges Stückchen Macht. Ein bekannter Scherz besagte, daß Sizilianer entweder Verbrecher oder Polizisten wurden und daß sie auf beiden Seiten gleichermaßen Schaden anrichteten. Pisciotta jedoch lachte innerlich bei der Vorstellung, daß er jemals Carabiniere werden könnte. Er war ein Dandy; er besaß ein Seidenhemd aus Palermo. Nur ein Idiot würde sich mit dieser weißverzierten schwarzen Uniform und dieser albernen, steifen Schirmmütze herausputzen.

»Das solltest du dir zweimal überlegen«, warnte der Posten, der nicht wollte, daß jeder in diesen Vorteil gelangen sollte. »Die Bezahlung ist schlecht, und wenn wir nicht Bestechungsgelder von den Schmugglern annähmen, müßten wir alle verhungern. Außerdem sind diese Woche erst zwei Mann aus unserer Kaserne, gute Freunde von mir, von diesem verdammten Giuliano umgebracht worden. Und dann noch täglich die Unverschämtheit von euren Bauern, die einem nicht mal den Weg zum Barbier im Dorf zeigen.«

»Wir werden ihnen mit dem *bastonado* eine Lektion erteilen«, verkündete Pisciotta munter. Und dann, in vertraulichem Ton, als wären sie bereits Waffenbrüder: »Hast du eine Zigarette für mich?«

Zu Pisciottas Ergötzen war der gute Wille jetzt plötzlich verflogen. Der Posten geriet außer sich. »Eine Zigarette für dich?« sagte er. »Warum in Christi Namen sollte ich einem Stück sizilianischer Scheiße eine Zigarette geben?« Jetzt nahm er sogar das Gewehr von der Schulter.

Sekundenlang verspürte Pisciotta den unbezähmbaren Drang, sich auf ihn zu werfen und ihm die Kehle durchzuschneiden. Aber er entgegnete geduldig: »Weil ich euch sagen kann, wo ihr Giuliano findet. Deine Kameraden, die ihn in den Bergen suchen, sind ja sogar zu dumm dazu, einen Gecko zu finden.«

Der Posten machte ein blödes Gesicht. Die Unverschämtheit hatte ihn verunsichert; die Bedeutung der angebotenen Information machte ihm klar, daß er wohl besser bei seinem Vorgesetzten rückfragen sollte. Er hatte das Gefühl, daß dieser Mann zu aalglatt war und ihm irgendwie Scherereien machen konnte. Er öffnete das Tor und winkte Pisciotta mit dem Gewehr, das Gelände der Bellampo-Kaserne zu betreten. Dabei kehrte er der Straße den Rücken. Im selben Moment weckte hundert Meter entfernt Giuliano das Maultier und fuhr mit seinem Karren auf dem Steinweg dem Kasernentor zu. Auf dem riesigen Gelände der Bellampo-Kaserne befand sich ein großes Verwaltungsgebäude mit einem L-förmigen Anbau, in dem die Gefängniszellen untergebracht waren. Dahinter lagen die Quartiere der Carabinieri, groß genug für einhundert Mann, mit einem abgetrennten Teil, der dem Maresciallo als Privatwohnung diente. Rechter Hand befand sich eine Garage für die Fahrzeuge – eigentlich nur eine Scheune, und zum Teil diente sie auch noch als solche, da die Abteilung einen Trupp Maultiere und

Esel für bergiges Gelände hielt, in dem Motorfahrzeuge unbrauchbar waren.

Ganz hinten lagen noch ein Munitions- und ein Vorratsschuppen, beide aus Wellblech. Umgeben war das Gelände von einem zwei Meter hohen Stacheldrahtzaun, überragt von zwei hohen Wachttürmen, die aber seit Monaten nicht mehr benutzt wurden. Die Kaserne war unter Mussolini erbaut und später während des Krieges gegen die Mafia vergrößert worden.

Nachdem Pisciotta das Tor durchschritten hatte, hielt er sofort Ausschau nach Gefahrensignalen. Aber die Türme waren nicht besetzt, es gab keine bewaffneten Streifen. Das Ganze wirkte wie ein friedlicher, verlassener Bauernhof. In der Garage standen keine Fahrzeuge; das heißt, es waren überhaupt nirgends Fahrzeuge zu sehen, und das überraschte ihn, denn es konnte bedeuten, daß bald eines zurückkehren würde. Er konnte sich nicht vorstellen, daß der Maresciallo so dumm sein würde, seine Kaserne ganz ohne Fahrzeug zurückzulassen. Er würde Turi warnen müssen, daß möglicherweise unerwarteter Besuch kommen konnte.

Von dem jungen Wachtposten begleitet, trat Pisciotta durch die breite Tür des Verwaltungsgebäudes in einen großen Raum mit Deckenventilatoren, die kaum etwas gegen die Hitze ausrichteten. Beherrscht wurde der Raum von einem großen, erhöhten Schreibtisch; an den Seiten standen kleinere Schreibtische für die Beamten; rings um die Wände lief eine Holzbank. Besetzt war nur der erhöhte Schreibtisch, und zwar mit einem Carabinieri-Corporal, einem ganz anderen Mann als der junge Posten. Ein glänzendes goldenes Namensschild, das auf dem Schreibtisch stand, verkündete seinen Namen: CORPORAL CANIO SILVESTRO. Sein Oberkörper war massig – breite Schultern und ein dicker, stämmiger Hals, gekrönt von einem mächtigen Schädel. Eine rosige Narbe, ein Stück glänzendes, abgestorbenes

Gewebe, verlief vom Ohr zum Ende des granitharten Kinns. Ein langer, buschiger Schnauzbart zierte seinen Mund wie zwei schwarze Schwingen.

Er trug Corporalsstreifen am Ärmel, eine schwere Pistole im Gürtel, und – am allerschlimmsten – er musterte Pisciotta, während der Posten seine Meldung machte, mit tiefstem Argwohn. Als Corporal Silvestro dann sprach, verriet sein Akzent ihn als Sizilianer. »Du bist ein verlogenes Stück Scheiße«, sagte er zu Pisciotta. Doch ehe er fortfahren konnte, ertönte draußen am Tor Giulianos Stimme.

»He da, Carabiniere! Willst du nun deinen Wein oder nicht? Ja oder nein?«

Pisciotta bewunderte Giulianos Kunst, seine Stimme zu verstellen: der Ton rauh, der Dialekt so schlimm, daß er fast nur von den Bewohnern dieser Provinz verstanden wurde, die Wahl der Worte arrogant und typisch für einen wohlhabenden Bauern.

Ärgerlich knurrte der Corporal: »Was in Christi Namen hat dieser Kerl da zu schreien?« Und eilte mit langen Schritten zur Tür hinaus. Der Posten und Pisciotta folgten.

Der bemalte Karren mit dem weißen Maultier wartete vor dem Tor. Nackt bis zur Taille, die kräftige Brust schweißüberströmt, schwenkte Turi Giuliano einen Krug Wein. Ein breites, idiotisches Grinsen verzog sein Gesicht. Seine ganze Erscheinung ließ jedes Mißtrauen schwinden. Dieser Mann konnte keine Waffe an sich versteckt haben; er war betrunken, und sein Akzent war der primitivste von ganz Sizilien. Der Corporal nahm die Hand von der Pistole, der Posten senkte das Gewehr. Pisciotta trat einen Schritt zurück, jederzeit bereit, die eigene Pistole unter der Jacke hervorzureißen.

»Ich hab' 'ne Wagenladung Wein für dich«, brüllte Giuliano. Er schneuzte sich mit den Fingern und schleuderte den Schleim gegen das Tor.

»Wer hat diesen Wein bestellt?« wollte der Corporal wissen. Aber er ging schon zum Tor, und Giuliano wußte, daß er es weit öffnen würde, um den Karren hereinzulassen.

»Mein Vater hat gesagt, ich soll ihn dem Maresciallo bringen«, erklärte Giuliano augenzwinkernd.

Der Corporal starrte Giuliano an. Der Wein war zweifellos ein Geschenk dafür, daß irgendein Bauer ein bißchen schmuggeln durfte. Ein wenig beunruhigt dachte der Corporal, als echter Sizilianer hätte der Vater den Wein persönlich geliefert, um enger mit dem Geschenk in Verbindung gebracht zu werden. Doch dann zuckte er die Achseln. »Lad das Zeug da mal ab und bring's in die Kaserne.«

Giuliano schüttelte den Kopf. »Allein mach' ich das nicht!« Giuliano hob jetzt einen Weinkrug in seiner Strohhülle heraus und erklärte: »Von denen da hab' ich zwanzig für euch.«

Der Corporal brüllte einen Befehl zu den Mannschaftsquartieren hinüber, und zwei junge Carabinieri kamen gelaufen; ihre Jacken hingen offen, und sie trugen keine Mützen. Keiner hatte eine Waffe bei sich. Giuliano stand oben auf dem Karren und drückte den beiden Weinkrüge in die Arme. Einen dritten Krug reichte er dem Posten mit dem Gewehr, der sich jedoch weigern wollte. Mit rauher Gutmütigkeit sagte Giuliano: »Du wirst bestimmt beim Austrinken helfen, also arbeite auch dafür!«

Als nun die drei Carabinieri durch die Krüge in ihren Armen aus dem Verkehr gezogen waren, musterte Giuliano die Szene. Alles war so, wie er es erhofft hatte: Pisciotta stand unmittelbar hinter dem Corporal, dem einzigen Soldaten mit freien Händen. Giuliano sah zu den Berghängen hinüber: kein Anzeichen dafür, daß die Suchtrupps zurückkehrten. Er überprüfte die Straße nach Castellamare: vom Panzerwagen nichts zu sehen. Unten in der Via Bella spielten immer noch die Kinder. Er langte in den Karren, holte seine *lupara* heraus und richtete sie auf den überraschten Corporal. Gleichzeitig zog Pisciotta seine Pistole unter der Jacke hervor und drückte sie dem Corporal in den Rücken. »Keine Bewegung!« warnte er. »Sonst barbiere ich dir deinen dikken Schnauzbart mit Blei.«

Giuliano hatte die *lupara* auf die anderen drei verängstigten Männer gerichtet. »Behaltet die Krüge in den Armen und rein mit euch, ins Haus!« Der bewaffnete Posten umklammerte den Krug und ließ sein Gewehr zu Boden fallen. Beim Hineingehen hob Pisciotta es auf. In der Schreibstube griff Giuliano nach dem Namensschild und betrachtete es bewundernd. »Corporal Canio Silvestro. Ihre Schlüssel, bitte. Alle!«

Die Hand an der Pistole, funkelte der Corporal Giuliano wütend an.

Pisciotta schlug ihm die Hand beiseite und entriß ihm die Waffe. Der Corporal fuhr herum und warf ihm einen tödlichen, kalten Blick zu. Lächelnd sagte Pisciotta zu ihm: »Entschuldigen Sie.«

Jetzt wandte sich der Corporal an Giuliano. »Mein Junge«, sagte er, »lauf lieber davon und werde Schauspieler, du bist gut. Hör auf mit dieser Sache. Du wirst niemals davonkommen. Vor Einbruch der Dunkelheit wird der Maresciallo mit seinen Männern zurücksein und dich bis ans Ende der Welt verfolgen. Überleg's dir gut, Junge, was es bedeutet, ein Bandit zu sein, auf dessen Kopf ein Preis ausgesetzt ist. Ich persönlich werde dich jagen, und ich vergesse nie ein Gesicht. Ich werde deinen Namen herausfinden und dich aufstöbern, und wenn du dich in der Hölle versteckst!«

Giuliano sah ihn lächelnd an. Aus irgendeinem Grund gefiel ihm der Mann. »Wenn Sie meinen Namen wissen wollen – warum fragen Sie mich dann nicht?«

Der Corporal entgegnete verächtlich: »Und du würdest ihn mir dann schön brav sagen?«

»Ich lüge nie«, antwortete Giuliano. »Ich heiße Giuliano.«

Die Hand des Corporals fuhr an die Pistole, die Pisciotta ihm bereits abgenommen hatte. Durch diese instinktive Reaktion wurde Giuliano der Mann noch sympathischer. Er besaß Mut und Pflichtgefühl. Die anderen Carabinieri waren entsetzt. Dies war der Salvatore Giuliano, der schon drei von ihren Kameraden umgebracht hatte! Bestimmt würde er auch sie nicht am Leben lassen.

Der Corporal betrachtete Giulianos Gesicht, prägte es sich genau ein; dann nahm er mit langsamen, bedächtigen Bewegungen einen großen Schlüsselring aus einer Schreibtischschublade. Er tat es nur, weil Giuliano ihm die *lupara* in den Rücken drückte. Giuliano nahm ihm die Schlüssel ab und warf sie zu Pisciotta hinüber.

»Hol die Gefangenen heraus«, befahl er.

Im Gefängnisflügel des Verwaltungsgebäudes saßen in einem großen, vergitterten Raum zehn Bürger von Montelepre, die in der Nacht von Giulianos Flucht verhaftet worden waren. In eine der kleineren Zellen hatte man die beiden berühmten Banditen Passatempo und Terranova gesteckt. Pisciotta öffnete ihre Zellentüren, und sie folgten ihm erfreut in den anderen Raum.

Die verhafteten Einwohner von Montelepre, allesamt Nachbarn der Giulianos, strömten in die Schreibstube und umringten Giuliano, um ihn voll Dankbarkeit zu umarmen. Giuliano duldete es, ließ aber keine Sekunde lang die Carabinieri aus den Augen. Seine Nachbarn waren begeistert von Giulianos Tat; er hatte die verhaßte Polizei gedemütigt, er war ein Held. Wie sie ihm berichteten, hatte der Maresciallo befohlen, sie dem *bastonado* zu unterwerfen, aber der Corporal hatte durch seine Charakterstärke verhindert, daß die Strafe ausgeführt wurde, und zwar mit dem Argument, dadurch würde so viel böses Blut gemacht, daß es die Sicherheit der Kaserne beeinträchtigen könnte. Statt dessen hätten sie am folgenden Morgen nach Palermo gebracht werden sollen, um dort vor Gericht verhört zu werden.

Besorgt, daß sich zufällig ein Schuß lösen und jemanden verletzen könnte, hielt Giuliano die Mündung seiner *lupara* nach unten. Diese Männer waren alle älter als er, Nachbarn, die er seit seiner Kindheit kannte. Deswegen sprach er mit ihnen jetzt so höflich wie immer. »Ihr seid mir willkommen, wenn ihr mit mir in die Berge gehen wollt«, sagte er. »Ihr könnt aber auch Verwandte in anderen Teilen Siziliens besuchen, bis die Behörden zur Vernunft kommen.« Er wartete, doch niemand antwortete. Giuliano bemerkte, daß Passatempo und Terranova, die beiden Banditen, ein wenig abseits standen. Sie wirkten gespannt, aufmerksam, beinahe sprungbereit. Passatempo war ein kleiner, gedrungener, häßlicher Mann mit grobem, von Pockennarben entstelltem Gesicht und einem dicken, wulstigen Mund. Die Bauern der Gegend nannten ihn nur *il bruto*, der Unmensch. Terranova war klein und hager, er hatte angenehme Gesichtszüge. Bei Passatempo handelte es sich um den typischen habgierigen sizilianischen Banditen, der Vieh stahl und Menschen wegen ihres Geldes umbrachte. Terranova war ein fleißiger Bauer gewesen und Bandit geworden, als zwei Steuereinnehmer kamen, um sein bestes Schwein zu beschlagnahmen. Er hatte beide umgebracht, das Schwein geschlachtet, damit Familie und Verwandte etwas zu essen hatten, und war dann in die Berge geflohen. Die beiden Männer hatten sich zusammengetan, doch eines Tages waren sie beide verraten und gefangengenommen worden, als sie sich in den Kornfeldern von Corleone in einem verlassenen Lagerschuppen versteckten.

Zu ihnen sagte Giuliano jetzt: »Ihr beiden habt keine Wahl. Wir werden gemeinsam in die Berge gehen, und wenn ihr wollt, könnt ihr unter meinem Kommando bleiben. Ihr könnt euch aber auch wieder selbständig machen. Nur heute brauche ich noch eure Hilfe, und ihr schuldet mir ja wohl einen kleinen Dienst.« Mit einem Lächeln versuchte er die Forderung, sich seinen Befehlen zu fügen, ein wenig abzuschwächen.

Bevor die Banditen antworten konnten, wagte der Corporal eine wahnwitzige Trotzgeste. Vielleicht geschah es aus verletztem Sizilianerstolz, vielleicht aber auch aus Zorn darüber, daß berüchtigte, seiner Obhut anvertraute Banditen ihm wieder entkommen würden. Er stand nur wenige Schritte von Giuliano entfernt und trat mit erstaunlicher Beweglichkeit einen großen Schritt vor.

Gleichzeitig zog er eine kleine Pistole heraus, die er unter dem Hemd versteckt hatte. Giuliano schwenkte die *lupara* zum Schuß herum, aber zu spät. Der Corporal hielt die Pistole kaum einen halben Meter von Giulianos Kopf entfernt auf ihn gerichtet. Die Kugel mußte ihn mitten ins Gesicht treffen.

Alle waren starr vor Schreck. Giuliano sah die Pistole, die auf seinen Kopf zielte. In dem roten, wütend verzerrten Gesicht des Corporals dahinter arbeiteten die Muskeln. Doch die Pistole schien merkwürdig langsam zu kommen. Es war wie das Fallen in einem Alptraum, ein sehr langsames, endloses Fallen, obwohl man wußte, daß es nur ein Traum war und man nie unten aufschlagen würde. In dem Sekundenbruchteil, bevor der Corporal abdrückte, war Giuliano von einer unheimlichen gelassenen Heiterkeit erfüllt. Seine Lider zuckten nicht, als der Corporal abdrückte, ja er trat sogar einen Schritt vor. Ein lautes, metallisches Klicken ertönte, als der Hammer die defekte Patrone im Lauf traf. Und schon fielen Pisciotta, Terranova und Passatempo über ihn her. Unter dem Gewicht ihrer Körper ging der Corporal zu Boden. Terranova hatte die Pistole gepackt und bog ihm den Arm zur Seite, Passatempo hatte den Corporal beim Haar erwischt und versuchte ihm die Augen auszuquetschen, Pisciotta hatte sein Messer gezogen und wollte ihm die Kehle durchschneiden. Giuliano konnte ihn gerade noch zurückhalten.

»Laßt ihn in Ruhe«, befahl Giuliano ruhig und zog sie von dem jetzt wehrlos daliegenden Corporal fort. Er blickte auf ihn hinab und war betroffen über den Schaden, den sie ihm in diesem kurzen Moment der Raserei zugefügt hatten. Das halbe Ohr war dem Corporal abgerissen worden und blutete in Strömen. Der rechte Arm lag unnatürlich verdreht neben dem Körper. Aus einem Auge, über dem ein großer Fleischlappen hing, spritzte Blut.

Und doch fürchtete der Mann sich immer noch nicht. Er lag da und erwartete den Tod. Giuliano empfand plötzlich eine überwältigende Zuneigung für ihn. Dies war der Mann, der ihn auf die Probe gestellt und seine Unsterblichkeit bestätigt hatte; dies war der Mann, der die Machtlosigkeit des Todes bewiesen hatte. Giuliano zog ihn auf die Füße und schloß ihn zur Verwunderung der anderen ganz kurz in die Arme. Er gab vor, den Corporal nur noch zu stützen.

Terranova untersuchte die Pistole. »Du hast unendlich großes Glück gehabt«, sagte er zu Giuliano. »Es war nur die eine Patrone defekt.«

Giuliano streckte die Hand nach der Waffe aus. Sekundenlang zögerte Terranova, dann gab er sie ihm. Giuliano wandte sich an den Corporal. »Wenn Sie sich anständig benehmen«, sagte er freundlich, »wird Ihnen und Ihren Männern nichts passieren. Das garantiere ich Ihnen.«

Der Corporal war von seinen Verletzungen noch immer zu benommen und zu schwach, um zu antworten, er schien nicht einmal zu begreifen, was Giuliano gesagt hatte. Passatempo flüsterte Pisciotta zu: »Gib mir dein Messer, dann mach' ich ihn fertig.«

»Hier gibt Giuliano die Befehle, und alle anderen gehorchen«, erwiderte Pisciotta ruhig.

Die Männer aus Montelepre, die hier gefangen gewesen waren, verschwanden eilig. Sie wollten nicht Zeugen eines Massakers an den Carabinieri sein. Giuliano trieb den Corporal und seine Männer in den Gefängnisflügel hinüber und sperrte sie zusammen in die Gemeinschaftszelle. Dann durchsuchte er mit Pisciotta, Terranova und Passatempo die anderen Gebäude der Bellampo-Kaserne. Im Waffenlager fanden sie Gewehre, Pistolen, Maschinenpistolen und Munitionskisten. Sie beluden sich mit den Waffen und packten die Munitionskisten auf den Karren. Aus den Quartieren holten sie Decken und Schlafsäcke, und Pisciotta warf noch zwei Carabinieri-Uniformen in den Wagen. Dann setzte sich der hoch mit Beutegut beladene Karren mit Giuliano auf dem Kutschsitz in Bewegung, während die anderen drei Männer waffenstarrend ausschwärmten, um ihn vor eventuellen Angriffen zu schützen. Rasch zogen sie auf die Straße nach Castellamare zu. Nach über einer Stunde erst erreichten sie das Haus des Bauern, der Hector Adonis den Karren geliehen hatte, und versteckten ihre Beute in seinem Schweinestall. Dann halfen sie ihm, den Karren mit olivgrüner, aus dem Versorgungsdepot der Amerikaner gestohlener Farbe zu streichen.

Maresciallo Roccofino kehrte mit seiner Suchabteilung rechtzeitig zum Abendessen zurück; die Sonne sank schon und hatte an diesem Tag keine Sekunde so heiß gebrannt wie der Zorn des Maresciallo beim Anblick seiner in ihren eigenen Zellen gefangenen Männer. Mit kreischenden Rädern schickte er den Panzerwagen durch alle Straßen, um nach einer Spur der Banditen zu suchen. Doch da befand sich Turi Giuliano schon längst wieder tief im Schutz seiner Berge.

Die gesamte italienische Presse befaßte sich mit dem Ereignis. Drei Tage zuvor hatte der Mord an zwei anderen Carabinieri zwar ebenfalls Schlagzeilen gemacht, doch da war Giuliano nichts weiter als ein verzweifelter sizilianischer Bandit gewesen, der seinen Ruhm einzig der Grausamkeit verdankte. Diesmal jedoch war es ganz anders. Diesmal hatte er mit Witz und kluger Taktik den Kampf gegen die Carabinieri gewonnen. Er hatte Freunde und Nachbarn aus einer ungerechten Haft befreit. Journalisten aus Palermo, Neapel, Rom und Mailand kamen nach Montelepre, um Giulianos Familie und Freunde zu interviewen. Seine Mutter wurde mit Turis Gitarre in den Händen fotografiert. Seine ehemaligen Schulkameraden berichteten, Turi sei ein solcher Bücherwurm gewesen, daß sie ihm den Spitznamen »Professor« verliehen hätten. Darauf stürzten die Zeitungen sich begeistert. Ein sizilianischer Bandit, der tatsächlich lesen konnte! Sie erwähnten auch seinen Cousin Aspanu Pisciotta, der sich ihm aus Freundschaft als Bandit angeschlossen hatte.

Daß eine alte Fotografie, aufgenommen, als er siebzehn Jahre alt war, Giuliano als einen auf mediterrane, sehr maskuline Art unglaublich hübschen Mann zeigte, machte die Story vollends unwiderstehlich. Was aber die Italiener vor allem ansprach, war wohl Giulianos barmherzige Tat, als er den Corporal verschonte, der versucht hatte, ihn zu erschießen. Das war besser noch als die Oper – es glich den in Sizilien so beliebten Puppenspielen, bei denen die Holzfiguren nie Blut verloren, zerrissen oder von Kugeln getötet wurden.

Die Zeitungen bedauerten nur, daß Giuliano auch zwei Bösewichte wie Terranova und Passatempo befreit hatte, und deuteten an, zwei so brutale Kerle könnten das Image dieses Ritters in schimmernder Rüstung beflecken.

Nur eine Mailänder Zeitung wies darauf hin, daß Salvatore »Turi« Giuliano bereits drei Angehörige der Nationalpolizei getötet hatte, und war der Ansicht, man müsse besondere Maßnahmen für seine Festnahme ergreifen; man dürfe einem Mörder seine Verbrechen nicht verzeihen, nur weil er hübsch war, belesen, und Gitarre spielen konnte.

Zehntes Kapitel

Don Croce wußte nun einiges mehr über Turi Giuliano und hegte große Bewunderung für ihn. Ein echter Mafioso-Junge! Er meinte das natürlich im alten, traditionellen Sinn: ein Mafioso-Gesicht, ein Mafioso-Baum, eine Mafioso-Frau, das heißt, etwas, das in seiner ganz eigenen Form höchste Perfektion erreicht. Welch eine »Panzerfaust« würde dieser junge Mann für Don Croce sein! Welch ein Kriegschef an der Front! Die Tatsache, daß Giuliano seinen, Don Croces, Interessen zuwidergehandelt hatte, verzieh ihm der Don. Die beiden in Montelepre eingesperrten Banditen, der gefürchtete Passatempo und der clevere Terranova, waren mit Billigung und Hilfe des Don erwischt worden. All das aber war verzeihlich, man sollte die Vergangenheit ruhen lassen; Don Croce hegte niemals einen Groll, der seine zukünftigen Profite schädigen konnte. Er würde Turi Giulianos Verhalten von nun an sehr genau beobachten.

Turi Giuliano, tief in den Bergen, ahnte nichts von seinem wachsenden Ruhm. Er war viel zu sehr damit beschäftigt, Pläne zum Ausbau seiner Macht zu schmieden. Sein erstes Problem waren die beiden Banditenführer, Terranova und Passatempo. Er fragte sie eingehend nach ihrer Festnahme aus und kam zu dem Schluß, daß sie verraten, denunziert worden waren. Sie schworen, daß ihre Männer treu gewesen und viele von ihnen in der Falle getötet worden seien. Giuliano, der dies alles sehr sorgfältig durchdachte, kam zu dem Schluß, daß nur die Mafia, die für die Bande Hehler und Vermittler gewesen war, sie verraten haben konnte. Als er dies den beiden gegenüber erwähnte, wollten sie es ihm nicht glauben. Niemals würden die Freunde der Freunde das geheiligte Gesetz der Omertà brechen, das doch so wichtig für ihre eigene Existenz war. Giuliano beharrte nicht auf seinem Standpunkt. Statt dessen bot er ihnen ganz offiziell an, sie in seine Bande aufzunehmen.

Er erklärte ihnen, es sei sein Ziel, nicht nur einfach zu überleben, sondern eine politische Macht zu werden. Die Armen würden sie auf keinen Fall berauben, betonte er. Im Gegenteil, die Hälfte des Gewinns, den die Bande erzielte, sollte an die Bedürftigen in den Provinzen rings um Montelepre und bis zu den Vororten von Palermo verteilt werden. Terranova und Passatempo sollten ihre eigenen Unterbanden führen, dabei aber unter Giulianos Oberkommando stehen. Diese Unterbanden sollten ohne Giulianos Einverständnis keine eigenen Beutezüge unternehmen. Gemeinsam wollten sie die absolute Herrschaft über die Provinzen ausüben, in denen die Großstadt Palermo, die Stadt Monreale sowie die Dörfer Montelepre, Partinico und Corleone lagen. Er schärfte ihnen ein, daß sie die Initiative gegen die Carabinieri ergreifen mußten, daß es die Polizei war, die um ihr Leben würde fürchten müssen, und nicht die Banditen.

Passatempo, ein altmodischer Bandit, der sich auf Vergewaltigung, Schmalspur-Erpressung und Mord an Schafhirten verließ, überlegte sofort, wie er von dieser Verbindung profitieren, Giuliano anschließend ermorden und sich seinen Anteil an der Beute sichern konnte. Terranova, der Giuliano mochte und ihm für seine Rettung dankbarer war, fragte sich, wie er diesen begabten, jungen Banditen behutsam auf einen vorsichtigeren Pfad steuern konnte. Giuliano musterte sie beide mit einem winzigen Lächeln, als könne er ihre Gedanken lesen und sei darüber belustigt.

Pisciotta war an die hochtrabenden Ideen seines alten Freundes gewöhnt. Er glaubte an ihn. Wenn Turi Giuliano sagte, er könne etwas, dann war Aspanu Pisciotta davon überzeugt, daß er es konnte. Also hörte er aufmerksam zu.

Im hellen Morgensonnenlicht, das die Berge mit Gold überzog, lauschten sie alle drei fasziniert Giuliano, der ihnen erklärte, wie er sie in den Kampf führen werde, um aus den Sizilianern ein freies Volk zu machen, wie er die Armen unterstützen und die Macht der Mafia, des Adels und Roms brechen werde. Jeden anderen hätten sie ausgelacht, doch sie erinnerten sich an das, was keiner, der es gesehen hatte, jemals vergessen würde: wie der Carabinieri-Corporal mit seiner Pistole auf Giuliano gezielt hatte. Sie erinnerten sich an Giulianos gelassenen Blick, an seine feste Überzeugung, daß er nicht sterben werde, während er darauf wartete, daß der Corporal abdrückte. An die Barmherzigkeit, die er dem Corporal gegenüber bewies, nachdem die Pistole versagt hatte. So konnte wirklich nur ein Mann handeln, der an seine Unsterblichkeit glaubte und andere dazu brachte, ebenfalls daran zu glauben.

Am nächsten Morgen führte Giuliano seine drei Leute – Aspanu Pisciotta, Passatempo und Terranova – auf einem Pfad aus den Bergen heraus, der sie auf die Ebene von Castelvetrano bringen würde. Sie waren alle gekleidet wie sizilianische Landarbeiter auf dem Weg zu ihren weit draußen liegenden Feldern.

Hier, das wußte er, kamen Lastwagenkonvois mit Lebensmitteln vorbei, um Waren auf die Märkte von Palermo zu transportieren. Das Problem war nur, wie man die Lastwagen zum Halten brachte. Um Wegelagerer abzuschrekken, fuhren sie stets mit Höchstgeschwindigkeit, und die Fahrer waren vermutlich bewaffnet.

Giuliano befahl seinen Männern, sich unmittelbar vor Castelvetrano neben der Straße im Gebüsch zu verstecken. Dann setzte er sich, für jeden sichtbar, auf einen großen, weißen Stein. Männer, die zur Feldarbeit gingen, starrten ihn an. Sie sahen die *lupara*, die er trug, und eilten hastig weiter. Giuliano fragte sich, ob der eine oder andere ihn womöglich erkannt hatte. Dann sah er einen bunt bemalten, von einem Maultier gezogenen Karren die Straße herabkommen. Der alte Mann, der ihn kutschierte, war Giuliano vom Sehen bekannt. Er gehörte zu den professionellen Fuhrleuten, von denen es im ländlichen Sizilien so viele gab. Er vermietete sich mitsamt seinem Karren für Transporte aus weit entfernten Dörfern zur Fabrik in der Stadt. Vor langer Zeit war er in Montelepre gewesen und hatte für Giulianos Vater landwirtschaftliche Produkte ausgefahren. Giuliano stellte sich mitten auf die Straße. Die *lupara* hing in seiner Rechten. Der Fahrer erkannte ihn, obwohl er es sich nicht anmerken ließ; nur seine Lider zuckten flüchtig.

Giuliano begrüßte ihn mit der vertrauten Anrede aus seiner Kinderzeit: *Zu*, Onkel. »Zu Peppino«, sagte er, »dies ist ein glücklicher Tag für uns beide. Ich bin hier, um mein Glück zu machen, und du bist hier, um mir zu helfen, die Leiden der Armen zu lindern.« Er freute sich wirklich, den Alten zu sehen, und lachte laut auf.

Der Alte antwortete ihm nicht. Mit versteinerter Miene starrte er ihn abwartend an. Giuliano kletterte auf den Karren und setzte sich neben ihn. Er legte die *lupara* so in den Karren, daß sie nicht zu sehen war, und lachte wieder vor sich hin. Jetzt, da er Zu Peppino getroffen hatte, war er überzeugt, daß es ein Glückstag für ihn werden würde.

Giuliano genoß die Frische des Spätherbstes, die Schönheit der Berge am Horizont, das Bewußtsein, daß seine drei

Männer vom Gebüsch aus die Straße mit ihren Gewehren beherrschten. Er erläuterte Zu Peppino seinen Plan, und dieser lauschte ihm, ohne eine Miene zu verziehen. Das heißt, bis Giuliano ihm erklärte, wie sein Lohn für die Hilfe aussehen würde: sein ganzer Karren, hoch beladen mit Lebensmitteln aus den Lastwagen. Da brummte Zu Peppino zustimmend und sagte: »Turi Giuliano, du warst schon immer ein anständiger, tapferer junger Mann. Gutherzig, vernünftig, großzügig und mitfühlend. Du hast dich nicht verändert, seit du ein Mann bist.« Zu Peppino gehörte zu jenen selten gewordenen alten Sizilianern, die sich einer sehr blumigen Sprache bedienten. »In dieser und in allen anderen Angelegenheiten kannst du immer auf mich zählen. Grüß deinen Vater von mir und sag ihm, er kann stolz darauf sein, einen solchen Sohn zu haben.«

Der Konvoi der Lebensmittel-Lastwagen tauchte um zwölf Uhr mittags auf. Als er um die Kurve bog, die aus der Partinico-Ebene heraufführte, mußte er anhalten: Ein Durcheinander von Karren und Maultieren machte die Straße unpassierbar. Das hatte Zu Peppino veranlaßt, dem alle Fuhrleute der Umgebung Gefälligkeiten und Gehorsam schuldeten.

Der Fahrer des ersten Lastwagens drückte auf die Hupe und ließ seinen Wagen vorsichtig weiterrollen, bis er den nächststehenden Karren berührte. Der Mann auf dem Karren drehte sich um und warf ihm einen so feindseligen Blick zu, daß der Fahrer sofort bremste und geduldig wartete. Diese Fuhrleute waren trotz ihres bescheidenen Berufs stolze, heißblütige Männer, die ihn, wenn es um eine Ehrensache ging – ihre Vorfahrt auf der Straße vor dem motorisierten Verkehr – kurzerhand erstechen und dann mit einem Lied auf den Lippen weiterfahren würden.

Auch die beiden anderen Lastwagen hielten an. Die Fahrer stiegen aus. Einer von ihnen stammte vom östlichen Teil Siziliens, der andere war ein Ausländer, das heißt, aus Rom. Der römische Fahrer ging, den Reißverschluß seiner Jacke öffnend, auf die Fuhrleute zu und verlangte zornig, sie sollten ihre verdammten Mulis und Scheißkarren aus dem Weg räumen. Dabei ließ er die Hand in der Jacke stecken.

Giuliano sprang vom Karren. Er sah sich weder veranlaßt, seine *lupara* hervorzuholen, noch die Pistole aus dem Gürtel zu ziehen. Er winkte lediglich seinen im Gebüsch wartenden Männern, und schon kamen sie mit schußbereiten Waffen auf die Straße gesprungen. Terranova trennte sich von den anderen und ging zum letzten Lastwagen hinüber, damit er nicht zurücksetzen und nach hinten entkommen konnte. Pisciotta rutschte die Böschung hinab und baute sich vor dem tobenden Römer auf.

Passatempo, leichter erregbar als die anderen, hatte inzwischen den ersten Lastwagenfahrer aus seinem Führerhaus gezerrt und schleuderte ihn vor Giulianos Füßen auf die Straße. Giuliano reichte dem Mann die Hand und half ihm auf. Währenddessen hatte Pisciotta den Fahrer des letzten Lastwagens zu den beiden anderen gebracht. Der Römer hatte die leere Hand aus der Jacke gezogen, und der wütende Ausdruck war von seinem Gesicht verschwunden. Giuliano zeigte ein aufrichtig gemeintes, gutmütiges Lächeln und sagte: »Heute ist für Sie drei ein Glückstag. Sie brauchen die lange Fahrt nach Palermo nicht fortzusetzen. Meine Fuhrleute werden die Lastwagen abladen und die Lebensmittel an die Bedürftigen dieses Bezirks verteilen – selbstverständlich unter meiner Aufsicht. Erlauben Sie, daß ich mich vorstelle: Ich bin Giuliano.«

Sofort zeigten sich die drei Fahrer liebenswürdig und entschuldigten sich eifrig. Sie hätten es nicht eilig, behaupteten sie. Sie hätten unendlich viel Zeit. Außerdem sei es jetzt Zeit für die Mittagspause. Ihre Lastwagen seien bequem. Das Wetter sei nicht zu heiß. Jawohl, es sei ein glücklicher Zufall, sie könnten sich freuen.

Giuliano bemerkte ihre Angst. »Keine Sorge«, versuchte er sie zu beruhigen, »ich töte keine Männer, die ihr Brot im Schweiße ihres Angesichts verdienen. Während meine Leute ihre Arbeit verrichten, werden Sie mir beim Mittagessen Gesellschaft leisten, und dann werden Sie heimfahren zu Weib und Kindern und ihnen von Ihrem Glück berichten. Wenn die Polizei Sie ausfragen will, helfen Sie ihr so wenig wie nur eben möglich; damit werden Sie sich meinen Dank verdienen.«

Giuliano überlegte. Er hielt es für wichtig, daß die Männer weder Scham noch Haß verspürten, daß sie, im Gegenteil, von der guten Behandlung berichteten, die ihnen zuteil geworden war. Schließlich gab es noch mehr von ihrer Sorte.

Sie ließen sich von ihm in den Schatten eines großen Felsblocks neben der Straße führen. Ohne durchsucht worden zu sein, lieferten sie Giuliano freiwillig ihre Pistolen aus und saßen dann friedlich wie die Engel da, während die Fuhrleute ihre Lastwagen entluden. Als die Fuhrleute fertig waren, gab es immer noch einen voll beladenen Lastwagen, aber in die Karren paßte nichts mehr. Giuliano setzte Pisciotta und Passatempo zu dem Fahrer in den Wagen und beauftragte Pisciotta, die Lebensmittel zu den Landarbeitern von Montelepre zu bringen. Giuliano selbst wollte mit Terranova zusammen die Verteilung der Lebensmittel im Bezirk Castelvetrano und Partinico beaufsichtigen. Danach wollten sie sich in der Höhle auf dem Monte d'Ora treffen.

Mit dieser Tat war Giuliano auf dem besten Wege, die Unterstützung des ganzen Landes zu gewinnen. Welcher andere Bandit hatte seine Beute jemals an die Armen verteilt? Am nächsten Tag brachten alle Zeitungen von Sizilien

Berichte über den Robin-Hood-Banditen. Nur Passatempo knurrte, sie hätten einen ganzen Tag umsonst gearbeitet. Pisciotta und Terranova dagegen begriffen, daß ihre Bande damit tausend Helfer gegen Rom gewonnen hatte.

Was sie nicht wußten, war, daß die Lebensmittel für die Lagerhäuser des Don Croce bestimmt gewesen waren.

Innerhalb nur eines Monats hatte Giuliano überall Informanten, die ihm berichteten, welche reichen Kaufleute mit Schwarzmarktgeld wohin reisten, welche Gewohnheiten gewisse Adlige sowie jene wenigen schlechten Menschen hatten, die sich hochgestellten Polizeibeamten gegenüber als Zuträger betätigten. Auf diese Weise erhielt Giuliano auch die Nachricht, daß die Herzogin von Alcamo ihren Schmuck aus dem Banksafe in Palermo geholt hatte, weil sie ihn auf den Partys tragen wollte, mit denen die feine Gesellschaft Weihnachten feierte.

Dreißig Kilometer südwestlich von Montelepre lag der Besitz des Herzogs und der Herzogin von Alcamo: von Mauern umgeben, die Tore von bewaffneten Posten bewacht. Der Herzog bezahlte den Freunden der Freunde eine »Steuer«, was ihm garantierte, daß sein Vieh nicht gestohlen, in seine Villa nicht eingebrochen und kein Mitglied seiner Familie entführt werden würde. In normalen Zeiten und bei normalen Verbrechern wäre er in seiner Villa sicherer gewesen als der Papst im Vatikan.

Giuliano beauftragte Aspanu Pisciotta, eines der Mädchen auf dem Gut der Alcamos zu umwerben, trug ihm aber ausdrücklich auf, das junge Mädchen nicht zu entehren. Pisciotta ignorierte diesen Befehl; er fand Turi viel zu romantisch und viel zu naiv in den Dingen des täglichen Lebens. Überdies war die Beute zu kostbar, das Mädchen zu hübsch, und Pisciotta hatte noch nicht gelernt, seinen Jugendfreund zu fürchten. Wochenlang hofierte Aspanu das Mädchen, besuchte es auf dem Gut und ließ sich in der Küche des Herzogs fürstlich bewirten. Er plauderte mit den Gärtnern, den Förstern, dem Butler und den anderen Dienstmädchen. Er war amüsant, hübsch und gewinnend. Dadurch war es ein Kinderspiel für ihn, in Erfahrung zu bringen, wann der Herzog geschäftlich nach Palermo fahren mußte.

Fünf Tage vor Weihnachten hielten Giuliano, Passatempo, Pisciotta und Terranova in einem von Maultieren gezogenen Wagen vor dem Gutstor. Sie waren gekleidet wie wohlhabende bäuerliche Grundbesitzer, in Anzüge, die sie in Palermo mit dem Erlös ihres Lastwagenüberfalls erstanden hatten: Cordhosen, rote Wollhemden, schwere, grüne Jacken, in deren Taschen Patronenschachteln steckten. Zwei Sicherheitsposten versperrten ihnen den Weg. Jetzt, am hellichten Tag, waren sie nicht besonders wachsam und nahmen die Gewehre nicht von der Schulter.

Energischen Schrittes ging Giuliano auf sie zu. Bis auf eine Pistole, unter seiner groben Fuhrmannsjacke versteckt, war er unbewaffnet. Mit breitem Grinsen sah er sie an. »Signori«, sagte er, »mein Name ist Giuliano. Ich bin gekommen, um Ihrer charmanten Herzogin fröhliche Weihnachten zu wünschen und sie um ein paar Almosen für die Armen zu bitten.«

Als die Posten den Namen Giuliano hörten, waren sie zunächst starr vor Schreck. Dann wollten sie ihre Waffen von der Schulter nehmen. Inzwischen hatten Passatempo und Terranova jedoch ihre Maschinenpistolen auf sie gerichtet. Pisciotta nahm den Posten die Waffen ab und warf sie auf den Karren. Passatempo und Terranova blieb es überlassen, die Posten vor dem Tor auszuschalten.

Der Zugang zur Villa erfolgte über einen weiten, gepflasterten Hof. In einer Ecke umflatterten Hühner eine alte

Dienerin, die ihnen Futter hinstreute. Hinter dem Herrenhaus spielten die vier Kinder der Herzogin, von Gouvernanten in schwarzen Baumwollkleidern beaufsichtigt, in einem Garten. Giuliano schritt, Pisciotta neben sich, den Weg zum Haus entlang. Seine Informationen waren zutreffend: Weitere Wachen gab es nicht. Hinter dem Garten lag ein größeres Stück Land mit Gemüsebeeten und einem Olivenhain. Dort schufteten sechs Arbeiter. Er klingelte und drückte im selben Augenblick gegen die Tür, als das Dienstmädchen öffnete. Es erschrak.

»Sie brauchen keine Angst zu haben«, versicherte Giuliano freundlich. »Sagen Sie Ihrer Herrin, daß uns der Herzog geschickt hat – geschäftlich. Ich muß sie sprechen.«

Das Mädchen führte sie in den Salon, in dem die Herzogin saß und las. Die Herzogin, vom Festland, war erzürnt über das unangemeldete Eindringen und erklärte scharf: »Mein Mann ist verreist. Was kann ich für Sie tun?«

Giuliano brachte kein Wort heraus, so überwältigt war er von der Schönheit des Raumes. Er war größer als alles, was er bisher gesehen hatte, und, noch erstaunlicher, er war rund! Goldene Vorhänge hingen vor den hohen Fenstertüren, die Decke war zu einer Kuppel gewölbt und mit Fresken geschmückt. Und überall Bücher – auf dem Sofa, auf den Kaffeetischen und in den zahlreichen Regalen. Große, schwere Gemälde in satten Ölfarben hingen an den Wänden. Auf niedrigen Tischchen vor den weich gepolsterten Sofas und Sesseln standen riesige Vasen mit Blumen. Das Zimmer faßte leicht hundert Personen, aber die einzige Person, die es benutzte, war diese in weiße Seide gekleidete Frau. Durch die offenen Fenster drangen Sonnenlicht, Luft und die Stimmen der Kinder vom Garten herein. Zum erstenmal begriff Giuliano die Anziehungskraft des Reichtums, begriff er, daß nur Geld eine solche Schönheit schaffen konnte, und zögerte, diese Schönheit durch Grobheit und Grausamkeit zu beeinträchtigen. Er würde tun, was er tun mußte, jedoch ohne an dieser bezaubernden Szenerie Narben zu hinterlassen.

Die Herzogin, die geduldig auf eine Antwort wartete, staunte über das angenehme Äußere des jungen Mannes. Sie merkte, daß er von der Schönheit ihres Salons beeindruckt war, und ärgerte sich ein wenig darüber, daß er ihre eigene Schönheit nicht bemerkte. Sie fand es schade, daß er so unübersehbar ein Bauer war und nicht in ihren Kreisen verkehrte, wo ein kleiner, unschuldiger Flirt keineswegs übelgenommen wurde. All das zusammen veranlaßte sie, etwas charmanter, als sie es normalerweise getan hätte, zu sagen: »Junger Mann, es tut mir leid, aber wenn es sich um etwas Geschäftliches handelt, werden Sie ein anderes Mal kommen müssen. Mein Mann ist nicht da.«

Giuliano musterte sie. Eine Woge von Feindseligkeit stieg in ihm auf, eine Feindseligkeit, wie ein armer Mann sie einer reichen Frau gegenüber empfindet, die ihn ihre auf ihrem Reichtum und ihrer gesellschaftlichen Position beruhende Überlegenheit spüren läßt. Er verneigte sich höflich, wobei ihm der wertvolle Ring an ihrem Finger ins Auge fiel, und erklärte mit ironischer Unterwürfigkeit: »Sie sind es, mit der ich Geschäftliches zu besprechen habe. Ich heiße Giuliano.«

Die Ironie seiner Unterwürfigkeit war an die Herzogin jedoch verschwendet: Zu sehr war sie an den sklavischen Diensteifer ihres Personals gewöhnt. Servilität hielt sie für selbstverständlich. Sie war eine kultivierte Frau, an Büchern und Musik interessiert, hatte an den alltäglichen Angelegenheiten Siziliens jedoch überhaupt kein Interesse. Lokalzeitungen las sie so gut wie nie; sie fand sie barbarisch. Daher gab sie jetzt höflich zurück: »Ich freue mich, Ihre Bekanntschaft zu machen. Haben wir uns in Palermo gesehen? Möglicherweise in der Oper?«

Aspanu Pisciotta, der die Szene amüsiert beobachtete,

lachte laut auf und schlenderte zu den Fenstertüren, um jeden Dienstboten aufzuhalten, der etwa von dort hereinzukommen versuchte.

Giuliano, ein bißchen verärgert über Pisciottas Lachen, aber entzückt von der Naivität der Herzogin, sagte energisch: »Meine liebe Herzogin, wir haben uns noch nie gesehen. Ich bin Bandit. Mein voller Name lautet Salvatore Giuliano. Ich sehe mich als Kämpfer für Sizilien, und der Zweck meines heutigen Besuchs bei Ihnen ist es, Sie aufzufordern, Ihren Schmuck den Armen zu schenken, damit auch sie am Weihnachtstag die Geburt Christi feiern können.«

Die Herzogin lächelte ungläubig. Dieser junge Mann, dessen Gesicht und Körper in ihr ein ungewohntes Sehnen auslösten, konnte ihr unmöglich Schaden zufügen wollen! Doch da es nun gefährlich zu werden schien, war sie erst recht von ihm fasziniert. Sie würde die Geschichte auf den Partys in Palermo erzählen! Mit unschuldigem Lächeln sagte sie: »Mein Schmuck liegt in Palermo in einem Banksafe. Was ich an Bargeld im Hause habe, können Sie haben. Mit meinem Einverständnis.«

Giuliano betrachtete das Brillantcollier an ihrem Hals. Er wußte, daß sie log, zögerte aber, zu tun, was er tun mußte. Dann nickte er Pisciotta zu, der die Finger in den Mund steckte und dreimal pfiff. Gleich darauf erschien Passatempo an der Fenstertür. Mit seiner gedrungenen, häßlichen Gestalt und dem bösartigen, vernarbten Gesicht hätte er geradewegs aus einem Puppenspiel kommen können. Sein breites Gesicht, fast ganz ohne Stirn, das dichte, buschige schwarze Haar und die struppigen Brauen verliehen ihm Ähnlichkeit mit einem Gorilla. Als er die Herzogin anlächelte, zeigte er große, gelbe Zähne.

Der Auftritt dieses dritten Banditen rief bei der Herzogin nun doch Angst hervor. Sie löste ihr Collier vom Hals und reichte es Giuliano. »Genügt Ihnen das?« erkundigte sie sich.

»Nein«, antwortete Giuliano. »Meine liebe Herzogin, ich selbst bin ein gutmütiger Mensch. Doch meine Kollegen hier sind anders geartet. Mein Freund Aspanu sieht zwar gut aus, ist aber sehr grausam, trotz des kleinen Schnurrbarts, den er trägt und der so viele Herzen bricht. Und der Mann am Fenster verursacht, obwohl er mein Untergebener ist, sogar mir selbst Alpträume. Zwingen Sie mich nicht, den beiden freie Hand zu lassen. Wie Falken werden sie auf Ihren Garten niederstoßen und Ihre Kinder in die Berge verschleppen. Und nun bringen Sie mir den Rest Ihres Schmucks!«

Die Herzogin eilte in ihr Schlafzimmer und kam nach wenigen Minuten mit einem Schmuckkasten zurück, war aber klug genug gewesen, zuvor ein paar wertvolle Stücke herauszunehmen. Sie überreichte ihn Giuliano, der sich höflich dankend verneigte. Dann wandte er sich an Pisciotta. »Aspanu«, sagte er, »die Herzogin könnte ein paar Sachen vergessen haben. Geh ins Schlafzimmer und sieh mal nach – nur zur Sicherheit.« Pisciotta fand die versteckten Schmuckstücke ziemlich schnell und überbrachte sie Giuliano.

Der hatte den Schmuckkasten inzwischen geöffnet. Beim Anblick der kostbaren Steine jubelte sein Herz vor Freude: Der Inhalt dieses Kästchens konnte das ganze Dorf Montelepre monatelang ernähren. Und die Freude war um so größer, als der Herzog die Juwelen von dem Geld gekauft hatte, das dem Schweiß seiner Arbeiter entstammte. Als die Herzogin jetzt verzweifelt die Hände rang, bemerkte er wieder den dicken Smaragd an ihrem Finger.

»Meine liebe Herzogin«, sagte er, »wie können Sie so töricht sein, diese paar Stücke vor mir verstecken zu wollen? So etwas hätte ich höchstens von einem elenden Bauern erwartet, der für seinen großen Schatz schwer geschuftet hat. Aber Sie – wie konnten Sie Ihr Leben und das Ihrer Kinder für zwei Schmuckstücke aufs Spiel setzen, die Sie genausowenig vermissen werden, wie der Herzog den Hut auf seinem Kopf vermissen würde? Und jetzt geben Sie mir sofort den Ring, den Sie am Finger tragen!«

Die Herzogin war tränenüberströmt. »Lieber junger Mann«, flehte sie, »bitte lassen Sie mir diesen Ring! Ich werde Ihnen seinen Wert in Geld übersenden. Aber den hat mir mein Mann zur Verlobung geschenkt. Ich würde seinen Verlust nicht verwinden! Es würde mir das Herz brechen.«

Abermals lachte Pisciotta. Er tat es bewußt, denn er fürchtete, Turi könnte sie den Ring aus reiner Sentimentalität behalten lassen. Und der Smaragd besaß eindeutig großen Wert.

Doch Giuliano empfand keinerlei Sentimentalität. Nie sollte Pisciotta Turis Gesichtsausdruck vergessen, als er die Herzogin grob am Arm packte und ihr den Smaragdring vom Finger zog, dann schnell zurücktrat und sich den Ring auf den kleinen Finger der linken Hand schob.

Die Herzogin errötete und hatte Tränen in den Augen. Mit seiner anfänglichen Höflichkeit erklärte Turi: »Zu Ehren Ihrer persönlichen Erinnerungen werde ich diesen Ring niemals verkaufen – ich werde ihn ständig am Finger tragen.« Die Herzogin suchte in seinem Gesicht nach einer Spur von Ironie, konnte aber keine entdecken.

Für Turi Giuliano jedoch war es ein magischer Moment. Denn als er den Ring an den Finger steckte, spürte er, wie seine Macht auf ihn überging. Dieser Ring war das Symbol der Macht, die er von der Welt der Reichen übernehmen würde. Mit diesem dunklen Grün, umkränzt von einem Reif aus Gold, besaß er einen winzigen Teil des Lebens, das niemals das seine sein konnte.

Don Croce lauschte stumm.

Der Herzog von Alcamo trug ihm seine Beschwerde persönlich vor. Hatte er den Freunden der Freunde seine »Steuer« nicht pünktlich bezahlt? Hatten sie ihm nicht Schutz vor jeder Art von Diebstahl garantiert? Wie weit war es denn jetzt gekommen? Früher hätte das niemand gewagt. Und was würde Don Croce unternehmen, um den Schmuck zurückzuholen? Der Herzog hatte den Diebstahl der Polizei gemeldet, obwohl er wußte, daß das sinnlos war und den Don verärgern konnte. Aber er mußte die Versicherung kassieren; vielleicht würde die Regierung in Rom diesen Banditen Giuliano dann endlich ernstnehmen.

Don Croce sagte sich, daß es tatsächlich Zeit wurde, ihn ernstzunehmen. Er wandte sich an den Herzog: »Wenn ich Ihnen den Schmuck zurückhole – würden Sie dafür ein Viertel seines Wertes bezahlen?«

Der Herzog war außer sich. »Zuerst zahle ich Ihnen eine Steuer für meine eigene und die Sicherheit meines Besitzes. Und dann, nachdem Sie Ihre Pflicht vernachlässigt haben, verlangen Sie auch noch Lösegeld von mir! Wie wollen Sie sich den Respekt Ihrer Klienten sichern, wenn Sie so Ihre Geschäfte abwickeln?«

Don Croce nickte: »Ich muß zugeben, daß Sie recht haben. Aber ich sehe in Salvatore Giuliano eine Naturgewalt, eine Geißel Gottes. Sie können doch von den Freunden der Freunde nicht verlangen, daß sie Sie vor Erdbeben, Vulkanausbrüchen, Überschwemmungen schützen! Mit der Zeit werden wir Giuliano schon unter Kontrolle bekommen, das garantiere ich Ihnen. Aber überlegen Sie mal: Wenn Sie das Lösegeld zahlen, das ich aushandle, haben Sie unseren Schutz für die nächsten fünf Jahre, ohne die übliche Steuer zu zahlen, und die Vereinbarung beinhaltet außerdem die Garantie dafür, daß Giuliano nicht noch einmal zuschlägt. Warum sollte er auch, da ich und er voraussetzen, daß Sie vernünftig genug sind, die Preziosen in Palermo in einem Banktresor zu verwahren? Frauen sind so naiv – sie wissen nichts von der Sucht und Gier, mit der die Männer den materiellen Gütern dieser Welt nachjagen.« Er hielt einen Moment inne, bis das leichte Lächeln, das um die Lippen des Herzogs spielte, wieder verschwunden war. Dann fuhr er fort: »Wenn Sie sich ausrechnen, wieviel Steuer Sie in fünf Jahren für den Schutz Ihres gesamten Besitzes in den vor uns liegenden schweren Zeiten bezahlen müßten, werden Sie einsehen, daß Sie durch diesen Zwischenfall nur sehr wenig verloren haben.«

Der Herzog überlegte. Don Croce hatte durchaus recht, es lagen schwere Zeiten vor ihnen. Wenn er den Schmuck auslöste, verlor er zwar trotz der erlassenen Steuer für fünf Jahre mehr als nur sehr wenig; denn wer konnte sagen, ob Don Croce überhaupt noch fünf Jahre lebte ober ob er Giuliano tatsächlich im Zaum halten konnte! Aber es war der beste Handel, den er herausschlagen konnte. Er würde es der Herzogin in den kommenden Jahren unmöglich machen, ihm weiteren Schmuck abzubetteln, und das allein war schon eine ungeheure Ersparnis! Zwar würde er ein weiteres Stück Land verkaufen müssen, doch seine Vorfahren hatten das ja seit Generationen getan, um ihre Marotten bezahlen zu können, und ihm blieben trotzdem immer noch Tausende von Hektar Land. Der Herzog erklärte sich einverstanden.

Don Croce ließ Hector Adonis kommen. Und der ritt am folgenden Tag sein Patenkind besuchen. Er war absolut aufrichtig: »Einen besseren Preis wirst du nicht erzielen, selbst wenn du den Schmuck an die Diebe in Palermo verkaufst«, versicherte er ihm. »Und selbst dann wird es einige Zeit dauern; du wirst also das Geld niemals vor Weihnachten bekommen, wie du es doch geplant hattest. Darüber hinaus verdienst du dir das Wohlwollen Don Croces, und das ist äußerst wichtig für dich. Schließlich ist es deine Schuld, daß er einen Respektverlust einstecken mußte, den er dir aber verzeihen wird, wenn du ihm diesen Gefallen tust.«

Giuliano lächelte seinem Paten zu. Das Wohlwollen Don Croces interessierte ihn nicht; schließlich gehörte es zu seinem Traum, den Drachen der Mafia in Sizilien zu erschlagen. Er hatte bereits Boten nach Palermo geschickt, um Abnehmer für den gestohlenen Schmuck zu suchen, und ihm war klar, daß es eine lange, schwierige Prozedur werden würde. Deswegen stimmte er dem Vorschlag zu. Aber er weigerte sich, den Smaragdring zurückzugeben.

Bevor Adonis sich verabschiedete, legte er endgültig seine Rolle als Giulianos Lehrer für romantische Heldenepen ab und sprach mit ihm zum erstenmal über die sizilianische Realität. »Mein lieber Patensohn«, sagte er, »niemand bewundert deine Qualitäten mehr als ich. Ich liebe deine Hochherzigkeit, zu der ich, wie ich hoffe, auch meinen Teil beigetragen habe. Aber jetzt müssen wir vom Überleben sprechen. Du hast nicht die geringste Chance, einen Kampf gegen die Freunde der Freunde zu gewinnen. Im Laufe der letzten tausend Jahre haben sie wie eine Million Spinnen das gesamte sizilianische Leben mit einem gigantischen Netz überzogen. Und im Zentrum dieses Netzes sitzt gegenwärtig Don Croce. Er bewundert dich, er wünscht deine Freundschaft, er möchte, daß du mit ihm zusammen reich wirst. Dafür aber mußt du dich manchmal seinem Willen beugen. Du kannst dein eigenes Imperium haben – aber nur im Rahmen seines Netzes. Eines steht fest: Du darfst dich nicht direkt gegen ihn auflehnen. Tust du das doch, wird die Geschichte selbst Don Croce helfen, dich zu vernichten.«

So wurde dem Herzog sein Schmuck zurückerstattet.

Giuliano behielt die Hälfte des Lösegeldes, um es unter Pisciotta, Passatempo und Terranova zu verteilen. Sie beäugten den Smaragdring an Giulianos Hand, sagten aber kein Wort, denn Giuliano weigerte sich, Geld aus dem Verkauf der Schmuckstücke zu nehmen.

Die andere Hälfte des Lösegeldes wollte Giuliano unter die armen Hirten verteilen, die die Schafe und Rinder der Reichen hüteten, unter die Landarbeiter, die für ein paar hundert Lire pro Tag den Schweiß ihres Angesichtes verkauften, und unter all die vielen anderen Armen um ihn herum.

Gewöhnlich ließ er das Geld durch Vermittler verteilen. Aber eines Tages füllte er die Taschen seiner Lammfelljacke mit dicken Bündeln von Lirescheinen. Er wollte mit Terranova durch die Dörfer zwischen Montelepre und Piani dei Greci ziehen.

Drei alten Frauen, die fast am Verhungern waren, schenkte er ein Bündel Lirescheine. Sie weinten und küßten ihm die Hände. In einem anderen Dorf fand er einen Mann, dem der Verlust seines Hofes und seiner Felder drohte, weil er die Hypothekenzinsen nicht zahlen konnte. Giuliano gab ihm genug, um die gesamte Hypothek abzulösen.

In wieder einem anderen Dorf kaufte er große Mengen an Brot, Käse und Pasta und verteilte die Lebensmittel an sämtliche Einwohner.

Im nächsten Dorf gab er den Eltern eines kranken Kindes Geld, damit sie ihren Sohn nach Palermo ins Krankenhaus bringen und die Besuche des einheimischen Arztes bezahlen konnten. Er nahm an der Hochzeit eines jungen Paares teil und überreichte den Brautleuten eine großzügige Aussteuer.

Am liebsten aber beschenkte er die zerlumpten Kinder, die sich in allen Dörfern und Kleinstädten Siziliens und auf den Straßen herumtrieben. Sie alle kannten Giuliano. Sie umringten ihn, während er seine Geldbündel verteilte und ihnen auftrug, sie ihren Eltern zu bringen. Dann sah er ihnen nach, wie sie glücklich nach Hause liefen.

Als er nur noch wenige Geldbündel hatte, beschloß er, vor Einbruch der Dunkelheit seine Mutter zu besuchen. Auf dem Weg über ein Feld hinter dem Elternhaus stieß er auf einen kleinen Jungen und ein kleines Mädchen. Beide weinten, weil sie Geld nicht wieder zurückbrachten, das ihnen von den Eltern anvertraut worden war. Die Carabinieri hätten es ihnen weggenommen, erzählten sie. Giuliano war belustigt über diese kleine Tragödie und gab ihnen eines der beiden Geldbündel, die er noch übrig hatte. Und weil das kleine Mädchen so hübsch war und er den Gedanken nicht ertragen konnte, daß es vielleicht bestraft werden würde, gab er ihm eine Nachricht für die Eltern mit. Die Eltern dieses kleinen Mädchens waren nicht die einzigen, die sich ihm dankbar zeigten. Die Menschen in den Ortschaften Borgetto, Corleone, Partinico, Monreale und Piani dei Greci begannen ihn »König von Montelepre« zu nennen.

Don Croce war glücklich, obwohl ihm fünf Jahre »Steuer« des Herzogs entgangen waren. Denn der Don hatte zwar zu Adonis gesagt, der Herzog werde nur zwanzig Prozent des Schmuckwerts zahlen, hatte vom Herzog in Wirklichkeit jedoch fünfundzwanzig Prozent kassiert und fünf Prozent in die eigene Tasche gesteckt.

Noch mehr genoß er die Genugtuung darüber, Giuliano so früh entdeckt und so richtig eingeschätzt zu haben. Was für ein feiner, anständiger Bursche! Wer hätte gedacht, daß ein so junger Mann so klar sehen, so klug handeln und so voller Selbstbeherrschung auf ältere und klügere Köpfe hören würde! Und alles mit einer kühlen Intelligenz, die auch die eigenen Interessen wahrte und die der Don natürlich bewunderte, denn wer wollte sich schon mit einem Dummkopf zusammentun? Jawohl, Don Croce war davon überzeugt, daß Turi Giuliano sein starker rechter Arm und – mit der Zeit – sein geliebter Titularsohn werden würde.

Turi Giuliano durchschaute all diese Machenschaften in seiner Umgebung klar und deutlich. Sein Pate war aufrichtig um sein Wohl besorgt, das wußte er. Doch das hieß noch lange nicht, daß er dem Urteil des Älteren vertraute. Giuliano wußte, daß er noch nicht stark genug war, um die Freunde der Freunde zu bekämpfen, ja, daß er sogar ihre Hilfe brauchte. Was aber dabei herauskommen würde, darüber gab er sich keinerlei Illusionen hin: Wenn er auf seinen Paten hörte, würde er ein Vasall Don Croces werden müssen. Und das, hatte er sich fest vorgenommen, würde er niemals werden. Er mußte abwarten.

Elftes Kapitel

Giulianos Bande bestand inzwischen aus dreißig Männern. Die meisten davon waren ehemalige Mitglieder von Passatempos und Terranovas Banden, aber auch einige jener Einwohner von Montelepre, die Giuliano mit seinem Husarenstreich aus dem Gefängnis befreit hatten, gehörten dazu. Sie hatten feststellen müssen, daß es bei den Behörden trotz ihrer Unschuld keine Nachsicht für sie gab: Sie wurden weiterhin gejagt. So beschlossen sie, sich lieber mit Giuliano zusammen jagen zu lassen, als allein und ohne Freunde gehetzt zu werden.

Eines schönen Aprilmorgens bekam Giuliano von seinen Informanten in Montelepre die Nachricht, daß ein gefährlich wirkender Mann, möglicherweise ein Polizeispitzel, Erkundigungen einzog, ob er sich der Bande anschließen könne. Er warte auf der Piazza. Giuliano schickte Terranova mit vier Mann nach Montelepre, um der Sache nachzugehen. War der Mann wirklich ein Spitzel, würden sie ihn umbringen; konnte er ihnen nützlich sein, würden sie ihn anwerben.

Am frühen Nachmittag war Terranova zurück und berichtete Giuliano: »Wir haben den Burschen. Aber bevor wir ihn erschießen, dachten wir, du würdest ihn dir vielleicht gern mal ansehen.«

Giuliano lachte, als er die plumpe Gestalt in der traditionellen Arbeitskleidung der sizilianischen Bauern sah. »He, alter Freund! Hast du gedacht, ich würde jemals dein Gesicht vergessen? Bist du diesmal mit besseren Patronen gekommen?«

Es war der Carabinieri-Corporal Canio Silvestro, der bei der berühmt gewordenen Gefangenen-Befreiung auf Giuliano geschossen hatte.

Silvestros volles narbiges Gesicht war angespannt. Aus irgendeinem Grund gefiel Giuliano dieses Gesicht. Er hatte eine Schwäche für den Mann, der dazu beigetragen hatte, seine Unsterblichkeit unter Beweis zu stellen.

»Ich möchte mich euch anschließen«, erklärte Silvestro. »Ich kann sehr wertvoll für euch sein.« Er sagte das stolz, wie jemand, der anderen ein Geschenk macht. Auch das gefiel Giuliano. Er ließ Silvestro seine Geschichte erzählen.

Nach dem Überfall auf das Gefängnis war Corporal Silvestro nach Palermo geschickt worden, um dort wegen Pflichtversäumnis vors Kriegsgericht gestellt zu werden. Sein Maresciallo war wütend über ihn gewesen und hatte ihn streng verhört, bevor er eine Strafverfolgung befürwortete. Seltsamerweise war das einzige Indiz, das das Mißtrauen des Maresciallo weckte, der Versuch des Corporals, Giuliano zu erschießen. Als Grund für den Fehlschlag war defekte Munition ermittelt worden. Und nun behauptete der Maresciallo, der Corporal habe seine Pistole bewußt mit der einzigen Patrone geladen, von der er wußte, daß sie defekt war. Der ganze Versuch zum Widerstand sei eine Farce gewesen, Corporal Silvestro habe Giuliano bei der Planung des Überfalls geholfen und seine Wachen so postiert, daß der Coup gelingen mußte.

»Woher sollst du denn gewußt haben, daß die Patrone defekt war?« unterbrach ihn Giuliano.

Silvestro machte ein verlegenes Gesicht. »Ich hätte es wissen müssen. Ich war Waffenmeister bei der Infanterie und damit Experte.« Er sah zu Boden. »Ich habe einmal einen Fehler gemacht, das stimmt«, fuhr er achselzuckend fort. »Daraufhin haben sie mich zum Bürohengst gemacht, und ich habe meinem richtigen Beruf nicht mehr allzuviel Aufmerksamkeit geschenkt. Aber ich kann euch sehr nützlich sein. Ich könnte euer Waffenmeister werden, alle eure Waffen überprüfen und reparieren. Ich könnte dafür sorgen, daß eure Munition richtig behandelt wird und eure Nachschublager nicht in die Luft fliegen. Ich könnte eure Waffen so umbauen, daß sie euren Zwecken hier in den Bergen am besten dienen.«

»Erzähl mir den Rest deiner Geschichte«, forderte Giuliano ihn auf. Er beobachtete den Mann genau. Dies konnte der Versuch sein, einen Informanten in seine Bande einzuschleusen. Er sah, daß Pisciotta, Passatempo und Terranova mißtrauisch waren.

Silvestro fuhr fort: »Sie waren alle Dummköpfe, und sie waren alle feige Weiber. Der Maresciallo wußte, daß es idiotisch gewesen war, die meisten Männer in die Berge mitzunehmen, während wir die Kaserne mit Gefangenen vollgestopft hatten. Für die Carabinieri ist Sizilien besetztes Ausland. Dagegen habe ich oft protestiert, und deswegen bin ich bei ihnen auf die schwarze Liste gekommen. Und die Behörden in Palermo wollten ihren Maresciallo schützen – schließlich waren sie für ihn verantwortlich. Es würde viel besser aussehen, wenn die Bellampo-Kaserne von innen verraten worden wäre, statt von Männern erobert zu sein, die tapferer und klüger waren. Sie haben mich nicht vors Kriegsgericht gestellt, sondern mir befohlen, den Dienst zu quittieren. Dadurch würden mir keine Nachteile entstehen, haben sie gesagt, aber das weiß ich besser. Ich werde nie wieder eine Staatsstellung bekommen. Aber ich habe nichts anderes gelernt, und ich bin sizilianischer Patriot. Also habe ich mich gefragt, was soll ich jetzt mit meinem Leben anfangen? Und da habe ich mir gesagt, ich werde zu Giuliano gehen.«

Giuliano ließ von der Kochstelle etwas zu essen und zu trinken bringen und beriet sich dann mit seinen Leuten.

Passatempo war barsch und meinte: »Was ist mit dem – hält der uns vielleicht für Idioten? Erschießt ihn und werft seine Leiche über die Klippe. Wir brauchen keinen Carabiniere in unserer Bande.«

Pisciotta sah, daß Giuliano auch diesmal wieder von dem Corporal eingenommen war. Er kannte die impulsiven Entschlüsse des Freundes, darum sagte er vorsichtig: »Höchstwahrscheinlich ist es ein Trick. Aber selbst wenn es keiner ist – warum ein solches Risiko eingehen? Wir müßten ständig auf der Hut sein. Es würde ewig Zweifel geben. Warum schicken wir ihn nicht einfach zurück?«

Terranova gab zu bedenken: »Er kennt unser Lager. Er hat mehrere von unseren Männern gesehen und weiß, wie viele es sind. Das sind wertvolle Informationen.«

»Er ist ein echter Sizilianer«, widersprach Giuliano. »Er handelt aus Ehrgefühl. Ich kann mir nicht vorstellen, daß er sich für die Rolle eines Spitzels hergeben würde.« Alle lächelten über seine Naivität.

»Vergiß nicht, daß er versucht hat, dich zu erschießen«, warnte Pisciotta. »Er hatte eine versteckte Waffe, er war dein Gefangener und hat dich aus reiner Wut und ohne Hoffnung auf Entkommen erschießen wollen.«

Das ist es ja gerade, was ihn für mich so wertvoll macht, dachte Giuliano. Laut sagte er: »Beweist das nicht, daß er ein Ehrenmann ist? Er war besiegt, aber er glaubte, Rache nehmen und sterben zu müssen. Außerdem, was kann er uns anhaben? Er wird ein normales Mitglied der Bande sein – ins Vertrauen brauchen wir ihn ja nicht zu ziehen. Und wir werden ihn genau beobachten. Wenn die Zeit reif ist, stellen wir ihn auf eine Probe, die er verweigern muß, wenn er ein Spitzel der Carabinieri ist. Überlaßt das nur mir.«

Als er Silvestro später an diesem Abend mitteilte, daß er

nun Mitglied der Bande sei, sagte dieser nur: »Du kannst in jeder Hinsicht auf mich zählen.« Er begriff, daß Giuliano ihm abermals das Leben gerettet hatte.

Zu Ostern besuchte Giuliano seine Familie. Pisciotta hatte dagegen protestiert und gemeint, die Polizei könnte ihm eine Falle stellen. Ostern war in Sizilien schon immer ein traditioneller Todestag für Banditen gewesen. Die Polizei verließ sich auf die festen Familienbande, die die Banditen veranlaßten, aus den Bergen geschlichen zu kommen, um ihre Lieben zu besuchen. Giulianos Spione brachten jedoch die Nachricht, der Maresciallo wolle seine Familie auf dem Festland besuchen, und die halbe Besatzung der Bellampo-Kaserne habe Urlaub bekommen, um die Feiertage in Palermo zu begehen. Giuliano beschloß, genug Männer mitzunehmen, um ausreichend geschützt zu sein. Am Ostersamstag schlich er sich nach Montelepre.

Er hatte seinen Besuch einen Tag zuvor anmelden lassen, und die Mutter bereitete ein Festmahl vor. In dieser Nacht schlief er in seinem alten Bett, und als die Mutter am nächsten Morgen zur Messe ging, begleitete Giuliano sie zur Kirche. Eine Leibwache von sechs Männern umgab ihn, die ebenfalls ihre Familien im Dorf besuchten, aber Befehl hatten, Giuliano überallhin zu begleiten.

Als er mit seiner Mutter aus der Kirche kam, erwarteten ihn seine sechs Leibwächter zusammen mit Pisciotta. Aspanus Gesicht war weiß vor Wut. »Du bist verraten worden, Turi«, sagte er. »Der Maresciallo ist mit zusätzlichen zwanzig Mann aus Palermo zurückgekommen, um dich zu verhaften. Sie haben das Haus deiner Mutter umstellt, weil sie glauben, daß du dort bist.«

Sekundenlang empfand Giuliano Zorn über die eigene Voreiligkeit und Dummheit und nahm sich vor, nie wieder so unvorsichtig zu sein. Nicht daß der Maresciallo ihn mit seinen zwanzig Mann hätte erwischen können – nicht einmal im Haus seiner Mutter! Seine Leibwächter hätten sie in einen Hinterhalt gelockt, und es hätte eine blutige Schlacht gegeben. Aber das hätte die Atmosphäre seiner österlichen Heimkehr verdorben. Der Tag der Auferstehung Christi war ein Tag, an dem man den Frieden nicht brechen durfte.

Er gab seiner Mutter einen Abschiedskuß und riet ihr, nach Hause zu gehen und der Polizei gegenüber offen zuzugeben, daß sie sich vor der Kirche von ihm getrennt hatte. So konnte man sie nicht der Verschwörung bezichtigen. Sie solle sich nicht um ihn sorgen, sagte er zu ihr, er und seine Männer seien schwer bewaffnet und würden spielend leicht entkommen; nicht einmal einen Kampf werde es geben. Die Carabinieri würden es nicht wagen, ihnen in die Berge zu folgen.

Giuliano und seine Männer verschwanden, ohne von der Polizei gesehen zu werden. An jenem Abend fragte Giuliano Pisciotta aus. Woher konnte der Maresciallo von dem Besuch gewußt haben? Wer war der Denunziant? Es mußte alles versucht werden, um das in Erfahrung zu bringen. »Das wird deine ganz spezielle Aufgabe sein, Aspanu«, sagte er. »Denn wenn es einen gibt, gibt es vielleicht noch andere. Es ist mir gleich, wie lange es dauert und wieviel Geld wir dafür ausgeben – du mußt es herausfinden!«

Schon als Kind hatte Pisciotta den ewig Possen reißenden Barbier von Montelepre nicht ausstehen können. Frisella war ein Friseur, der seinen Kunden die Haare je nach der Laune schnitt, die er gerade hatte, einmal modisch, dann wieder im extrem konservativen Stil der Bauern. Durch diese Varianten suchte er seine Behauptung zu stützen, er sei ein Künstler. Höhergestellten gegenüber gab er sich zu vertraulich,

Gleichgestellten gegenüber zu herablassend. Mit den Kindern erlaubte er sich Scherze von jener besonders boshaften Art der Sizilianer, die zu den weniger angenehmen Seiten des Inselcharakters gehört: Er zwickte sie mit der Schere in die Ohren und schnitt ihnen die Haare zuweilen so kurz, daß ihre Köpfe wie Billardkugeln aussahen. Daher war es Pisciotta eine grimmige Genugtuung, Giuliano zu melden, daß Frisella der Polizeispitzel war und das geheiligte Gesetz der Omertà gebrochen hatte. Der Maresciallo hatte am Ostersonntag ganz eindeutig nicht wahllos zugeschlagen. Er mußte erfahren haben, daß Turi da sein würde. Und woher sollte er diese Information gehabt haben, da Turi seine Familie nur vierundzwanzig Stunden zuvor benachrichtigt hatte?

Pisciotta setzte seine eigenen Spione im Dorf ein, um jeden Schritt zu überprüfen, den der Maresciallo während jener vierundzwanzig Stunden getan hatte. Und da nur Giulianos Eltern von dem Besuch gewußt hatten, fragte er sie beide möglichst beiläufig aus, um zu hören, ob sie vielleicht unbewußt etwas verraten hatten.

Maria Lombardo ahnte sehr schnell, was er wollte. »Ich habe mit niemandem gesprochen«, versicherte sie ihm, »nicht einmal mit meinen Nachbarinnen. Ich bin zu Hause geblieben und habe gekocht, um Turi zu Ostern ein Festmahl auftischen zu können.«

Giulianos Vater jedoch war am Morgen jenes Tages zum Barbier gegangen. Der alte Mann war ein bißchen eitel und wollte bei den seltenen Gelegenheiten, da sein Sohn Turi ihn zu Hause in Montelepre besuchte, möglichst gut aussehen – eine Eitelkeit, die er sich wohl in Amerika zugelegt hatte. Frisella hatte den Alten rasiert und frisiert und seine üblichen Witze gerissen. »Will der Signor vielleicht nach Palermo fahren, um dort gewisse junge Damen zu besuchen? Erhält er wichtigen Besuch aus Rom?« Er, Frisella, werde Signor Giuliano schön genug machen, um einen »König« zu empfangen. Pisciotta konnte sich die Szene gut vorstellen: Giulianos Vater, wie er mit einem kleinen, geheimnisvollen Lächeln knurrte, ein Mann könne ja auch aus keinem anderen Grund als zum eigenen Vergnügen wie ein Herr aussehen wollen. Und dann doch der für Frisella nicht zu übersehende Stolz, einen Sohn zu haben, der so berühmt war, daß man ihn »König von Montelepre« nannte. Wahrscheinlich hatte das genügt, um den Barbier davon zu überzeugen, daß Turi Giuliano seine Eltern besuchen würde.

Maresciallo Roccofino ließ sich jeden Morgen von Frisella rasieren. Dabei schien nie eine Unterhaltung stattzufinden, bei der der Barbier dem Polizisten Informationen zukommen ließ, aber Pisciotta war seiner Sache sicher. Er trug seinen Spionen auf, sich den ganzen Tag vor dem Frisiersalon aufzuhalten, wo sie mit Frisella an dem kleinen Tisch, den er auf der Straße stehen hatte, Karten spielten. Sie tranken Wein, diskutierten über Politik und bedachten vorbeikommende Freunde mit spöttischen Bemerkungen.

Im Laufe der Wochen sammelten Pisciottas Spione immer mehr Informationen. Wenn Frisella rasierte oder Haare schnitt, stellte er manchmal das große Radio an, das Sendungen aus Rom brachte. Das war jedesmal dann der Fall, wenn er den Maresciallo bediente. Und dabei kam es immer wieder vor, daß Frisella sich über den Polizeioffizier beugte und ihm etwas ins Ohr flüsterte. War man nicht gerade argwöhnisch, hatte man höchstens den Eindruck, der Barbier vernehme respektvoll die Wünsche seines Kunden. Dann aber konnte einer von Pisciottas Spionen einen Blick auf den Lireschein werfen, mit dem der Maresciallo den Barbier bezahlte. Der Schein war gefaltet, und Frisella steckte ihn in eine spezielle Uhrtasche seiner Weste unter dem weißen Mantel. Der Spion stellte Frisella zur Rede und zwang ihn, den Schein herzuzeigen. Es waren zehntausend Lire. Der Barbier schwor Stein und Bein, das sei die Bezahlung für seine Dienste während der letzten Monate gewesen; die Spione taten, als glaubten sie ihm.

Dieses Beweisstück übergab Pisciotta Giuliano in Gegenwart von Terranova, Passatempo und Corporal Silvestro. Sie saßen in ihrem Lager in den Bergen. Giuliano trat an den Rand einer der Klippen, von denen aus Montelepre zu sehen war, und starrte hinunter.

Frisella, der Barbier, gehörte zum Dorf, solange Giuliano sich erinnern konnte. Als kleiner Junge hatte er sich von Frisella die Haare zur Kommunion schneiden lassen, und Frisella hatte ihm einmal eine kleine Silbermünze geschenkt. Er kannte Frisellas Frau und seinen Sohn. Frisella hatte ihm auf der Straße oft Witzeleien zugerufen und sich stets nach seinen Eltern erkundigt.

Aber nun hatte der Barbier das geheiligte Gesetz der Omertà gebrochen. Er hatte dem Feind Geheimnisse verkauft; er war bezahlter Informant der Polizei. Wie konnte er nur so töricht sein? Und was sollte er, Giuliano, jetzt mit ihm machen? Es war eines, in der Hitze des Gefechts einen Polizisten zu töten, aber etwas ganz anderes, kaltblütig einen ihm gut bekannten alten Mann hinzurichten. Turi war erst einundzwanzig Jahre alt, und nun mußte er zum erstenmal jene kalte Grausamkeit an den Tag legen, die oft bei großen Unternehmungen erforderlich ist.

Er kehrte zu den anderen zurück. »Frisella kennt mich mein Leben lang. Als ich noch klein war, hat er mir immer Zitroneneis geschenkt, erinnerst du dich, Aspanu? Und vielleicht tauscht er mit dem Maresciallo ja auch nur Klatsch aus und gibt ihm gar keine Informationen. Es ist ja nicht so, als hätten wir ihm gesagt, daß ich ins Dorf komme, und er hätte es daraufhin der Polizei gemeldet. Vielleicht gibt er nur Vermutungen von sich und nimmt das Geld, weil man es ihm anbietet. Wer würde es zurückweisen?«

Passatempo musterte Giuliano mit zusammengekniffenen Augen, wie eine Hyäne einen sterbenden Löwen beobachtet und überlegt, wann es wohl soweit ist, daß sie ungefährdet hinlaufen und sich ein Stück Fleisch aus dem Kadaver reißen kann. Terranova schüttelte ganz leicht den Kopf – mit einem Lächeln, als höre er ein Kind eine alberne Geschichte erzählen. Nur Pisciotta antwortete ihm.

»Der ist so schuldig wie ein Priester im Freudenhaus«, erklärte er.

»Wir könnten ihn warnen«, meinte Giuliano. »Wir könnten ihn auf unsere Seite bringen und benutzen, um den Behörden falsche Informationen zu liefern, wenn es uns hilft.« Aber noch während er sprach, wußte er, daß er im Unrecht war. Er konnte sich derartige Gesten nicht mehr leisten.

»Warum schickst du ihm nicht ein Geschenk, einen Sack Korn oder ein Huhn, wenn du schon so redest?« gab Pisciotta zornig zurück. »Unser Leben und das Leben aller Männer da draußen in den Bergen hängt von deinem Mut ab, Turi, von deiner Willenskraft, von deiner Führung. Wie können wir dir aber folgen, wenn du einem Verräter wie Frisella verzeihst? Einem Mann, der das Gesetz der Omertà bricht? Die Freunde der Freunde hätten schon seine Leber und sein Herz an seine Barbiersäule genagelt – und auf weniger stichhaltige Beweise hin. Wenn du ihn jetzt laufen läßt, wird jeder Verräter wissen, daß er einmal ungestraft denunzieren kann. Und eines dieser ›einmals‹ könnte dann unseren Tod bedeuten.«

Terranova sagte ruhig: »Frisella ist ein Idiot, ein habgieriger und verräterischer Mann. In normalen Zeiten wäre er nur eine Dorfplage. Jetzt ist er gefährlich. Ihn laufen zu lassen wäre Leichtsinn – er ist nicht intelligent genug, um sich eines Besseren zu besinnen. Er würde glauben, wir seien nicht ernstzunehmen; und viele andere würden das auch glauben. Du hast die Tätigkeit der Freunde der Freunde in Montelepre unterbunden, Turi. Quintana, ihr Mann, verhält sich ruhig, obwohl er einige unvorsichtige Äußerungen macht. Wenn du Frisella mit weniger davonkommen läßt als dem Tod, werden die Freunde dich für schwach halten. Die Carabinieri werden dreister werden, gefährlicher. Selbst die Einwohner von Montelepre werden nicht mehr soviel von dir halten. Frisella darf nicht am Leben bleiben.« Den letzten Satz sagte er fast bedauernd.

Giuliano hörte sich das alles nachdenklich an. Sie hatten recht. Er spürte Passatempos Blick und konnte im Herzen des Mannes lesen. Wenn Frisella am Leben blieb, war Passatempo nicht mehr zu trauen. Es gab keinen Weg zurück in die Rolle eines Ritters Karls des Großen, es gab keinen Weg zurück zu dem Brauch, Streitigkeiten in einem ehrenhaften Zweikampf im Val Doré zu entscheiden. Frisella mußte hingerichtet werden, und zwar so, daß damit ein Maximum von Angst ausgelöst wurde.

Giuliano hatte eine Idee. »Was meinst du?« wandte er sich an Corporal Silvestro. »Der Maresciallo hat dir doch sicher seine Informanten genannt. Ist der Barbier schuldig?«

Mit unbewegter Miene zuckte Silvestro die Achseln. Er sagte kein Wort. Sie erkannten alle an, daß es für ihn eine Frage der Ehre war, dazu nichts zu sagen, seine ehemalige Loyalität nicht zu verraten. Das Schweigen war seine Art, ihnen zu bestätigen, daß der Barbier tatsächlich mit dem Maresciallo in Verbindung gestanden hatte. Trotzdem mußte Giuliano ganz sichergehen. Lächelnd erklärte er dem Corporal: »Jetzt ist die Zeit für dich gekommen, uns deine Treue zu beweisen. Wir werden alle nach Montelepre gehen, und du wirst den Barbier auf der Piazza öffentlich hinrichten.«

Pisciotta bewunderte den Listenreichtum seines Freundes. Giuliano überraschte ihn immer wieder. Stets handelte er nobel, aber wenn es darauf ankam, stellte er Fallen auf, wie es Jago nicht besser gekonnt hätte. Sie alle hatten den Corporal als aufrichtigen, geraden Mann mit einem Gefühl für Fairplay kennengelernt. Niemals – ganz gleich, wie die Folgen für ihn selbst ausfielen – würde er die Hinrichtung übernehmen, wenn er nicht von der Schuld des Barbiers überzeugt wäre. Pisciotta sah, daß ein kleines Lächeln um Giulianos Lippen spielte – denn falls sich der Corporal weigerte, würde der Barbier für unschuldig erklärt und in Ruhe gelassen werden.

Aber der Corporal strich sich den buschigen Schnauzbart und sah ihnen offen in die Augen. »Frisella ist ein so schlechter Barbier, daß er schon allein deswegen den Tod verdient«, sagte er. »Ich werde bereit sein, morgen früh.«

Bei Morgengrauen schlugen Giuliano, Pisciotta und Ex-Corporal Silvestro den Weg nach Montelepre hinunter ein. Eine Stunde zuvor war Passatempo mit einer Gruppe von zehn Mann aufgebrochen, um alle Straßen abzuriegeln, die auf die Piazza führten. Terranova blieb zurück, um das Lager zu beaufsichtigen sowie sich bereitzuhalten und mit einer starken Abteilung ins Dorf zu kommen, falls sich ernste Schwierigkeiten ergeben sollten.

Als Giuliano und Pisciotta die Piazza erreichten, war es noch früher Morgen. Die Straßen mit ihrem Kopfsteinpflaster und den schmalen Gehsteigen waren mit Wasser bespritzt worden, und um die erhöhte Plattform, an der an jenem längst vergangenen, schicksalsschweren Tag der Esel und die Maultierstute sich gepaart hatten, spielten Kinder. Giuliano wies Silvestro an, sie von der Piazza zu jagen, damit sie nicht sahen, was gleich geschehen würde. Silvestro gehorchte mit so viel Schwung, daß die Kinder auseinanderstoben wie verschreckte Hühner.

Als Giuliano und Pisciotta mit schußbereiten Maschinenpistolen den Friseursalon betraten, schnitt Frisella gerade einem wohlhabenden Gutsbesitzer aus der Provinz die Haare. Der Barbier vermutete, daß sie seinen Kunden entführen wollten, und riß ihm mit verständnisvollem Grinsen das Handtuch herunter, als wolle er eine Trophäe präsentieren. Der Gutsbesitzer, ein alter Sizilianer, der während des Krieges durch den Verkauf von Vieh an die italienische Armee zu Reichtum gekommen war, erhob sich stolz. Aber Pisciotta winkte ihn zur Seite und sagte höhnisch: »Sie haben nicht genug Geld, um unseren Preis zu bezahlen. Bei Ihnen lohnt die Mühe nicht.«

Giuliano war überaus wachsam und ließ den Blick nicht von Frisella. Der Barbier hielt noch die Schere in der Hand. »Leg sie hin«, befahl Giuliano. »Da, wo du hingehst, brauchst du keinem mehr die Haare zu schneiden. Und jetzt hinaus!«

Frisella legte die Schere hin und versuchte zu lächeln, aber er brachte nur eine Grimasse zustande. »Turi«, begann er, »ich habe kein Geld. Ich habe den Laden eben erst aufgemacht. Ich bin ein armer Mann!«

Pisciotta packte ihn bei den vollen, buschigen Haaren und zerrte ihn zum Laden hinaus auf die Straße, wo Silvestro ihn erwartete. Frisella fiel auf die Knie und begann zu schreien: »Turi, Turi, ich hab' dir als Kind die Haare geschnitten! Weißt du nicht mehr? Meine Frau wird verhungern. Mein Sohn ist schwach im Kopf.«

Pisciotta spürte, daß Giuliano schwankte. Er versetzte dem Barbier einen Tritt. »Daran hättest du denken sollen, als du uns denunziert hast.«

Frisella begann zu weinen. »Ich habe Turi nicht verraten. Ich habe dem Maresciallo etwas über ein paar Schafdiebe erzählt. Das schwöre ich beim Leben meiner Frau und meines Kindes!«

Giuliano blickte auf den Mann hinab. In diesem Augenblick hatte er das Gefühl, als müsse ihm das Herz brechen, als werde er gleich etwas tun, was ihn auf ewig vernichten würde. Aber er sagte freundlich: »Du hast eine Minute Zeit, um deinen Frieden mit Gott zu machen.«

Frisella blickte zu den drei Männern auf, die ihn umringten, und sah nirgends Gnade. Er senkte den Kopf und murmelte ein Gebet. Dann sah er wieder auf und sagte zu Giuliano: »Laß meine Frau und mein Kind nicht verhungern.«

»Ich verspreche dir, daß sie Brot haben werden«, antwortete Giuliano. Dann wandte er sich an Silvestro: »Töte ihn.«

Der Corporal hatte die Szene völlig benommen beobachtet. Bei diesen Worten jedoch zog er den Abzug seiner Maschinenpistole durch. Die Kugeln schleuderten Frisellas Körper empor und ließen ihn quer über die nassen Kopfsteine rutschen. Blut dunkelte die kleinen Wasserpfützen zwischen den Ritzen, lief schwarz über die Ritzen, die das Wasser nicht erreicht hatte, und trieb winzige Eidechsen heraus. Einen Moment lang herrschte atemloses Schweigen auf der Piazza. Dann kniete Pisciotta sich neben den Leichnam und befestigte einen weißen Zettel auf der Brust des Toten.

Das war alles, was der Maresciallo an Beweisen fand, als er am Schauplatz der Hinrichtung eintraf. Die Geschäftsleute hatten nichts gesehen, wie sie behaupteten. Sie hatten in ihren Läden zu tun gehabt oder die schönen Wolken über dem Monte d'Ora betrachtet. Frisellas Kunde erklärte, er habe sich gerade das Gesicht im Waschbecken gewaschen, als er die Schüsse hörte; die Mörder habe er nicht gesehen. Trotz allem jedoch stand einwandfrei fest, wer der Schuldige war; der Zettel auf Frisellas Leichnam gab es bekannt: SO STERBEN ALLE, DIE GIULIANO VERRATEN.

Zwölftes Kapitel

Der Zweite Weltkrieg war vorbei, Giulianos Krieg aber hatte erst begonnen. Im Verlauf von zwei Jahren war Turi zum berühmtesten Mann Siziliens geworden. Jetzt festigte er seine Herrschaft über die Nordwestecke der Insel. Im Herzen seines Imperiums lag Montelepre. Er kontrollierte die Ortschaften Piani dei Greci, Borgetto und Partinico, und selbst die Mordstadt Corleone, deren Einwohner sogar für sizilianische Verhältnisse ungewöhnlich grausam waren. Seine Herrschaft reichte fast bis nach Trapani und bedrohte die Stadt Monreale sowie die Hauptstadt ganz Siziliens, Palermo. Als die neue demokratische Regierung in Rom einen Preis von zehn Millionen Lire auf seinen Kopf aussetzte, lachte Giuliano nur und bewegte sich in vielen Ortschaften weiterhin so unbekümmert wie bisher. Gelegentlich aß er sogar in den Restaurants von Palermo. Dann hinterließ er unter seinem Teller immer einen Zettel, auf dem stand: »Dies als Beweis dafür, daß Turi Giuliano sich aufhält, wo er will.«

Giulianos uneinnehmbare Festung waren die Cammarata-Berge. Er kannte alle Höhlen und alle geheimen Wege. Hier fühlte er sich unüberwindlich. Er liebte den Blick auf Montelepre tief unten und auf die Partinico-Ebene, die sich bis nach Trapani und das Mittelmeer erstreckte. In der Dämmerung, wenn das ferne Meer spiegelte, sah er die Ruinen griechischer Tempel und die Orangen- und Olivenhaine West-Siziliens unter sich. Mit seinem Feldstecher konnte er die Wegrandschreine und die verstaubten Heiligen darin erkennen.

Von diesen Bergen aus stieß er mit seinen Männern auf die weißen, staubigen Straßen vor, um Regierungskonvois auszurauben, Eisenbahnzüge zu überfallen und reiche Frauen um ihre Juwelen zu erleichtern. Die Bauern, die ihm an hohen Feiertagen in ihren bemalten Karren begegneten, grüßten ihn und seine Männer anfangs mit Furcht, dann jedoch mit Respekt. Es war nicht einer unter ihnen, ob Hirte oder Landarbeiter, der nicht von der Verteilung seiner Beute profitiert hätte.

Alle spionierten für ihn. Wenn die Kinder ihr Nachtgebet sprachen, schlossen sie eine Bitte an die Muttergottes an, Giuliano vor den Carabinieri zu retten.

Von dieser Landschaft konnten Giuliano und seine Männer leben. Es gab Oliven- und Orangenhaine, Weinberge und -gärten. Es gab Schafherden, deren Hirten beide Augen zudrückten, wenn die Banditen kamen, um sich ein paar Lämmer zu holen. Durch diese Landschaft bewegte Giuliano sich fast wie ein Gespenst – unsichtbar im dunstigen Blau des sizilianischen Lichts, das aus dem leuchtenden, vom Himmel reflektierten Blau des Mittelmeers entsprang.

Die Wintermonate waren lang in den Bergen und kalt. Dennoch wuchs Giulianos Bande. Bei Nacht tupften zahlreiche Lagerfeuer die Hänge und Täler der Cammarata-Berge. Im Schein dieser Feuer reinigten die Männer ihre Waffen, flickten ihre Kleider, wuschen ihre Wäsche im nahen Gebirgsbach. Die Zubereitung der gemeinsamen Abendmahlzeit löste gelegentlich Meinungsverschiedenheiten aus. Denn jedes sizilianische Dorf hatte ein anderes Rezept für Tintenfische und Aale, hatte eine andere Auffassung davon, welche Kräuter in die Tomatensauce gehörten. Männer mit einer Vorliebe für Messer als Mordwaffe wuschen gern Wäsche; die professionellen Entführer zogen es vor, zu kochen und zu nähen. Bank- und Eisenbahnräuber blieben beim Reinigen ihrer Waffen.

Giuliano ließ sie alle zusammen Verteidigungsgräben ausheben und richtete weit vorgeschobene Horchposten ein, damit die Regierungstruppen sie nicht überrumpeln konnten. Eines Tages stießen die Männer beim Graben auf das Skelett eines gigantischen Tieres, größer, als je einer von ihnen eines gesehen hatte. An jenem Tag kam Hector Adonis, um Giuliano Bücher zu bringen. Turi las alles, was er bekommen konnte: über die Naturwissenschaften, über Medizin, Politik, Philosophie und Militärtechnik. Einmal im Monat brachte ihm sein Pate ganze Säcke voller Bücher. Giuliano zeigte ihm das Skelett. Adonis lächelte über Turis Erstaunen. »Habe ich dir nicht genug Geschichtsbücher gebracht?« fragte er Giuliano. »Ein Mensch, der die letzten zweitausend Jahre der Menschheitsgeschichte nicht kennt, lebt im dunkeln.« Er machte eine kleine Pause und sprach dann weiter, als halte er eine Vorlesung:

»Dies ist das Skelett einer Kriegsmaschine, die von dem Karthager Hannibal eingesetzt wurde, als er vor zweitausend Jahren über diese Berge zog, um das kaiserliche Rom zu vernichten. Es ist das Skelett eines der Kriegselefanten, die zum Kampf abgerichtet und niemals zuvor auf diesem Kontinent gesehen worden waren. Wie furchtbar müssen sie den römischen Soldaten erschienen sein! Und dennoch nützten sie Hannibal nicht viel: Rom besiegte ihn und zerstörte Karthago. In diesen Bergen gibt es unzählige Gespenster, und nun habt ihr eines davon gefunden. Stell dir vor, Turi, eines Tages wirst auch du eines von diesen Gespenstern sein.«

Und Giuliano stellte es sich vor, die ganze Nacht hindurch. Der Gedanke, daß er eines Tages zu den Gespenstern der Geschichte gehören würde, gefiel ihm sehr. Wenn er getötet wurde, hoffte er, daß es in den Bergen geschah; er stellte sich vor, wie er sich, verwundet, in eine der tausend Höhlen schleppte und erst viel später durch einen Zufall entdeckt wurde, so wie es heute mit Hannibals Elefant geschehen war.

Immer wieder verlegten sie während des Winters ihr Lager. Für Wochen löste sich die Bande sogar ganz auf und übernachtete bei Verwandten, freundlich gesonnenen Schäfern oder in den großen leerstehenden Kornspeichern des Adels. Giuliano verbrachte den größten Teil des Winters damit, Bücher zu lesen, Pläne zu schmieden und lange Gespräche mit Hector Adonis zu führen.

Eines Tages Anfang des Frühlings, als er mit Pisciotta die Straße nach Trapani entlangmarschierte, begegneten sie einem frisch bemalten Karren: Auf den Seiten war die Legende von Giuliano in Bildern festgehalten. Die Szene war in grellen Rottönen gehalten und zeigte Giuliano, wie er der Herzogin mit einer Verbeugung den Smaragdring vom Finger zog. Im Hintergrund hielt Pisciotta mit einer Maschinenpistole eine Gruppe ängstlicher, bewaffneter Männer in Schach.

Das Entführen von Reichen gehörte seit Jahrhunderten zum Broterwerb der Sizilianer. Die Entführer waren gewöhnlich die ängstlichsten Männer der Mafia. Sie schrieben einen Brief, in dem höflich darauf hingewiesen wurde, daß, um eine Entführung zu vermeiden, ein bestimmtes Lösegeld gezahlt werden müsse. Ähnlich wie beim Großhändler, der bei sofortiger Bezahlung einen Rabatt gab, wurde das Lösegeld auf diese Weise beträchtlich verringert, weil all die lästigen Einzelheiten, wie etwa die tatsächliche Entführung, nicht ausgeführt zu werden brauchten. Denn in Wirklichkeit war die Entführung einer bekannten Persönlichkeit längst nicht so einfach, wie die Leute sich das gemeinhin vorstellten. Sie war zum Beispiel überhaupt nichts für habgierige Amateure. Auch war sie keineswegs eine selbstmörderische Tat wie in Amerika, wo die, die sie ausführten, die Entführung in Verruf gebracht hatten. Selbst das Wort »Entführung« wurde in Sizilien nicht verwendet. Die Sizilianer »luden« einen Reichen »ein, ihr Gast zu sein«, und der konnte dann erst entlassen werden, wenn er, wie in einem Hotel, Kost und Logis bezahlt hatte.

Für diesen »Broterwerb« hatten sich im Laufe der Jahrhunderte bestimmte Regeln entwickelt. Über den Preis konnte stets durch Vermittler wie etwa die Mafia verhandelt werden. Zeigte der »Gast« sich kooperativ, wurde niemals Gewalt gegen ihn angewendet; er wurde stets mit äußerstem Respekt behandelt, immer mit seinem Titel angesprochen, mit Fürst, Herzog, Don oder – falls ein Bandit entschlossen war, seine Seele zu gefährden und einen Angehörigen der Geistlichkeit zu entführen – sogar auch Erzbischof.

Die Geschichte bewies, daß sich diese Taktik bezahlt machte. War der Entführte wieder entlassen, würde er, solange er nicht in seiner Würde gekränkt worden war, niemals auf Rache sinnen. Es gab da den klassischen Fall eines Großherzogs, der nach seiner Entlassung die Carabinieri zum Versteck der Banditen geführt und anschließend die Verteidiger seiner Entführer bezahlt hatte. Als sie trotzdem verurteilt wurden, intervenierte er persönlich, damit ihre langen Haftstrafen halbiert wurden. Das tat er nur, weil sie ihn mit so ausgesuchtem Takt und so großer Höflichkeit behandelt hatten, daß er erklärte, selbst in den höchsten Gesellschaftskreisen von Palermo nirgends so gute Manieren erlebt zu haben.

Ein Entführter dagegen, der schlecht behandelt wurde, würde nach seiner Entlassung ein Vermögen ausgeben, damit seine Entführer erwischt wurden, und zuweilen eine größere Belohnung aussetzen, als das gezahlte Lösegeld betrug.

Normalerweise wurde, wenn beide Parteien sich kultiviert verhielten, über den Preis verhandelt und der Entführte freigelassen. Die Reichen Siziliens hatten sich damit abgefunden: Es war eine Art inoffizielle Steuer dafür, daß sie in dem Land leben durften, das sie liebten, und da sie der offiziellen Regierung nur sehr wenig Steuern zahlten, trugen sie ihr Kreuz mit christlicher Ergebenheit.

Störrisches Verweigern, übertriebenes Feilschen wurde mit mildem Druck beantwortet. Es wurde vielleicht ein Ohr abgeschnitten oder ein Finger amputiert. Das genügte eigentlich immer, um die Leute zur Vernunft zu bringen – bis auf jene überaus traurigen, seltenen Fälle, in denen der Leichnam, rituell verstümmelt und von Kugeln durchsiebt oder, wie in den alten Zeiten, mit zahllosen Messerstichen in Kreuzform verziert, der Familie zurückgebracht werden mußte.

Das »Einladen« eines »Gastes« war immer ein gewissenhaft vorbereitetes Unternehmen. Das Opfer mußte eine Zeitlang beobachtet werden, damit es mit einem Minimum an Gewaltanwendung entführt werden konnte. Einige Zeit vorher schon mußten fünf bis sechs Verstecke vorbereitet und mit Vorräten und Wachtposten versehen werden, denn es war selbstverständlich, daß sich die Verhandlungen hinziehen und die Behörden nach dem Opfer suchen würden. Es war ein kompliziertes Geschäft und, wie gesagt, nichts für Amateure.

Als Giuliano sich entschloß, in die Entführungsbranche einzutreten, nahm er sich vor, nur die reichsten Männer von ganz Sizilien zu »bewirten«. Und tatsächlich war sein erstes Opfer der reichste und mächtigste Aristokrat der Insel. Es handelte sich um den Fürsten Ollorto, der nicht nur riesige Güter auf Sizilien besaß, sondern darüber hinaus ein ganzes

Imperium in Brasilien. Er war der Grundherr der meisten Einwohner von Montelepre, ihm gehörten ihre Höfe und Häuser. Politisch war er der mächtigste Mann im Hintergrund; der Justizminister in Rom war sein enger persönlicher Freund, der Ex-König von Italien Patenonkel seines Sohnes. In Sizilien wachte Don Croce persönlich über seine Besitzungen. Es verstand sich von selbst, daß zu dem fürstlichen Gehalt, das Don Croce dafür bekam, auch die »Steuern« gehörten, die Fürst Ollorto vor Entführern und Mördern, seine Pretiosen, Rinder und Schafe vor Dieben schützen sollten.

In der Sicherheit seines Schlosses, bewacht von Don Croces Leuten, den Wachtposten und seinen Leibwächtern, bereitete sich Fürst Ollorto auf einen friedlichen, angenehmen Abend vor, an dem er durch sein riesiges Teleskop, das er mehr liebte als alles andere auf der Welt, die Sterne beobachten wollte. Plötzlich hörte er auf der Wendeltreppe, die zum Observatorium führte, schwere Schritte. Die Tür flog auf, und vier derb gekleidete Männer mit Schußwaffen füllten den winzigen Raum. Der Fürst legte schützend die Arme um sein Teleskop und löste den Blick von den Sternen, um sich den Eindringlingen zuzuwenden. Als der Fürst Terranovas gemeines Gesicht sah, begann er Gebete zum Himmel zu senden.

Terranova jedoch sagte höflich: »Durchlaucht, ich habe Befehl, Sie auf einen kleinen Urlaub bei Turi Giuliano in die Berge zu bringen. Sie werden eine Gebühr für Kost und Logis entrichten müssen, so ist es Brauch. Aber Sie werden versorgt werden wie ein neugeborenes Kind.«

Der Fürst versuchte seine Angst zu verbergen. Er verneigte sich leicht und fragte ernst: »Darf ich ein paar Medikamente und Kleidungsstücke mitnehmen?«

»Die werden wir Ihnen holen lassen«, antwortete Terranova. »Wir müssen uns beeilen. Bald werden die Carabinieri kommen, und die sind zu unserer kleinen Party nicht geladen. Steigen Sie jetzt bitte vor mir die Treppe hinab. Und versuchen Sie nicht davonzulaufen. Unsere Männer sind überall, und selbst ein Fürst kann nicht schneller sein als Gewehrkugeln.«

An einer Seitenpforte warteten ein Alfa Romeo und ein Jeep. Fürst Ollorto wurde zu Terranova in den Alfa Romeo gesetzt, die anderen sprangen in den Jeep, und beide Wagen rasten die Bergstraße hinauf. Eine halbe Stunde, nachdem sie Palermo verlassen hatten, kurz vor Montelepre, hielten die Fahrzeuge an, und die Männer stiegen aus. Am Wegrand stand ein Schrein mit einer Statue der Muttergottes, vor dem Terranova kurz niederkniete und sich bekreuzigte. Der Fürst, ein religiöser Mann, unterdrückte den Wunsch, es ihm gleichzutun, weil er fürchtete, es würde als Zeichen von Schwäche oder als Bitte an seine Entführer ausgelegt werden, ihm nichts Böses zu tun. Die fünf Männer schwärmten aus zu einer Sternformation, in deren Zentrum sich der Fürst befand. Dann ging es einen steilen Hang hinab, bis sie an einen schmalen Pfad kamen, der in die Wildnis der Cammarata-Berge führte.

Sie marschierten stundenlang, und der Fürst mußte immer wieder um eine Rast bitten, die ihm die Männer höflich gewährten. Sie saßen an einen riesigen Granitblock gelehnt und aßen zu Abend. Es gab Brot – einen großen Laib –, ein dickes Stück Käse und eine Flasche Wein. Terranova verteilte alles gleichmäßig an die Männer und den Fürsten und entschuldigte sich sogar. »Es tut mir leid, daß ich Ihnen nichts Besseres bieten kann«, sagte er. »Sobald wir in unserem Lager sind, wird Giuliano Ihnen eine warme Mahlzeit auftragen lassen, vielleicht sogar feines Kaninchenragout. Wir haben einen Koch, der in Restaurants von Palermo gearbeitet hat.«

Der Fürst bedankte sich höflich und aß mit Appetit. Ja, sogar mit größerem Appetit als bei den Diners, an die er gewöhnt war. Die körperliche Anstrengung hatte ihn heißhungrig gemacht, so hungrig, wie schon seit Jahren nicht mehr. Er zog ein Päckchen englische Zigaretten aus der Tasche und bot sie an. Terranova und seine Männer griffen dankbar zu und rauchten genüßlich. Der Fürst stellte mit Erstaunen fest, daß sie sich das Päckchen nicht einfach nahmen. Das ermutigte ihn zu der Bemerkung: »Ich muß bestimmte Medikamente nehmen. Ich bin Diabetiker und brauche täglich Insulin.«

Terranovas Reaktion überraschte ihn. »Warum haben Sie das nicht gleich gesagt?« fragte er. »Wir hätten eine Minute gewartet. Aber machen Sie sich deswegen keine Sorgen, Durchlaucht. Giuliano wird es für Sie holen lassen, spätestens morgen früh haben Sie es. Das verspreche ich Ihnen.«

Sie setzten ihren Marsch fort, Terranova an der Spitze der Sternformation. Ein paarmal wartete er auf den Fürsten, um sich mit ihm zu unterhalten und ihm zu versichern, daß ihm nichts Böses geschehen werde.

Sie waren ständig bergauf marschiert und erreichten schließlich das Plateau des Berges. Drei Feuer brannten, am Klippenrand standen Picknicktische und Korbstühle. An einem Tisch las Giuliano im Schein einer amerikanischen Army-Batterielampe ein Buch. Zu seinen Füßen lag ein Leinwandsack mit weiteren Büchern. Der Sack war völlig von Geckos bedeckt, die Bergluft von einem lauten, steten Summen erfüllt, dem Geräusch von Millionen Insekten. Es schien den Lesenden nicht zu stören.

Giuliano erhob sich aus seinem Sessel und begrüßte den Fürsten mit einer Höflichkeit, die nicht erkennen ließ, daß er der Entführer, der Fürst der Entführte war. Nur ein belustigtes Lächeln spielte um seinen Mund, denn Giuliano dachte daran, wie weit er es doch gebracht hatte. Vor zwei

Jahren noch war er ein armer Bauer gewesen, und nun hielt er den Mann mit dem blauesten Blut und dem bestgefüllten Portemonnaie von ganz Sizilien in seiner Gewalt.

»Haben Sie schon gegessen?« erkundigte sich Giuliano. »Brauchen Sie irgend etwas, das Ihren Besuch bei uns angenehmer gestalten könnte? Sie werden einige Zeit hierbleiben müssen.«

Der Fürst gestand, hungrig zu sein, und erklärte, daß er Insulin und andere Medikamente brauche. Giuliano rief etwas über den Klippenrand, und kurz darauf kam einer seiner Männer mit einem Topf voll heißem Ragout zu ihnen herauf. Giuliano bat den Fürsten, genau aufzuschreiben, welche Medikamente er benötige. »Wir haben einen Apotheker-Freund in Monreale, der uns sein Geschäft jederzeit öffnet«, erklärte Giuliano. »Morgen mittag haben Sie Ihre Medikamente.«

Als der Fürst fertiggegessen hatte, führte Giuliano ihn einen Hang hinab in eine kleine Höhle, in der sich ein Strohlager mit einer Matratze befand. Zwei Banditen folgten ihnen mit Wolldecken, und verblüfft sah der Fürst, daß sie sogar weiße Bettwäsche und ein dickes Kissen mitbrachten. Giuliano, der sein Erstaunen bemerkte, sagte: »Sie sind uns ein geehrter Gast, und wir werden alles tun, damit Sie Ihren kleinen Urlaub genießen können. Sollte irgendeiner von meinen Männern es Ihnen gegenüber an Respekt mangeln lassen, setzen Sie mich bitte davon in Kenntnis. Sie haben alle strikten Befehl, Sie mit der Ihrem Rang und Ihrem Ruf als sizilianischer Patriot zukommenden Achtung zu behandeln. Und schlafen Sie gut, Sie werden Ihre Kraft brauchen, denn morgen haben wir einen langen Marsch vor uns. Eine Lösegeldforderung ist überbracht worden, und die Carabinieri werden in ihrer gesamten Stärke auf die Suche nach Ihnen gehen. Deshalb müssen wir uns sehr weit von hier entfernen.«

Der Fürst dankte ihm für seine Freundlichkeit und wollte dann wissen, wie hoch das Lösegeld sein würde.

Giuliano lachte. Doch als er antwortete, war sein Charme verschwunden. »Ihre Regierung hat einen Preis von zehn Millionen Lire auf meinen Kopf ausgesetzt. Es wäre eine Beleidigung für Eure Durchlaucht, wenn unsere Forderung nicht zehnmal so hoch wäre.«

Der Fürst war bestürzt; ironisch sagte er: »Ich hoffe, meine Familie hält ebensoviel von mir wie Sie.«

»Nun, man kann verhandeln«, erklärte Giuliano. »Gute Nacht.«

Zwei Banditen bereiteten dem Fürsten das Lager und setzten sich dann draußen vor die Höhle. Trotz des Lärms, den die Insekten machten, schlief Ollorto so gut wie nie in den Jahren zuvor.

Giuliano war die ganze Nacht beschäftigt gewesen. Er hatte Männer nach Montelepre geschickt, um die Medikamente zu besorgen: Als er Monreale gesagte hatte, war das eine Lüge gewesen. Dann hatte er Terranova ins Kloster zu Abt Manfredi geschickt. Der Abt sollte die Lösegeld-Verhandlungen führen, obwohl Giuliano wußte, daß das eigentlich über Don Croce zu geschehen hatte. Aber der Abt würde ein perfekter Puffer sein, und Don Croce sollte seine Provision auch so bekommen.

Die Verhandlungen würden langwierig ausfallen, und es verstand sich von selbst, daß nicht der volle Betrag von einhundert Millionen Lire bezahlt werden konnte. Fürst Ollorto war zwar reich, traditionsgemäß jedoch war die erste Forderung niemals der eigentlich angestrebte Preis.

Der erste Tag nach seiner Entführung war für Fürst Ollorto ausgefüllt von einem angenehmen, langen, aber nicht anstrengenden Marsch zu einem verlassenen Bauernhaus tief in den Bergen. Giuliano gab sich wie ein Gutsherr – ganz so, als wäre er ein wohlhabender Untertan, dem sein König die Ehre eines überraschenden Besuchs gewährt. Mit scharfem Blick erkannte Giuliano, wie wichtig für Fürst Ollorto der Zustand seiner Kleidung war, wie leid es ihm tat, daß sein englischer Anzug, mit so großer Sorgfalt geschneidert und so teuer bezahlt, allmählich ziemlich ramponiert auszusehen begann.

Ohne jegliche Verachtung, rein aus Neugier fragte Giuliano ihn: »Legen Sie wirklich so großen Wert auf das, was Sie auf Ihrer Haut tragen?«

Der Fürst hatte schon immer eine pädagogische Ader gehabt, und unter den gegebenen Umständen hatten sie beide viel Zeit. Er hielt Giuliano einen Vortrag darüber, daß korrekte Kleidung, erstklassig geschnitten und aus feinsten Stoffen, für einen Mann wie ihn selbst sehr wichtig sei. Er beschrieb die Schneider in London als so versnobt, daß italienische Herzöge sich neben ihnen wie Kommunisten vorkamen. Er sprach von den verschiedenen Stoffen, dem großen Geschick, der vielen Zeit, die mit den Anproben verbracht wurde. »Mein lieber Giuliano«, sagte Fürst Ollorto, »es ist nicht das Geld – obwohl die heilige Rosalie weiß, daß eine sizilianische Familie von dem, was ich für diesen Anzug bezahlt habe, ein ganzes Jahr leben und ihrer Tochter noch eine Aussteuer kaufen könnte. Aber ich muß nach London fahren. Und ich muß Tage bei meinem Schneider verbringen, der mich hin und her kommandiert. Das ist äußerst unangenehm. Nur deswegen tut es mir leid, daß dieser Anzug ruiniert ist. Er ist wirklich durch nichts zu ersetzen.«

Giuliano musterte den Fürsten mitfühlend. Dann fragte er: »Warum ist es für Sie und Ihresgleichen nur so wichtig, sich so überkorrekt zu kleiden? Selbst hier in den Bergen tragen Sie immer noch Ihre Krawatte. Als wir dieses Haus betraten, hab' ich gesehen, wie Sie Ihr Jackett zuknöpften, als würden wir von einer Herzogin erwartet.«

Nun hegte Fürst Ollorto, obwohl er politisch extrem reaktionär war und, wie die meisten sizilianischen Edelmänner, überhaupt kein Gefühl für wirtschaftliche Gerechtigkeit hatte, keinerlei Verachtung gegenüber den niedrigen Klassen. Er fand, daß sie genauso Menschen waren wie er, und kein Mann, der bei ihm arbeitete, auf seine Manieren achtete und wußte, wo sein Platz war, mußte Not leiden. Die Dienstboten in seinem Schloß verehrten ihn, und er behandelte sie wie Familienmitglieder. An den Geburtstagen gab es stets ein Geschenk für sie, an den Feiertagen kleine Überraschungen. Bei den Familienmahlzeiten, wenn keine Gäste anwesend waren, mischte sich das Personal, das bei Tisch bediente, in die Familiengespräche ein und äußerte seine Meinung über die gerade besprochenen Probleme. Das war in Italien nicht ungewöhnlich. Die unteren Klassen wurden nur dann grausam behandelt, wenn sie um ihre wirtschaftlichen Rechte kämpften.

Diese Einstellung legte der Fürst nun auch Giuliano gegenüber an den Tag – als sei sein Entführer nicht mehr als ein Diener, der sein Leben teilen wollte, das beneidenswerte Leben eines sehr reichen, mächtigen Mannes. Der Fürst erkannte plötzlich, daß er diese Zeit der Gefangenschaft in einen Vorteil verwandeln konnte, für den es sich sogar lohnte, das Lösegeld zu bezahlen. Doch wie er wußte, mußte er sehr vorsichtig sein, mußte seinen ganzen Charme einsetzen, ohne herablassend zu sein, mußte sich so offen, ernsthaft und aufrichtig wie möglich zeigen. Und auf keinen Fall durfte er versuchen, zuviel Kapital aus der Situation zu schlagen. Denn Giuliano konnte sich blitzschnell von einem schwachen in einen starken Menschen verwandeln.

Also beantwortete er Giulianos Fragen mit Ernst und großer Ehrlichkeit. Lächelnd fragte er ihn: »Warum tragen

Sie diesen Smaragdring?« Er wartete auf eine Antwort, aber Giuliano lächelte nur. Der Fürst fuhr fort: »Ich habe eine Frau geheiratet, die sogar noch reicher ist als ich. Ich habe Macht und politische Pflichten. Ich habe Besitzungen hier in Sizilien und durch meine Frau eine noch größere Besitzung in Brasilien. In Sizilien küßt man mir die Hände, sobald ich sie aus der Tasche ziehe, und selbst in Rom erfreue ich mich größter Wertschätzung. Denn in dieser Stadt zählt nur das Geld. Aller Augen sind auf mich gerichtet. Ich komme mir albern vor, denn ich habe nichts getan, um das alles zu verdienen. Aber es ist nun einmal mein, und ich muß es bewahren, ich kann die Persönlichkeit des öffentlichen Lebens, die ich darstelle, nicht entehren. Selbst wenn ich auf die Jagd gehe, in der relativ derben Kleidung eines Landmanns, muß ich für diese Rolle perfekt aussehen – die Rolle eines großen, reichen Mannes, der auf die Jagd geht. Wie sehr beneide ich doch manchmal Männer wie Sie und Don Croce, die ihre Macht im Kopf und im Herzen tragen! Die ihre Macht durch Mut und Klugheit erkämpft haben. Ist es nicht lächerlich, daß ich fast das gleiche tue, indem ich zum besten Schneider von London gehe?«

Er hielt diesen Vortrag so geschickt, daß Giuliano laut auflachte. Ja, Giuliano war so amüsiert, daß die beiden zusammen zu Abend aßen und lange vom Elend Siziliens und der Feigheit Roms sprachen.

Der Fürst wußte, daß Don Croce Giuliano zu rekrutieren hoffte, und versuchte diese Bemühungen zu unterstützen. »Mein lieber Giuliano«, sagte er, »wie kommt es, daß Sie und Don Croce sich nicht zusammentun, um Sizilien zu beherrschen? Er verfügt über die Weisheit des Alters, Sie über den Idealismus der Jugend. Es steht außer Frage, daß Sie beide Sizilien lieben. Warum vereinigen Sie sich nicht in diesen vor uns liegenden gefährlichen Zeiten? Jetzt, da der Krieg vorbei ist, wird sich alles ändern. Die Kommunisten und Sozialisten wollen die Kirche entmachten, Blutbande zerstören. Sie wagen zu behaupten, die Pflicht einer politischen Partei gegenüber sei wichtiger als die Liebe zur eigenen Mutter, die Zuneigung zu den eigenen Geschwistern. Was, wenn sie nun die Wahlen gewinnen und diese Einstellung durchsetzen würden?«

»Sie können nicht gewinnen«, behauptete Giuliano. »Die Sizilianer werden niemals kommunistisch wählen.«

»Seien Sie da nicht zu sicher«, warnte der Fürst. »Sie erinnern sich doch an Silvio Ferra, Ihren Jugendfreund. Nette Jungen wie Silvio zogen in den Krieg, und als sie zurückkamen, waren sie mit radikalen Ideen infiziert. Diese Agitatoren versprechen kostenloses Brot, kostenloses Land. Der naive Bauer könnte durchaus kommunistisch wählen.«

»Ich habe nichts übrig für die Christdemokraten, aber ich würde alles tun, um die sozialistische Regierung zu verhindern«, versicherte Giuliano.

»Nur Sie und Don Croce gemeinsam können Siziliens Freiheit garantieren«, behauptete der Fürst. »Sie müssen sich vereinigen! Don Croce spricht von Ihnen immer so, als wären Sie sein Sohn; er hegt wirklich Zuneigung zu Ihnen. Und nur er kann einen großen Krieg zwischen Ihnen und den Freunden der Freunde verhindern. Er begreift, daß Sie tun, was Sie tun müssen; ich begreife das ebenfalls. Aber sogar jetzt noch können wir drei zusammenarbeiten und unser Schicksal sichern. Wenn nicht, werden wir alle untergehen.«

Turi Giuliano konnte seinen Zorn nicht unterdrücken. Wie unverschämt diese Reichen waren! Mit gefährlicher Ruhe sagte er: »Ihr Lösegeld ist noch nicht gezahlt, und schon schlagen Sie mir ein Bündnis vor. Sie könnten tot sein!«

In dieser Nacht schlief der Fürst schlecht. Aber Giuliano zeigte sich ihm gegenüber nicht weiter feindselig, und Ollorto verbrachte die nächsten zwei Wochen auf sehr nützliche Art. Seine Gesundheit besserte sich, sein Körper erstarkte durch die tagtägliche Bewegung an der frischen Luft. Obwohl er immer schlank gewesen war, hatte er kleine Fettpolster an der Taille angesetzt, und die waren nun auf einmal verschwunden. Körperlich hatte er sich noch nie so wohl gefühlt.

Und auch geistig fühlte er sich angeregt. Manchmal, wenn er von einem Versteck zum anderen geschafft wurde, gehörte Giuliano nicht zu seinen Bewachern, und er mußte sich mit Männern unterhalten, die Analphabeten waren und keine Ahnung von Kultur hatten. Doch über ihren Charakter staunte er. Die meisten dieser Banditen waren von Natur aus höflich, besaßen eine angeborene Würde und waren durchaus nicht unintelligent. Sie sprachen ihn stets mit seinem Titel an und versuchten ihm jeden Wunsch zu erfüllen. Niemals zuvor hatte er sich seinen sizilianischen Landsleuten so nahe gefühlt, und er stellte voll Überraschung fest, daß er eine ganz neue Liebe zu Land und Leuten empfand. Das Lösegeld, schließlich auf sechzig Millionen Lire in Gold festgesetzt, wurde über Don Croce und Abt Manfredi bezahlt. Am Abend vor seiner Entlassung wurde Fürst Ollorto von Giuliano und zwanzig der wichtigsten Bandenmitglieder mit einem großen Abschiedsessen geehrt. Aus Palermo schaffte man zur Feier des Tages Champagner heran, und alle tranken auf seine bevorstehende Freiheit. Sie hatten ihn schätzen gelernt. Den letzten Toast brachte der Fürst aus: »Ich bin in den vornehmsten Häusern Siziliens zu Gast gewesen«, erklärte er, »doch nirgends wurde ich so gut, so gastfreundlich behandelt, nirgends habe ich Männer mit so exquisiten Manieren getroffen wie hier, in diesen Bergen. Und nie habe ich so gut geschlafen und gegessen.« Er hielt einen Moment inne, dann fuhr er lächelnd fort: »Die Rechnung war ein bißchen hoch, doch das Gute hat stets seinen Preis!« Das löste brüllendes Gelächter aus; Giuliano lachte am lautesten. Aber dem Fürsten entging nicht, daß Pisciotta nicht einmal lächelte.

Sie tranken alle auf seine Gesundheit und ließen ihn hochleben. Es war ein Abend, den der Fürst sein Leben lang in angenehmer Erinnerung behalten sollte.

Am nächsten Morgen, einem Sonntag, wurde der Fürst vor dem Dom von Palermo abgesetzt. Er betrat die Kirche zur Frühmesse und sprach ein Dankgebet. Er war genauso gekleidet wie am Tag der Entführung. Als Überraschung für ihn und als Zeichen seiner Wertschätzung hatte Giuliano seinen englischen Anzug vom besten Schneider in Rom reparieren und reinigen lassen.

Dreizehntes Kapitel

Die Mafiachefs von Sizilien verlangten ein Treffen mit Don Croce. Obwohl der Don von ihnen als Oberhaupt anerkannt wurde, regierte er sie nicht direkt. Sie besaßen ihre eigenen Imperien. Die Mafia glich einem jener mittelalterlichen Königreiche, in denen mächtige Fürsten sich zusammenschlossen, um die Kriege ihres mächtigsten Kollegen zu unterstützen, den sie als ihren nominalen Herrscher anerkannten. Doch jene Fürsten damals mußten von ihrem König bei Laune gehalten und mit der Kriegsbeute belohnt werden. Don Croce regierte nicht durch Zwang, sondern durch die Macht seiner Intelligenz, sein Charisma und den »Respekt«, den er sich im Laufe seines Lebens erworben hatte. Er regierte, indem er ihre verschiedenen Interessen zu einem allgemeinen Interesse vereinigte, wovon sie alle profitierten.

Aber er mußte vorsichtig sein. Sie verfügten alle über ihre Privatarmeen, ihre Meuchelmörder, Männer, deren Spezialität das Erdrosseln oder der Giftmord war oder die den Tod auf direkte, ehrenwerte Art mit der gefürchteten *lupara* brachten. Auf diesem Gebiet war ihre Macht der seinen gleich; deswegen hatte der Don Turi Giuliano als seinen persönlichen Kriegschef anwerben wollen. Und diese Männer waren klug. Sie verübelten es dem Don nicht, daß er seine Macht ausbaute; sie vertrauten ihm, glaubten an ihn. Doch auch der klügste Mann kann sich einmal irren. Und sie waren der Überzeugung, daß Don Croces einziger Fehler seine Versessenheit auf Giuliano war.

Der Don hatte für die sechs Chefs im Garten des Hotels Umberto in Palermo, wo Geheimhaltung und Sicherheit gewährleistet waren, ein üppiges Mittagessen arrangiert.

Der meistgefürchtete dieser Chefs, und auch der freimütigste, war Don Siano, der die Ortschaft Bisacquino regierte. Er hatte sich bereit erklärt, für die anderen zu sprechen, und tat es mit der rauhen Höflichkeit, die bei den Freunden der Freunde auf höchster Ebene üblich war.

»Lieber Don Croce«, begann er, »Sie wissen, wie groß der Respekt ist, den wir alle Ihnen entgegenbringen. Sie waren es, der uns und unsere Familien wieder zum Leben erweckt hat. Wir stehen tief in Ihrer Schuld. Daher geschieht es nur, um Ihnen einen Dienst zu erweisen, daß wir jetzt den Mund aufmachen. Dieser Bandit Turi Giuliano ist viel zu mächtig geworden. Wir haben ihn viel zu rücksichtsvoll behandelt. Er ist ein noch sehr junger Mann, und trotzdem bietet er Ihrer und unserer Autorität die Stirn. Er raubt unseren höchstgestellten Klienten den Schmuck. Er nimmt sich die Oliven, die Trauben, das Korn unserer reichsten Grundbesitzer. Und nun zeigt er uns gegenüber eine Respektlosigkeit, die wir nicht hinnehmen dürfen: Er entführt Fürst Ollorto, von dem er weiß, daß er unter unserem Schutz steht. Und dennoch verhandeln Sie weiterhin mit ihm, reichen Sie ihm weiterhin die Hand zur Freundschaft. Ich weiß, er ist stark, doch sind wir nicht stärker? Und wenn wir ihn gewähren lassen – wird er dann nicht noch stärker werden? Wir alle sind uns darin einig, daß es Zeit wird, diese Frage zu regeln. Wir müssen alle nur möglichen Maßnahmen ergreifen, um seiner Stärke entgegenzuwirken. Wenn wir die Entführung Fürst Ollortos ignorieren, wird ganz Sizilien über uns lachen.«

Don Croce nickte zu allem, was Don Siano sagte, als sei er derselben Meinung wie er. Aber er schwieg. Guido Quintana, in der Hierarchie der sechs Männer an unterster Stelle, erzählte selbstmitleidig: »Ich bin der Bürgermeister von Montelepre, und jeder weiß, daß ich einer der Freunde bin. Aber niemand kommt zu mir um Rat, Wiedergutmachung oder Geschenke. Giuliano regiert das Dorf und erlaubt mir großzügig, dort zu leben, um keinen Streit mit Ihnen, meine Herren, heraufzubeschwören. Aber ich kann meinen Lebensunterhalt nicht verdienen, ich besitze keine Autorität. Ich bin nichts weiter als eine Galionsfigur. Solange es Giuliano gibt, gibt es in Montelepre die Freunde nicht. Ich fürchte mich nicht vor diesem Burschen. Ich habe ihn einmal in die Schranken gewiesen, noch ehe er Bandit wurde. Ich halte ihn nicht für einen Mann, den man fürchten muß. Wenn die Herren einverstanden sind, werde ich versuchen, ihn zu eliminieren. Meine Pläne habe ich fertig, ich warte nur noch auf Ihre Zustimmung.«

Don Piddu aus Caltanissetta und Don Arzana aus Piani dei Greci nickten. Don Piddu sagte: »Wo liegt das Problem? Mit unseren Möglichkeiten können wir seinen Leichnam im Dom von Mailand abliefern und auf seine Beerdigung gehen wie auf eine Hochzeit.«

Die anderen Chefs, Don Marcuzzi aus Villamura, Don Buccilla aus Partinico und Don Arzana verliehen ihrer Zustimmung Ausdruck. Dann sahen sie den Don erwartungsvoll an.

Don Croce hob den schweren Kopf. »Meine lieben Freunde«, sagte er, »ich stimme Ihnen allen zu. Aber ich glaube, Sie unterschätzen diesen jungen Mann. Er ist gerissen und vielleicht ebenso mutig wie wir. Er wird sich nicht so einfach umbringen lassen. Außerdem meine ich, daß er in Zukunft noch nützlich sein könnte – nicht nur mir, sondern uns allen. Die kommunistischen Agitatoren hetzen die Sizilianer zu dem Wahn auf, es müsse ein neuer Garibaldi kommen, und wir müssen sicherstellen, daß nicht Giuliano sich zu der Vorstellung versteigt, ihr Retter zu sein. Ich brauche Ihnen die Folgen nicht zu schildern, die sich für uns ergeben, wenn diese Wilden in Sizilien jemals ans Ruder kommen. Wir müssen ihn überreden, daß er auf unserer Seite kämpft. Noch ist unsere Position nicht so gesichert, daß wir es uns leisten könnten, seine Kraft zu verschwenden, indem wir ihn umbringen.« Der Don seufzte, spülte einen Bissen Brot mit einem Glas Wein hinunter und betupfte sich mit der Serviette vornehm den Mund. »Tun Sie mir diesen einen Gefallen: Lassen Sie mich noch einmal versuchen, ihn zu überreden. Weigert er sich, tun Sie, was Sie glauben tun zu müssen. Innerhalb von drei Tagen werde ich Ihnen Bescheid geben. Nur lassen Sie mich ein letztes Mal versuchen, zu einer vernünftigen Einigung zu gelangen.«

Es war Don Siano, der als erster zustimmend den Kopf neigte. Denn schließlich – welcher vernünftige Mann würde so ungeduldig sein, einen Mord zu begehen, der noch drei Tage warten konnte? Als sie gingen, bestellte Don Croce Hector Adonis zu sich nach Villaba.

Der Don sprach sehr energisch mit Adonis. »Ich bin am Ende meiner Geduld mit Ihrem Patenkind«, sagte er zu dem kleinen Mann. »Er muß sich jetzt entscheiden, ob er mit uns oder gegen uns ist. Die Entführung Fürst Ollortos war eine offene Beleidigung für mich, aber ich bin bereit, zu vergeben und zu vergessen. Schließlich ist er ja noch jung, und ich erinnere mich, daß ich in seinem Alter genauso draufgängerisch war wie er. Und wie ich schon immer gesagt habe, ich bewundere ihn. Glauben Sie mir, ich schätze seine Fähigkeiten, und ich wäre überglücklich, wenn er sich bereit erklärte, meine rechte Hand zu werden. Aber er muß seinen Platz im System kennen. Ich habe andere Chefs, die ihn nicht so sehr bewundern, nicht soviel Verständnis für ihn haben. Die werde ich nicht lange zurückhalten können. Also gehen Sie zu Ihrem Patensohn und erklären Sie ihm, was ich Ihnen jetzt erklärt habe. Und bringen Sie mir seine Antwort spätestens morgen. Länger kann ich nicht mehr warten.«

Hector Adonis hatte Angst. »Ich habe die größte Anerkennung für Ihre Großzügigkeit in Geist und Tat. Aber Turi ist eigenwillig und, wie alle jungen Männer, zu fest überzeugt von seiner Macht. Und es stimmt ja, er ist nicht ganz und gar ohne Hilfe. Wenn er Krieg gegen die Freunde führt, kann er ihn nicht gewinnen, das weiß ich; aber der Schaden könnte furchtbar werden. Gibt es irgendeinen Lohn, den ich ihm versprechen könnte?«

»Versprechen Sie ihm folgendes«, gab der Don zurück. »Er wird eine hohe Position bei den Freunden erhalten sowie meine persönliche Loyalität und Liebe. Außerdem wird er nicht ewig in den Bergen leben können. Es wird eine Zeit kommen, da wird er den Wunsch haben, seinen Platz in der Gesellschaft einzunehmen, im Schoße seiner Familie innerhalb der Gesetze zu leben. Wenn dieser Tag kommt, bin ich der einzige Mann in Sizilien, der ihm das ermöglichen kann. Und ich werde es mit größter Freude tun. Das meine ich ehrlich.« Wenn der Don in diesem Ton sprach, konnte man ihm nicht mißtrauen, ihm nicht widerstehen.

Als Hector Adonis in die Berge ritt, war er besorgt um seinen Patensohn; er hatte sich vorgenommen, offen mit ihm zu sprechen. Oben im Versteck saßen Turi und Aspanu allein in Sesseln, die am Rand des Plateaus aufgestellt waren.

»Ich muß mit dir unter vier Augen sprechen«, wandte er sich an Giuliano.

Zornig fuhr Pisciotta auf: »Hören Sie, Kleiner. Turi hat keine Geheimnisse vor mir!«

Adonis ignorierte die Beleidigung und sagte gelassen: »Wenn er will, kann Turi Ihnen alles berichten, was ich ihm erzählen werde. Das ist seine Angelegenheit. Ich selbst kann es Ihnen nicht mitteilen. Diese Verantwortung kann ich nicht auf mich nehmen.«

Giuliano klopfte Pisciotta auf die Schulter. »Laß uns allein, Aspanu. Wenn es sich um etwas handelt, das du wissen solltest, werde ich's dir erzählen.« Gereizt stand Pisciotta auf, warf Adonis einen wütenden Blick zu und ging weg.

Hector Adonis wartete lange. Dann erst begann er: »Turi, du bist mein Patensohn. Ich liebe dich, seit du ein Säugling warst. Ich habe dich unterrichtet, habe dir Bücher zu lesen gegeben, dir geholfen, als du Bandit wurdest. Du bist einer der wenigen Menschen auf der Welt, die mir das Leben lebenswert machen. Und doch darf dein Cousin Aspanu mich beleidigen, ohne daß du ihn zurechtweist.«

Giuliano sah ihm fest in die Augen. »Ich muß gestehen, daß ich Aspanu mehr vertraue als dir. Aber ich habe dich von klein auf geliebt. Du, mit deinen Büchern und deinem Geist, hast meinen Verstand befreit. Meinen Eltern hast du mit Geld geholfen, das weiß ich. Und du warst mir ein treuer Freund in der Not. Aber wie ich sehe, hast du dich mit den Freunden der Freunde eingelassen, und irgend etwas sagt mir, daß es das ist, was dich heute zu mir führt.«

Wieder staunte Adonis über den Instinkt seines Patensohns und erläuterte Turi sein Anliegen. »Du mußt zu einer Einigung mit Don Croce kommen«, riet er ihm. »Weder der König von Frankreich noch der König beider Sizilien oder Garibaldi, ja nicht einmal Mussolini hat es geschafft, die Freunde der Freunde vollständig zu vernichten. Einen Krieg gegen sie *kannst* du einfach nicht gewinnen. Ich bitte dich, einige dich mit ihm! Anfangs wirst du zwar das Knie beugen müssen vor Don Croce, aber wer weiß, welche Position du dafür in der Zukunft einnehmen wirst. Ich schwöre es dir bei meiner Ehre und beim Haupt deiner Mutter, die wir beide so sehr verehren: Don Croce glaubt an deine Genialität und trägt den Keim aufrichtiger Liebe zu dir im Herzen. Du wirst sein Erbe sein, sein geliebter Sohn. Doch diesmal mußt du dich seinem Befehl beugen.«

Er sah deutlich, daß Turi bewegt war von seinen Worten und ihn ernstnahm. Eindringlich fuhr Adonis fort: »Denk an deine Mutter, Turi! Du kannst nicht ewig in den Bergen leben und dein Leben aufs Spiel setzen, um sie jedes Jahr für ein paar Tage zu sehen. Bei Don Croce kannst du auf Begnadigung hoffen!«

Der junge Mann brauchte eine Weile, um seine Gedanken zu ordnen, dann sagte er leise und ernst zu seinem Paten: »Zunächst möchte ich dir für deine Aufrichtigkeit danken. Das Angebot ist äußerst verlockend. Aber ich habe mich jetzt verpflichtet, den Armen Siziliens zu helfen, und glaube nicht, daß die Freunde dasselbe wollen. Sie sind die Lakaien der Reichen und der Politiker in Rom, und die sind meine geschworenen Feinde. Laß uns abwarten. Gewiß, ich habe Fürst Ollorto entführt und ihnen damit auf die Zehen getreten, aber ich lasse Quintana leben, obwohl er ein Mann ist, den ich verabscheue. Ich dulde ihn aus Respekt vor Don Croce. Sag ihm das. Sag ihm das, und sag ihm außerdem, daß ich für den Tag bete, an dem wir gleichberechtigte Partner sein werden, an dem es keinen Interessenkonflikt mehr zwischen uns gibt. Und was seine Chefs betrifft, so sollen sie tun, was sie wollen. Ich fürchte mich nicht vor ihnen.«

Schweren Herzens brachte Hector Adonis Don Croce diese Antwort. Der nickte mit seinem Löwenhaupt, als hätte er nichts anderes erwartet.

Im darauffolgenden Monat wurden drei Anschläge auf Giulianos Leben verübt. Guido Quintana durfte den ersten Versuch machen. Er plante ihn mit einer Umsicht, die den Borgias Ehre gemacht hätte. Es gab einen Weg, den Giuliano häufig benutzte, wenn er aus den Bergen kam. Gesäumt war dieser Weg von saftigen Wiesen, auf die Quintana eine große Schafherde zum Grasen treiben ließ, die von drei harmlos wirkenden Hirten aus dem Dorf Corleone, alten Freunden von Quintana, gehütet wurde.

Fast eine Woche lang grüßten diese Schafhirten Giuliano, wenn er den Weg entlangkam, achtungsvoll und baten ihn nach altem Brauch, ihm die Hand küssen zu dürfen. Giuliano unterhielt sich freundlich mit ihnen: Schafhirten waren oft Teilzeit-Mitglieder seiner Bande, und er suchte ständig nach neuen Rekruten. In Gefahr fühlte er sich nicht, denn immer hatte er Leibwächter bei sich und oft auch Pisciotta, der für mindestens zwei Männer zählte. Die Hirten waren unbewaffnet und trugen leichte Kleidung, unter der keine Waffen versteckt sein konnten.

Doch sie hatten ihre *lupare* mitsamt Munition einigen Schafen inmitten der Herde unter den Bauch gebunden. Sie warteten darauf, daß Giuliano einmal allein oder nicht ganz so schwer bewacht sein würde. Nur Pisciotta wunderte sich über die Freundlichkeit der Hirten und das plötzliche Auftauchen der Schafherde und ließ durch das Netz seiner Informanten Erkundigungen einziehen. Die Hirten wurden als von Quintana bezahlte Mörder identifiziert.

Pisciotta verschwendete keine Zeit. Er nahm zehn Mitglieder seiner eigenen Bande und trieb die drei Hirten zusammen. Er fragte sie gründlich aus: wem die Schafe gehörten, wie lange sie schon Hirten waren, wo sie geboren waren, wie ihre Eltern, Ehefrauen und Kinder hießen. Die Hirten antworteten scheinbar offen, doch Pisciotta hatte den Beweis dafür, daß sie ihn belogen.

Eine Suche förderte die in der Wolle der Tiere versteckten Waffen zutage. Pisciotta hätte die Betrüger sofort erschossen, aber Giuliano erhob Einspruch. Schließlich war kein wirklicher Schaden entstanden, und der eigentliche Bösewicht war Quintana.

Sie zwangen die Schafhirten, ihre Herde nach Montelepre hineinzutreiben, wo sie auf der Piazza laut rufen mußten: »Kommt her und holt euch ein Geschenk von Turi Giuliano! Ein Lamm für jede Familie, eine Gabe von Turi Giuliano.« Dann mußten sie noch für jeden, der darum bat, das Schlachten und Häuten übernehmen.

»Vergeßt nicht«, warnte Pisciotta die Hirten, »ich wünsche, daß ihr so zuvorkommend seid wie die liebenswürdigste Verkäuferin in Palermo! Als würdet ihr Provision bekommen. Und bringt Guido Quintana meine Grüße und meinen Dank!«

Don Siano machte nicht so viele Umstände. Er schickte zwei seiner Männer aus – sie sollten Passatempo und Terranova bestechen, damit diese sich gegen Giuliano stellten. Doch Don Siano machte sich keinen Begriff von der Loyalität, die Giuliano sogar in einem so brutalen Menschen wie Passatempo zu wecken vermochte. Abermals erhob Giuliano Einspruch gegen die Todesstrafe, und Passatempo persönlich schickte die beiden Männer mit den Zeichen des *bastonado* zurück.

Den dritten Versuch machte wieder Quintana. Und jetzt verlor Giuliano die Geduld.

Ein neuer Priester kam nach Montelepre, ein Wandermönch mit zahlreichen religiösen Stigmata am Körper. An einem Sonntagmorgen las er in der Dorfkirche die Messe und zeigte seine Wundmale.

Er hieß Pater Dodana und war ein noch junger, hochgewachsener, athletischer Mann, der so energisch ausschritt, daß ihm die schwarze Kutte um die in rissigen Lederschuhen steckenden Füße flatterte. Er hatte weißblonde Haare, doch sein Gesicht war braun und runzlig wie eine Nuß. Innerhalb eines Monats hatte er sich in Montelepre sehr beliebt gemacht, denn er scheute nicht vor harter Arbeit zurück. Er half den einheimischen Bauern bei der Ernte, ermahnte unartige Kinder auf der Straße und besuchte die kranken alten Frauen in ihren Häusern, um ihnen die Beichte abzunehmen. Daher war Maria Lombardo eines Sonntags, als er nach der Messe vor der Kirche stand, nicht überrascht, daß er sie anhielt und fragte, ob er etwas für ihren Sohn tun könne.

»Sie machen sich doch sicher Sorgen um seine unsterbliche Seele«, meinte Pater Dodana. »Holen Sie mich, wenn er Sie das nächstemal besucht. Dann nehme ich ihm die Beichte ab.«

Obwohl Maria Lombardo sehr religiös war, hatte sie für Priester nichts übrig; dieser Mann jedoch machte Eindruck auf sie. Zwar wußte sie, daß Turi niemals beichten würde, aber vielleicht konnte er einen frommen Mann, der mit seiner Sache sympathisierte, ganz gut gebrauchen. Sie antwortete dem Priester, sie werde ihren Sohn von dem Angebot unterrichten.

Pater Dodana sagte: »Ich würde sogar in die Berge gehen, um ihm zu helfen. Richten Sie ihm das aus. Mein einziges Anliegen ist es, Seelen zu retten, denen die Gefahr der Hölle droht. Was ein Mann tut, ist seine eigene Sache.«

Eine Woche später kam Turi Giuliano die Mutter besuchen. Sie drängte ihn, zu dem Priester zu gehen und bei ihm zu beichten. Vielleicht werde Pater Dodana ihm die Heilige Kommunion geben. Wenn er seiner Sünden ledig sei, werde ihr viel leichter ums Herz sein.

Zum Erstaunen seiner Mutter zeigte sich Turi interessiert. Er war einverstanden, den Priester zu empfangen, und schickte Aspanu Pisciotta zur Kirche, damit er den Pater zum Haus der Giulianos begleite. Vom ersten Augenblick an erregte der Geistliche Giulianos Mißtrauen: Er bewegte sich viel zu sehr wie ein Mann der Tat; er war zu energisch und zeigte zuviel Verständnis für Giulianos Sache.

»Mein Sohn«, sagte Pater Dodana zu ihm, »ich werde dir in der Zurückgezogenheit deines Schlafzimmers die Beichte abnehmen und anschließend die Kommunion geben. Ich habe alles Nötige mitgebracht.« Er klopfte auf das Holzkästchen, das er unter dem Arm trug. »Deine Seele wird dann so rein sein wie die deiner Mutter, und wenn dir etwas Schlimmes zustößt, wirst du direkt in den Himmel kommen.«

»Ich mache Kaffee und etwas zu essen für dich und den Pater«, sagte Maria Lombardo und ging in die Küche.

»Sie können mir die Beichte auch hier abnehmen«, sagte Turi lächelnd.

Pater Dodana sah zu Aspanu Pisciotta hinüber. »Dein Freund muß aber den Raum verlassen.«

Turi lachte. »Meine Sünden sind öffentlich bekannt. Sie erscheinen in jeder Zeitung. Davon abgesehen ist meine Seele rein – das heißt, bis auf eines: Ich muß gestehen, daß ich sehr mißtrauisch bin. Deswegen würde ich gern sehen, was Sie da in dem Kästchen unter Ihrem Arm haben.«

»Die Oblaten der Heiligen Kommunion«, antwortete Pater Dodana. »Warten Sie, ich zeige sie Ihnen.« Er wollte das Kästchen öffnen, im selben Moment jedoch drückte Pisciotta ihm eine Pistole in den Nacken. Giuliano nahm dem Priester das Kästchen ab und öffnete es. Auf feinem Samt schimmerte eine dunkelblaue Automatic.

Pisciotta sah, wie Giuliano erbleichte und seine Augen vor unterdrückter Wut dunkel wurden.

Turi schloß das Kästchen und sah den Priester an. »Ich glaube, wir sollten in die Kirche gehen und gemeinsam beten«, sagte er. »Wir werden ein Gebet für Sie sprechen, und wir werden ein Gebet für Quintana sprechen. Wir werden den lieben Gott bitten, das Böse aus Quintanas Herz zu nehmen und die Habgier aus dem Ihren. Wieviel Geld hat er Ihnen versprochen?«

Pater Dodana machte sich keine Sorgen. Die anderen Möchtegern-Mörder waren allesamt davongekommen. Er zuckte die Achseln und lächelte. »Die Belohnung der Regierung plus fünf Millionen Lire extra.«

»Ein guter Preis«, stellte Giuliano fest. »Ich kann's Ihnen nicht übelnehmen, daß Sie versucht haben, ein Vermögen zu verdienen. Aber Sie haben meine Mutter hintergangen, und das kann ich Ihnen nicht verzeihen. Sind Sie ein echter Priester?«

»Ich?« gab Pater Dodana verächtlich zurück. »Nein! Aber ich war doch gut, oder?«

Zu dritt gingen sie die Straße hinab, Giuliano mit dem Holzkästchen unterm Arm. Sie betraten die Kirche. Giuliano ließ Pater Dodana vor dem Altar niederknien und nahm die Automatic aus dem Kästchen. »Sie haben eine Minute Zeit für ein Gebet.« Er wartete, dann drückte er ab.

Am nächsten Morgen wollte Guido Quintana ins Café gehen, um seinen Morgenkaffee zu trinken. Als er seine Haustür öffnete, erschrak er über einen großen Schatten, der die gewohnte Morgensonne verdunkelte. Im nächsten Moment fiel ein riesiges, grob gezimmertes Holzkreuz ins Haus, das ihn beinahe umgeworfen hätte. An dieses Kreuz war der Leichnam Pater Dodanas genagelt.

Don Croce dachte über die Fehlschläge nach. Quintana war gewarnt worden. Er mußte sich wieder seinen Pflichten als Bürgermeister widmen, sonst würde der Ort gezwungen sein, sich selbst zu regieren. Giuliano hatte eindeutig die

Geduld verloren, und es konnte sein, daß er nun einen totalen Krieg gegen die Freunde vom Zaun brach. In Giulianos Strafaktion erkannte Don Croce die sichere Hand des Meisters. Nur ein einziger Versuch war jetzt noch möglich, und der durfte nicht mißlingen. Der Don wußte, daß er endlich Stellung beziehen mußte. Deswegen ließ er wider die eigene Einsicht und wider seinen wahren Willen seinen zuverlässigsten Mörder kommen, einen gewissen Stefan Andolini, auch bekannt als »Fra Diavolo«.

Vierzehntes Kapitel

Die Garnison von Montelepre war auf über einhundert Carabinieri verstärkt worden, und bei den seltenen Gelegenheiten, da sich Giuliano ins Dorf hinunterschlich, um einen Abend mit seiner Familie zu verbringen, lebte er in ständiger Furcht, die Carabinieri könnten über das Haus herfallen.

Als er an einem dieser Abende zuhörte, wie der Vater von den alten Zeiten in Amerika erzählte, kam ihm plötzlich eine Idee. Salvatore senior trank Wein und tauschte Geschichten mit einem alten, zuverlässigen Freund, der ebenfalls in Amerika gewesen und mit ihm zusammen nach Sizilien zurückgekehrt war. Mit gutmütigem Spott warfen die beiden sich gegenseitig vor, Dummköpfe gewesen zu sein. Der andere Mann, ein Zimmermann namens Alfio Dorio, erinnerte Giulianos Vater an die ersten Jahre in Amerika, bevor sie für den Paten, Don Corleone, tätig geworden waren. Man hatte sie zur Arbeit am Bau eines riesigen Tunnels angeheuert, der unter einem Fluß hindurchführte, entweder nach New Jersey oder nach Long Island, darüber waren sie sich nicht einig. Sie schilderten, wie unheimlich es war, unter einem Fluß zu arbeiten, wie sie ständig Angst gehabt hatten, die Rohre, die das Wasser zurückhielten, könnten brechen, und sie würden ertrinken wie die Ratten. Und da kam Giuliano die große Idee: Zusammen mit ein paar Hilfskräften konnten diese beiden Männer einen Tunnel vom Haus seiner Eltern zum Fuß der Berge bauen, über eine

Entfernung von nur einhundert Metern. Den Ausgang konnte man mit großen Granitblöcken tarnen, den Einstieg im Haus in einen Schrank oder unter den Herd in der Küche legen. Wenn sich das verwirklichen ließ, konnte Giuliano nach Belieben kommen und gehen.

Die beiden alten Männer behaupteten, das sei unmöglich, die Mutter aber war freudig erregt bei der Aussicht, daß ihr Sohn unbemerkt kommen und in kalten Winternächten in seinem Bett schlafen können würde. Alfio Dorio meinte, in Anbetracht der notwendigen Geheimhaltung, der begrenzten Zahl von Männern, die eingesetzt werden könnten, und da man nur bei Nacht arbeiten könne, würde es zu lange dauern, bis ein solcher Tunnel fertig sei. Und dann gebe es weitere Probleme: Wie sollten sie die ausgehobene Erde loswerden, ohne daß es jemand bemerkte? Und der Boden hier war voller Steine. Wenn sie nun auf ein unterirdisches Granitband stießen? Und was, wenn der Tunnel von einem der Männer, die daran arbeiteten, verraten würde? Der hartnäckigste Einwand der beiden alten Männer jedoch war der, daß die Arbeit mindestens ein Jahr dauern würde. Giuliano erkannte, daß sie das so sehr betonten, weil sie im tiefsten Herzen nicht daran glaubten, daß er so lange leben würde. Der Mutter kam dieselbe Erkenntnis. »Mein Sohn bittet euch, etwas zu tun, das ihm vielleicht das Leben rettet«, sagte sie. »Wenn ihr zu faul dazu seid, werde ich es eben selber tun. Wenigstens versuchen könnten wir's. Was kostet es uns, außer unserer Hände Arbeit? Und was können die Behörden uns anhaben, selbst wenn sie den Tunnel entdecken? Wir haben das Recht, auf unserem eigenen Land zu graben, wann und wie wir wollen. Wir werden sagen, daß wir einen Keller für Gemüse und Wein anlegen. Überlegt doch mal: Dieser Tunnel kann Turi eines Tages das Leben retten! Lohnt es sich nicht, dafür ein bißchen Schweiß zu vergießen?«

Auch Hector Adonis war anwesend. Er werde ein paar Bücher über Tunnels und Erdarbeiten sowie das notwendige Gerät besorgen, versprach er. Dann schlug er seine Variante vor, die allen zusagte: Sie sollten eine kleine Abzweigung bauen, die zu einem anderen Haus in der Via Bella führte, einen Notausgang für den Fall, daß die Tunnelmündung gefährdet oder von einem Denunzianten verraten wurde. Diese Abzweigung sollte zuerst gebaut werden – nur von den beiden alten Männern und Maria Lombardo. Kein anderer sollte davon erfahren. Sie würde schneller fertiggestellt werden können als der große Tunnel.

Sie diskutierten lange darüber, welches Haus dafür geeignet sei. Der alte Salvatore schlug Aspanu Pisciottas Elternhaus vor, aber Turi erhob sofort dagegen Einspruch. Das Haus sei viel zu verdächtig, es werde ständig beobachtet. Und es lebten zu viele Verwandte darin. Zu viele Personen würden Bescheid wissen. Außerdem war Aspanus Verhältnis zu seiner Familie ziemlich gespannt. Sein Vater war gestorben, und daß seine Mutter wieder geheiratet hatte, verzieh er ihr nicht.

Hector Adonis bot sein Haus an, aber es war zu weit entfernt, und Giuliano wollte seinen Paten nicht gefährden. Denn falls der Tunnel entdeckt werden sollte, würde der Hausbesitzer zweifellos verhaftet werden. Andere Verwandte und Freunde wurden in Betracht gezogen und abgelehnt, bis Giulianos Mutter schließlich sagte: »Es gibt nur eine Person, die in Frage kommt. Sie lebt allein, nur vier Häuser weiter. Ihr Mann ist von den Carabinieri erschossen worden, sie haßt sie alle. Sie ist meine beste Freundin und hat Turi gern, sie hat ihn vom Kind zum Mann heranwachsen sehen. Hat sie ihm nicht den ganzen Winter, den er in den Bergen verbracht hat, Lebensmittel geschickt? Sie ist mir eine echte Freundin, und ich habe unbegrenztes Vertrauen zu ihr.«

Sie machte eine kleine Pause und sagte dann: »La Venera.« Natürlich hatten sie alle schon lange darauf gewartet, daß sie diesen Namen aussprach. Von Anfang an war La Venera die einzig logische Wahl gewesen. Aber sie waren sizilianische Männer und hatten den Vorschlag nicht gut selbst machen können. Falls La Venera zustimmte und die Geschichte bekannt wurde, war ihr Ruf auf immer dahin. Sie war eine junge Witwe. Sie mußte ihre Privatsphäre und ihre eigene Person in die Hand eines jungen Mannes geben. Wer konnte jemals daran zweifeln, daß sie ihre Tugend verlieren würde? Kein Mann in diesem Teil Siziliens konnte eine solche Frau heiraten oder auch nur achten. Gewiß, La Venera war mindestens fünfzehn Jahre älter als Turi Giuliano. Aber sie war noch keine vierzig. Und obwohl ihr Gesicht nicht schön war, war es immerhin attraktiv, und in ihren Augen glühte ein gewisses Feuer. Auf jeden Fall war sie eine Frau und er ein Mann, und mit dem Tunnel würden sie zu zweit allein sein und ohne jeden Zweifel ein Liebespaar werden, denn kein Sizilianer glaubte daran, daß ein Mann und eine Frau, die allein zusammen waren, wie groß der Altersunterschied auch immer sein mochte, sich so sehr zurückhalten konnten. Der Tunnel zu ihrem Haus, der Giuliano vielleicht eines Tages das Leben rettete, würde sie als eine Frau von schlechtem Ruf brandmarken.

Sie alle – bis auf Turi Giuliano selbst – machten sich Sorgen über seine sexuelle Enthaltsamkeit. So etwas war nicht natürlich für einen Sizilianer. Er war ja beinahe prüde! Seine Männer besuchten Prostituierte in Palermo; Aspanu Pisciotta hatte skandalöse Liebesaffären. Terranova und Passatempo waren die Liebhaber armer Witwen, denen sie teure Geschenke machten. Passatempo stand sogar in dem Ruf, Verführungsmethoden anzuwenden, die eher typisch für einen Vergewaltiger waren als für einen Liebhaber – obwohl er jetzt, da er unter Giulianos Befehl stand, ein bißchen vorsichtiger geworden war, denn Giuliano hatte jedem seiner Männer, der eine Frau vergewaltigte, die Todesstrafe angedroht.

Aus all diesen Gründen hatten sie warten müssen, bis Giulianos Mutter den Namen der Freundin aussprach, und als sie es tat, waren sie überrascht. Denn Maria Lombardo Giuliano war eine fromme, altmodische Frau, die nicht zögerte, die jungen Dorfmädchen Huren zu nennen, wenn sie ohne Begleiterin auch nur über die Piazza gingen. Aber sie wußten nicht, was Maria Lombardo wußte – nämlich daß La Venera keine Kinder mehr bekommen konnte, und sie wußten nicht, daß Maria Lombardo davon überzeugt war, La Venera könne ihren Sohn am besten und gefahrlosesten erfreuen. Ihr Sohn war ein Bandit, auf dessen Kopf ein Preis ausgesetzt war, und konnte leicht von einer Frau verraten werden. Er war jung und sehr männlich und brauchte eine Frau – wer wäre da wohl besser geeignet als eine ältere Frau, die keine Kinder mehr bekommen und nicht auf einer Heirat bestehen konnte? Es war ein perfektes Arrangement. Nur La Veneras Ruf würde darunter leiden; deswegen mußte sie die Entscheidung selbst treffen.

Giulianos Mutter stellte ihr einige Tage später die Frage und war erstaunt, als La Venera sofort mit einem stolzen, freudigen Ja antwortete. Das bestätigte ihren Verdacht, daß ihre Freundin eine Schwäche für Turi hatte. Dann soll es also sein, dachte Maria Lombardo, als sie La Venera dankbar in die Arme schloß.

Vier Monate später war die Abzweigung fertig; die Arbeiten zum Haupttunnel würden noch ein Jahr dauern. In regelmäßigen Zeitabständen kam Giuliano bei Nacht ins Dorf, um seine Familie zu besuchen und nach einer guten Mahlzeit in einem warmen Bett zu schlafen; es gab jedesmal ein Festessen. Aber es wurde doch fast Frühling, bis er sich gezwungen sah, die Abzweigung zu benutzen. Eine starke

Carabinieri-Abteilung, bis an die Zähne bewaffnet, kam die Via Bella herab und marschierte vorbei. Es mußte damit gerechnet werden, daß sie auf dem Rückweg das Haus der Giulianos durchsuchen würden. Turi stieg durch die Falltür im Schlafzimmer seiner Eltern in den Tunnel hinab.

Die Abzweigung war durch ein von dreißig Zentimeter Erde bedecktes Holzbrett getarnt, damit die Arbeiter im Haupttunnel nichts von seiner Existenz merkten. Giuliano mußte die Erde wegschaufeln und die Holzplatte herausnehmen. Dann brauchte er noch fünfzehn Minuten, um durch den engen Gang bis unter das Haus von La Venera zu kriechen. Die Falltür dort führte in die Küche und lag unter einem riesigen Eisenherd versteckt. Mit dem verabredeten Zeichen klopfte Giuliano mehrmals an die Falltür und wartete. Endlich hörte er über sich ein leises Geräusch, dann wurde die Tür angehoben. Sie konnte nicht ganz geöffnet werden, weil sonst der Herd über ihr die Deckplatte zerbrochen hätte. Giuliano mußte sich durch die Öffnung zwängen und landete bäuchlings auf La Veneras Küchenfußboden.

Auch jetzt noch, mitten in der Nacht, trug La Venera ihr gewohntes, sackartiges schwarzes Kleid, das Trauergewand, obwohl ihr Mann schon drei Jahre tot war. Ihre Füße waren nackt, und als Giuliano sich vom Fußboden erhob, sah er, daß ihre Beine ganz weiß waren – ein starker Kontrast zu ihrem braunen, sonnenverbrannten Gesicht und dem schwarzen, dicken, nachlässig geflochtenen Haar. Zum erstenmal fiel ihm auf, daß ihr Gesicht nicht so breit war wie das der meisten älteren Frauen des Dorfes, sondern eher herzförmig. In der Hand hielt sie eine kleine Schaufel voll glühender Kohlen, als wolle sie sie in die offene Falltür leeren. Jetzt schüttete sie die Kohlen gelassen in den Herd zurück und schloß die Falltür. Sie wirkte ein bißchen verängstigt.

Giuliano versuchte sie zu beruhigen. »Nur eine Streife

auf Patrouille. Wenn sie in die Kaserne zurückgekehrt ist, verschwinde ich wieder. Aber keine Angst, ich habe Freunde, draußen auf der Straße.«

Sie warteten. La Venera machte Kaffee, und sie unterhielten sich miteinander. Ihr fiel auf, daß Giuliano nicht so nervöse Bewegungen machte wie ihr Mann, wenn er sich verfolgt gefühlt hatte. Er sah nicht ständig zum Fenster hinaus, sein Körper erstarrte nicht bei plötzlichen Geräuschen auf der Straße. Er wirkte vollkommen entspannt. Sie ahnte nicht, daß er diese Gelassenheit wegen der Geschichten über ihren Mann einstudiert hatte und weil er seine Eltern, vor allem die Mutter, nicht beunruhigen wollte. Er strahlte eine solche Zuversicht aus, daß sie schon bald die Gefahr vergaß, in der er sich befand.

Sie fragte ihn, ob er die Lebensmittel erhalten habe, die sie ihm von Zeit zu Zeit in die Berge geschickt hatte. Er bedankte sich bei ihr und schilderte, wie er und seine Männer über die Pakete hergefallen seien, als wären es die Geschenke der Heiligen Drei Könige, und wie sehr seine Männer ihre Kochkunst gelobt hätten. Von den derben Scherzen, die einige seiner Freunde gerissen hatten – daß La Venera, wenn sie in der Liebe so gut sei wie im Kochen, wahrhaftig ein guter Fang sein müsse –, erwähnte er nichts. Er beobachtete sie aufmerksam. Sie war nicht so freundlich zu ihm wie sonst. Er fragte sich, ob er sie irgendwie gekränkt habe. Als die Gefahr vorbei und es Zeit für ihn war, zu gehen, gaben sich beide sehr formell.

Zwei Wochen später kam Turi wieder zu ihr. Der Winter näherte sich dem Ende, doch in den Bergen tobten Unwetter, und die Heiligenschreine an den Wegen trieften vor Nässe. Giuliano, in seiner Höhle, träumte von der Kochkunst seiner Mutter, einem heißen Bad und dem weichen Bett in seinem alten Kinderzimmer. Und zu diesen Träumen gesellte sich, sehr zu seiner Überraschung, die Erinnerung an die weiße Haut von La Veneras Beinen. Nach Anbruch der Nacht pfiff er seine Leibwächter zusammen und machte sich auf den Weg nach Montelepre.

Seine Familie begrüßte ihn freudig. Die Mutter begann sofort seine Lieblingsgerichte vorzubereiten und machte ihm ein heißes Bad. Der Vater hatte ihm gerade ein Glas Anisette eingeschenkt, als einer der Wachtposten kam und meldete, Carabinieri-Streifen umstellten die Stadt, und der Maresciallo persönlich sei im Begriff, eine fliegende Abteilung aus der Bellampo-Kaserne zum Sturm auf das Haus der Giulianos zu führen.

Giuliano stieg durch die Schrank-Falltür in den Tunnel. Dort war es schlammig vom Regen, die Erde klebte ihm am Körper und machte den Weg lang und mühsam. Als er in La Veneras Küche ans Licht kroch, waren seine Kleider völlig verdreckt, sein Gesicht war pechschwarz. La Venera, die ihn so sah, lachte laut auf: Es war das erstemal, daß Giuliano sie lachen hörte. »Du siehst ja aus wie ein Mohr!« sagte sie. Einen Augenblick lang war er gekränkt wie ein Kind – vielleicht, weil die Mohren in den sizilianischen Puppenspielen immer die Bösewichter waren, während er doch ein Held in Lebensgefahr war. Oder vielleicht, weil ihr Lachen sie für sein inneres Sehnen unerreichbar machte. Sie sah sofort, daß sie ihn in seiner Eitelkeit gekränkt hatte. »Ich werde die Badewanne füllen, dann kannst du dich waschen«, sagte sie. »Ich hab' noch ein paar Sachen von meinem Mann, die kannst du anziehen, während ich dein Zeug säubere.«

Sie hatte erwartet, er werde protestieren, werde einwenden, er sei zu nervös, um in einem solchen Moment größter Gefahr zu baden. Ihr Mann war immer so unruhig gewesen, wenn er sie besuchte, daß er sich niemals auszog, niemals seine Waffen außer Reichweite ließ. Giuliano aber lächelte ihr zu, zog die schwere Jacke aus und legte seine Waffen auf die Kiste, in der sie ihr Brennholz aufbewahrte.

Es dauerte lange, bis das Wasser heiß und die Blechwanne gefüllt war. Während sie warteten, servierte sie ihm Kaffee und betrachtete ihn. Schön wie ein Engel ist er, dachte sie, ließ sich aber davon nicht täuschen. Ihr Mann hatte auch gut ausgesehen und hatte doch Menschen getötet. Und die Kugeln, die ihn töteten, haben ihn schließlich sehr häßlich gemacht, dachte sie traurig. Es war nicht klug, sich in das Gesicht eines Mannes zu verlieben – nicht in Sizilien. Wie sie geweint hatte! Insgeheim jedoch hatte sie eine ungeheure Erleichterung empfunden. Ihm, dem Banditen, war der Tod von Anfang an gewiß gewesen, und täglich hatte sie gewartet, hatte gehofft, er werde in den Bergen oder an einem fernen Ort sterben. Doch dann war er vor ihren Augen niedergeschossen worden. Nie wieder hatte sie seit jenem Tag die Schande vergessen können – nicht die Schande, daß er ein Bandit gewesen, sondern die, daß er einen so unrühmlichen, feigen Tod gestorben war. Er hatte sich ergeben und um Gnade gefleht, und die Carabinieri hatten ihn vor ihren Augen getötet. Zum Glück hatte ihre Tochter nicht mitansehen müssen, wie der Vater starb. Eine kleine Gnade Gottes.

Sie merkte, daß Turi sie mit einem besonderen Glanz in den Augen musterte. Diesen Ausdruck kannte sie nur zu gut. Die Gefolgsleute ihres Mannes hatten ihn oft gezeigt. Aber sie wußte, daß Turi aus Respekt vor seiner Mutter und aus Achtung vor dem Opfer, das sie, La Venera, ihm gebracht hatte, niemals versuchen würde, sie zu verführen.

Damit er ungestört baden konnte, verließ sie die Küche und ging in ihr kleines Wohnzimmer hinüber. Als sie fort war, zog Giuliano sich aus und stieg in die Wanne. Das Gefühl, ganz in der Nähe einer Frau nackt zu sein, wirkte erotisierend auf ihn. Er wusch sich und zog dann die Sachen von La Veneras Mann an. Die Hose war ihm ein bißchen zu kurz und das Hemd um die Brust herum etwas zu eng, so daß er die obersten Knöpfe offen lassen mußte. Die Handtücher, die sie am Herd gewärmt hatte, waren kaum mehr als Lumpen. Zum erstenmal wurde ihm klar, wie arm sie war, und er beschloß, sie durch seine Mutter mit Geld zu versorgen.

Er rief zu La Venera hinüber, daß er angekleidet sei, und sie kam in die Küche zurück. Sie musterte ihn von Kopf bis Fuß, dann sagte sie: »Aber du hast dir die Haare nicht gewaschen, da nisten ja Geckos drin!« Sie sagte es burschikos, aber herzlich, so daß er sich nicht gekränkt fühlen konnte. Wie eine Mutter fuhr sie ihm mit den Händen durch das verfilzte Haar, ergriff ihn beim Arm und führte ihn zum Spülstein.

Wo ihre Hand seinen Schädel berührt hatte, empfand Giuliano ein warmes Glühen. Rasch steckte er den Kopf unter den Hahn, sie drehte das Wasser auf und wusch ihm die Haare mit Kernseife – sie hatte nichts anderes. Dabei stieß sie mit ihrem Körper und ihren Beinen an ihn, und er verspürte plötzlich das heftige Verlangen, ihr mit den Händen über die Brüste und den weichen Bauch zu streichen.

Als sie mit dem Haarewaschen fertig war, dirigierte La Venera ihn auf einen ihrer schwarzen Küchenstühle und trocknete ihm den Kopf energisch mit einem groben, zerlumpten, braunen Handtuch. Seine Haare waren so lang, daß sie ihm über den Hemdkragen fielen.

»Du siehst aus wie einer von diesen schurkischen englischen Lords im Film«, erklärte sie. »Ich muß dir die Haare schneiden, aber nicht in der Küche, sonst fliegt es mir in die Töpfe und verdirbt dir das Essen. Komm mit ins andere Zimmer.«

Ihre Strenge belustigte Giuliano. Sie übernahm die Rolle einer Tante oder Mutter, als wolle sie jegliche Andeutung zärtlicherer Gefühle vermeiden. Aber er blieb auf der Hut: Er hatte keine Erfahrung mit Frauen und wollte sich nicht lächerlich machen. Es war genau wie der Krieg, den er in den Bergen führte: Er wollte sich nicht festlegen, bevor die Vorteile alle auf seiner Seite waren. Dies war unbekanntes Terrain für ihn. Er war zuvor, obwohl er im Ruf der Enthaltsamkeit stand, mit seinen Freunden in Palermo ein paarmal zu Prostituierten gegangen. Aber das war damals gewesen, bevor er in die Berge ging, die Würde eines Banditenchefs errang und ein romantischer Held wurde, der so etwas natürlich niemals tat.

La Venera führte ihn in ihr Wohnzimmer, das vollgestopft war mit Polstermöbeln und kleinen Holztischchen, auf denen Fotos ihres verstorbenen Ehemanns und ihrer verstorbenen Tochter standen. Die Bilder steckten in schwarzen, ovalen Holzrahmen und hatten sich bräunlich verfärbt. Giuliano sah staunend, wie schön La Venera in diesen jüngeren, glücklicheren Jahren gewesen war, vor allem wenn sie hübsche, jugendliche Kleider trug. Es gab auch ein Porträt von ihr allein, in einem dunkelroten Kleid – ein Foto, das ihm ans Herz rührte. Sekundenlang dachte er an ihren Mann und fragte sich, wie viele Verbrechen er begangen haben mußte, um ihr ein so elegantes Kleid schenken zu können.

»Schau dir nicht die Bilder an«, bat La Venera mit traurigem Lächeln. »Das war eine Zeit, da dachte ich, die Welt könnte mich glücklich machen.« Ihm wurde klar, daß sie ihn auch deshalb in dieses Zimmer geführt hatte, damit er die Fotos sah.

Mit dem Fuß angelte sie einen kleinen Hocker aus einer Ecke, und Giuliano setzte sich. Einem kleinen, wunderschön gearbeiteten Lederkasten – ein Beutestück, das der Bandit Candeleria einmal zu Weihnachten nach Hause mitgebracht hatte – entnahm sie Schere, Rasiermesser und Kamm. Dann ging sie ins Schlafzimmer und holte ein weißes Tuch, das sie Giuliano um die Schultern legte. Außerdem brachte sie eine Holzschale mit, die sie neben sich auf den Tisch stellte. Ein Jeep fuhr am Haus vorbei.

»Soll ich dir deine Waffen aus der Küche holen?« fragte sie. »Würdest du dich dann wohler fühlen?«

Giuliano sah sie ruhig an. Er wirkte völlig gelassen. Er wollte sie nicht beunruhigen. Sie wußten beide, daß der Jeep, der vorbeifuhr, voll besetzt war mit Carabinieri, die das Haus der Giulianos durchsuchen wollten. Aber er hatte keine Angst. Wenn die Carabinieri hierherkamen und versuchten, die verbarrikadierte Tür einzuschlagen, würden Pisciotta und seine Männer sie allesamt umbringen; und bevor er die Küche verließ, hatte er noch den Herd so zurechtgerückt, daß niemand die Falltür öffnen konnte.

Sanft berührte er ihren Arm. »Nein«, antwortete er, »ich brauche meine Waffen nicht, es sei denn, du willst mir mit dem Rasiermesser die Kehle durchschneiden.« Beide lachten.

Dann begann La Venera, Turi die Haare zu schneiden. Sie tat es sorgfältig und gemächlich, nahm jeweils eine Strähne, schnitt sie ab und legte sie in die Holzschale. Giuliano saß ganz still. Wie gebannt vom leisen Klappern der Schere starrte er stumm auf die Wand. Dort hingen Porträtaufnahmen von La Veneras Ehemann, dem Banditen Candeleria.

Rutillo Candeleria war ein gutaussehender Mann gewesen, mit hoher Stirn und schön gewelltem, kastanienbraunem Haar. Das Gesicht zierte ein dicker Kavallerie-Schnauzbart, der ihn wesentlich älter machte, obwohl er erst fünfunddreißig gewesen war, als die Carabinieri ihn erschossen. Nun blickte er beinahe freundlich aus dem ovalen Rahmen. Nur Augen und Mund verrieten seine Grausamkeit. Und doch stand eine Resignation in dem Gesicht, als wisse er, welches Schicksal ihm bevorstand. Wie alle, die sich gegen die Welt auflehnten und sich durch Gewalt und Mord nahmen, was sie wollten, wie alle, die sich ihr eigenes Gesetz machten und damit die Gesellschaft zu regieren suchten, hatte er letztlich eines gewaltsamen Todes sterben müssen.

Die Holzschale füllte sich mit glänzend braunen Haarsträhnen, zusammengerollt wie Nester winziger Vögel. Giuliano spürte, wie sich La Veneras Beine an seinen Rükken preßten; ihre Wärme drang durch die grobe Baumwolle ihres Kleides. Als sie sich vor ihn stellte, um rings um die Stirn herum schneiden zu können, hielt sie Abstand von seinen Beinen, doch als sie sich einmal vorbeugen mußte, berührte ihre Brust beinahe seine Lippen, und der saubere, schwere Duft ihres Körpers wärmte sein Gesicht.

Sie drehte sich in den gerundeten Hüften, um eine weitere Haarsträhne in die Holzschale zu legen. Sekundenlang ruhte ihr Schenkel an seinem Arm, und er spürte die seidenweiche Haut sogar durch den dicken Stoff ihres Kleides. Er machte seinen Körper steif wie einen Stein. Sie lehnte sich schwerer gegen ihn. Um nicht unwillkürlich ihren Rock zu heben und diese Schenkel zu umfassen, sagte er scherzend: »Sind wir Samson und Dalilah?«

Sie trat zurück. Verblüfft sah er, daß ihr Tränen über die Wangen rannen. Ohne zu überlegen, packte er sie mit beiden Händen und zog sie näher. Ganz langsam streckte sie die Hand aus und legte die Silberschere auf den kleinen Berg brauner Haare, der die Holzschüssel füllte.

Und dann waren seine Hände unter ihrem schwarzen Trauerkleid und umfaßten ihre warmen Schenkel. Sie beugte sich herab und bedeckte seinen Mund mit dem ihren, als wolle sie ihn verschlingen. Ihre anfängliche Zärtlichkeit war nur ein sekundenschneller Funke, der zu animalischer Leidenschaft aufloderte – genährt durch ihre dreijährige, enthaltsame Witwenschaft und durch die süße Begierde eines jungen Mannes, der nie die Liebe einer Frau erlebt hat, nur die bezahlten Dienste der Huren.

In jenem ersten Moment verlor Giuliano jegliches Gefühl

für sich selbst. La Veneras Körper war so üppig und brannte mit solcher Hitze, daß es ihm bis auf die Knochen ging. Ihre Brüste waren voller, als er vermutet hatte. Bei ihrem Anblick hämmerte ihm das Blut im Kopf. Und dann lagen sie auf dem Fußboden, rissen sich die Kleider vom Leib und liebten sich. »Turi, Turi!« flüsterte sie immer wieder verzweifelt, aber er schwieg, ganz und gar im Duft, in der Hitze und in den Rundungen ihres Körpers verloren. Als es vorbei war, führte sie ihn ins Schlafzimmer, und sie liebten sich noch einmal. Er konnte kaum fassen, wieviel Freude ihm ihr Körper bereitete, er war sogar ein wenig erschrocken, über die eigene totale Hingabe, getröstet nur von der Tatsache, daß sie sich ihm noch rückhaltloser hingab.

Nachdem er eingeschlafen war, betrachtete sie lange sein Gesicht. Voll Angst, ihn nie mehr lebendig wiederzusehen, prägte sie es ihrem Gedächtnis ein. Denn sie erinnerte sich an die letzte Nacht, in der sie mit ihrem Mann geschlafen hatte: Da hatte sie ihm nach der Liebe den Rücken zugekehrt, war eingeschlafen und konnte sich seitdem nicht mehr an den süßen Ausdruck erinnern, der sich auf das Gesicht eines Liebenden legt. Sie hatte ihm den Rücken zugekehrt, weil sie die Nervosität ihres Mannes nicht mehr ertragen konnte, wenn er im Haus war, seine ständige Angst, so groß, daß er nicht einschlafen konnte, die Art, wie er hochfuhr, wenn sie das Bett verließ, um zu kochen oder einer anderen Pflicht nachzugehen. Sie staunte über Giulianos Ruhe; dafür liebte sie ihn. Sie liebte ihn, weil er, im Gegensatz zu ihrem Mann, seine Waffen nicht mit ans Bett nahm, weil er sich nicht plötzlich unterbrach, wenn er mit ihr schlief, um auf das Geräusch lauernder Feinde zu lauschen. Er rauchte nicht, trank nicht und sprach nicht über seine Ängste. Er nahm sich sein Vergnügen, aber mit zärtlicher Leidenschaft. Lautlos erhob sie sich vom Bett und ging in die Küche, um ihm etwas zu kochen.

Am Morgen verließ er das Haus durch die Tür und trat sorglos, doch mit den Waffen unter seiner Jacke, auf die Straße hinaus. Er hatte La Venera erklärt, daß er sich nicht mehr von seiner Mutter verabschieden würde, und sie gebeten, ihr mitzuteilen, daß er in Sicherheit sei.

Zum Abschied küßte sie ihn mit einer Schüchternheit, die er rührend fand; dann fragte sie flüsternd: »Wirst du mich wieder einmal besuchen?«

»Jedesmal, wenn ich meine Mutter besuche, komme ich anschließend zu dir«, versprach er. »Und in den Bergen werde ich jede Nacht von dir träumen.« Sie erkannte, daß sie ihn glücklich gemacht hatte.

Bis zwölf Uhr mittags wartete sie, bevor sie zu Giulianos Mutter hinüberging. Maria Lombardo brauchte nur einen Blick auf ihr Gesicht zu werfen und wußte, was geschehen war. La Venera wirkte um zehn Jahre jünger. In ihren dunkelbraunen Augen tanzten schwarze Fünkchen, ihre Wangen waren rosig, und zum erstenmal seit fast vier Jahren trug sie ein Kleid, das nicht tiefschwarz, sondern mit Rüschen und Samtbändern besetzt war. Maria Lombardo empfand ihrer Freundin gegenüber tiefe Dankbarkeit für ihre Loyalität und ihren Mut; und es freute sie, daß ihre Rechnung so gut aufgegangen war. Sie hatte da ein großartiges Arrangement für ihren Sohn getroffen: eine Frau, die niemals zur Verräterin werden, eine Frau, die ihn niemals ganz für sich beanspruchen konnte. Obwohl sie ihren Sohn heiß liebte, empfand sie nur einmal Eifersucht: als La Venera ihr erzählte, daß sie ihm ihr bestes Gericht gekocht habe – eine Pastete, gefüllt mit Kaninchenfleisch und kräftigem, von scharfen Pfefferkörnern durchsetztem Käse –, und daß Turi für zwei gegessen und dann geschworen habe, nie in seinem ganzen Leben in den Genuß einer größeren Köstlichkeit gekommen zu sein.

Fünfzehntes Kapitel

Selbst in Sizilien, einem Land, in dem sich Männer mit derselben wilden Begeisterung umbrachten, mit der die Spanier ihre Stiere abschlachten, verbreitete das mordgierige Rasen der Einwohner von Corleone überall Furcht. Rivalisierende Familien rotteten einander beim Streit um einen einzigen Olivenbaum aus, Nachbarn töteten einander wegen der Wassermenge, die aus einem gemeinsamen Bach entnommen wurde, ein Mann konnte vor Liebe sterben – das heißt, wenn er eine Ehefrau oder Tochter zu respektlos anstarrte. Selbst die kaltblütigen Freunde der Freunde verfielen diesem Wahnsinn, und ihre verschiedenen Zweige bekriegten sich in Corleone auf den Tod, bis Don Croce Frieden zwischen ihnen stiftete.

In dieser Stadt hatte Stefan Andolini sich den Namen »Fra Diavolo« erworben.

Don Croce hatte ihn von Corleone kommen lassen und ihm Anweisungen erteilt. Er solle in Giulianos Bande eintreten, das Vertrauen der Männer erwerben und Informationen über die wahre Stärke von Giulianos Truppe sowie über die Loyalität von Passatempo und Terranova liefern. Da Pisciottas Loyalität nicht anzuzweifeln war, blieb nur noch, die Schwächen des jungen Mannes herauszufinden. Und falls sich die Gelegenheit ergab, sollte Andolini Giuliano töten.

Andolini, der Rotschopf, fürchtete sich nicht vor dem großen Giuliano. Wie ein Glücksspieler überzeugt ist, daß er mit seinem System nicht verlieren kann, war Stefan Andolini überzeugt, so clever zu sein, daß niemand ihn überlisten konnte.

Er nahm zwei junge *picciotti* mit, Mörderlehrlinge, die noch nicht in die Mafia aufgenommen waren. Mit Rucksäkken und *lupare* zogen sie in die Berge und wurden bald von einer Patrouille unter Pisciottas Führung aufgespürt.

Mit unbewegter Miene hörte Pisciotta sich Stefan Andolinis Geschichte an. Andolini erklärte ihm, er werde von den Carabinieri und der Sicherheitspolizei wegen des Mordes an einem sozialistischen Agitator in Corleone gesucht. Das stimmte. Was Andolini jedoch verschwieg, war die Tatsache, daß Polizei und Carabinieri keinen Beweis gegen ihn hatten und ihn lediglich zur Befragung suchten – einer Befragung, die sich dank Don Croces Einfluß mit Sicherheit eher freundlich als gründlich gestalten würde. Andolini fuhr fort, die beiden *picciotti*, die ihn begleiteten, würden als Mittäter bei dem Mord ebenfalls von der Polizei gesucht. Auch das entsprach der Wahrheit. Doch während er dies alles erzählte, beschlich Andolini eine zunehmende Unsicherheit. Pisciotta hörte mit dem Ausdruck eines Mannes zu, dem sein Gegenüber irgendwie bekannt vorkommt.

Er sei in der Hoffnung in die Berge gekommen, sich Giulianos Bande anschließen zu können, behauptete Andolini. Dann spielte er seine Trumpfkarte aus: Er habe die Billigung von Giulianos Vater persönlich. Er, Stefan Andolini, sei ein Cousin des großen Don Vito Corleone in Amerika. Pisciotta nickte. Andolini fuhr fort, Don Vito Corleone sei als ein Andolini in Corleone geboren. Nach der Ermordung seines Vaters sei er, damals noch ein kleiner Junge, gejagt worden und habe sich nach Amerika abgesetzt, wo er der große Pate geworden sei. Als er später nach Sizilien zurückkehrte, um an den Mördern seines Vaters Rache zu nehmen, sei Stefan Andolini einer seiner *picciotti* gewesen. Später habe er dann den Don in Amerika besucht, um seinen

Lohn entgegenzunehmen. Dort habe er den für Don Corleone arbeitenden Vater Giulianos kennengelernt. Sie seien Freunde geworden, und bevor er, Andolini, in die Berge gegangen sei, habe er in Montelepre halt gemacht, um sich den Segen des alten Salvatore Giuliano zu holen.

Trotz dieser Geschichte wurde Pisciotta nachdenklich. Er mißtraute diesem Mann mit dem roten Haar und dem Gesicht eines Mörders. Und außerdem gefielen ihm die beiden *picciotti* nicht, die *malpelo* begleiteten, wie er ihn auf sizilianische Art nannte.

»Ich werde euch zu Giuliano bringen, aber behaltet die *lupare* auf der Schulter, bis er mit euch gesprochen hat. Nehmt sie nicht ohne Erlaubnis herunter!«

Stefan Andolini grinste breit und sagte mit großer Liebenswürdigkeit: »Aber ich kenne dich doch, Aspanu, ich vertraue dir. Nimm du mir die *lupara* von der Schulter, und deine Männer können das gleiche mit meinen *picciotti* hier tun. Wenn wir mit Giuliano gesprochen haben, wird er uns die Waffen bestimmt zurückgeben.«

»Wir sind keine Packtiere, die euch die Waffen tragen«, entgegnete Pisciotta. »Tragt sie selbst.« Dann führte er sie durch die Berge zu Giulianos Versteck am Rand der Klippe oberhalb von Montelepre.

Über fünfzig Bandenmitglieder saßen auf dem Plateau verstreut, reinigten Waffen und reparierten Ausrüstungsgegenstände. Giuliano saß an einem Tisch und schaute durch seinen Feldstecher.

Pisciotta sprach allein mit ihm, bevor er die neuen Rekruten herbringen ließ. Er berichtete ihm jede Einzelheit und sagte dann: »Turi, die Sache stinkt!«

»Und du meinst, du hast ihn schon mal gesehen?« fragte Giuliano.

»Oder von ihm gehört«, sagte Pisciotta. »Er kommt mir irgendwie bekannt vor, aber ich weiß nicht genau, woher.«

»Du hast bei La Venera von ihm gehört«, erklärte Giuliano leise. »Sie nannte ihn Malpelo; sie wußte nicht, daß er Andolini heißt. Mir hat sie auch von ihm erzählt. Er hatte sich der Bande ihres Mannes angeschlossen, und einen Monat später geriet ihr Mann in einen Hinterhalt und wurde von den Carabinieri erschossen. La Venera hatte ihm von Anfang an nicht getraut.«

Silvestro kam zu ihnen herüber. »Trau bloß diesem Rotschopf nicht«, warnte er. »Ich habe ihn in Palermo im Hauptquartier gesehen, da hat er dem Kommandanten der Carabinieri einen Privatbesuch abgestattet!«

»Ihr geht nach Montelepre hinunter und bringt meinen Vater zu uns herauf«, sagte Giuliano. »Wir werden Andolini hier inzwischen bewachen.«

Pisciotta schickte Terranova zu Giulianos Vater. Dann ging er zu den drei Männern hinüber, die auf dem Boden saßen. Er bückte sich und griff sich Stefan Andolinis Waffe.

Einige Mitglieder von Giulianos Bande umringten die drei Neuen wie Wölfe eine gerissene Beute. »Du hast doch sicher nichts dagegen, daß ich dich jetzt von der lästigen Waffe befreie, nicht wahr?« fragte Pisciotta grinsend. Stefan Andolini verzog einen Moment erschrocken das Gesicht. Dann zuckte er die Achseln. Pisciotta warf die *lupara* einem seiner Männer zu.

Er wartete ein Weilchen, bis er sicher sein konnte, daß seine Männer bereit waren. Dann machte er sich daran, auch Andolinis *picciotti* zu entwaffnen. Einer der beiden stieß ihn – eher aus Angst als aus böser Absicht – zurück und hob die Hand an die Büchse. Im nächsten Moment erschien, so blitzschnell, wie eine Schlange züngelte, ein Messer in Pisciottas Hand. Er warf sich nach vorn und durchschnitt dem *picciotto* die Kehle. Wie ein Springbrunnen schoß hellrotes Blut in die klare Bergluft empor, und der Mann brach zusammen. Pisciotta, der breitbeinig über ihm stand, bückte sich, um die Tat mit einem zweiten raschen Schnitt zu beenden.

Die anderen Mitglieder von Giulianos Bande waren aufgesprungen und legten ihre Gewehre an. Andolini, der auf dem Boden saß, hob beide Hände hoch und sah hilfeflehend um sich. Der andere *picciotto* jedoch griff nach seiner Waffe und versuchte sie anzulegen. Passatempo, der hinter ihm stand, leerte grinsend seine Pistole in den Schädel des Mannes. Die Schüsse hallten durch die Berge. Alle erstarrten, Andolini bleich und zitternd vor Furcht, Passatempo mit der Pistole in der Hand. Da kam Giulianos ruhige Stimme vom Klippenrand. »Beseitigt die Leichen und fesselt diesen Malpelo an einen Baum, bis mein Vater kommt.«

Die Leichen wurden in Bambusnetze gewickelt und zum Rand einer tiefen Schlucht getragen. Nachdem sie hinabgeworfen waren, wurden Steine hinterhergeschleudert, die nach einem alten Aberglauben verhindern sollten, daß der Gestank nach oben stieg. Das Ganze war eine Aufgabe nach Passatempos Herzen, der die Leichen sogar noch ausraubte, bevor er sie beerdigte.

Nach Einbruch der Dunkelheit, nahezu sieben Stunden später, traf Giulianos Vater endlich im Lager ein. Stefan Andolini wurde von dem Baum befreit und in die mit Kerosinlampen beleuchtete Höhle gebracht. Als der alte Salvatore sah, in welchem Zustand sich Andolini befand, wurde er böse.

»Aber dieser Mann ist mein Freund!« wandte er sich an seinen Sohn. »Wir haben in Amerika beide für den Paten gearbeitet. Ich habe ihm gesagt, daß er kommen und sich deiner Bande anschließen darf und daß er bestimmt gut behandelt wird.«

Er schüttelte Andolini die Hand. »Ich entschuldige mich. Mein Sohn muß mich falsch verstanden oder irgendwelchen Klatsch über dich gehört haben.« Beunruhigt hielt er einen Moment inne. Es bekümmerte ihn, seinen alten Freund so verängstigt zu sehen. Denn Andolini konnte sich kaum noch aufrecht halten.

Andolini war überzeugt, daß er sterben müsse, daß dies alles nur eine Farce war. Sein Nacken tat weh, weil sich die Muskeln in Erwartung der Kugel spannten. Fast weinte er über den Leichtsinn, Giuliano unterschätzt zu haben. Der schnelle Tod seiner *picciotti* hatte ihm einen Schock versetzt.

Signor Giuliano spürte, daß seinem Freund tödliche Gefahr drohte. »Turi«, sagte er, »wie oft habe ich dich um etwas gebeten? Wenn du etwas gegen diesen Mann hast, verzeih ihm und laß ihn laufen. Er war freundlich zu mir, in Amerika, und hat dir zur Taufe ein Geschenk geschickt. Ich vertraue ihm und schätze seine Freundschaft.«

Giuliano lenkte ein: »Nun gut, da du ihn identifiziert hast, wird er als ein geehrter Gast behandelt. Wenn er als Mitglied meiner Bande hierbleiben will, soll er mir willkommen sein.«

Die Angelegenheit war entschieden. Giuliano verabschiedete sich von seinem Vater und winkte einige seiner Männer herbei.

Der alte Salvatore wurde zu Pferde nach Montelepre zurückgebracht, damit er im eigenen Bett schlafen konnte. Nachdem er fort war, unterhielt sich Giuliano mit Stefan Andolini unter vier Augen.

»Ich weiß von dir und Candeleria«, erklärte er. »Bei deinem Eintritt in Candelerias Bande warst du Don Croces Spitzel. Und einen Monat später war Candeleria tot. Seine Witwe erinnert sich an dich. Nach allem, was sie mir erzählt hat, fällt es mir nicht schwer, mir vorzustellen, was passiert ist. Wir Sizilianer verstehen uns darauf, die Puzzleteile eines Verrats zusammenzusetzen. Ganze Banden verschwinden. Die Behörden werden erstaunlich clever. Ich sitze hier auf meinem Berg und denke den ganzen Tag nach. Ich denke an die Behörden in Palermo – noch nie sind sie so clever gewesen wie jetzt. Und dann erfahre ich, daß der Justizminister in Rom und Don Croce ein Herz und eine Seele sind. Und wir beiden, du und ich, wissen genau, daß Don Croce clever genug für beide ist. Also ist es Don Croce, der die Banditen für Rom beseitigt. Und dann denke ich, daß jetzt bald ich an der Reihe bin, Besuch von Don Croces Spitzeln zu erhalten. Ich warte und warte und frage mich, warum der Don so lange braucht. Denn bei aller Bescheidenheit bin ich der größte Fang von allen. Und dann beobachte ich heute euch drei durch meinen Feldstecher und denke: Aha, mal wieder Malpelo! Ich freue mich, ihn zu sehen. Trotzdem muß ich dich leider töten. Aber ich will meinem Vater keinen Kummer machen, und deswegen wird deine Leiche spurlos verschwinden.«

Vor Wut vergaß Stefan Andolini vorübergehend seine Angst. »Du würdest deinen eigenen Vater hintergehen?« schrie er. »Du willst ein Sizilianer sein?« Er spie aus. »Dann bring mich um und fahr zur Hölle!«

Auch Pisciotta, Terranova und Passatempo waren erstaunt. Aber sie hatten sich in den vergangenen Jahren schon oft gewundert. Giuliano, der so ehrenwert, der stolz darauf war, immer sein Wort zu halten, der stets von Gerechtigkeit für alle sprach, konnte plötzlich eine Kehrtwendung machen und etwas tun, das sogar sie für schändlich hielten. Nicht, daß sie etwas dagegen hatten, daß er Andolini tötete – was sie betraf, so konnte er hundert Andolinis töten, ja tausend. Aber daß er das Wort brechen wollte, das er dem Vater gegeben hatte, und ihn hintergehen, das fanden sie unverzeihlich.

Nur Corporal Silvestro schien ihn zu verstehen. »Er kann nicht unser aller Leben gefährden, nur weil sein Vater ein weiches Herz hat«, erklärte er.

Ruhig sagte Giuliano zu Andolini: »Mach deinen Frieden mit Gott!« Er winkte Passatempo. »Du hast dazu fünf Minuten Zeit.«

Andolinis rotes Haar schien sich zu sträuben. Hektisch bat er: »Bevor du mich tötest, sprich bitte mit Abt Manfredi!«

Giuliano starrte ihn verblüfft an, und der Rothaarige sprudelte heraus: »Du hast einmal zu ihm gesagt, daß du ihm einen Gefallen schuldest. Daß er alles von dir erbitten kann.« Giuliano hatte dieses Versprechen nicht vergessen. Wieso wußte der Mann davon?

»Schick mich zu ihm«, fuhr Andolini fort, »und er wird dich um mein Leben bitten.«

Pisciotta sagte verächtlich: »Es würde einen ganzen Tag dauern, einen Boten hinzuschicken und seine Antwort einzuholen. Außerdem – hat der Abt mehr Einfluß auf dich als dein eigener Vater, Turi?«

Und wieder versetzte Giuliano sie in Erstaunen. »Fesselt ihm die Arme und legt ihm einen Strick so um die Füße, daß er zwar gehen, aber nicht laufen kann. Gebt mir zehn Mann mit auf den Weg. Ich werde ihn persönlich ins Kloster bringen. Wenn der Abt nicht um sein Leben bittet, kann er wenigstens noch eine letzte Beichte ablegen. Dann werde ich ihn persönlich hinrichten und seinen Leichnam den Mönchen zur Beisetzung überlassen.«

Als Giuliano mit seinen Männern das Klostertor erreichte, ging gerade die Sonne auf, und die Mönche begaben sich zur Arbeit auf die Felder. Turi beobachtete sie lächelnd. War es erst zwei Jahre her, daß er mit diesen Mönchen aufs Feld gegangen war, in brauner Kutte und dem zerdrückten, schwarzen amerikanischen Hut auf dem Kopf? Er wußte noch, wie er sich darüber amüsiert hatte.

Wer hätte damals gedacht, daß seine Zukunft so gewalttätig sein würde!

Der Abt kam persönlich zum Tor, um sie zu begrüßen. Als der Gefangene vortrat, zuckte die hochgewachsene, schwarz gekleidete Gestalt zusammen; dann breitete sie die Arme aus. Stefan Andolini eilte auf den Alten zu, umarmte ihn, küßte ihn auf beide Wangen und sagte: »*Vater*, diese Männer wollen mich töten. Nur du kannst mich retten.«

Der Abt nickte. Dann streckte er die Arme nach Giuliano aus, der ebenfalls vortrat und ihn umarmte. Jetzt begriff Giuliano alles. So wie Andolini das Wort »Vater« – Pater – betont hatte, sprach kein Mann mit seinem Priester, sondern ein Sohn mit seinem Vater.

»Ich bitte dich um das Leben dieses Mannes«, sagte der Abt.

Giuliano nahm Andolini die Stricke von Armen und Beinen. »Er gehört Ihnen«, erklärte er.

Andolini sank zu Boden; die Angst, die ihn auf einmal verließ, schwächte ihn. Der Abt stützte ihn mit dem eigenen, gebrechlichen Körper. Zu Giuliano sagte er: »Kommt in mein Zimmer. Deine Männer werde ich mit Essen versorgen lassen, und wir drei können inzwischen alles besprechen.« Dann wandte er sich an Andolini: »Mein lieber Sohn, du bist noch nicht außer Gefahr. Was wird Don Croce sagen, wenn er von all dem erfährt? Wir müssen gemeinsam beratschlagen, sonst bist du verloren.«

Der Abt verfügte über ein eigenes kleines Speisezimmer; dort machten es sich die drei Männer bequem. Käse und Brot wurden gebracht.

Traurig lächelnd wandte sich der Abt an Giuliano. »Eine meiner zahlreichen Sünden. Als ich diesen Mann zeugte, war ich sehr jung. Ach, niemand kennt die Versuchungen eines Priesters in Sizilien! Ich konnte ihnen nicht widerstehen. Der Skandal wurde vertuscht und Stefans Mutter mit Andolini verheiratet. Eine große Geldsumme wurde gezahlt, und ich konnte weiter in der Klosterhierarchie aufsteigen. Aber die Ironie des Schicksals kann kein Mensch vorhersagen. Mein Sohn wuchs zu einem Mörder heran. Das ist das Kreuz, das ich zu tragen habe, obwohl ich mich für so viele eigene Sünden verantworten muß.«

Als sich der Abt an Andolini wandte, änderte sich der Ton seiner Stimme. »Hör mir aufmerksam zu, mein Sohn. Zum zweitenmal verdankst du mir nun dein Leben. Du mußt begreifen, wo deine erste Loyalität liegt. Sie gehört von jetzt an Giuliano. Zu Don Croce kannst du nicht zurückkehren. Er wird sich fragen, warum Turi dir das Leben geschenkt, die beiden anderen aber getötet hat. Er wird Verrat wittern, und das wird dein Tod sein. Also mußt du folgendes tun: Du mußt dem Don alles gestehen und ihn bitten, bei Giulianos Bande bleiben zu dürfen. Versprich ihm, daß du ihm Informationen liefern und als Verbindungsmann zwischen den Freunden der Freunde und Giulianos Bande dienen wirst. Ich werde persönlich zu Don Croce gehen und ihm die Vorteile dieses Arrangements schildern. Außerdem werde ich ihm erklären, daß du Giuliano zwar treu bleiben wirst, daß das aber nicht zu seinem Nachteil sein muß. Er wird glauben, daß du diesen Mann hier, der dein Leben geschont hat, hintergehst. Ich aber sage dir, wenn du Giuliano nicht die Treue hältst, werde ich dich auf ewig zur Hölle verdammen. Du wirst mit dem Fluch deines Vaters ins Grab fahren.«

Wieder wandte er sich an Giuliano. »Darum erbitte ich nun einen zweiten Gefallen von dir, lieber Turi. Nimm meinen Sohn in deine Bande auf. Er wird für dich kämpfen und dir gehorchen, und ich schwöre dir, daß er dir die Treue halten wird.«

Giuliano überlegte. Er war sicher, mit der Zeit Andolinis Zuneigung gewinnen zu können. Das Risiko eines Verrats war gering, man konnte sich dagegen schützen. Stefan Andolini würde ein wertvoller Unterchef seiner Bande sein und sogar noch wertvoller als Quelle von Informationen über Don Croces Imperium.

»Was werden Sie Don Croce sagen?« erkundigte sich Giuliano.

Der Abt schwieg einen Moment. »Ich werde mit dem Don sprechen. Ich habe einigen Einfluß dort. Und dann werden wir sehen. Wirst du nun meinen Sohn in deine Bande aufnehmen?«

»Ja. Aus Liebe zu Ihnen, und weil ich Ihnen mein Wort gegeben habe«, antwortete Giuliano. »Doch wenn er mich verrät, werden Ihre Gebete nicht schnell genug sein, um ihn auf dem Weg zur Hölle einzuholen.«

Stefan Andolini hatte in einer Welt gelebt, in der es wenig Vertrauen gab, und vielleicht war deswegen sein Gesicht im Lauf der Zeit zur Maske eines Mörders geworden. Er wußte, daß er in den kommenden Jahren einem Artisten gleich ständig auf dem Drahtseil des Todes balancieren würde. Eine sichere Wahl gab es nicht. Zwar war es tröstlich für ihn, daß Giulianos Barmherzigkeit ihn gerettet hatte, aber er gab sich keinen Illusionen hin.

Turi Giuliano war der einzige Mensch, der ihm je Angst eingeflößt hatte.

Von jenem Tag an gehörte Stefan Andolini zu Turi Giulianos Bande. In den Jahren darauf wurde er so berühmt für seine Grausamkeit, daß man seinen Spitznamen, »Fra Diavolo«, bald in ganz Sizilien kannte. Aber er genoß auch den

Ruf, sehr fromm zu sein, weil er jeden Sonntag zur Messe ging, gewöhnlich in Villaba, wo Pater Benjamino Priester war. Und dort, im Beichtstuhl, verriet er die Geheimnisse von Giulianos Bande, die sein Beichtvater anschließend an Don Croce weitergab. Nur die Geheimnisse, die Giuliano ihm befohlen hatte, zu verschweigen, verriet er nicht.

Drittes Buch
Michael Corleone
1950

Sechzehntes Kapitel

Der Fiat machte einen Bogen um Trapani und folgte der am Strand entlangführenden Straße bis zu einer Villa, die größer war als die meisten anderen und drei Nebengebäude hatte. Sie war von einer Mauer umgeben, die nur auf der Strandseite eine Öffnung aufwies. Unmittelbar hinter dem Tor zur Villa, das von zwei Posten bewacht wurde, sah Michael Corleone einen großen, dicken Mann stehen, gekleidet in einem Stil, der in dieser Umgebung fremdartig wirkte: Über einem gestrickten Polohemd trug er ein Sportjackett. Ein Grinsen erschien auf dem breiten Gesicht des Mannes, und Michael mußte zu seinem Erstaunen feststellen, daß es Peter Clemenza war.

Clemenza war der Chef aller Untergebenen, die Michael Corleones Vater in Amerika hatte. Was wollte der hier? Zuletzt hatte Michael ihn in jener schicksalsschweren Nacht gesehen, als Clemenza die Waffe versteckte, mit der er, Michael, später den Polizeioffizier und Sollozzo, den Türken, erschoß. Niemals würde er den Ausdruck von Trauer und Mitleid vergessen, den Clemenzas Gesicht in jenem Moment vor über zwei Jahren zeigte. Jetzt aber war Clemenza glücklich, Michael wiederzusehen. Er zog ihn aus dem winzigen Fiat und erdrückte ihn beinahe mit seiner Umarmung.

»Michael, wie schön, dich wiederzusehen! Seit Jahren warte ich darauf, dir sagen zu können, wie stolz ich auf dich bin! Wie fabelhaft du gearbeitet hast! Und jetzt sind alle deine Probleme gelöst. In einer Woche bist du wieder bei der Familie, und es gibt ein großes Fest. Sie erwarten dich schon alle, Mikey.« Während er ihn in den Armen hielt, betrachtete er liebevoll Michaels Gesicht und versuchte ihn einzuschätzen. Während seines Exils in Sizilien war der Junge zum Mann geworden. Michaels Gesicht war nicht mehr offen und naiv, sondern hatte den stolzen, verschlossenen Ausdruck des geborenen Sizilianers. Er war bereit, seinen rechtmäßigen Platz in der Familie einzunehmen.

Michael freute sich, den riesigen Clemenza mit seinem breiten, schweren Gesicht wiederzusehen. Er erkundigte sich nach seiner Familie. Der Vater hatte sich von dem Mordversuch erholt, war jedoch immer noch bei schwacher Gesundheit. Bedrückt schüttelte Clemenza den Kopf. »Löcher in den Körper geschossen zu kriegen tut keinem gut, ganz gleich, wie er sich davon erholt. Aber das war nicht das erstemal, daß auf deinen Vater geschossen wurde. Er ist stark wie ein Bulle. Er wird schon wieder werden. Der Mord an Sonny, der hat ihm und deiner Mutter am schlimmsten zugesetzt. Das war brutal, Mikey – richtig in Stücke gerissen haben sie ihn mit ihren Maschinengewehren. Das war nicht anständig, das hätten sie nicht zu tun brauchen. Das war pure Gehässigkeit. Aber wir haben unsere Pläne. Dein Vater wird sie dir erklären, wenn du nach Hause kommst. Alle freuen sich, daß du bald wieder da sein wirst.«

Stefan Andolini nickte Clemenza zu; sie hatten sich offenbar schon kennengelernt. Er reichte Michael die Hand und sagte, er müsse fort, er habe noch einiges in Montelepre zu tun. »Vergessen Sie eines nicht«, bat er Michael. »Was immer Sie später auch hören mögen – ich war Turi Giuliano stets treu, und er hat mir bis zuletzt vertraut. Wenn er verraten wird, war ich auf keinen Fall der Verräter.« Er stotterte vor Aufregung. »Und Sie werde ich ebenfalls nicht verraten.«

Michael glaubte ihm. »Wollen Sie nicht hereinkommen,

sich ein bißchen ausruhen und etwas essen und trinken?« erkundigte er sich.

Andolini schüttelte den Kopf. Er stieg in den Fiat und fuhr zum Tor hinaus, das sich sofort wieder hinter ihm schloß.

Clemenza führte Michael über das offene Gelände zur Villa hinüber. An den Mauern und am Strand, wo das Grundstück zum Meer hin ungeschützt war, patrouillierten bewaffnete Männer. An einem Steg, der sich der fernen Küste Afrikas entgegenreckte, war ein großes, schlankes Motorboot mit italienischer Flagge vertäut.

In der Villa warteten zwei alte Frauen, ganz in Schwarz, ohne einen einzigen Farbtupfer am Körper, mit von der Sonne braun gebrannter Haut und schwarzen Tüchern um den Kopf. Clemenza bat sie, eine Schale Obst in Michaels Schlafzimmer zu stellen.

Die Terrasse des Schlafzimmers ging auf das blaue Mittelmeer hinaus, das sich in der Mitte zu teilen schien, als ein Strahl Morgensonne vom Himmel herabschien. Fischerboote mit leuchtend blauen und roten Segeln schaukelten am Horizont wie Bälle, die über das Wasser hüpfen. Auf einem kleinen, mit einem schweren, braunen Tuch bedeckten Tisch, an dem die beiden Männer Platz nahmen, standen eine Kanne Espresso und ein Krug Rotwein.

»Du siehst müde aus«, stellte Clemenza fest. »Schlafe erst mal ein bißchen, dann werde ich dir später alles genau erklären.«

»Ja«, antwortete Michael. »Aber erzähl doch mal: Wie geht's meiner Mutter?«

»Gut«, antwortete Clemenza. »Sie wartet auf deine Heimkehr. Wir dürfen sie auf keinen Fall enttäuschen; das wäre nach Sonnys Tod zuviel für sie.«

»Und mein Vater?« fragte Michael. »Ist er wieder ganz hergestellt?«

Clemenza lachte; es war ein häßliches Lachen. »Allerdings. Das werden die Fünf Familien bald merken. Dein Vater wartet nur auf deine Heimkehr, Mike. Er hat große Pläne für dich. Wir dürfen ihn nicht im Stich lassen. Also mach dir nicht zu große Sorgen um Giuliano: Wenn er auftaucht, nehmen wir ihn mit. Wenn er weiter Schwierigkeiten macht, lassen wir ihn eben hier.«

»Sind das die Anweisungen meines Vaters?« erkundigte sich Michael.

»Einmal täglich kommt auf dem Luftweg ein Kurier nach Tunis, und ich fahre mit dem Boot hinüber, um mit ihm zu sprechen. Dies waren meine gestrigen Anweisungen. Anfangs sollte Don Croce uns helfen, jedenfalls hatte mir das dein Vater gesagt, bevor ich die Staaten verließ. Aber weißt du, was gestern in Palermo passiert ist, nachdem du fort warst? Irgend jemand hat versucht, Croce umzulegen. Sie sind über die Gartenmauer gekommen und haben vier seiner Leibwächter umgebracht. Aber Croce ist davongekommen. Also was zum Teufel geht hier vor?«

»Jesus!« sagte Michael. Er erinnerte sich an die Vorsichtsmaßnahmen, die Don Croce überall im Hotel getroffen hatte. »Ich glaube, das war die Arbeit unseres Freundes Giuliano. Hoffentlich wißt ihr, du und mein Vater, was ihr tut. Ich bin so müde, daß ich nicht denken kann.«

Clemenza stand auf und tätschelte ihm die Schulter. »Geh schlafen, Mikey. Wenn du aufwachst, mache ich dich mit meinem Bruder bekannt. Ein großartiger Mann, genau wie dein Vater; genauso klug, genauso hart, und er ist der Chef in diesem Landesteil – nicht Croce.«

Michael zog sich aus und ging zu Bett. Seit über dreißig Stunden hatte er nicht geschlafen. Obwohl er die schweren Holzläden geschlossen hatte, spürte er die Hitze der Morgensonne. Ein schwerer Duft von Blumen und Zitronenbäumen hing in der Luft. Wieso konnten Pisciotta und Andolini sich so frei bewegen? Warum schien Giuliano ausgerechnet zu diesem so ganz und gar ungünstigen Zeitpunkt zu der Schlußfolgerung gekommen zu sein, daß Don Croce sein Feind sei? Ein solcher Irrtum war nicht sizilianisch. Schließlich hatte der Mann sieben Jahre lang als Bandit in den Bergen gelebt. Was genug war, war genug. Er mußte doch ein besseres Leben führen wollen – nicht unbedingt hier, bestimmt aber in Amerika! Und ganz eindeutig hatte er das auch vor, sonst hätte er nicht seine schwangere Verlobte nach Amerika vorausgeschickt. Dann fiel ihm die Erklärung für diese geheimnisvollen Vorgänge ein: Giuliano war fest entschlossen, noch eine letzte Schlacht zu schlagen. Er fürchtete sich nicht davor, hier, in seiner Heimat, zu sterben. Hier schienen Pläne und Verschwörungen ihrem Ende zuzugehen, von denen er, Michael, nichts ahnte. Er mußte sehr vorsichtig sein. Denn er, Michael Corleone, wollte nicht in Sizilien sterben. Er gehörte nicht in diese Legende.

Als Michael in dem riesigen Schlafzimmer erwachte, öffnete er die Läden, die sich auf einen weißen, in der Sonne glitzernden Steinbalkon öffneten. Unter dem Balkon erstreckte sich das Mittelmeer wie ein tiefblauer Teppich bis zum Horizont. Blutrote Tupfen sprenkelten das Wasser – Fischerboote, die hinaussegelten. Fasziniert von der Schönheit des Meeres und den majestätischen Klippen von Erice weiter nördlich an der Küste, betrachtete Michael das Panorama.

Das Zimmer war mit schweren, rustikalen Möbeln ausgestattet. Auf einem Tisch stand eine blaue Emailschüssel mit Wasserkrug. An den Wänden hingen Gemälde von Heiligen und der Muttergottes mit dem Jesuskind auf dem Arm. Michael wusch sich das Gesicht und ging hinaus. Am Fuß der Treppe wartete Peter Clemenza auf ihn.

»Ah ja, jetzt siehst du besser aus, Mikey«, sagte Clemenza. »Ein gutes Essen wird dir wieder Kraft geben, und dann können wir von Geschäften reden.« Er führte Michael in eine Küche, wo sie sich an einen langen Holztisch setzten. Wie durch Zauberhand erschien eine der alten Frauen in Schwarz am Herd, schenkte zwei Tassen Espresso ein und brachte sie ihnen, stellte eine Platte mit Eiern und Wurst vor ihnen auf den Tisch, nahm einen großen Brotlaib mit knuspriger, brauner Kruste aus dem Ofen und verschwand dann in einem Zimmer hinter der Küche. Auf Michaels Dank reagierte sie nicht. Nun kam ein Mann herein. Er war älter als Clemenza, sah ihm aber so ähnlich, daß Michael in ihm sofort Don Domenico Clemenza, Peter Clemenzas Bruder, erkannte. Don Domenico war völlig anders gekleidet als Peter. Er trug eine schwarze, in braune Stiefel gesteckte Samthose, dazu ein weißes Seidenhemd mit Rüschenärmeln und eine lange, schwarze Weste. Auf dem Kopf trug er eine Mütze mit kurzem Schirm. In der Rechten hielt er eine Peitsche, die er jetzt in eine Ecke warf. Michael erhob sich, um ihn zu begrüßen, und Don Domenico Clemenza umarmte ihn freundlich.

Sie setzten sich an den Tisch. Don Domenico strahlte eine natürliche Würde und Macht aus, die Michael an den eigenen Vater erinnerte. Auch dieselbe altmodische Höflichkeit legte er an den Tag. Peter Clemenza hatte offenbar einen gewaltigen Respekt vor Domenico, der ihn mit jener nachsichtigen Zuneigung behandelte, die ein älterer einem leichtsinnigen jüngeren Bruder gegenüber oft zeigt. Das erstaunte Michael und belustigte ihn. Zu Hause in Amerika war Peter Clemenza der zuverlässigste und tödlichste *caporegime* seines Vaters. Ernst, aber mit einem kleinen Augenzwinkern sagte Don Domenico: »Michael, es ist mir eine große Freude und Ehre, daß Don Corleone, dein Vater, dich meiner Obhut anvertraut hat. Nun mußt du aber meine Neugier befriedigen: Ist mein Bruder, dieser Nichtsnutz, in

Amerika tatsächlich so erfolgreich, wie er behauptet? Ist er wirklich so hoch gestiegen, mein kleiner Bruder, dem ich nicht mal zutrauen konnte, ein Schwein richtig zu schlachten? Hat Don Corleone ihn wirklich zu seiner rechten Hand ernannt? Er behauptet, er hat den Befehl über einhundert Mann. Ich *kann* das alles einfach nicht glauben.« Dabei aber tätschelte er dem jüngeren Bruder liebevoll die Schulter.

»Es stimmt alles«, bestätigte Michael. »Wenn Ihr Bruder nicht wäre, würde er jetzt noch Olivenöl verkaufen, sagt mein Vater immer.«

Alle lachten. »Und ich hätte den größten Teil meines Lebens im Gefängnis verbracht«, erklärte Peter Clemenza. »Er hat mir beigebracht, nachzudenken, statt vorschnell zur Waffe zu greifen.«

Don Domenico seufzte. »Ich bin nur ein armer Bauer. Gewiß, meine Nachbarn kommen zu mir um Rat, und hier in Trapani heißt es, ich sei ein bedeutender Mann. ›Den Abtrünnigen‹ nennen sie mich, weil ich nicht nach Don Croces Pfeife tanze. Mag sein, daß das nicht sehr klug ist, mag sein, der Pate würde eine Möglichkeit finden, besser mit Don Croce auszukommen. Aber mir ist das ganz einfach unmöglich. ›Abtrünnig‹ mag ich sein, aber nur denen gegenüber, die keine Ehre haben. Don Croce verkauft Informationen an die Regierung, und das ist für mich eine *infamità*. So subtil seine Gründe auch sein mögen. Die alten Methoden sind immer noch die besten, Michael; das wirst du einsehen, wenn du ein paar Tage hier bleibst.«

»Ganz bestimmt«, gab Michael höflich zurück. »Und ich möchte mich bei Ihnen bedanken für die Hilfe, die Sie mir zuteil werden lassen.«

»Ich habe zu tun«, sagte der Don. »Falls du irgend etwas brauchst, laß es mich wissen.« Er nahm seine Peitsche und ging hinaus.

»Michael«, sagte Peter Clemenza, »aus Freundschaft und

Respekt für Giulianos Vater hat sich dein Vater bereit erklärt, Turi Giuliano beim Verlassen dieses Landes zu helfen. Doch deine Sicherheit hat Vorrang. Dein Vater hat hier immer noch Feinde. Giuliano hat eine Woche Zeit, hier zu erscheinen. Wenn er aber nicht kommt, mußt du allein in die Vereinigten Staaten zurückkehren. So lauten meine Befehle. In Afrika wartet eine Privatmaschine auf uns; wir können jederzeit abreisen. Du brauchst nur ein Wort zu sagen.«

»Pisciotta hat mir fest versprochen, Giuliano bald herzubringen«, gab Michael zurück.

Clemenza stieß einen Pfiff auf. »Du hast mit Pisciotta gesprochen? Verdammt, den suchen sie genauso wie Giuliano selbst. Wie ist er aus den Bergen rausgekommen?«

Michael zuckte die Achseln. »Er hatte einen von diesen rotgerandeten, vom Justizminister unterschriebenen Pässen. Und das beunruhigt mich auch.«

Peter Clemenza schüttelte den Kopf.

»Dieser Mann, der mich hergebracht hat, Andolini – kennst du ihn, Peter?«

»Ja«, antwortete Peter Clemenza. »Er hat in New York für uns ein paar Button-Jobs erledigt, aber Giulianos Vater hatte mit derartigen Dingen nichts zu tun; der war ein erstklassiger Maurer. Sie waren beide dumm, hierher zurückzukommen. Aber so geht es vielen Sizilianern. Sie können ihre schäbigen, kleinen Hütten in Sizilien nicht vergessen. Diesmal habe ich zwei Mann mitgebracht, die mir helfen sollen. Seit zwanzig Jahren sind sie nicht mehr hier gewesen. Wir machen also einen Spaziergang auf dem Land bei Erice, einem wunderschönen Städtchen, Mikey, und draußen, auf den Weiden, wo die vielen Schafe sind, trinken Wein und müssen alle mal pinkeln. Wir stehen da und pissen, und als wir fertig sind, springen die beiden Burschen drei Meter hoch in die Luft und schreien: ›Es lebe

Sizilien!‹ Was sagt man dazu? Aber so sind sie nun mal, die Sizilianer, bis an ihr Lebensende.«

»Ja gut«, sagte Michael, »aber was ist mit Andolini?«

Clemenza zuckte die Achseln. »Er ist der Cousin deines Vaters. Seit vier Jahren ist er einer von Giulianos Chefs. Davor aber war er ganz dicke mit Don Croce. Wer weiß? Er ist gefährlich.«

»Andolini will Giulianos Verlobte herbringen«, erklärte Michael. »Sie ist schwanger. Wir sollen sie in die Staaten verfrachten, von wo aus sie Giuliano ein Codewort schickt, an dem er erkennt, daß die Fluchtroute in Ordnung ist, und dann kommt Giuliano selber zu uns. Ich habe versprochen, daß wir's so machen.«

Sie schlenderten in den weiten Garten hinaus. Am Tor standen Wachen, und unten am Strand patrouillierten Bewaffnete. Im Garten selbst wartete eine Gruppe Männer anscheinend auf eine Audienz bei Peter Clemenza. Ungefähr zwanzig waren es, mit ihren staubverschmutzten Anzügen und Schirmmützen alle etwas schäbigere Versionen des typischen Sizilianers.

Unter einem Zitronenbaum in einer Ecke des Gartens stand ein ovaler Holztisch mit mehreren Korbsesseln. Clemenza und Michael nahmen in zwei Sesseln Platz, dann rief Clemenza etwas zu den Männern hinüber. Ein paar von ihnen kamen und setzten sich zu ihnen. Clemenza stellte ihnen Fragen über ihr Privatleben. Ob sie verheiratet seien, ob sie Kinder hätten, seit wann sie für Don Domenico arbeiteten, wer ihre Verwandten in Trapani seien. Ob sie jemals daran gedacht hätten, nach Amerika zu gehen, um dort ihr Glück zu machen. Die Antwort auf die letzte Frage lautete bei allen »Ja«.

Eine der alten Frauen in Schwarz brachte ein Tablett mit Gläsern und einem großen Krug Wein. Clemenza bot jedem Mann etwas zu trinken und eine Zigarette an. Als auch der letzte abgefertigt war und die Gruppe den Garten verlassen hatte, sagte Clemenza zu Michael: »Ist dir an einem von denen was aufgefallen?«

Michael zuckte die Achseln. »Sie schienen mir alle ziemlich ähnlich. Sie wollen alle nach Amerika.«

»Wir brauchen frisches Blut zu Hause«, erklärte Clemenza. »Wir haben viele Männer verloren und werden vielleicht noch sehr viel mehr verlieren. Ungefähr alle fünf Jahre komme ich hierher und nehme zwölf Männer mit nach Hause, die ich dann auch persönlich ausbilde. Kleinere Jobs zunächst – Geldeintreiben, Muskelarbeit, Wachdienst. Ich prüfe ihre Loyalität. Wenn ich das Gefühl habe, die Zeit ist reif, und es ergibt sich eine Gelegenheit, gebe ich ihnen die Chance, sich zu bewähren. Aber ich bin sehr vorsichtig dabei. Sobald sie einmal soweit sind, wissen sie, daß sie für den Rest ihres Lebens ausgesorgt haben, wenn sie loyal bleiben. Jeder hier weiß, daß ich der Anwerber für die Corleone-Familie bin, und jeder Mann in der Provinz möchte mich sprechen. Aber mein Bruder wählt sie aus. Ohne seine Genehmigung kommt kein Mensch in meine Nähe.«

Michael sah sich in dem schönen Garten um, mit den vielen bunten Blumen, den duftenden Zitronenbäumen, den alten, aus antiken Ruinen gegrabenen Götterstatuen, den Heiligenstatuen aus jüngerer Zeit und der rosaroten Mauer rings um die Villa. Es war eine bezaubernde Szenerie für die Anwerbung von zwölf mordlustigen Aposteln.

Am Spätnachmittag erschien wieder der kleine Fiat am Tor und wurde von den Wachen hereingewinkt. Andolini fuhr, neben ihm saß ein junges Mädchen mit langem, pechschwarzem Haar. Als sie ausstieg, sah Michael, daß sie schwanger war; sie trug das züchtige, weite Kleid der Sizilianerinnen, das jedoch nicht schwarz, sondern mit einem scheußlichen weiß-rosa Blumenmuster bedruckt war. Aber sie war so hübsch, daß das Kleid gar keine Rolle spielte.

Überrascht sah Michael Corleone den kleinen Hector Adonis vom Rücksitz des Wagens klettern. Und Adonis war es auch, der das Vorstellen übernahm. Das junge Mädchen hieß Justina. Ihr Gesicht zeigte jetzt schon, mit erst siebzehn Jahren, die Kraft einer weit älteren Frau, als hätte sie bereits viele Prüfungen erduldet. Bevor sie ihn mit einem Kopfnicken begrüßte, musterte sie Michael eingehend – als versuche sie eine Andeutung von Verrat in seinem Gesicht zu finden.

Eine der alten Frauen brachte sie zu ihrem Zimmer, und Andolini holte ihr Gepäck aus dem Wagen. Es bestand aus einem einzigen, kleinen Koffer. Michael trug ihn ins Haus.

An diesem Abend aßen sie gemeinsam; nur Andolini war schon wieder abgefahren. Dafür blieb Hector Adonis vorerst da. Bei Tisch überlegten sie, wie sie Justina nach Amerika schaffen konnten. Don Domenico sagte, das Boot nach Tunis sei startbereit, und zwar jederzeit, da man nicht wisse, wann Giuliano kommen würde, und man sich dann, wenn er da war, beeilen müsse. »Wer weiß, was für üble Kerle ihm auf dem Fuß folgen«, sagte er lächelnd.

Peter Clemenza erklärte sich bereit, Justina nach Tunis zu begleiten und dafür zu sorgen, daß sie an Bord der Maschine ging – mit Spezialpapieren versehen, die es ihr gestatteten, ohne Schwierigkeiten in die Vereinigten Staaten einzureisen. Dann wollte er zur Villa zurückkehren.

Sobald Justina in Amerika eintraf, sollte sie ihr Codewort schicken, und die letzte Phase des Plans zur Rettung Giulianos konnte beginnen.

Justina sprach sehr wenig während der Mahlzeit. Don Domenico fragte sie, ob sie sich frisch genug fühle, die Reise noch in dieser Nacht anzutreten, nachdem sie bei Tag schon so lange unterwegs gewesen war.

Michael spürte, wie anziehend sie auf Giuliano gewirkt haben mußte. Sie hatte die blitzenden, schwarzen Augen, das kräftige Kinn und den energischen Mund der kraftvollsten unter den Sizilianerinnen und gab auch entsprechende Antworten.

»Reisen ist weniger anstrengend als arbeiten und weniger gefährlich als sich verstecken«, meinte sie. »Ich habe in den Bergen und auf den Weiden bei den Schafen geschlafen, warum sollte ich also nicht auf einem Boot oder in einem Flugzeug schlafen können? So kalt wird es dort bestimmt nicht sein.« Sie sagte es mit dem ganzen Stolz ihrer Jugend, doch ihre Hand zitterte, als sie nach ihrem Weinglas griff. »Meine einzige Sorge ist, daß Turi die Flucht nicht gelingt. Warum durfte er nicht mit mir hierherkommen?«

Hector Adonis antwortete geduldig: »Er wollte Sie nicht durch seine Anwesenheit gefährden, Justina. Er kann sich nur unter großen Schwierigkeiten bewegen, weil er weit mehr Vorsichtsmaßnahmen ergreifen muß.«

»Das Boot wird Sie kurz vor Tagesanbruch nach Afrika bringen, Justina. Vielleicht sollten Sie sich jetzt lieber etwas ausruhen«, meinte Peter Clemenza.

»Nein, danke, ich bin nicht müde«, entgegnete Justina. »Außerdem bin ich viel zu aufgeregt, um schlafen zu können. Dürfte ich bitte noch ein Glas Wein haben?«

Don Domenico schenkte ihr ein. »Trinken Sie nur, das ist gut fürs Baby und wird Sie später besser einschlafen lassen. Hat Giuliano Ihnen irgendwelche Nachrichten für uns mitgegeben?«

Justina lächelte traurig. »Ich habe ihn seit Monaten nicht mehr gesehen. Er vertraut nur noch Aspanu Pisciotta. Er glaubt zwar nicht, daß ich ihn verrate, aber er meint, daß ich sein schwacher Punkt bin, durch den sie ihn eines Tages fassen könnten. Das kommt von den vielen romantischen Balladen, in denen die Liebe der Frauen den Sturz der

Helden herbeiführt. Er ist überzeugt davon, daß seine Liebe zu mir seine gefährlichste Schwäche ist, deswegen erzählt er mir natürlich nie etwas von seinen Plänen.«

Michael hätte gern mehr erfahren über Giuliano, den Mann, der er vielleicht geworden wäre, wenn sein Vater Sizilien nicht verlassen hätte, den Mann, der Sonny vielleicht geworden wäre. »Wie haben Sie Turi kennengelernt?« fragte er Justina.

Sie lachte. »Verliebt habe ich mich in ihn mit elf«, erzählte sie. »Das war vor beinahe sieben Jahren, im ersten Jahr, als Turi Bandit war, aber da war er in unserem kleinen Ort schon berühmt. Mein jüngerer Bruder und ich, wir arbeiteten mit unserem Vater auf dem Feld, und Papa gab mir einen Packen Lirescheine, die ich unserer Mutter bringen sollte. Mein Bruder und ich waren dumme Kinder, wir gaben an mit den Lirescheinen, so aufgeregt waren wir darüber, soviel Geld in der Hand zu haben. Zwei Carabinieri entdeckten uns auf der Straße, nahmen uns das Geld weg und lachten uns aus, als wir weinten. Wir wußten nicht, was wir tun sollten; wir hatten Angst, nach Hause zu gehen, und wir hatten Angst, zum Vater zurückzukehren. Da kam plötzlich ein junger Mann aus dem Gebüsch. Er war größer als die meisten Sizilianer und viel breiter in den Schultern. Eigentlich sah er aus wie die amerikanischen Soldaten, die wir im Krieg gesehen hatten. Unter dem Arm trug er ein Maschinengewehr, aber seine Augen waren sanft und braun. Er war sehr hübsch. ›Kinder‹, fragte er uns, ›warum weint ihr an einem so herrlichen Tag? Und du, junge Dame, du ruinierst ja dein schönes Gesicht! Wer wird dich dann noch heiraten wollen?‹ Dabei lachte er, und man sah deutlich, daß unser Anblick ihm aus irgendeinem Grund Freude machte. Wir erzählten ihm, was passiert war, und da lachte er wieder und warnte uns, wir müßten uns immer vor den Carabinieri hüten, dies sei eine gute Lektion für uns, schon so früh im

Leben. Dann gab er meinem Bruder ein dickes Bündel Lirescheine, die dieser meiner Mutter bringen sollte, und mir gab er einen Zettel für meinen Vater. Ich erinnere mich noch an jedes Wort, das darauf stand: ›Machen Sie Ihren zwei hübschen Kindern, die die Freude und der Trost Ihres Alters sein werden, keinen Vorwurf. Das Geld, das ich ihnen gegeben habe, ist weit mehr, als Sie verloren haben. Und merken Sie sich: Von heute an stehen Sie und Ihre Kinder unter dem Schutz von GIULIANO.‹ Ich fand den Namen wunderschön, er hatte ihn in dicken, großen Buchstaben geschrieben. Monatelang sah ich diesen Namen in meinen Träumen, nur diese Buchstaben: GIULIANO... Zu lieben begann ich ihn aber wegen der Freude, die er an seinen guten Taten hatte. Einem anderen helfen zu können, das machte ihn wirklich glücklich. Und daran hat sich nichts geändert. Immer wieder entdeckte ich an ihm dieselbe Freude, als gewinne er durch das Geben mehr, als die anderen durch das Nehmen. Deswegen lieben ihn die Menschen von Sizilien.«

Hector Adonis ergänzte leise: »Bis zur Portella della Ginestra.«

Justina senkte den Blick und behauptete trotzig: »Sie lieben ihn immer noch!«

»Aber wie haben Sie ihn wiedergetroffen?« warf Michael schnell ein.

»Mein älterer Bruder war ein Freund von ihm«, antwortete Justina. »Und mein Vater war möglicherweise Mitglied seiner Bande. Ich weiß es nicht. Nur meine Familie und Turis Chefs wissen, daß wir verheiratet sind. Turi hat alle zur Verschwiegenheit verpflichtet, weil er fürchtet, die Behörden würden mich verhaften.«

Die ganze Tischrunde war verblüfft. Justina griff in ihr Kleid und holte ein Täschchen heraus, dem sie ein crèmefarbenes, steifes Blatt Papier mit dickem Siegel entnahm. Sie reichte es Michael, doch Hector Adonis nahm es ihr aus der Hand und las es. Dann sah er sie lächelnd an. »Morgen werden Sie in Amerika sein. Darf ich Turis Eltern die gute Nachricht bringen?«

Justina errötete. »Die haben immer gedacht, ich wäre schwanger, ohne verheiratet zu sein. Sie haben deswegen weniger von mir gehalten. Ja, Sie dürfen sie ihnen bringen.«

»Haben Sie jemals das Testament gesehen oder gelesen, das Turi versteckt hat?« erkundigte sich Michael.

Justina schüttelte den Kopf. »Nein«, sagte sie. »Darüber hat Turi nie mit mir gesprochen.«

Don Domenicos Miene war eisig geworden, aber sie wirkte auch neugierig. Er hat von dem Testament gehört, dachte Michael, mißbilligt es aber. Wie viele Personen wußten davon? Bestimmt nur die Mitglieder der Regierung in Rom, Don Croce, Giulianos Familie und der innere Kreis seiner Banditen.

»Don Domenico«, fragte Hector Adonis, »darf ich Sie um Ihre Gastfreundschaft bitten, bis die Bestätigung aus Amerika eintrifft, daß Justina sicher angekommen ist? Dann kann ich dafür sorgen, daß Giuliano benachrichtigt wird. Es dürfte nicht länger dauern als eine Nacht.«

Mit polternder Herzlichkeit antwortete Don Domenico: »Es wird mir eine Ehre sein, mein lieber Professor. Bleiben Sie, solange Sie mögen. Doch nun wird es für uns Zeit, zu Bett zu gehen. Unsere junge Signora muß doch ein bißchen Schlaf bekommen vor ihrer großen Reise, und ich bin zu alt, um so lange aufzubleiben. Avanti!« Wie ein mächtiger Vogel machte er scheuchende Armbewegungen, um sie zum Aufstehen zu bringen. Er selbst ergriff Hector Adonis beim Arm, um ihn zu seinem Zimmer zu begleiten, während er die Dienstboten anwies, sich um die übrigen Gäste zu kümmern.

Als Michael am nächsten Morgen erwachte, war Justina fort.

Hector Adonis mußte zweimal bei Don Domenico übernachten, bis das Kurierschreiben von Justina kam, in dem sie mitteilte, daß sie sicher in Amerika angekommen sei. Irgendwo in dem Brief versteckt war das Codewort, das Adonis zufriedenstellte. An dem Morgen, an dem er abreisen wollte, bat er Michael um eine persönliche Unterredung.

Michael hatte die beiden Tage angespannt vor freudiger Erregung verbracht, voll Sehnsucht, endlich auch selbst nach Amerika abreisen zu können. Peter Clemenzas Bericht über den Mord an Sonny hatte in Michael eine Art düstere Vorahnung im Hinblick auf Turi Giuliano geweckt. In seiner Vorstellung verschmolzen die beiden jungen Männer miteinander. Sie sahen einander irgendwie ähnlich und hatten beide denselben Sinn für Macht. Giuliano war erst so alt wie Michael, und Michael war fasziniert vom Ruhm des Mannes; er freute sich darauf, ihn persönlich kennenzulernen. Er fragte sich, wie sein Vater Giuliano in Amerika einsetzen könnte. Denn daß er das beabsichtigte, daran bestand für ihn kein Zweifel. Sonst wäre der Auftrag, Giuliano nach Hause mitzubringen, sinnlos gewesen.

Michael schlenderte mit Adonis zum Strand hinunter. Die bewaffneten Wachtposten salutierten vor ihnen: »*Vossia!*« Nicht einer zeigte auch nur einen Anflug von Spott beim Anblick des winzigen, elegant gekleideten Hector Adonis. Das Motorboot war zurückgekehrt, und nun, da er es aus der Nähe sah, erkannte Michael, daß es fast eine kleine Jacht war. Die Männer an Bord waren mit *lupare* und Maschinengewehren bewaffnet.

Die Junisonne war sehr heiß, das Meer so blau und still, daß es die Sonne reflektierte wie Metall. Michael und Hector

Adonis setzten sich auf zwei Stühle, die auf dem Steg standen.

»Bevor ich aufbreche, habe ich noch eine letzte Anweisung für Sie«, begann Hector Adonis leise. »Es handelt sich um den wichtigsten Dienst, den Sie Giuliano leisten können.«

»Von Herzen gern«, beteuerte Michael.

»Sie müssen Giulianos Testament sofort an Ihren Vater nach Amerika schicken«, sagte Adonis. »Er wird wissen, welchen Gebrauch er davon zu machen hat. Er wird dafür sorgen, daß Don Croce und die Regierung in Rom erfahren, daß es in Sicherheit, in Amerika ist, und dann werden sie es nicht wagen, Giuliano etwas anzutun. Sie werden ihn ungehindert ausreisen lassen.«

»Haben Sie es bei sich?« fragte Michael.

Der kleine Mann lächelte schlau; dann lachte er. »*Sie* haben es«, behauptete er.

Michael war verdutzt. »Da sind Sie aber falsch unterrichtet«, protestierte er. »Mir hat es niemand übergeben.«

»O doch«, entgegnete Hector Adonis. Als er Michael freundlich die Hand auf den Arm legte, bemerkte dieser, wie klein und zierlich seine Finger waren: wie die eines Kindes. »Maria Lombardo, Giulianos Mutter, hat es Ihnen gegeben. Gewiß, die Madonna ist seit Generationen in der Familie und sehr wertvoll. Das weiß jeder. Aber Giuliano hat eine Kopie bekommen. Und die ist hohl. Das Testament ist auf sehr dünnem Papier geschrieben, und jede Seite trägt Giulianos Unterschrift. Ich habe ihm während der letzten Jahre beim Schreiben geholfen. Außerdem gehören einige inkriminierende Dokumente dazu. Turi wußte schon immer, wie alles enden würde, und wollte darauf vorbereitet sein. Für einen so jungen Mann hat er ein geniales Gefühl für Strategie.«

Michael lachte. »Und seine Mutter ist eine großartige Schauspielerin.«

»Das sind alle Sizilianer«, sagte Hector Adonis. »Wir

trauen keinem und täuschen alle. Giulianos Vater ist zweifellos vertrauenswürdig, aber er könnte unbesonnen sein. Pisciotta ist seit der gemeinsamen Kindheit Giulianos bester, aufrichtigster Freund, Stefan Andolini hat Giuliano beim Kampf mit den Carabinieri das Leben gerettet, aber Männer verändern sich mit der Zeit oder reden unter der Folter. Darum ist es am besten, wenn sie nichts erfahren.«

»Aber Ihnen hat er doch vertraut«, warf Michael ein.

»Ich bin gesegnet«, antwortete Hector Adonis schlicht. »Aber sehen Sie jetzt, wie klug Giuliano ist? Sein Testament vertraut er nur mir an, sein Leben vertraut er nur Pisciotta an. Wenn er verlieren sollte, müßten wir ihn beide verraten.«

Siebzehntes Kapitel

Michael Corleone und Hector Adonis kehrten zur Villa zurück und setzten sich mit Peter Clemenza unter einen Zitronenbaum. Michael war ungeduldig: Er wollte das Testament lesen. Doch Hector Adonis erklärte, Andolini werde ihn jeden Moment zur Rückfahrt nach Montelepre abholen, und so wartete Michael, um zu sehen, ob Andolini irgendwelche Nachrichten für ihn hatte.

Eine Stunde verging. Besorgt sah Hector Adonis auf die Uhr.

»Vielleicht hat er eine Panne«, meinte Michael. »Der Fiat pfeift auf dem letzten Loch.«

Hector Adonis schüttelte den Kopf. »Stefan Andolini besitzt zwar das Herz eines Mörders, aber er ist die Pünktlichkeit in Person. Und zuverlässig. Da er sich nun schon um eine Stunde verspätet hat, fürchte ich, daß etwas schiefgegangen ist. Und ich muß unbedingt vor Einbruch der Dunkelheit, vor Beginn der Ausgangssperre, in Montelepre sein.«

»Mein Bruder gibt Ihnen einen Wagen mit Chauffeur«, sagte Peter Clemenza.

Adonis überlegte einen Moment. »Nein«, entschied er dann, »ich werde warten. Ich *muß* ihn sprechen.«

»Hätten Sie etwas dagegen, wenn wir uns das Testament ohne Sie ansehen?« fragte Michael. »Wie macht man die Madonna auf?«

»Aber gewiß doch – lesen Sie es!« antwortete Hector

Adonis. »Und für das Öffnen der Statue gibt es überhaupt keinen Trick. Sie ist aus massivem Holz geschnitzt. Der Kopf wurde aufgeschweißt, nachdem Turi seine Papiere hineingelegt hatte. Sie brauchen ihr nur den Kopf abzuschlagen. Falls Sie Schwierigkeiten haben beim Lesen, werde ich Ihnen gern behilflich sein. Lassen Sie mich durch eine der Dienerinnen holen.«

Mit Peter Clemenza stieg Michael zu seinem Schlafzimmer hinauf. Die Statue steckte noch in Michaels Jacke; er hatte sie ganz und gar vergessen. Er holte sie heraus, und beide Männer starrten die schwarze Muttergottes an. Die Züge waren eindeutig afrikanisch, der Ausdruck jedoch der gleiche wie bei den weißen Madonnen, die fast jedes ärmliche Haus in Sizilien schmückten. Michael drehte sie in den Händen. Sie war sehr schwer; man hätte nicht gedacht, daß sie innen hohl war.

Peter Clemenza ging zur Tür und rief einer der Dienerinnen einen Befehl hinunter. Kurz darauf brachte sie ihnen ein Küchenbeil. Sekundenlang starrte sie ins Zimmer hinein, dann übergab sie das Beil Clemenza. Er schloß die Tür vor ihren neugierigen Blicken.

Michael legte die schwarze Madonna auf die Platte der schweren Holzkommode. Mit einer Hand packte er den runden Fuß, mit der anderen den Kopf der Statue. Clemenza legte die Schneide des Beils vorsichtig auf den Hals der Madonna, dann hob er den muskulösen Arm und schlug ihr mit einem schnellen, kräftigen Hieb den Kopf ab, der quer durchs Zimmer flog. Aus dem hohlen Hals quoll ein mit einem weichen, grauen Lederband zusammengehaltenes Bündel Papiere.

Clemenza hatte genau die Schweißnaht getroffen: Das harte Olivenholz hätte er mit dem Beil nicht durchschlagen können. Er legte das Beil auf den Tisch, zog die Papiere aus der kopflosen Statue hervor, löste das Lederband und breitete die Papiere auf der Tischplatte aus. Es waren etwa fünfzehn eng mit schwarzer Tinte beschriebene Luftpostpapierblätter. Am Fuß jeder Seite prangte Giulianos Unterschrift im nachlässigen Stil regierender Könige. Überdies gab es Dokumente mit offiziellem Regierungssiegel, Briefe und Papier mit Regierungskopf und schriftliche, von Notaren beglaubigte Erklärungen. Die Papiere rollten sich von selbst wieder zusammen, so daß Michael die beiden Teile der Statue und das Beil benutzen mußte, um sie flach auf dem Tisch zu halten. Feierlich schenkte er zwei Gläser Wein aus dem Krug auf seinem Nachttisch ein und reichte eines davon Clemenza. Sie tranken, und dann begannen sie das Testament zu lesen.

Sie brauchten beinahe zwei Stunden.

Michael staunte darüber, daß Turi Giuliano, so jung, so idealistisch, all diese Verrätereien überlebt hatte. Er kannte genug von der Welt, um sich vorstellen zu können, daß Giuliano, um seiner Mission treu bleiben zu können, eine ganz eigene, listenreiche Taktik, ein ganz eigenes Schema der Macht entwickelt haben mußte. Michael wurde allmählich erfüllt von einem Gefühl der Verpflichtung für seine eigene Mission: Giulianos Flucht.

Es war nicht so sehr Giulianos Tagebuch – das sein Leben während der letzten sieben Jahre schilderte –, es waren vielmehr die begleitenden Dokumente, die zweifellos dafür sorgen würden, daß die christdemokratische Regierung in Rom gestürzt wurde. Wie konnten diese mächtigen Männer nur so töricht gewesen sein, fragte sich Michael: ein vom Kardinal unterzeichnetes Schreiben, ein Brief des Justizministers an Don Croce, in dem der Minister anfragte, was denn getan werden könne, um die Demonstration bei der Portella della Ginestra zu zerschlagen, alles sehr kühl abgefaßt, gewiß, im Licht der darauf folgenden Ereignisse jedoch vernichtend. Jedes Papier für sich selbst genommen nichtssagend, gemeinsam aber ein Berg von Beweisen so hoch wie die Pyramiden!

Da gab es einen Brief vom Fürsten Ollorto, von vorn bis hinten blumige Komplimente für Giuliano, in dem der Aristokrat ihm versicherte, alle Männer in den höchsten Stellungen der christdemokratischen Regierung in Rom hätten dem Fürsten versichert, sie würden alles in ihrer Macht Stehende tun, um einen Pardon für Giuliano zu erwirken, vorausgesetzt, er tue, was sie von ihm verlangten. Er, Fürst Ollorto, sei sich mit dem Justizminister in Rom vollkommen einig.

Das Testament beinhaltete auch Kopien von durch hohe Carabinieri-Beamte entworfenen Einsatzplänen für die Verhaftung Giulianos – Plänen, die Giuliano gegen geleistete Dienste übergeben worden waren.

»Kein Wunder, daß sie Giuliano nicht schnappen wollen«, sagte Michael. »Mit diesen Papieren kann er sie allesamt in die Luft jagen.«

»Ich werde das Zeug hier sofort nach Tunis schaffen«, erbot sich Peter Clemenza. »Morgen abend wird es im Safe deines Vaters liegen.«

Er nahm die kopflose Madonna und stopfte die Papiere wieder hinein. Dann steckte er die Statue in seine Tasche. »Komm«, sagte er zu Michael. »Wenn ich jetzt gleich aufbreche, kann ich morgen früh wieder hier sein.«

Sie gingen aus dem Haus, nachdem Clemenza der alten Dienerin in der Küche das Beil zurückgegeben hatte, das sie so mißtrauisch untersuchte, als erwarte sie, Blutspuren daran zu finden. Als sie zum Strand hinuntergehen wollten, sahen sie zu ihrem Erstaunen, daß Hector Adonis noch immer wartete. Stefan Andolini war nicht erschienen.

Der kleine Mann hatte seine Krawatte gelockert und sein Jackett abgelegt; sein glänzendes weißes Hemd war naß von Schweiß, obwohl er im Schatten eines Zitronenbaums saß.

Außerdem war er ein bißchen betrunken: Der große Weinkrug auf dem hölzernen Gartentisch war leer.

Verzweifelt wandte er sich an Michael und Peter Clemenza: »Die letzten Verrätereien beginnen. Andolini hat sich drei Stunden verspätet. Ich muß nach Montelepre und Palermo. Ich muß Giuliano Bescheid sagen.«

Peter Clemenza versuchte ihn zu beruhigen: »Vielleicht hat sein Wagen eine Panne, Professor; oder vielleicht ist er durch andere, dringende Angelegenheiten aufgehalten worden. Alles ist möglich. Er weiß, daß Sie hier in Sicherheit sind. Bleiben Sie doch noch eine Nacht hier, wenn er nicht auftaucht!«

Aber Hector Adonis murmelte weiter vor sich hin: »Es wird alles schlecht ausgehen, es wird alles schlecht ausgehen.« Dann bat er um eine Fahrgelegenheit. Clemenza befahl zwei Männern, einen der Alfa Romeos zu nehmen und Hector Adonis nach Palermo zu bringen. Er schärfte den beiden ein, unbedingt vor Einbruch der Nacht wieder zurück zu sein.

Sie halfen Hector Adonis einsteigen und beruhigten ihn, er solle sich keine Sorgen machen. Das Testament werde innerhalb von vierundzwanzig Stunden in Amerika und Giuliano in Sicherheit sein. Als der Wagen fort war, begleitete Michael Clemenza zum Strand und sah zu, wie er ins Motorboot stieg. Er blieb, bis das Boot zur Fahrt nach Afrika startete. »Morgen früh bin ich wieder da«, rief Peter Clemenza ihm zu. Michael fragte sich, was geschehen würde, wenn dies die Nacht war, in der Giuliano bei ihnen auftauchte.

Beim Abendessen bedienten ihn die beiden alten Frauen. Er machte noch einen Spaziergang am Strand, bis er an der Grenze des Villengrundstücks von den Wachtposten zurückgeschickt wurde. Es dunkelte; das Mittelmeer leuchtete in seinem tiefsten, samtigsten Blau, und hinter dem

Horizont konnte man den afrikanischen Kontinent riechen: ein Duft nach wilden Blumen und wilden Tieren.

Hier, am Wasser, gab es kein Insektengesumme; die brauchten die üppige Vegetation, die rauchige, heiße Luft des Landesinneren. Es war fast, als wäre eine Maschine angehalten worden. Als er am Strand stand und den Frieden, die Schönheit der sizilianischen Nacht empfand, bedauerte er all die anderen, die jetzt voll Furcht in die Dunkelheit hinausfuhren: Giuliano in seinen Bergen; Pisciotta, der mit dem fragwürdigen Schutz seines rotgerandeten Sonderpasses durch die feindlichen Linien wanderte; Professor Adonis und Stefan Andolini, die einander auf den staubigen Straßen Siziliens suchten; Peter Clemenza, der das blauschwarze Meer in Richtung Tunis überquerte. Und wohin war Don Domenico Clemenza verschwunden, daß er nicht zum Abendessen erschienen war? Sie alle waren Schatten in der sizilianischen Nacht, und wenn sie wiederkamen, würde die Bühne bereitet sein für das Leben oder für den Tod Turi Giulianos.

Viertes Buch

Don Croce

1947

Achtzehntes Kapitel

König Umberto II., aus dem Haus Savoyen, ein bescheidener, freundlicher Mann, heiß geliebt von seinen Untertanen, hatte sich damit einverstanden erklärt, über die Frage, ob Italien eine Nominal-Monarchie bleiben solle oder nicht, das Volk entscheiden zu lassen. Er mochte nicht König bleiben, wenn das Volk ihn nicht wollte. Darin glich er seinen Vorgängern. Die Könige aus dem Haus Savoyen waren alle recht wenig ehrgeizige Herrscher, ihre Monarchien in Wirklichkeit von einem Parlament regierte Demokratien gewesen. Die politischen Experten waren fest überzeugt, daß der Volksentscheid positiv für die Monarchie ausfallen werde.

Man verließ sich fest darauf, daß die Insel Sizilien mit großer Mehrheit für eine Beibehaltung des Status quo stimmen werde. Zu diesem Zeitpunkt waren die beiden mächtigsten Faktoren Siziliens Turi Giuliano, dessen Bande die Nordwestecke der Insel beherrschte, und Don Croce Malo, der mit seinen Freunden der Freunde das restliche Sizilien unter Kontrolle hatte. Während Giuliano sich nicht am Wahlkampf irgendeiner politischen Partei beteiligte, bemühten sich Don Croce und die Mafia nach Kräften, die Wiederwahl der Christdemokraten und den Erhalt der Monarchie zu sichern.

Zur größten Überraschung aller jedoch fegten die italienischen Wähler die Monarchie hinweg: Italien wurde Republik. Und Sozialisten wie Kommunisten erwiesen sich als so stark, daß die Christdemokraten wankten und beinahe stürzten. Die nächsten Wahlen mochten durchaus eine gottlose, sozialistische Regierung in Rom hervorbringen. Also begann die Christlich-Demokratische Partei damit, all ihre Ressourcen mobil zu machen, um die nächste Wahl zu gewinnen.

Die größte Überraschung war Sizilien gewesen. Dort zogen zahlreiche Abgeordnete der sozialistischen und der kommunistischen Partei ins Parlament ein. In Sizilien galten Gewerkschaften immer noch als Werk des Teufels, und viele Industriebetriebe und Grundbesitzer weigerten sich, mit ihnen zu arbeiten. Was war geschehen?

Don Croce war außer sich. Seine Leute hatten ihren Auftrag erfüllt. Sie hatten Drohungen ausgesprochen, durch die die Dorfbewohner der ländlichen Bezirke eingeschüchtert wurden, doch diese Drohungen hatten letztlich nicht das geringste genützt. Die katholische Kirche hatte ihre Priester gegen den Kommunismus predigen lassen, die Nonnen hatten ihre Almosen-Körbe mit Spaghetti und Olivenöl nur an jene verteilt, die versprachen, die Christdemokraten zu wählen. Die Kirchenhierarchie Siziliens war entsetzt. Sie hatte Lebensmittel für Millionen Lire verteilt, aber die schlauen sizilianischen Bauern hatten das Almosen-Brot gegessen und auf die Christlich-Demokratische Partei gepfiffen.

Auch Justizminister Franco Trezza zürnte seinen sizilianischen Landsleuten: ein verräterisches Volk, hinterhältig sogar, voll Stolz auf ihre persönliche Ehre, auch wenn sie nicht mal einen Topf hatten, in den sie pissen konnten. Er verzweifelte an ihnen. Wie konnten sie für Sozialisten und Kommunisten stimmen, die schließlich ihre Familienstruktur zerstören und ihren Christengott aus all den herrlichen Domen Italiens verbannen würden? Es gab nur einen Menschen, der ihm diese Frage beantworten und eine Lösung für das Problem der kommenden Wahlen finden konnte, die das zukünftige politische Leben Italiens entscheiden würden. Er schickte nach Don Croce.

Die sizilianischen Bauern, die für die linken Parteien und gegen ihren geliebten König gestimmt hatten, wären über den Zorn all dieser hochgestellten Persönlichkeiten erstaunt gewesen. Sie hätten sich sehr gewundert darüber, daß so mächtige Nationen wie die Vereinigten Staaten, Frankreich und Großbritannien befürchteten, Italien könne ein Verbündeter Rußlands werden. Viele von ihnen hatten noch nie etwas von Rußland gehört.

Das arme sizilianische Volk, zum erstenmal seit zwanzig Jahren mit dem Geschenk einer demokratischen Wahl bedacht, hatte ganz einfach für die Kandidaten und politischen Parteien gestimmt, die ihm die Chance versprachen, für eine minimale Geldsumme ein eigenes Stückchen Land zu erwerben.

Diese Menschen wären zutiefst entsetzt gewesen, hätten sie gewußt, daß ihre Stimme für die linken Parteien eine Stimme gegen ihre Familienstruktur, gegen die Mutter Gottes und die Heilige Katholische Kirche war, deren Heiligenbilder, von roten Kerzen beleuchtet, jede Küche und jedes Schlafzimmer Siziliens zierten; entsetzt, hätten sie gewußt, daß sie für die Verwandlung der Dome in Museen und für die Vertreibung ihres geliebten Papstes aus Italien gestimmt hatten.

Nein, die Sizilianer hatten dafür gestimmt, daß sie und ihre Familien ein eigenes Stückchen Land bekamen, und nicht für eine politische Partei. Für sie gab es keine größere Freude im Leben, als den eigenen Boden zu bestellen und behalten zu dürfen, was sie im Schweiße ihres Angesichts für sich und ihre Kinder erarbeitet hatten. Ihr Traum vom Himmel war ein kleines Kornfeld, ein terrassierter Gemüsegarten am Berghang, ein winziger Weingarten mit Reben, einem Zitronen- und einem Olivenbaum.

Das Büro des Justizministers in Rom war riesig, eingerichtet mit schweren, antiken Möbeln. An den Wänden hingen Porträts von Präsident Roosevelt und Premierminister Winston Churchill. Die Buntglasfenster führten auf einen kleinen Balkon hinaus. Der Minister schenkte seinem geehrten Gast, Don Croce Malo, ein Glas Wein ein.

Minister Franco Trezza war gebürtiger Sizilianer und aufrichtiger Antifaschist, der vor seiner Flucht nach England einige Zeit in Mussolinis Gefängnissen gesessen hatte. Er war ein großer, aristokratisch wirkender Mann mit immer noch pechschwarzen Haaren, obwohl sein Vollbart schon zu ergrauen begann. Er war zwar ein echter Held, aber er war auch ein gewissenhafter Bürokrat und Politiker – eine wirkungsvolle Kombination.

Sie saßen gemütlich zusammen, tranken Wein und unterhielten sich über die politische Lage Siziliens und über die bevorstehenden Regionalwahlen. Minister Trezza äußerte seine Befürchtungen: Falls Sizilien den Linkstrend an den Wahlurnen fortsetzte, konnte die Christlich-Demokratische Partei durchaus die Kontrolle über die Regierung verlieren – und die katholische Kirche durchaus ihre legale Position als offizielle Staatsreligion Italiens.

Don Croce reagierte nicht darauf. Er aß in aller Ruhe und mußte sich eingestehen, daß das Essen in Rom weit besser war als in seiner Heimat Sizilien. Der Don neigte das majestätische Haupt tief über den Teller mit den getrüffelten Spaghetti; die mächtigen Kinnbacken mahlten gleichmäßig und ununterbrochen. Gelegentlich wischte er sich mit der Serviette über den dünnen Schnurrbart. Die imposante Raubvogelnase hielt Wache über jede neue Speise, die von den Dienern hereingetragen wurde, als wolle sie sie auf Gift untersuchen. Sein Blick huschte auf dem üppig gedeckten Tisch hin und her. Er sprach kein Wort, während der Minister sich über die aktuellen Staatsgeschäfte ausließ.

Das Essen endete mit einer riesigen Schale Obst und mehreren Käsesorten. Bei der traditionellen Tasse Kaffee und dem Schwenker voll Cognac machte der Don sich dann zum Gespräch bereit. Unruhig rutschte er mit seinem überdimensionalen Körper auf dem zu kleinen Stuhl umher, bis der Minister ihn hastig in einen Salon mit tiefen Polstersesseln führte. Er gab Befehl, Kaffee und Cognac hinterherzubringen, und schickte den Diener wieder hinaus. Der Minister schenkte Don Croce eigenhändig den Espresso ein, bot ihm eine Zigarre an, die abgelehnt wurde, und machte sich dann bereit, der Weisheit des Don teilhaftig zu werden.

Don Croce musterte den Minister gelassen. Er ließ sich nicht beeindrucken von dem aristokratischen Profil, den plumpen, groben Zügen, der intensiven Aufmerksamkeit. Und er verabscheute den Vollbart des Ministers, den er für viel zu affektiert hielt. Dieser Mann konnte in Rom Eindruck machen, in Sizilien dagegen niemals. Und doch war dies der Mann, der die Macht der Mafia in Sizilien zu festigen vermochte. Es war ein Fehler gewesen, Rom damals, in der alten Zeit, höhnisch zu belächeln; das Ergebnis waren Mussolini und die Faschisten gewesen. Don Croce machte sich keine Illusionen. Eine linke Regierung konnte durchaus Ernst machen mit den Reformen, mit der Vertreibung der Untergrund-Regierung der Freunde der Freunde. Einzig eine christdemokratische Regierung würde die Rechtsmanipulationen aufrechterhalten, die Don Croce unangreifbar machten. Nur deshalb hatte er sich mit der Genugtuung eines Wunderheilers beim Besuch einer Horde verkrüppelter Bittsteller bereit erklärt, nach Rom zu kommen. Er wußte, daß er das Leiden heilen konnte.

»Ich kann Ihnen Sizilien bei der nächsten Wahl zu Füßen legen«, wandte er sich an Minister Trezza. »Sie müssen mir jedoch zusichern, daß Sie nichts gegen Turi Giuliano unternehmen werden.«

»Diese Zusicherung kann ich Ihnen nicht geben«, antwortete Minister Trezza.

»Das ist das einzige Versprechen, das Sie mir geben müssen«, wiederholte Don Croce.

Der Minister strich sich den Bart. »Was für ein Mensch ist dieser Giuliano?« fragte er zögernd. »Er ist doch viel zu jung, um so gewalttätig zu sein. Selbst für einen Sizilianer.«

»Aber nein, er ist ein sehr sanfter Bursche«, sagte Don Croce, der das ironische Lächeln des Ministers ignorierte und zu erwähnen vergaß, daß er Giuliano persönlich gar nicht kannte.

Minister Trezza schüttelte den Kopf. »Das halte ich für ganz unmöglich«, erklärte er. »Einen Mann, der so viele Carabinieri getötet hat, kann man doch nicht als sanft bezeichnen!«

Er hatte recht. Don Croce fand, Giuliano habe es im vergangenen Jahr übertrieben. Seit der Hinrichtung von »Pater« Dodana hatte er seine Wut an all seinen Feinden ausgelassen, an Rom und an der Mafia.

Er hatte begonnen, an Tageszeitungen zu schreiben und zu behaupten, Rom könne machen, was es wolle, der Herrscher Westsiziliens sei er. Außerdem schrieb er Briefe, in denen er den Carabinieri der Ortschaften Montelepre, Corleone und Monreale verbot, nach Mitternacht auf den Straßen Streife zu gehen. Seine Erklärung für dieses Verbot lautete, seine Männer müßten zu bestimmten Punkten gelangen können, wenn sie Freunde und Verwandte besuchen wollten, ohne im Bett verhaftet oder beim Verlassen eines Hauses erschossen zu werden, genau wie er, wenn er seine Familie in Montelepre zu besuchen wünsche.

Die Zeitungen druckten diese Briefe mit hämischen Kommentaren. Salvatore Giuliano verbot die *cassetta*? Dieser Bandit untersagte der Polizei ihre rechtmäßigen Streifen in den sizilianischen Ortschaften? Welch eine Ungeheuerlichkeit! Hielt dieser junge Mann sich für den König von Italien? Karikaturen erschienen, in denen Carabinieri dargestellt wurden, die sich in einer Seitengasse von Montelepre versteckten, während die gigantische Gestalt Giulianos majestätisch auf den Dorfplatz hinaustrat.

Der Maresciallo von Montelepre konnte natürlich nur eines tun: Nacht für Nacht schickte er seine Streifen durch die Straßen des Dorfes. Nacht für Nacht war seine Garnison, auf einhundert Mann verstärkt, auf dem Posten und bewachte die Zugänge, die von den Bergen ins Dorf führten, damit Giuliano keinen Überfall inszenieren konnte.

Als er es jedoch ein einziges Mal wagte, seine Carabinieri in die Berge zu schicken, wurden sie von Giuliano und seinen fünf Chefs – Pisciotta, Terranova, Passatempo, Silvestro und Andolini –, mit je einer Truppe von fünfzig Mann aus dem Hinterhalt angegriffen. Giuliano zeigte keine Gnade: Sechs Carabinieri wurden getötet, die anderen flohen vor dem vernichtenden Feuer der Gewehre.

Rom griff zu den Waffen; aber es war genau jene übertriebene Unverschämtheit Giulianos, die ihnen allen nützen konnte, wenn es Don Croce nur gelang, diese Pflaume von einem Justizminister davon zu überzeugen.

»Glauben Sie mir«, sagte Don Croce zu Minister Trezza, »Giuliano kann unseren Zwecken nützlich sein. Ich werde ihn überreden, der sozialistischen und kommunistischen Partei Siziliens den Krieg zu erklären. Er wird im weitesten Sinne mein militärischer Helfer werden. Anschließend werden meine Freunde und ich dann natürlich alles Notwendige tun, was in der Öffentlichkeit nicht getan werden kann.«

Minister Trezza schien kein bißchen schockiert zu sein

von diesem Vorschlag, sondern erklärte von oben herab: »Giuliano ist bereits ein nationaler Skandal. Ein internationaler Skandal. Auf meinem Schreibtisch liegt ein Plan vom Chef des Armeestabs, Truppen hinüberzuschicken, um ihn zu vernichten. Auf seinen Kopf ist ein Preis von zehn Millionen Lire ausgesetzt. Eintausend Carabinieri stehen in Alarmbereitschaft, um unverzüglich nach Sizilien verlegt zu werden und die bereits dort befindlichen Einheiten zu verstärken. Und Sie bitten mich, ihn zu schützen? Mein lieber Don Croce, ich hatte erwartet, daß Sie helfen würden, ihn uns auszuliefern, wie Sie es bei den anderen Banditen getan haben. Giuliano ist die Schande Italiens. Alle sind sich darin einig, daß er eliminiert werden muß!«

Don Croce trank seinen Espresso und wischte sich mit der Hand über den Schnurrbart. Er hatte nicht mehr viel Geduld mit dieser römischen Heuchelei. Bedächtig schüttelte er den Kopf. »Turi Giuliano ist für uns weit wertvoller, solange er am Leben ist und in den Bergen seine Heldentaten vollbringt. Die Menschen in Sizilien verehren ihn; sie sprechen Gebete für seine Seele und seine Sicherheit. Auf meiner Insel gibt es keinen Menschen, der ihn verraten würde. Und er ist weitaus gerissener als alle anderen Banditen zusammen. Ich habe Spione in seinem Lager, aber er ist eine so faszinierende Persönlichkeit, daß ich nicht sagen könnte, wie loyal sie mir gegenüber wirklich sind. Das ist der Mann, von dem Sie reden! Er weckt bei allen Menschen Zuneigung. Wenn Sie Ihre tausend Carabinieri und Ihre Soldaten hinschicken, und sie versagen – sie haben früher schon versagt –, was dann? Ich sage Ihnen folgendes: Wenn Giuliano sich entschließt, bei der nächsten Wahl den linken Parteien zu helfen, werden Sie Sizilien verlieren, und Ihre Partei, wie Ihnen ja sicher klar ist, wird Italien verlieren.« Er machte eine längere Pause und sah den Minister unbewegt an. »Sie müssen zu einer Einigung mit Giuliano kommen.«

»Und wie soll das alles arrangiert werden?« erkundigte sich Minister Trezza mit dem höflichen, überheblichen Lächeln, das Don Croce so haßte. Es war ein römisches Lächeln, obwohl der Mann Sizilianer war. »Aus sicherer Quelle habe ich erfahren, daß Giuliano nicht gerade viel für Sie übrig hat.«

Don Croce zuckte die Achseln. »Er hätte die letzten drei Jahre nicht überlebt, wenn er nicht klug genug gewesen wäre, einen alten Groll zu begraben. Außerdem habe ich eine Verbindung zu ihm. Doktor Hector Adonis, der zu meinen Leuten gehört, ist Giulianos Pate und zuverlässigster Freund. Er wird mein Vermittler sein und meinen Friedensschluß mit Giuliano arrangieren. Dazu brauche ich von Ihnen aber die notwendigen Zusicherungen in irgendeiner konkreten Form.«

»Hätten Sie vielleicht gern einen von mir unterzeichneten Brief des Inhalts, daß ich den Banditen liebe, den ich fangen will?« erkundigte sich der Minister ironisch.

Es war die größte Stärke des Don, daß er niemals von einem beleidigenden Ton, einem Mangel an Respekt Notiz nahm, obwohl er ihn in seinem Gedächtnis verwahrte. Mit undurchdringlicher Miene antwortete er schlicht: »Nein. Geben Sie mir einfach eine Kopie der Pläne Ihres Chefs des Armeestabs für den Feldzug gegen Giuliano und außerdem eine Kopie Ihres Befehls, tausend Carabinieri zur Verstärkung der dort stationierten Einheiten nach Sizilien zu schikken. Beides werde ich Giuliano zeigen und ihm versprechen, daß Sie diese Befehle nicht ausführen lassen, wenn er uns hilft, die sizilianischen Wähler aufzuklären. Das braucht später durchaus nicht kompromittierend für Sie zu sein; Sie können jederzeit behaupten, daß Ihnen eine Kopie gestohlen wurde. Außerdem werde ich Giuliano versprechen, daß er im Fall eines Sieges der Christdemokraten bei der nächsten Wahl begnadigt wird.«

»O nein, das nicht!« protestierte Minister Trezza. »Eine Begnadigung liegt außerhalb meiner Macht.«

»Ein ›Versprechen‹ liegt aber durchaus innerhalb Ihrer Macht«, widersprach Don Croce. »Und wenn es dann gehalten werden kann, um so besser. Sollte Ihnen das jedoch unmöglich sein, werde ich ihm die schlechte Nachricht selbst überbringen.«

Der Minister begriff. Er begriff – wie Don Croce es beabsichtigt hatte –, daß Don Croce Giuliano letzten Endes auf jeden Fall loswerden mußte; daß es für beide zusammen nicht Platz genug auf der Insel gab; und daß Don Croce die ganze Verantwortung dafür übernehmen würde, daß der Minister sich um die Lösung dieses Problems also nicht zu kümmern brauchte. Er brauchte Don Croce nur die Kopien der beiden Pläne zu geben.

Der Minister überlegte. Don Croce senkte den schweren Kopf und sagte leise: »Wenn die Begnadigung überhaupt möglich ist, würde ich sie forcieren.«

Auf und ab gehend erwog der Minister sämtliche Komplikationen, zu denen es kommen konnte. Don Croce rührte sich nicht, machte keinen Versuch, ihm mit den Blicken zu folgen. »Na schön, versprechen Sie ihm die Begnadigung in meinem Namen; aber Sie müssen sich darüber im klaren sein, daß es gerade jetzt schwierig sein wird. Der Skandal könnte zu große Ausmaße annehmen. Mein Gott, wenn die Presse jemals erfährt, daß wir beiden uns getroffen haben, würde sie mich fertigmachen, ich müßte mich auf meinem Gut in Sizilien zur Ruhe setzen und könnte Mist schaufeln und Schafe scheren. Ist es denn wirklich unbedingt nötig, daß Sie Kopien dieser Pläne und meiner Befehle bekommen?«

»Ohne die läuft nichts«, antwortete Don Croce. »Giuliano braucht einen Beweis dafür, daß wir beiden Freunde sind, sowie eine Vorausbelohnung von uns für seine Dienste.

Beides erreichen wir, wenn ich ihm die Pläne zeige und ihm verspreche, daß sie nicht ausgeführt werden. Er kann so frei wie immer handeln, ohne sich gegen eine Armee oder zusätzliche Polizeieinheiten wehren zu müssen. Die Tatsache, daß ich im Besitz der Pläne bin, bestätigt ihm meine Verbindung mit Ihnen, und wenn die Pläne nicht ausgeführt werden, bestätigt das meinen Einfluß auf Rom.«

Minister Trezza schenkte Don Croce noch eine Tasse Espresso ein. »Nun gut«, sagte er. »Ich verlasse mich auf unsere Freundschaft. Diskretion ist alles. Aber ich mache mir Sorgen um Ihre Sicherheit. Wenn Giuliano seinen Auftrag ausführt und nicht begnadigt wird, wird er doch zweifellos Sie dafür verantwortlich machen.«

Der Don nickte, schwieg aber. Er trank einen Schluck Espresso. Der Minister beobachtete ihn aufmerksam. »Auf einer so kleinen Insel ist nicht genug Platz für Sie beide«, sagte er dann.

Don Croce lächelte. »Ich werde Platz für ihn schaffen«, erklärte er. »Wir haben viel Zeit.«

»Gut, gut«, antwortete Minister Trezza. »Und lassen Sie mich eines sagen: Wenn ich meiner Partei für die nächste Wahl die sizilianischen Stimmen zusichern kann, und wenn ich anschließend das Problem Giuliano zum Ruhm der Regierung lösen kann, ist nicht abzusehen, wie hoch ich in der politischen Hierarchie steigen werde. So hoch das aber auch sein mag, mein lieber Freund – Sie werde ich niemals vergessen. Ihnen werde ich immer mein Ohr leihen.«

Don Croce setzte seinen schweren Körper im Sessel zurecht und überlegte, ob es sich wirklich lohnen würde, diesen Olivenkopf von Sizilianer zum Premierminister Italiens zu machen. Doch gerade seine Dummheit konnte den Freunden der Freunde nützen, und wenn er illoyal wurde, war er leicht zu beseitigen. In dem aufrichtigen Ton, für den er berühmt war, sagte der Don: »Ich danke Ihnen für Ihre

Freundschaft und werde alles tun, was in meiner Macht steht, um Ihnen in Zukunft zu helfen. Wir sind uns einig. Ich breche morgen nachmittag nach Palermo auf und wäre dankbar, wenn Sie mir am Vormittag die Pläne und die anderen Papiere ins Hotel schicken ließen. Und was unseren Giuliano betrifft: Falls es Ihnen nicht gelingt, für ihn die Begnadigung zu erwirken, nachdem er seinen Auftrag erfüllt hat, werde ich dafür sorgen, daß er verschwindet. Nach Amerika vielleicht oder irgendwohin, wo er Ihnen keine weiteren Schwierigkeiten bereiten kann.«

So trennten sich die beiden Männer. Trezza, der Sizilianer, der sich entschlossen hatte, die bestehende Gesellschaft aufrechtzuhalten, und Don Croce, der die Regierung von Rom für den Teufel hielt, auf die Erde geschickt, um ihn zu versklaven. Denn Don Croce glaubte an die Freiheit – eine Freiheit, die ihm ganz persönlich gehörte, die keiner anderen Macht, sondern einzig dem Respekt zu verdanken war, den er sich bei seinen sizilianischen Landsleuten verschafft hatte. Zutiefst bedauerte der Don, daß diese Tatsache ihn in Opposition zu Turi Giuliano – einem Mann nach seinem Herzen – brachte und nicht zu diesem heuchlerischen Gauner von Justizminister.

In Palermo angekommen, bestellte Don Croce Hector Adonis zu sich. Er berichtete ihm von seinem Besuch bei Trezza und von der Einigung, zu der sie gekommen waren. Dann zeigte er ihm die Kopien der Pläne, die die Regierung für den Krieg gegen Giuliano ausgearbeitet hatte. Der kleine Mann war besorgt – genau die Reaktion, auf die der Don gehofft hatte.

»Der Minister hat mir versprochen, daß er diesen Plänen die Zustimmung verweigern wird und sie nicht ausgeführt werden«, erklärte Don Croce. »Aber Ihr Patensohn muß all seinen Einfluß darauf verwenden, die nächsten Wahlen richtig zu steuern. Er muß stark und fest sein und sich nicht mehr so sehr um die Armen kümmern. Er muß an seine eigene Haut denken. Er muß begreifen, daß ein Bündnis mit Rom und dem Justizminister eine einmalige Gelegenheit ist. Trezza unterstehen alle Carabinieri, die ganze Polizei, sämtliche Richter. Eines Tages wird er vielleicht sogar Ministerpräsident. Falls das geschieht, kann Turi Giuliano in den Schoß seiner Familie zurückkehren und vielleicht selbst in der Politik Karriere machen. Die Menschen in Sizilien lieben ihn. Vorerst jedoch muß er vergeben und vergessen. Ich verlasse mich darauf, daß Sie ihn davon überzeugen.«

»Aber wie kann er sich auf Roms Versprechungen verlassen? Turi hat immer für die Armen gekämpft. Nie könnte er etwas tun, das gegen deren Interessen wäre.«

»Er ist doch kein Kommunist!« entgegnete Don Croce scharf. »Arrangieren Sie für mich ein Treffen mit Giuliano«, verlangte er. »Ich werde ihn überzeugen. Wir sind die beiden mächtigsten Männer von ganz Sizilien. Warum sollten wir nicht zusammenarbeiten? Gewiß, er hat sich schon einmal geweigert, aber die Zeiten ändern sich. Und dies hier wird sowohl seine als auch unsere Rettung sein. Die Kommunisten würden uns beide mit dem gleichen Vergnügen zertreten. Ein kommunistischer Staat kann sich weder einen Helden wie Giuliano leisten noch einen Bösewicht wie mich. Ich werde mich an jedem Ort mit ihm treffen, den er bestimmt. Und richten Sie ihm aus, daß ich mich für die Versprechungen Roms verbürge. Wenn die Christdemokraten die nächste Wahl gewinnen, werde ich die Verantwortung für seine Begnadigung übernehmen. Dafür verpfände ich mein Leben und meine Ehre.«

Hector Adonis hatte begriffen. Don Croce nahm das Risiko von Giulianos Zorn auf sich, falls Minister Trezzas Zusicherungen nicht gehalten wurden.

»Darf ich die Pläne mitnehmen und sie Giuliano zeigen?« fragte er.

Don Croce überlegte einen Moment. Er wußte genau, daß er die Pläne niemals zurückbekommen und Giuliano damit für die Zukunft eine wirksame Waffe in die Hand geben würde. Lächelnd sah er Hector Adonis an. »Aber natürlich dürfen Sie sie mitnehmen, mein lieber Professor«, sagte er.

Während Turi Giuliano auf Hector Adonis wartete, überlegte er, wie er sich verhalten sollte. Die Wahlen und der Sieg der linken Parteien hatten bewirkt, daß sich Don Croce um Hilfe an ihn wenden würde, das war ihm klar.

Seit nahezu vier Jahren hatte Giuliano Hunderte von Millionen Lire und Lebensmittel an die Armen in dieser Ecke Siziliens verteilt, doch richtig helfen konnte er ihnen nur, wenn er eine gewisse Machtstellung erreichte.

Die Bücher über Volkswirtschaft und Politik, die er gelesen hatte, beunruhigten ihn. Der Lauf der Geschichte bewies, daß die linken Parteien in jedem Land, außer Amerika, die einzige Hoffnung für die Armen waren. Trotzdem konnte er sich mit ihnen nicht anfreunden. Er haßte sie wegen ihrer Tiraden gegen die Kirche und ihres Hohns über die mittelalterlichen Familienbande der Sizilianer. Und er wußte, daß eine sozialistische Regierung weit größere Anstrengungen unternehmen würde, ihn aus seinen Bergen zu holen, als die Christdemokraten.

Es war Nacht, und Giuliano betrachtete die Lagerfeuer seiner Männer, die über den Berghang verteilt brannten. Von der Klippe auf Montelepre hinabblickend, hörte er Fetzen der Musik, die aus den Lautsprechern auf dem Dorfplatz dröhnte, Musik aus Palermo. Er sah das Dorf als geometrisches Lichtmuster, das einen fast perfekten Kreis bildete. Einen Augenblick dachte er daran, seinen Paten, nachdem er gekommen war und sie das Geschäftliche erledigt hatten, den Berg hinab zu begleiten, um seine Eltern und anschließend La Venera zu besuchen. Er hatte nicht die geringste Angst, so etwas zu tun. Nach drei Jahren war er über jede Bewegung in der Provinz unterrichtet. Die Carabinieri-Abteilung im Dorf stand unter der ständigen Beobachtung seiner bewaffneten Anhänger.

Nachdem Adonis eingetroffen war, begleitete Turi Giuliano ihn in die große Höhle, in der ein Tisch und mehrere Stühle standen und die von Batterielampen der amerikanischen Army beleuchtet war. Hector Adonis umarmte ihn und gab ihm eine kleine Tasche voll Bücher, die Turi dankbar entgegennahm. Außerdem überreichte Adonis ihm einen Aktenkoffer mit Dokumenten. »Ich glaube, sie werden dich interessieren. Du solltest die Papiere am besten sofort lesen.«

Giuliano breitete die Papiere auf der hölzernen Tischplatte aus. Es waren die von Minister Trezza unterzeichneten Befehle, weitere tausend Carabinieri vom Festland nach Sizilien in Marsch zu setzen, um Giulianos Banditen zu bekämpfen. Turi studierte sie mit grimmiger Miene. Er fürchtete sich nicht; er würde einfach tiefer in die Berge hineinziehen müssen. Aber die Vorwarnung kam ihm gelegen.

»Woher hast du die?« wollte Giuliano wissen.

»Von Don Croce«, antwortete Adonis. »Und der hat sie von Minister Trezza persönlich.« Turi war nicht so überrascht, wie man es hätte erwarten können. Im Gegenteil, er lächelte sogar.

»Sollen die mir vielleicht Angst einjagen?« erkundigte er sich. »Die Berge sind weit. Sie können alle Männer schlukken, die sie schicken, während ich unter einem Baum liege und mich in den Schlaf pfeife.«

»Don Croce möchte mit dir sprechen. Er wird zu jedem

Treffpunkt kommen, den du vorschlägst«, sagte Adonis. »Diese Pläne sind ein Zeichen seines guten Willens. Er hat dir einen Vorschlag zu machen.«

»Und du, mein lieber Pate – bist du dafür, daß ich mich mit Don Croce treffe?« Turi beobachtete Hector aufmerksam.

»Ja«, antwortete Adonis schlicht.

Turi Giuliano nickte. »Dann werden wir uns in Montelepre treffen, in deinem Haus. Bist du sicher, daß Don Croce dieses Risiko eingehen wird?«

»Warum nicht?« entgegnete Adonis ernst. »Er hat mein Wort, daß er in Sicherheit sein wird. Und ich werde dein Wort haben, auf das ich mich mehr verlasse als auf sonst irgend etwas auf der Welt.«

Giuliano ergriff Hectors Hände. »Wie ich mich auf deins«, sagte er. »Ich danke dir für diese Pläne und danke dir für die Bücher, die du mir gebracht hast. Wirst du mir heute nacht, bevor du gehst, bei einem davon ein bißchen helfen?«

»Selbstverständlich«, gab Hector Adonis zurück. Und im Verlauf der Nacht erklärte er Turi mit seiner schönen Vortragsstimme die schwierigen Passagen in einem der mitgebrachten Bücher. Giuliano hörte ihm aufmerksam zu und stellte Fragen. Es war, als seien sie wieder der Lehrer und der junge Schüler, die sie vor so vielen Jahren gewesen waren.

In dieser Nacht schlug Hector Adonis Turi Giuliano auch vor, ein Testament zu schreiben, ein Dokument, in dem er alles aufzeichnen sollte, was der Bande zustieß, in dem er detailliert jeden geheimen Handel festhalten sollte, den er mit Don Croce und Minister Trezza abschloß. Es könne in der Zukunft ein hervorragender Schutz für ihn werden.

Giuliano nahm den Vorschlag begeistert auf. Selbst wenn

das Dokument keine Macht besaß, selbst wenn es verlorenging, so träumte er davon, daß es vielleicht in hundert Jahren von einem anderen Rebellen gefunden wurde. Wie das Skelett von Hannibals Elefanten, das er und Pisciotta entdeckt hatten.

Neunzehntes Kapitel

Das historische Treffen fand zwei Tage später statt. In dieser kurzen Zeitspanne ging bei den Einwohnern von Montelepre überall das Gerücht um, der große Don Croce Malo werde mit dem Hut in der Hand kommen, um ihrem eigenen ruhmreichen Helden, Turi Giuliano, seine Aufwartung zu machen. Wie das Geheimnis durchgesickert war, konnte nicht festgestellt werden. Vielleicht dadurch, daß Giuliano für das Treffen außergewöhnliche Vorsichtsmaßnahmen getroffen hatte. Seine Patrouillen riegelten die Straße nach Palermo ab, und nahezu fünfzig seiner Männer, die in Montelepre Blutsverwandte hatten, gingen ihre Familien besuchen und übernachteten in deren Häusern.

Passatempo wurde mit seinen Männern ausgeschickt, die Bellampo-Kaserne abzuriegeln und die Carabinieri, falls sie auf Streife zu gehen versuchten, außer Gefecht zu setzen. Terranovas Männer kontrollierten die Straße nach Castellamare und Trapani. Corporal Canio Silvestro war auf einem Hausdach postiert: mit fünf seiner besten Schützen und einem schweren Maschinengewehr, das er mit jenen Rohrgestellen getarnt hatte, an denen viele Familien in Montelepre ihre Tomaten für Tomatenmark zu trocknen pflegten.

Als es dämmerte, kam Don Croce mit einem großen Alfa Romeo, den er vor Hector Adonis' Haus parkte. Begleitet wurde er von seinem Bruder, Pater Benjamino, und zwei bewaffneten Leibwächtern, die mit dem Chauffeur im Auto blieben. Hector Adonis erwartete sie an der

Tür – noch eleganter gekleidet als sonst, in einem von einem Londoner Schneider angefertigten grauen Anzug, mit rotschwarz gestreifter Krawatte auf dem blendend weißen Hemd. Er bildete einen verblüffenden Kontrast zu Don Croce, der sich sogar noch nachlässiger gekleidet zu haben schien als sonst. Den riesigen Bauch umspannte eine Hose, die ihn wie eine überdimensionale, watschelnde Gans wirken ließ, das kragenlose Hemd am Hals offen, das schwere, schwarze Jackett so eng, daß er es vorn nicht zuknöpfen konnte und man die billigen, drei Zentimeter breiten Hosenträger sah. Seine Füße steckten in leichten Slippern.

Pater Benjamino trug seine Soutane mit dem gewohnten schwarzen, verstaubten Hut, der wie eine Pfanne geformt war. Bevor er eintrat, schlug er das Kreuzeszeichen und murmelte einen Segen über das Haus.

Hector Adonis besaß das schönste Haus von ganz Montelepre, und er war stolz darauf. Die Möbel kamen aus Frankreich, die Gemälde kleinerer zeitgenössischer Künstler Italiens hatte er sorgfältig ausgesucht. Das Geschirr stammte aus Deutschland, die Haushälterin war eine Italienerin mittleren Alters, die vor dem Krieg in England ausgebildet worden war. Während die drei Männer im Salon saßen und auf Giuliano warteten, sevierte sie ihnen Kaffee.

Don Croce fühlte sich sicher. Er wußte, daß Giuliano seinem Paten nicht die Ehre nehmen und sein Wort brechen würde. Der Don war von einer angenehmen, freudigen Erwartung erfüllt. Endlich würde er diesen aufsteigenden Stern am Himmel persönlich kennenlernen und seine wahre Größe beurteilen können. Aber selbst er war ein bißchen erschrocken über die Lautlosigkeit, mit der Giuliano ins Haus schlüpfte. Es gab kein Geräusch auf der kopfsteingepflasterten Straße, kein Knarren einer Tür, die geöffnet oder geschlossen wurde. Und doch stand Giuliano plötzlich in der Bogenöffnung, die ins Speisezimmer führte. Staunend sah der Don, wie hübsch er war.

Das Leben in den Bergen hatte seine Brust breiter, sein Gesicht schmaler werden lassen. Die Wangen waren mager, das Kinn war spitz geworden. Seine Kleidung – enge Moleskin-Hose und ein frisch gewaschenes und gebügeltes weißes Hemd – brachte ihn gut zur Geltung. Unter der losen Jagdjacke aus rostbraunem Samt war die Maschinenpistole verborgen, die er immer bei sich trug. Vor allem aber wirkte er unglaublich jung, fast noch wie ein Kind, obwohl er doch schon vierundzwanzig war.

Konnte ein solcher Junge Rom getrotzt, die Freunde der Freunde überlistet, den mörderischen Andolini mit Ergebenheit erfüllt, Passatempos Brutalität im Zaum gehalten, ein Viertel von Sizilien und die Liebe der Menschen auf der ganzen Insel erobert haben? Daß Giuliano unglaublich tapfer war, wußte Don Croce, aber Sizilien war voll von tapferen Männern, die, leichte Beute für Verräter, einen frühen Tod gefunden hatten.

Doch während Don Croce noch derartige Zweifel hegte, tat Turi Giuliano etwas, das das Herz des Don erfreute und ihm bestätigte, wie richtig es war, diesen Jungen zu seinem Verbündeten zu machen: Er trat ins Zimmer, ging direkt auf Don Croce zu und sagte: »*Bacio tua mano.*«

Es war der traditionelle Gruß eines sizilianischen Landbewohners für einen Höherstehenden – einen Priester, einen Großgrundbesitzer oder einen Aristokraten. »Ich küsse deine Hand.« Dabei trug Giuliano ein fröhliches Grinsen zur Schau. Aber Don Croce wußte, warum er es gesagt hatte: Nicht um ihm seine Unterwürfigkeit oder auch nur Respekt vor seinem Alter zu erweisen, sondern weil der Don sich in Giulianos Hand begeben hatte. Für dieses Vertrauen erwies ihm Giuliano Respekt. Während sich seine schweren Wangen vor Anstrengung dunkelrot färbten, stemmte Don Croce sich aus dem Sessel und umarmte Giuliano: Er wollte diesem feinen jungen Mann seine Zuneigung beweisen. Dabei bemerkte er, daß Hector Adonis vor Stolz strahlte: Sein Patensohn hatte gezeigt, daß er ein Gentleman war.

Pisciotta, der jetzt den Raum betrat, beobachtete die Szene mit einem winzigen Lächeln auf dem finsteren Gesicht. Auch er sah auffallend gut aus, aber auf eine ganz andere Art als Giuliano. Durch seine Lungenkrankheit war er stark abgemagert. Seine Wangenknochen schienen die olivfarbene Haut beinahe zu durchstoßen. Sein Haar war sorgfältig frisiert und glänzend schwarz, während Giuliano das braune Haar ganz kurz geschnitten trug wie einen Helm.

Turi Giuliano seinerseits hatte erwartet, den Don mit seiner Begrüßung zu überrumpeln, und war verblüfft, als dieser seine Geste genau zu verstehen schien und sie voll Liebenswürdigkeit akzeptierte. Er betrachtete die voluminöse Gestalt Don Croces und wurde noch vorsichtiger. Dies war ein gefährlicher Mann. Nicht nur, weil ihm dieser Ruf vorausging, sondern auch weil er Macht ausstrahlte. Sein massiger Körper, der eigentlich grotesk hätte wirken müssen, schien mit seiner geballten Energie den ganzen Raum zu füllen. Wenn er es darauf anlegte, jemanden zu überzeugen, verbreitete er eine außergewöhnliche Faszination, eine Kombination von Aufrichtigkeit, Nachdruck und ausgesuchter Höflichkeit, die erstaunlich war bei einem Mann, der in allem, was er sonst tat, so schwerfällig zu sein schien.

»Ich beobachte dich seit Jahren und habe lange auf diesen Tag gewartet. Und nun, da er gekommen ist, erfüllst du alle meine Erwartungen.«

»Ich fühle mich geschmeichelt«, gab Giuliano zurück. Seine nächsten Worte wog er genau: Er wußte, was man von ihm erwartete. »Ich hatte immer gehofft, daß wir Freunde würden.«

Don Croce nickte und begann ihm dann die Vereinbarung zu erklären, die er mit Minister Trezza getroffen hatte. Daß für Giuliano, wenn er half, die Bevölkerung Siziliens »aufzuklären«, damit sie bei der nächsten Wahl richtig stimmte, eine Möglichkeit zur Begnadigung gefunden werde. Dann könne Turi Giuliano als normaler Bürger zu seiner Familie zurückkehren und brauche kein Bandit mehr zu sein. Zum Beweis für die Echtheit dieser Vereinbarung habe Minister Trezza dem Don die Pläne für seinen Kampf gegen Giuliano gegeben. Um seine nächsten Worte zu unterstreichen, hob der Don die Hand. »Wenn du zustimmst, wird der Minister Einspruch gegen diese Pläne erheben, und es wird weder eine Armee nach Sizilien geschickt noch zusätzliche eintausend Carabinieri.«

Don Croce sah, daß Giuliano ihm aufmerksam zuhörte, aber keineswegs überrascht war. »Jedermann in Sizilien kennt deine Sorge um die Armen«, fuhr er fort. »Man könnte fast meinen, du würdest die Linken unterstützen. Aber ich weiß, daß du an Gott glaubst; schließlich bist du Sizilianer. Und wer weiß nicht von der Liebe zu deiner Mutter? Willst du wirklich, daß Italien von den Kommunisten regiert wird? Was würde dann aus der Kirche werden? Aus der Familie? Die jungen Männer Italiens und Siziliens, die den Krieg mitgemacht haben, sind mit ausländischen Ideen, mit politischen Doktrinen angesteckt worden, für die in Sizilien kein Platz ist. Die Sizilianer sind in der Lage, ihren Weg zu einer besseren Zukunft selber zu finden. Willst du wirklich einen allmächtigen Staat, der keinerlei Rebellion von seinen Bürgern duldet? Eine linke Regierung würde ganz zweifellos einen größeren Feldzug gegen uns beide führen, denn sind wir zwei nicht die wahren Herrscher Siziliens? Wenn die Linken die nächste Wahl gewinnen, könnte der Tag kommen, da in den Dörfern Siziliens Russen sitzen, die bestimmen, wer zur Kirche gehen darf und wer nicht. Unsere Kinder würden gezwungen, Schulen zu besuchen, in denen sie lernen, daß der Staat vor der geheiligten Liebe zu Mutter und Vater kommt. Ist es das wert? Nein. Es ist an der Zeit, daß jeder aufrechte Sizilianer seine Familie und seine Ehre gegen den Staat verteidigt!«

Es gab eine unerwartete Unterbrechung. Pisciotta, der noch immer an der Wand lehnte, sagte ironisch: »Vielleicht begnadigen uns die Russen.«

Der Don ließ sich seinen Zorn über diesen unverschämten schnurrbärtigen kleinen Dandy nicht anmerken. Er musterte ihn eingehend. Warum hatte er die Aufmerksamkeit ausgerechnet an diesem Punkt auf sich gelenkt? Warum wollte er, daß der Don ihn bemerkte? Don Croce fragte sich, ob er diesen Mann nutzbringend verwenden konnte. Mit seinem unfehlbaren Instinkt witterte er die Verderbtheit in diesem zuverlässigsten Gehilfen Giulianos. Vielleicht war es die Lungenkrankheit, vielleicht sein Zynismus. Pisciotta war ein Mann, der nie einem Menschen voll vertrauen konnte, und daher ein Mann, dem auch ein anderer niemals voll vertrauen durfte. Dies alles erwog Don Croce, bevor er antwortete.

»Wann hat jemals ein anderes Land Sizilien geholfen?« fragte er. »Wann hat ein Ausländer einem Sizilianer jemals Gerechtigkeit zuteil werden lassen? Junge Männer wie Sie« – er wandte sich jetzt direkt an Pisciotta – »sind unsere einzige Hoffnung. Klug, mutig und stolz auf ihre Ehre. Seit eintausend Jahren haben sich solche Männer den Freunden der Freunde angeschlossen, um gegen ihre Unterdrücker zu kämpfen, um die Gerechtigkeit zu finden, für die Turi jetzt kämpft. Nun ist für uns der Zeitpunkt gekommen, zusammenzustehen und Sizilien zu schützen.«

Giuliano schien unempfänglich für die Macht zu sein, die in Don Croces Stimme lag. Bewußt unmißverständlich sagte er: »Aber wir haben stets gegen Rom und die Männer gekämpft, die uns geschickt wurden, um uns zu regieren. Sie sind von jeher unsere Feinde. Und Sie verlangen jetzt von uns, daß wir ihnen helfen, ihnen vertrauen?«

»Es gibt Zeiten«, entgegnete Don Croce ernst, »da ist es angebracht, mit dem Feind gemeinsame Sache zu machen. Die Christdemokraten sind für uns am ungefährlichsten, wenn sie die Wahl in Italien gewinnen. Daher muß es unser Ziel sein, sie an der Regierung zu halten. Ganz einfach.« Er machte eine Pause. »Die Linken werden euch niemals begnadigen. Darauf könnt ihr euch verlassen. Die sind viel zu heuchlerisch, zu unversöhnlich; sie begreifen den sizilianischen Charakter nicht. Gut, die Armen werden ihr Stück Land bekommen, aber werden sie auch behalten dürfen, was sie anbauen? Könnt ihr euch vorstellen, daß unsere Leute in einer Kooperative arbeiten? Herrgott im Himmel, sie bringen sich ja schon jetzt gegenseitig um wegen der Frage, ob die Mutter Gottes bei einer Prozession ein weißes oder ein rotes Gewand tragen soll!«

Das alles wurde mit der geistreichen Ironie eines Mannes vorgebracht, der will, daß seine Zuhörer wissen, wie sehr er übertreibt, daß sie sich aber gleichzeitig darüber im klaren sind, wieviel Wahrheit in seiner Übertreibung steckt.

Giuliano lächelte ganz leicht. Er wußte, daß er diesen Mann eines Tages töten mußte, doch der Respekt, den Don Croce ihm durch seine Gegenwart und seine starke Persönlichkeit einflößte, war so groß, daß er vor diesem Gedanken zurückschreckte. Als stelle er sich schon dadurch, daß er daran dachte, gegen den eigenen Vater, gegen ein tiefes Familiengefühl. Er mußte eine Entscheidung treffen, und diese Entscheidung würde die wichtigste sein, seit er Bandit geworden war.

»Über die Kommunisten bin ich mit Ihnen einer Meinung«, sagte er ruhig. »Die sind nichts für uns Sizilianer.« Giuliano hielt inne. Er hatte das Gefühl, daß dies der Augenblick war, in dem er Don Croce seinen Willen aufzwingen konnte. »Aber wenn ich für Rom die Dreckarbeit erledigen soll, muß ich meinen Männern eine Belohnung zusichern. Was kann Rom für uns tun?«

Don Croce hatte seinen Kaffee ausgetrunken; Hector Adonis sprang auf, um seine Tasse wieder zu füllen, aber der Don winkte ab. Dann sagte er zu Giuliano: »Wir haben nicht schlecht für dich gesorgt. Andolini bringt dir Informationen über alle Aktionen der Carabinieri, damit du sie stets im Auge behalten kannst. Sie haben keine außergewöhnlichen Maßnahmen ergriffen, um dich aus deinen Bergen herauszuholen. Aber ich weiß, das ist nicht genug. Erlaube mir, dir einen Dienst zu erweisen, der mein Herz beglücken und deinen Eltern Freude bereiten wird. Vor deinem Paten hier am Tisch, vor deinem aufrichtigen Freund Aspanu Pisciotta erkläre ich folgendes: Ich werde Himmel und Hölle in Bewegung setzen, um deine Begnadigung zu erreichen und natürlich auch die deiner Leute.«

Giuliano hatte seine Entscheidung bereits getroffen, aber er wollte möglichst viele Garantien herausschlagen. »Ich bin mit fast allem einverstanden, was Sie sagen. Ich liebe Sizilien und seine Menschen, und obwohl ich als Bandit leben muß, glaube ich an die Justiz. Ich würde fast alles tun, um nach Hause, zu meinen Eltern zurückkehren zu können. Aber wie wollen Sie Rom dazu bewegen, die Versprechungen zu halten, die mir gemacht werden? Das ist der springende Punkt. Der Dienst, den Sie von mir verlangen, ist gefährlich. Ich muß eine entsprechende Belohnung dafür bekommen.«

Der Don überlegte. Dann sagte er langsam und bedächtig: »Es ist richtig von dir, vorsichtig zu sein. Aber du hast die Pläne, die Professor Adonis dir auf meine Bitte hin gezeigt hat. Behalte sie als Beweis deiner Verbindung zu Minister Trezza. Ich werde versuchen, weitere Dokumente für dich zu bekommen, die du verwenden kannst, so daß Rom fürchten muß, daß du sie in einem deiner berühmten Briefe an die Presse veröffentlichen wirst. Falls du deinen Auftrag ausführst und die Christdemokraten die Wahl gewinnen, verbürge ich mich persönlich dafür, daß du begnadigt wirst. Minister Trezza hat den größten Respekt vor mir und würde niemals sein Wort brechen.«

Hector Adonis war gleichzeitig zufrieden und sehr aufgeregt. Er stellte sich Maria Lombardos Glück vor, wenn ihr Sohn nach Hause zurückkehrte und nicht mehr vor dem Gesetz fliehen mußte. Er wußte, daß Giuliano gezwungen war, so zu handeln; aber er war der Überzeugung, daß dieses Bündnis zwischen Giuliano und Don Croce gegen den Kommunismus das erste Glied einer Kette sein könnte, die diese beiden Männer in wahrer Freundschaft verband.

Daß der große Don Croce die Begnadigung durch die Regierung garantierte, beeindruckte sogar Pisciotta. Giuliano als einziger erkannte den grundlegenden Fehler in den Ausführungen des Don. Woher sollte er wissen, daß dies alles nicht eine reine Erfindung Don Croces war? Daß die Pläne nicht gestohlen waren? Daß sie von dem Minister nicht ohnehin bereits abgelehnt worden waren? Er brauchte ein persönliches Treffen mit Trezza.

»Das beruhigt mich«, entgegnete Giuliano. »Ihre persönliche Garantie beweist Ihre Herzensgüte und erklärt, warum die Sizilianer Sie ›die gute Seele‹ nennen. Aber Rom ist bekannt für seine Heimtücke, und Politiker... Nun ja, Sie wissen ja, wie die sind. Es wäre mir lieb, wenn jemand, dem ich vertraue, Trezzas Versprechungen mit eigenen Ohren von ihm selbst hört und ein Dokument mitbringt, in dem er persönlich Zusicherungen macht.«

Der Don war zutiefst überrascht. Während des gesamten Gesprächs hatte er Zuneigung zu Turi Giuliano empfunden. Er hatte überlegt, wie alles wohl geworden wäre, wenn er diesen Jungen zum Sohn gehabt hätte. O Gott, wie sie Sizilien gemeinsam regiert hätten! Und mit wieviel Charme er gesagt hatte: »Ich küsse deine Hand!« Das war einer der seltenen Augenblicke in seinem Leben gewesen, da sich der Don bezaubert gefühlt hatte. Doch nun, als ihm klar wurde, daß Giuliano seinen Beteuerungen nicht glaubte, legte sich sein Gefühl der Zuneigung ein wenig. Er bemerkte, daß der Blick dieser seltsamen, halb geschlossenen Augen mit einem eigenartigen Ausdruck auf ihm ruhte, weitere Beweise, weitere Beteuerungen erwartete. Die Garantien Don Croce Malos genügten nicht.

Ein langes Schweigen entstand. Der Don überlegte, was er sagen sollte, die anderen warteten. Hector Adonis versuchte seinen Schrecken über Giulianos Hartnäckigkeit und seine Angst vor Don Croces Reaktion zu verbergen. Pater Benjaminos weißes, feines Gesicht hatte den Ausdruck einer beleidigten Bulldogge angenommen. Schließlich jedoch begann der Don zu sprechen und beruhigte sie alle mit seinen Worten. Er hatte erraten, was in Giulianos Kopf vorging und was er brauchte.

»Da es in meinem Interesse liegt, daß du dich einverstanden erklärst«, wandte er sich an Giuliano, »habe ich mich vielleicht von meinen eigenen Argumenten hinreißen lassen. Aber gestatte, daß ich dir bei deiner Entscheidung helfe. Zunächst einmal möchte ich dir erklären, daß Minister Trezza dir niemals ein unterschriebenes Dokument geben wird: viel zu gefährlich! Aber er wird mit dir sprechen und die Zusicherungen wiederholen, die er mir gegeben hat. Ich kann dir schriftliche Erklärungen von Fürst Ollorto und anderen einflußreichen Angehörigen der Aristokratie beibringen, die sich unserer Sache verpflichtet haben. Und vielleicht sogar noch besser: Ich habe einen Freund, der möglicherweise noch überzeugender auf dich wirkt: Die katholische Kirche wird dein Gnadengesuch befürworten!

Dafür habe ich das Wort des Kardinals von Palermo. Nachdem du mit Minister Trezza gesprochen hast, werde ich eine Audienz beim Kardinal arrangieren. Auch er wird dir persönlich eine Zusage geben. Du hast also die Zusicherung des Justizministers von ganz Italien, das heilige Wort eines Kardinals der Heiligen Katholischen Kirche, der eines Tages Papst werden könnte, und mein eigenes.«

Unmöglich zu beschreiben, wie Don Croce diese letzten drei Worte aussprach. Er senkte seine Tenorstimme voller Bescheidenheit, als wage er fast nicht, den eigenen Namen den anderen anzufügen, und verlieh den Worten »und mein eigenes« eine besondere Bedeutung, als wolle er an der Gewichtigkeit seines Versprechens keinerlei Zweifel lassen.

Giuliano lachte. »Ich kann nicht nach Rom!«

»Dann schickst du eben jemanden, dem du hundertprozentig vertraust«, schlug Don Croce vor. »Ich werde ihn persönlich zu Minister Trezza bringen. Und anschließend zum Kardinal. Dem Wort eines Fürsten der Heiligen Katholischen Kirche wirst du ja wohl vertrauen – oder?«

Giuliano musterte Don Croce aufmerksam. Warnsignale schrillten in seinem Kopf. Warum war der Don so hartnäkkig darauf bedacht, ihm zu helfen? Er mußte doch wissen, daß er, Giuliano, nicht nach Rom reisen konnte, daß er ein so großes Risiko niemals eingehen würde, und wenn tausend Kardinäle und Minister ihm ihr Wort gaben! Wen, glaubte Don Croce also, würde er zum Abgesandten bestimmen?

»Es gibt keinen Menschen, dem ich mehr Vertrauen schenke als meinem stellvertretenden Kommandeur«, sagte er. »Nehmen Sie Aspanu Pisciotta mit nach Rom und Palermo. Er mag die Großstädte, und wenn der Kardinal ihm die Beichte abnimmt, werden ihm möglicherweise sogar seine Sünden vergeben.«

Don Croce lehnte sich zurück und winkte Hector Adonis, seine Kaffeetasse zu füllen. Dies war einer von seinen alten

Tricks, die er benutzte, um seine Genugtuung und sein Triumphgefühl zu kaschieren. Als sei das zur Diskussion stehende Thema so uninteressant, daß ein körperliches Bedürfnis den Vorrang hatte. Giuliano aber spürte sofort dieses Gefühl der Befriedigung. Don Croce hatte ein wichtiges Ziel erreicht. Daß der Don vor allem darauf aus war, mit Aspanu Pisciotta allein zu sein, konnte er nicht ahnen.

Zwei Tage später begleitete Pisciotta Don Croce nach Palermo und Rom. Der Don behandelte ihn wie einen Fürsten. Und Pisciotta hatte tatsächlich die Physiognomie eines Cesare Borgia: die scharfen Züge, den schmalen Schnurrbart, die asiatisch-gelblich dunkle Haut, die grausamen, arroganten Augen so voller Charme und einem unverschämten Mißtrauen der ganzen Welt gegenüber.

In Palermo wohnten sie im Hotel Umberto, das Don Croce gehörte und wo man Pisciotta mit äußerster Zuvorkommenheit behandelte. Man begleitete ihn beim Einkauf neuer Kleider für das Treffen mit dem Justizminister in Rom. Mit Don Croce zusammen speiste er im feinsten Restaurant der Stadt. Und dann wurden Pisciotta und Don Croce vom Kardinal von Palermo empfangen.

Es war erstaunlich, daß Pisciotta, ein junger Mann aus einem kleinen sizilianischen Dorf, im katholischen Glauben erzogen, nicht überwältigt war von dieser Audienz, von den weiten Hallen des Kardinalspalastes und der von jedermann an den Tag gelegten würdevollen Unterwürfigkeit vor der Heiligen Macht. Während Don Croce den Ring des hohen kirchlichen Herrn küßte, musterte Pisciotta den Kardinal mit stolzem Blick.

Der Kardinal war hochgewachsen. Er trug ein rotes Barett und ein scharlachrotes Gewand mit Schärpe. Seine Haut war pockennarbig, er hatte grobe Züge. Er war – entgegen

Don Croces Behauptung – kein Mann, auf den bei der Papstwahl auch nur eine einzige Stimme entfallen würde, aber er war ein erfahrener Intrigant, ein gebürtiger Sizilianer.

Die üblichen Höflichkeiten wurden ausgetauscht. Erst erkundigte sich der Kardinal nach Pisciottas Seelenzustand. Er gemahnte ihn daran, daß der Mensch, so groß seine Sünden hier auf Erden auch sein mochten, niemals vergessen dürfe, daß ihn die ewige Vergebung erwarte, solange er ein wahrer Christ bleibe.

Nachdem er Pisciotta auf diese Weise seelische Amnestie zugesichert hatte, kam der Kardinal zum Kern der Olive. Er erklärte Pisciotta, die Heilige Kirche sei hier in Sizilien in tödlicher Gefahr. Wer könne wissen, was geschehe, wenn die Kommunisten die Wahl gewannen? Die großen Kathedralen würden niedergebrannt, ausgeraubt und in Werkzeugmaschinenfabriken umgewandelt werden. Die Statuen der Mutter Gottes, die Kreuze Jesu, die Heiligenbilder würden ins Meer geworfen, die Priester umgebracht, die Nonnen vergewaltigt werden.

Bei diesen letzten Worten lächelte Pisciotta. Welcher Sizilianer, und wenn er ein noch so fanatischer Kommunist war, würde auch nur im Traum daran denken, eine Nonne zu vergewaltigen? Der Kardinal sah dieses Lächeln. Wenn Giuliano helfe, die Propaganda der Kommunisten vor der nächsten Wahl zu unterbinden, werde er, der Kardinal, persönlich in seiner Predigt am Ostermontag Giulianos Verdienste hervorheben und die Regierung in Rom um Milde bitten. Und Don Croce werde dasselbe dem Minister gegenüber tun, wenn sie sich in Rom trafen.

Damit beendete der Kardinal die Audienz und segnete Pisciotta. Bevor er ging, bat Pisciotta den Kardinal um eine schriftliche Bestätigung, die er Giuliano als Beweis dafür, daß das Gespräch stattgefunden hatte, vorlegen könne. Der

Kardinal erfüllte ihm die Bitte. Der Don wunderte sich über diese Idiotie eines Kirchenfürsten, schwieg aber dazu.

Das Treffen in Rom war mehr nach Pisciottas Geschmack. Wenn die Christlich-Demokratische Partei die Wahl verliere, erklärte Minister Trezza Pisciotta, würden die Kommunisten zu den äußersten Mitteln greifen, um die letzten Banditen Siziliens zu vernichten. Gewiß, die Carabinieri unternähmen noch immer Aktionen gegen Giuliano, gab er offen zu, doch daran lasse sich nun einmal nichts ändern. Der Schein müsse gewahrt bleiben, sonst werde die Presse Zeter und Mordio schreien.

Pisciotta unterbrach ihn. »Wollen Eure Exzellenz damit andeuten, daß Ihre Partei Giuliano niemals begnadigen wird?«

»Es würde zwar schwierig sein«, gab Minister Trezza zurück, »doch nicht unmöglich – falls Giuliano uns bei der Wahl hilft. Falls er sich eine Zeitlang still verhält, ohne Entführungen und Raubzüge. Falls er dafür sorgt, daß sein Name nicht mehr ganz so berüchtigt ist. Vielleicht könnte er sogar für eine Weile nach Amerika gehen, bis ihm, wenn er zurückkommt, alle verzeihen. Eines aber kann ich ihm garantieren, wenn wir die Wahl gewinnen: Wir werden keine ernsthaften Anstrengungen machen, ihn in unsere Gewalt zu bringen. Und wenn er nach Amerika auswandern will, werden wir ihn nicht daran hindern und von den amerikanischen Behörden auch nicht seine Auslieferung verlangen.« Er hielt einen Augenblick inne. »Ich persönlich werde alles tun, was in meiner Macht steht, um beim Staatspräsidenten seine Begnadigung zu erwirken.«

Mit leichtem Lächeln entgegnete Pisciotta: »Aber wenn wir vorbildliche Bürger werden – wovon sollen wir dann leben, Giuliano, seine Männer und ihre Familien? Besteht vielleicht die Möglichkeit, daß die Regierung uns bezahlt? Schließlich erledigen wir für sie die Dreckarbeit.«

Don Croce, der wie ein schlafendes Reptil mit geschlossenen Augen zugehört hatte, begann auf einmal sehr schnell zu sprechen, um der zornigen Antwort des Justizministers zuvorzukommen, der vor Wut schäumte über diesen Banditen, der es wagte, die Regierung um Geld zu bitten.

»Ein Scherz, Exzellenz«, sagte Don Croce beschwichtigend. »Er ist ein junger Bursche, zum erstenmal außerhalb Siziliens. Er kennt die strengen Gesetze der Außenwelt nicht. Mit dem Problem der Unterstützung haben Sie nicht das geringste zu tun. Das werde ich mit Giuliano selbst regeln.« Er warf Pisciotta einen warnenden Blick zu, damit er schwieg.

Doch der Minister begann plötzlich zu lächeln. »Nun, es freut mich zu sehen, daß sich die Jugend Siziliens nicht verändert hat«, sagte er. »Ich war früher genauso wie Sie. Wir fürchteten uns nicht, nach dem, was uns zusteht, zu fragen. Vielleicht wünschen Sie etwas Konkreteres als nur Versprechungen.« Er holte eine rotgerandete, plastikbeschichtete Karte heraus, die er Pisciotta zuwarf. »Das ist ein von mir persönlich unterschriebener Sonderpaß. Damit können Sie sich in ganz Italien und Sizilien frei bewegen, ohne von der Polizei belästigt zu werden. Er ist nicht mit Gold aufzuwiegen!«

Dankbar verneigte sich Pisciotta und steckte den Paß in die innere Brusttasche seines Jacketts. Auf der Fahrt nach Rom hatte er einen solchen Paß bei Don Croce gesehen und wußte daher, daß er ein wertvolles Geschenk erhalten hatte. Dann jedoch fragte er sich mißtrauisch: Was, wenn ich damit erwischt werde? Dann gäbe es einen Skandal, der das ganze Land erschüttern würde. Der stellvertretende Kommandeur von Giulianos Bande mit einem Sonderpaß des Justizministers? Wie war das möglich? Seine Gedanken rasten, um die

Lösung des Rätsels zu finden, aber umsonst. Die Aushändigung eines so wichtigen Dokuments war ein Beweis für das Vertrauen und den guten Willen des Ministers. Don Croces großzügige Gastfreundlichkeit auf der Reise war erfreulich. Aber das alles konnte Pisciotta nicht überzeugen. Er bat Trezza, für Giuliano eine Bestätigung zu schreiben, daß das Treffen stattgefunden hatte. Trezza weigerte sich.

Nachdem Pisciotta in die Berge zurückgekehrt war, fragte Giuliano ihn eingehend aus und ließ ihn jedes Wort wiederholen, an das er sich erinnerte. Pisciotta zeigte ihm den rotgerandeten Paß und meinte, er könne sich wirklich nicht vorstellen, warum man ihm das Dokument gegeben habe bei dem großen Risiko, das der Minister dadurch eingegangen sei, indem er es unterzeichnet habe. Giuliano tätschelte ihm die Schulter. »Du bist mir ein wahrer Bruder«, lobte er ihn. »Du bist so viel mißtrauischer als ich, und doch hat deine Treue zu mir dich blind gemacht für das Offensichtliche. Don Croce muß ihm befohlen haben, dir den Paß zu geben: Weil sie hoffen, daß du eine weitere Reise nach Rom machen und ihr Informant werden wirst.«

Das also war des Rätsels Lösung. »Verfluchte Bande!« schrie Pisciotta. »Ich werde den Paß benützen, um wieder nach Rom zu fahren und ihm die Kehle durchzuschneiden!«

»Nein«, widersprach Giuliano. »Behalte den Paß. Er kann uns nützen. Und noch etwas: Das hier mag vielleicht aussehen wie Trezzas Unterschrift, aber sie ist es natürlich nicht. Sie ist gefälscht. Wenn's ihnen nicht in den Kram paßt, können sie bestreiten, daß der Paß echt ist. Und wenn's ihnen andererseits in den Kram paßt, können sie ebenso einfach erklären, daß der Paß von Trezza ausgestellt wurde. Wenn sie behaupten, er ist gefälscht, werden sie diese Unterlagen einfach vernichten.«

Pisciotta wußte, daß auch das stimmte. Mit jedem Tag wuchs sein Erstaunen darüber, daß Giuliano, der so offen und ehrlich in seinen Gefühlen war, die hinterhältigsten Pläne seiner Feinde so klar durchschaute. Er spürte, daß an der Wurzel von Giulianos Romantik der brillante, alles durchdringende Verstand der Paranoia lag.

»Wieso sollen wir dann daran glauben, daß sie ihre Zusicherungen einlösen?« fragte Pisciotta. »Warum sollten wir ihnen helfen? Politik ist nicht unser Geschäft.«

Giuliano überlegte. Aspanu war immer zynisch und immer ein bißchen habgierig gewesen. Sie hatten sich schon einige Male über die Beute von Raubzügen gestritten, weil in Pisciottas Augen der festgesetzte Anteil für die Bandenmitglieder zu klein gewesen war.

»Weil wir keine Wahl haben«, antwortete Giuliano. »Wenn die Kommunisten an die Regierung kommen, werden sie mich niemals begnadigen. Vorerst müssen wir in den Christdemokraten, in Minister Trezza, dem Kardinal von Palermo und natürlich Don Croce Freunde und Waffengefährten sehen. Wir müssen die Kommunisten neutralisieren, das ist das Allerwichtigste. Wir werden uns mit Don Croce treffen und die Angelegenheit regeln.« Er hielt inne und tätschelte Pisciotta die Schulter. »Das war klug, daß du dir vom Kardinal die schriftliche Bestätigung hast geben lassen. Und den Paß können wir bestimmt gut gebrauchen.«

Aber Pisciotta war nicht überzeugt. »Wir erledigen die Dreckarbeit für sie«, wandte er ein. »Und dann hängen wir hier herum wie die Bettler und warten auf die Begnadigung. Ich glaube keinem einzigen von denen – die reden mit uns, als seien wir dumme kleine Mädchen, versprechen uns das Blaue vom Himmel, wenn wir nur mit ihnen ins Bett steigen. Ich sage, kämpfen wir lieber für uns selbst und behalten wir das Geld, das wir mit unserer Arbeit verdienen, statt es an die Armen zu verteilen. Wir könnten reich sein und in

Amerika oder Brasilien wie Könige leben. Das ist unsere einzige Lösung; denn dann brauchen wir uns nicht von diesen *pezzonovanti* abhängig zu machen.«

Giuliano beschloß, ihm genau zu erklären, was er meinte. »Aspanu«, sagte er, »Wir müssen auf die Christdemokraten und Don Croce setzen. Wenn wir gewinnen und die Begnadigung erhalten, werden die Sizilianer uns zu ihren Führern wählen, und wir gewinnen alles.« Giuliano hielt einen Augenblick inne und lächelte Pisciotta zu. »Wenn sie falsch spielen, werden weder du noch ich vor Schreck umfallen. Aber was hätten wir dann verloren? Die Kommunisten müssen wir ohnehin bekämpfen; die sind schlimmer als die Faschisten und uns noch feindlicher gesinnt. Darum ist ihr Schicksal besiegelt. Und jetzt hör mir genau zu. Du und ich, wir denken dasselbe: Die letzte Schlacht wird stattfinden, nachdem wir die Kommunisten geschlagen haben und die Waffen gegen die Freunde der Freunde und Don Croce erheben müssen.«

Pisciotta zuckte die Achseln. »Wir machen einen Fehler«, stellte er fest.

Giuliano lächelte, war aber nachdenklich. Er wußte, Pisciotta liebte das Banditenleben. Es paßte zu seinem Charakter, und obwohl er klug und scharfsinnig war, mangelte es ihm doch an Phantasie. Er konnte keinen Sprung in die Zukunft machen und erkennen, welches Schicksal sie als Banditen unausweichlich erwartete.

Später an jenem Abend saß Aspanu Pisciotta am Rand der Klippe und versuchte eine Zigarette zu rauchen. Ein scharfer Schmerz in seiner Brust veranlaßte ihn jedoch, sie auszudrücken und die Kippe einzustecken. Er wußte, daß seine Tuberkulose schlimmer wurde, aber er wußte auch, wenn er sich ein paar Wochen lang in den Bergen ausruhte, würde es ihm wieder besser gehen. Von dem, was ihn beunruhigte, hatte er Giuliano nichts gesagt.

Auf der gesamten Reise zu Minister Trezza und dem Kardinal war Don Croce ständig in seiner Nähe gewesen. Jeden Abend hatten sie zusammen diniert, und der Don hatte über Siziliens Zukunft, die vor ihnen liegenden unruhigen Zeiten gesprochen. Es hatte einige Zeit gedauert, bis Pisciotta bewußt geworden war, daß der Don ihn umwarb, daß er versuchte, ein wenig Sympathie für die Freunde der Freunde in ihm zu wecken und Pisciotta ganz behutsam davon zu überzeugen, daß seine eigene Zukunft, genau wie die Zukunft Siziliens, an der Seite des Don möglicherweise sehr viel rosiger aussehen könnte als an der Seite Giulianos. Pisciotta hatte sich nicht anmerken lassen, daß er begriff. Aber nun zweifelte er plötzlich doch wieder an der Aufrichtigkeit des Don. Noch niemals zuvor hatte er sich vor einem Menschen gefürchtet, höchstens vielleicht vor Turi Giuliano. Don Croce jedoch, der sein Leben damit verbracht hatte, jenen »Respekt« zu erwerben, der das Zeichen des großen Mafiachefs ist, flößte ihm Angst ein. Er fürchtete, das wußte er nun, der Don werde sie überlisten und verraten, und sie würden eines Tages mit dem Gesicht im Staub eines blutigen Todes sterben.

Zwanzigstes Kapitel

Die Wahlen zur sizilianischen Legislative im April 1948 waren eine Katastrophe für die Christlich-Demokratische Partei in Rom. Der »Volksblock«, die Kombination der kommunistisch-sozialistischen Linken, erhielt 600000 Stimmen, die Christdemokraten bekamen nur 330000. Weitere 500000 Stimmen verteilten sich auf die Monarchisten und zwei andere Splitterparteien. In Rom herrschte Panik. Etwas Drastisches mußte noch vor den Nationalwahlen geschehen, sonst würde Sizilien, die rückständigste Region des Landes, entscheidend dazu beitragen, daß ganz Italien zu einem sozialistischen Land wurde.

Giuliano hatte im Laufe der vorangegangenen Monate seine Zusagen an Rom erfüllt. Er hatte alle Plakate der rivalisierenden Parteien abgerissen, er hatte die Hauptquartiere der linken Gruppen überfallen und ihre Versammlungen in Corleone, Montelepre, Castellamare, Partinico, Piani dei Greci, San Giuseppe Iato und der Großstadt Monreale gesprengt. Seine Banditen hatten in all diesen Ortschaften Plakate angeklebt, auf denen in dicken, schwarzen Lettern stand: TOD DEN KOMMUNISTEN, und er hatte einige von den sozialistischen Arbeitergruppen errichtete Gemeinschaftshäuser niedergebrannt. Doch seine Kampagne kam zu spät, um die Regionalwahlen zu beeinflussen, und er hatte gezögert, den letzten Terror – Mord – anzuwenden. Botschaften gingen hin und her zwischen Don Croce, Minister Trezza, dem Kardinal von Palermo und Turi Giuliano.

Vorwürfe wurden laut. Giuliano wurde gedrängt, seine Maßnahmen zu beschleunigen, damit die Nationalwahlen nicht gefährdet würden. All diese Botschaften sammelte Giuliano sorgfältig, um sie in sein Testament aufzunehmen.

Etwas mußte getan werden, und es war Don Croce, der wußte, was. Durch Stefan Andolini schickte er Giuliano eine Nachricht.

Die beiden am weitesten links stehenden und allgemein rebellischsten Ortschaften Siziliens waren Piani dei Greci und San Giuseppe Iato. Seit vielen Jahren, selbst unter Mussolini, feierten sie den 1. Mai als Tag der Revolution. Da der 1. Mai aber auch Namenstag der heiligen Rosalie war, tarnten sie ihre Feier als religiöses Fest, das von den faschistischen Behörden nicht verboten war. Jetzt aber waren ihre Mai-Umzüge stolz mit roten Fahnen geschmückt und mit Hetzreden durchsetzt. Der 1. Mai, in einer Woche, sollte der größte der Geschichte werden. Wie üblich, wollten die beiden Dörfer gemeinsam feiern, und Abgesandte aus ganz Sizilien sollten mit ihren Familien kommen, um den kürzlich errungenen Sieg zu bejubeln. Lo Causi, der kommunistische Senator, ein berühmter und leidenschaftlicher Redner, sollte die Hauptansprache halten bei dieser offiziellen Feier der Linken zu ihrem überwältigenden Wahlsieg.

Don Croces Plan sah nun vor, daß die Feier von Giulianos Bande angegriffen und gesprengt werden sollte. Sie sollten Maschinengewehre aufstellen und – als erster Schritt einer Einschüchterungskampagne – über die Köpfe der Menge hinwegfeuern, um sie zu zerstreuen. Danach würde es für die Kommunisten nicht mehr so leicht sein, denn Lo Causi, der kommunistische Senator, würde erkennen müssen, daß seine Wahl ins Parlament ihm in Sizilien keine Handlungsfreiheit und für seine Person keine Immunität garantierte. Giuliano war mit diesem Plan einverstanden und befahl seinen Chefs Pisciotta, Terranova, Passatempo,

Silvestro und Stefan Andolini, sich auf die Ausführung vorzubereiten.

In den vergangenen drei Jahren hatte das Fest stets auf einer Hochebene zwischen Piani dei Greci und San Giuseppe Iato im Schutz der Zwillingsgipfel des Monte Pizzuta und des Monte Cumeta stattgefunden. Auf steilen gewundenen Pfaden stiegen die Bewohner der beiden Dörfer zur Hochebene empor – Pfaden, die sich kurz vor dem Ziel trafen, so daß sich die Züge zu einem einzigen großen Festzug vereinigen konnten. Durch einen engen Paß gelangten sie dann auf die Ebene selbst hinaus, wo sie sich weit verteilen und ihren Festtag fröhlich begehen konnten. Dieser Paß hieß Portella della Ginestra.

Die Dörfer Piani dei Greci und San Giuseppe Iato waren arm, die Häuser uralt, die Landwirtschaft archaisch. Die Einwohner glaubten an den überlieferten Ehrenkodex: Wenn sie ihren guten Ruf wahren wollten, mußten die Frauen, die vor dem Haus saßen, seitlich zur Straße sitzen, so daß man immer nur ihr Profil, nie das ganze Gesicht sehen konnte. Und doch beherbergten die beiden Dörfer die rebellischsten Menschen der gesamten Insel Sizilien.

Die Dörfer waren alt, die meisten Häuser waren aus Stein gebaut, und einige von ihnen hatten keine Fenster, sondern nur mit Eisenplatten abgedeckte kleine Öffnungen. Viele Familien lebten in ihren Räumen mit dem Vieh zusammen. In den Bäckereien drängten sich Ziegen und Lämmer um die Öfen, und wenn ein frischer Laib Brot zu Boden fiel, landete er meistens auf einem Haufen Mist.

Die Männer verkauften ihre Arbeitskraft an reiche Grundbesitzer – für einen Dollar pro Tag und manchmal sogar für noch weniger, so daß es niemals genug zu essen gab für ihre Familien. Wenn also die »Schwarzen Krähen«, die

Nonnen und Priester, mit ihren Paketen kamen, schworen die Dörfler gern, was von ihnen verlangt wurde: die Christdemokraten zu wählen.

Bei den Regionalwahlen im April 1948 jedoch hatten sie, diese Verräter, mit überwältigender Mehrheit für die Kommunistische und Sozialistische Partei gestimmt. Don Croce war äußerst erzürnt. Er hatte geglaubt, der lokale Mafiachef hätte seinen Bereich unter Kontrolle. Nach außen hin jedoch behauptete der Don, was ihn so bedrücke, sei die Respektlosigkeit der katholischen Kirche gegenüber. Wie konnten fromme Sizilianer die frommen Schwestern, die ihre Kinder aus christlicher Barmherzigkeit mit Brot versorgten, nur so hintergehen!

Auch der Kardinal von Palermo war verärgert. Er hatte sich eigens auf die Reise gemacht, um in den beiden Dörfern die Messe zu lesen und den Gläubigen einzuschärfen, nur ja nicht kommunistisch zu stimmen. Er hatte ihre Kinder gesegnet, ja er hatte sie sogar getauft, und trotzdem hatten sich die Leute gegen die Kirche gestellt. Er befahl die Dorfpriester zu sich nach Palermo und ermahnte sie, ihre Bemühungen um die Nationalwahlen zu verstärken – nicht nur wegen der politischen Interessen der Kirche, sondern auch um unwissende Seelen vor der Hölle zu retten.

Minister Trezza war weniger überrascht. Er war Sizilianer und kannte sich aus in der Geschichte der Insel. Die Bewohner der beiden Dörfer waren schon immer stolze und fanatische Kämpfer gegen die Reichen Siziliens und gegen Roms Tyrannei gewesen. Sie waren die ersten gewesen, die sich Garibaldi angeschlossen hatten, und davor hatten sie gegen die französischen und maurischen Herrscher der Insel gefochten. Die Einwohner von Piani dei Greci stammten von Griechen ab, die vor den türkischen Eroberern nach Sizilien geflohen waren. Diese Dörfler bewahrten noch immer ihre griechischen Bräuche, benutzten ihre alte griechische Sprache und begingen in ihren traditionellen alten Trachten die griechischen Feiertage. Aber das Dorf war immer ein Bollwerk der Mafia gewesen, in dem schon seit jeher die Rebellion schwärte. Deswegen war Minister Trezza enttäuscht über Don Croces Versagen, seinen vergeblichen Versuch, die Menschen aufzuklären. Allerdings wußte er auch, daß das Wahlergebnis in den beiden Dörfern und der gesamten ländlichen Umgebung von einem einzigen Mann beeinflußt worden war: einem Funktionär der Sozialistischen Partei namens Silvio Ferra.

Ferra war im Zweiten Weltkrieg ein hochdekorierter Soldat der italienischen Armee gewesen. Er hatte sich seine Orden im Afrikafeldzug verdient und war dann von den Amerikanern gefangengenommen worden. Er war Insasse eines Kriegsgefangenenlagers in den Vereinigten Staaten gewesen, wo er an Umerziehungskursen teilgenommen hatte, die den Gefangenen die Demokratie verständlich machen sollten. Er hatte den Leuten nicht recht geglaubt, bis man ihm erlaubte, außerhalb des Lagers bei einem Bäcker der naheliegenden Ortschaft zu arbeiten. Da hatte er verwundert gesehen, wie frei die Amerikaner lebten, wie leicht aus harter Arbeit bleibender Wohlstand wurde, wie unaufhaltsam die niederen Klassen die Leiter emporstiegen. In Sizilien konnte selbst der fleißigste Landarbeiter nur hoffen, seinen Kindern Essen und ein Dach über dem Kopf zu geben; Vorsorge für die Zukunft war unmöglich.

Als er in seine Heimat Sizilien zurückkehrte, wurde Silvio Ferra ein eifriger Fürsprecher Amerikas. Bald jedoch mußte er einsehen, daß die Christlich-Demokratische Partei ein Werkzeug der Reichen war, und schloß sich daher in Palermo einer Studiengruppe sozialistischer Arbeiter an. Er war ausgehungert nach Bildung und ein leidenschaftlicher Leser. Nicht lange, und er hatte sich die Theorien von Marx und Engels angeeignet und war der Sozialistischen Partei beigetreten. Er wurde beauftragt, die Parteizelle in San Giuseppe Iato aufzubauen.

Innerhalb von vier Jahren hatte er geschafft, was den Agitatoren aus Norditalien nicht gelungen war: die Rote Revolution und die sozialistische Doktrin in eine sizilianische Form zu übertragen. Er überzeugte die Menschen, daß eine Stimme für die Sozialisten ein eigenes Stück Land bedeutete. Er predigte, die großen Güter der Aristokraten müßten aufgeteilt werden, da die Adeligen sie brachliegen ließen – Land, auf dem Weizen für ihre Kinder wachsen könnte. Er versprach ihnen, daß die Korruption der sizilianischen Gesellschaft unter einer sozialistischen Regierung ausgerottet werden könnte: Niemand brauche mehr einen Beamten zu bestechen, um bevorzugt zu werden, niemand brauche mehr einem Priester zwei Eier zu geben, damit er einen Brief aus Amerika vorlas, dem Dorfbriefträger müsse man nicht mehr für jede Postsendung eine symbolische Lira in die Hand drücken, die Männer bräuchten ihre Arbeitskraft nicht mehr für ein Almosen zu verkaufen, um auf den Feldern der Fürsten und Barone schuften zu dürfen. Die Hungerlöhne würden abgeschafft, die Regierungsbeamten, genau wie in Amerika, Diener des Volkes werden. Silvio Ferra brachte Beweise dafür vor, daß die katholische Kirche das enttarnte kapitalistische System stütze, doch niemals griff er die Mutter Gottes an, die verschiedenen wohltätigen Heiligen oder den Glauben an Jesus. Am Ostermorgen begrüßte er seine Nachbarn mit dem traditionellen Gruß: »Christus ist auferstanden.« Am Sonntag besuchte er die Messe. Seine Frau und seine Kinder wurden nach echter sizilianischer Tradition streng erzogen, denn er glaubte an die alten Werte, an die absolute Ergebenheit des Sohnes seiner Mutter gegenüber, den Respekt vor seinem Vater, das Gefühl der Verantwortung auch für den entferntesten Verwandten.

Als die Mafia-*cosce* in San Giuseppe Iato ihn warnten, er gehe zu weit, lächelte er und ließ durchblicken, daß er in Zukunft ihre Freundschaft begrüßen werde, obwohl er im tiefsten Herzen wußte, daß der letzte und größte Kampf gegen die Mafia geführt werden mußte. Als Don Croce Kuriere schickte, um zu einer Verständigung zu kommen, hielt er sie hin. Sein Ruhm als tapferer Soldat im Krieg war so beeindruckend, der Respekt, der ihm im Dorf entgegengebracht wurde, so groß und seine Andeutung, er werde sich den Freunden der Freunde gegenüber verständnisvoll zeigen, so überzeugend, daß Don Croce beschloß, Geduld zu beweisen, speziell, da er sicher war, die Wahl sei ohnehin schon gewonnen.

Vor allem aber hatte Silvio Ferra Mitgefühl mit seinen Mitmenschen – eine sehr seltene Eigenschaft bei den sizilianischen Landbewohnern. Wenn ein Nachbar erkrankte, brachte er der Familie Lebensmittel, er verrichtete Arbeiten für leidende, alte Witwen, die ganz allein lebten, er munterte Männer auf, die nur knapp ihren Lebensunterhalt erwirtschafteten und Angst vor der Zukunft hatten. Er versprach neue Hoffnung unter der sozialistischen Regierung. Wenn er politische Reden hielt, benutzte er die von den Sizilianern so sehr geschätzte Rhetorik des Südens. Nicht die ökonomischen Theorien von Karl Marx erklärte er, sondern er sprach von der Rache an jenen, von denen die Landbevölkerung seit Jahrhunderten unterdrückt worden sei. »Die Armen werden das Blut der Reichen trinken.«

Silvio Ferra war es, der eine Kooperative von Arbeitern gründete, die sich weigerten, an der Arbeitsauktion teilzunehmen, wo der billigste Arbeiter den Zuschlag bekam. Er setzte einen bestimmten Tageslohn fest, den der Adel zur Erntezeit zu zahlen hatte oder zusehen mußte, wie seine Oliven, seine Weintrauben und sein Getreide verfaulten. Von da an stand Silvio Ferra auf der Abschußliste.

Seine Rettung war, daß er unter dem Schutz Turi Giulianos stand. Auch diese Tatsache trug dazu bei, daß Don Croce sich vorerst zurückhielt. Silvio Ferra war in Montelepre geboren. Schon als Junge hatten sich seine Qualitäten bemerkbar gemacht. Turi Giuliano hatte ihn aufrichtig bewundert, obwohl sie wegen des Altersunterschieds – Giuliano war vier Jahre jünger – und weil Silvio in den Krieg mußte, nie enge Freunde gewesen waren. Dann war Silvio als hochdekorierter Kriegsheld heimgekehrt. Er hatte ein Mädchen aus San Giuseppe Iato kennengelernt und sich dort niedergelassen, um sie zu heiraten. Und während Ferras politischer Ruhm allmählich gewachsen war, hatte Giuliano bekanntgegeben, dieser Mann sei sein Freund, auch wenn ihre politischen Ansichten differierten. Daher hatte Giuliano, als er die sizilianischen Wähler »aufzuklären« begann, den Befehl erteilt, weder gegen das Dorf San Giuseppe Iato noch gegen Silvio Ferra persönlich vorzugehen.

Ferra hatte davon gehört und, klug wie er war, Giuliano eine Dankesbotschaft geschickt, in der er ihm versicherte, er werde Giuliano immer zu Diensten sein. Diese Nachricht ließ er durch Ferras Eltern übermitteln, die mit Silvios jüngeren Geschwistern noch immer in Montelepre wohnten. Eines dieser jüngeren Geschwister, ein fünfzehnjähriges Mädchen namens Justina, brachte Silvios Nachricht zum Haus der Giulianos und übergab sie Turis Mutter. Zufälligerweise war Giuliano gerade zu Besuch und konnte die Botschaft persönlich entgegennehmen. Mit fünfzehn sind die meisten Sizilianerinnen bereits erwachsen, und Justina verliebte sich sofort in Turi – wie konnte es auch anders sein. Er faszinierte sie so sehr, daß sie ihn beinahe unhöflich anstarrte.

Turi Giuliano, seine Eltern und La Venera tranken gerade Kaffee und fragten Justina, ob sie auch eine Tasse wolle. Sie lehnte ab. Nur La Venera sah, wie hübsch Justina war, und spürte ihr fasziniertes Staunen. Giuliano erkannte in ihr nicht das weinende kleine Mädchen, dem er einst Geld in die Hand gedrückt hatte. »Sagen Sie Ihrem Bruder, daß ich mich für sein Angebot bedanke und daß er sich um seine Eltern keine Sorgen zu machen braucht; sie werden stets unter meinem Schutz stehen«, erklärte er. Justina verließ rasch das Haus und eilte zu ihren Eltern zurück. Von da an träumte sie von Turi Giuliano als ihrem Geliebten und war stolz auf die Sympathie, die er für ihren Bruder hegte.

Als Giuliano sich also bereit erklärte, das Fest an der Portella della Ginestra zu stören, sandte er Silvio Ferra eine freundschaftliche Warnung und bat ihn, nicht an der Maiversammlung teilzunehmen. Er versicherte ihm, daß keinem Einwohner von San Giuseppe Iato ein Haar gekrümmt werden würde, daß aber dennoch eine gewisse Gefahr bestehe und er ihn nicht mehr schützen könne, wenn er mit den Aktivitäten seiner Sozialistischen Partei fortfahre. Nicht etwa daß er, Giuliano, ihm jemals etwas zuleide tun würde; die Freunde der Freunde jedoch seien entschlossen, die Sozialistische Partei in Sizilien zu zerschlagen, und mit Sicherheit werde Ferra eine ihrer Zielpersonen sein.

Als Silvio Ferra die Nachricht erhielt, vermutete er, es sei wieder einmal ein von Don Croce veranlaßter Versuch, ihn einzuschüchtern. Doch das war unwichtig. Die Sozialisten waren auf dem Weg zum Sieg, und er dachte gar nicht daran, eine der großen Feiern des Sieges zu versäumen, den sie bereits errungen hatten.

Am 1. Mai 1948 standen die Einwohner der beiden Dörfer Piani dei Greci und San Giuseppe Iato am frühen Morgen auf, um sich auf den langen Marsch die Bergpfade hinauf zur Ebene hinter der Portella della Ginestra zu begeben.

Angeführt wurden sie von Musikkapellen aus Palermo, die für diese Gelegenheit engagiert worden waren. Silvio Ferra ging, stolz eine der riesigen roten Fahnen schwenkend, mit seiner Frau und den beiden Kindern in der vordersten Reihe der Marschkolonne aus San Giuseppe Iato. Leuchtend bemalte Wagen, die Pferde geschmückt mit roten Federbüschen und bunten, quastenbehängten Decken, waren mit Kochtöpfen, riesigen Holzkisten mit Spaghetti und überdimensionalen Holzschüsseln für Salate beladen. Ein Wagen transportierte ausschließlich strohumflochtene Weinkrüge. Ein anderer, teilweise mit Eisblöcken ausgelegt, brachte Käseräder, lange Salamis sowie Teig und ganze Backöfen für frisches Brot den Berg hinauf.

Neben der Kolonne tobten Kinder oder spielten Fußball. Reiter erprobten ihre Pferde für die Kurzstreckenrennen, die ein Höhepunkt der nachmittäglichen Spiele werden sollten.

Nach einiger Zeit trafen sie auf die Einwohner von Piani dei Greci, die, ebenfalls mit wehenden roten Fahnen und Standarten der Sozialistischen Partei, den anderen Weg heraufkamen. Die beiden Gruppen mischten sich, tauschten beim Weitermarschieren fröhliche Grüße, erzählten sich den neuesten Klatsch aus ihren Dörfern und diskutierten darüber, was ihnen der Wahlsieg wohl bringen mochte, welche Gefahren sie erwarteten. Trotz der Gerüchte, daß es an diesem 1. Mai Ärger geben würde, hatten sie keine Angst. Rom verachteten sie. Die Mafia fürchteten sie zwar, doch nicht so sehr, daß sie sich ihr unterwarfen. Schließlich hatten sie bei der letzten Wahl alle beide besiegt, und daraufhin war nichts geschehen.

Zur Mittagszeit hatten sich über dreitausend Personen auf der Ebene verteilt. Die Frauen heizten die tragbaren Backöfen, um Wasser für die Pasta zu kochen, die Kinder ließen Drachen steigen, über denen die winzigen roten Falken Siziliens schwebten. Lo Causi, der kommunistische Senator, überflog noch einmal seine Notizen für die Ansprache, die er gleich halten sollte; eine Gruppe von Männern zimmerte unter der Anleitung von Silvio Ferra die hölzerne Plattform zusammen, auf der er mit den Honoratioren der beiden Dörfer Platz nehmen sollte. Die Männer, die ihm halfen, rieten ihm, den Senator nur mit wenigen Worten vorzustellen – die Kinder hätten Hunger.

In diesem Moment ertönten in der klaren Bergluft leichte Knallgeräusche. Ein paar Kinder haben Knallfrösche mitgebracht, dachte Silvio Ferra. Er drehte sich um.

Am selben Vormittag, nur sehr viel früher, ja noch bevor die rauchige sizilianische Sonne aufgegangen war, hatten zwei Gruppen zu je zwölf Mann sich von Giulianos Hauptquartier in den Bergen oberhalb Montelepres aus auf den Weg gemacht zu der Bergkette, in der die Portella della Ginestra lag. Die eine Gruppe wurde von Passatempo befehligt, die andere von Terranova. Jede Gruppe verfügte über ein schweres Maschinengewehr. Passatempo führte seine Männer hoch hinauf in die Hänge des Monte Cumeta und überwachte sorgfältig das Aufstellen des Maschinengewehrs. Vier Mann wurden als Bedienung für das MG abkommandiert, die übrigen mit ihren Gewehren und *lupare* auf dem Berghang verteilt, um einen eventuellen Angriff abzuwehren.

Terranova besetzte mit seinen Männern die Hänge des Monte Pizzuta auf der anderen Seite der Portella della Ginestra. Von diesem Beobachtungsposten aus hatten sie die karge Ebene und die Dörfer unten vor den Läufen ihres Maschinengewehrs. Sie sollten einen Überfall durch die Carabinieri verhindern, falls diese sich aus ihrer Kaserne hervorwagten.

Von beiden Berghängen aus beobachteten die Männer von Giulianos Bande, wie die Dorfbewohner von Piani dei Greci und San Giuseppe Iato zu der Hochebene emporstiegen. Ein paar Männer erkannten Verwandte in den Marschkolonnen, verspürten jedoch keine Gewissensbisse. Denn Giuliano hatte klare Anweisungen erteilt: Die Maschinengewehre sollten über die Köpfe der Menschen hinwegschießen, bis sich die Versammlung auflöste und die Teilnehmer in ihre Dörfer zurück flohen. Niemandem sollte auch nur das geringste geschehen.

Giuliano hatte erst mit seinen Männern gehen und den Oberbefehl übernehmen wollen; eine Woche vor dem 1. Mai jedoch hatte Aspanu Pisciotta einen Blutsturz erlitten. Er war die Bergflanke zum Hauptquartier der Bande hinaufgelaufen, als plötzlich ein Blutstrahl aus seinem Mund schoß und er zusammenbrach. Bewußtlos rollte er den Berg hinab. Giuliano, der hinter ihm kam, dachte zunächst, es handle sich um einen der für seinen Cousin charakteristischen Scherze. Als er den Körper mit dem Fuß stoppte, entdeckte er, daß Pisciottas Hemd auf der Brust blutgetränkt war. Da dachte er, Aspanu sei von einem Scharfschützen getroffen worden, er habe nur den Schuß nicht gehört. Vorsichtig nahm er den Freund in die Arme und trug ihn bergauf. Pisciotta war nur halb bei Bewußtsein und murmelte immer wieder: »Laß mich runter, laß mich runter!« Da wußte Giuliano, daß es keine Kugel gewesen sein konnte. Aspanus Stimme verriet, daß es sich um eine innere Verletzung handeln mußte.

Pisciotta wurde auf eine Tragbahre gelegt, und Giuliano ging mit einer Gruppe von zehn Mann zu einem Arzt in Monreale. Von diesem Mann ließ die Bande häufig Schußwunden behandeln und glaubte sich daher auf seine Verschwiegenheit verlassen zu können. Aber der Arzt machte Don Croce von Pisciottas Krankheit genauso Meldung wie bisher von all seinen Kontakten mit Giuliano. Er hoffte, zum Leiter eines Krankenhauses in Palermo ernannt zu werden, und wußte, daß das ohne Don Croces Zustimmung unmöglich war. Er brachte Pisciotta zu weiteren Untersuchungen ins Krankenhaus von Monreale und bat Giuliano, auf die Ergebnisse zu warten.

»Ich werde morgen früh wiederkommen«, erklärte Giuliano dem Arzt. Er teilte vier seiner Männer als Pisciottas Leibwache im Krankenhaus ein und ging mit den anderen sechs davon, um sich im Haus eines Bandenmitglieds zu verstecken.

Am nächsten Tag erklärte der Arzt ihm, Pisciotta brauche ein Medikament namens Streptromycin, das nur in den Vereinigten Staaten zu bekommen sei. Giuliano überlegte. Er würde seinen Vater und Stefan Andolini bitten, an Don Corleone in Amerika zu schreiben und ihn zu ersuchen, das Medikament zu schicken. Er machte dem Arzt davon Mitteilung und fragte ihn, ob Pisciotta aus dem Krankenhaus entlassen werden könne. Der Arzt sagte ja, aber nur, wenn er mehrere Wochen lang im Bett bleibe.

So kam es, daß Giuliano, als der Überfall an der Portella della Ginestra stattfand, in Monreale ein Haus suchte, in dem sich Pisciotta ungestört erholen konnte.

Als Silvio Ferra sich nach dem Geräusch der Knallfrösche umgedreht hatte, registrierte er drei Dinge auf einmal: Erstens einen kleinen Jungen, der verblüfft seinen Arm hochreckte. Am Ende des Arms war, statt einer Hand, die eine Drachenschnur hielt, nur noch ein gräßlicher, blutiger Stumpf zu sehen, während der Drachen in den Himmel über den Hängen des Monte Cumeta entschwebte. Zweitens die entsetzte Erkenntnis, daß es sich nicht um Knallfrösche, sondern um Maschinengewehrfeuer handelte. Und drittens einen großen Rappen, der, reiterlos, mit blutüberströmten Flanken, wild und blindlings durch die Menge stürmte. Silvio Ferra eilte davon, um nach Frau und Kindern zu suchen.

An den Hängen des Monte Pizzuta beobachtete Terranova die Szene durch seinen Feldstecher. Zunächst dachte er, die Menschen würfen sich vor lauter Angst zu Boden, dann jedoch sah er reglose Körper mit der eigentümlichen Schlaffheit des Todes daliegen und riß den MG-Schützen von der Waffe. Als sein Maschinengewehr schwieg, hörte er jedoch, daß das andere auf dem Monte Cumeta immer noch weiterratterte. Terranova war der Meinung, Passatempo habe noch gar nicht bemerkt, daß das Feuer zu tief lag und die Menschen dahingemäht wurden. Erst nach ein paar Minuten schwieg auch das zweite Maschinengewehr, und eine entsetzliche Stille senkte sich auf die Portella della Ginestra. Dann drangen das Klagen der Lebenden, die Schreie der Verwundeten und Sterbenden zu den Berggipfeln empor. Terranova machte seinen Männern ein Zeichen, sich um ihn zu versammeln, befahl ihnen, das Maschinengewehr abzumontieren, und führte sie dann auf der anderen Seite den Berg hinab. Er überlegte, ob er zu Giuliano zurückkehren und die Tragödie melden sollte: Er fürchtete, Giuliano werde ihn und seine Männer auf der Stelle erschießen, war dann aber doch überzeugt, daß Turi fair sein und ihn erst einmal anhören würde, und schließlich konnten sowohl er als auch seine Männer aufrichtig schwören, hoch in die Luft gehalten zu haben. Er würde ins Hauptquartier zurückkehren und Meldung erstatten, egal, ob Passatempo dasselbe tun würde oder nicht.

Als Silvio Ferra seine Familie gefunden hatte, waren die Maschinengewehre verstummt. Frau und Kinder waren unversehrt und wollten gerade wieder aufstehen. Hastig drückte er sie auf den Boden zurück und befahl ihnen, noch fünfzehn Minuten liegenzubleiben. Erst als er sah, daß ein Reiter in Richtung Piani dei Greci davongaloppierte, um aus der Carabinieri-Kaserne Hilfe zu holen, und nicht vom Pferd geschossen wurde, wußte er, daß der Angriff vorüber war.

Er stand auf.

Von der Hochebene der Portella della Ginestra strömten Tausende von Menschen in ihre Dörfer am Fuß der Berge zurück. Auf dem Boden lagen nur noch die von ihren weinenden Familien umringten Toten und Verwundeten. Die Fahnen, die sie am Morgen stolz getragen hatten, lagen im Staub; ihr dunkles Gold, Grün und Rot wirkte in der Mittagssonne unpassend fröhlich und bunt. Silvio Ferra verließ seine Familie, um den Verwundeten zu helfen. Er hielt ein paar fliehende Männer auf und setzte sie als Bahrenträger ein. Voll Grauen sah er, daß einige Tote Kinder, andere Frauen waren. Seine Augen füllten sich mit Tränen. All seine Lehrer hatten sich geirrt, alle, die an politische Aktionen glaubten. Durch Wahlen konnte man Sizilien also nicht ändern. Das war alles dummes Zeug. Morden mußte man, wenn man sein Recht bekommen wollte!

Es war Hector Adonis, der Giuliano die Nachricht an Pisciottas Krankenbett brachte. Sofort stieg Giuliano zu seinem Hauptquartier hinauf und ließ Pisciotta ohne seinen persönlichen Schutz zurück.

Er ließ Passatempo und Terranova kommen.

»Ich möchte euch warnen, bevor ihr den Mund aufmacht«, begann Giuliano. »Wer dafür verantwortlich ist, wird entdeckt werden, ganz gleich, wie lange es dauert. Und je länger es dauert, desto schwerer wird die Strafe ausfallen. Wenn es ein ehrliches Versehen war, gesteht es mir jetzt, und ich verspreche euch, daß ihr nicht sterben müßt.«

Noch nie hatten Passatempo und Terranova Giuliano so wütend gesehen. Sie standen erstarrt, während Giuliano sie verhörte, wagten keinen Muskel zu rühren. Beide schworen, über die Köpfe der Menge hinweggeschossen und, als sie feststellten, daß Menschen getroffen wurden, das Feuer sofort eingestellt zu haben.

Anschließend befragte Giuliano die Männer der beiden Gruppen, besonders die MG-Besatzungen. Mosaiksteinchen für Mosaiksteinchen setzte er sich die Szene zusammen. Terranovas Maschinengewehr hatte fünf Minuten lang geschossen, bevor es verstummte, Passatempos ungefähr zehn. Die Schützen schworen, über die Köpfe der Menge hinweggehalten zu haben. Keiner von ihnen wollte zugeben, womöglich einen Fehler gemacht zu haben.

Nachdem er sie entlassen hatte, blieb Giuliano allein zurück. Zum erstenmal, seit er Bandit geworden war, empfand er eine unerträgliche Scham. Er hatte sich stets rühmen können, in den über vier Jahren seines Banditenlebens niemals den Armen etwas zuleide getan zu haben. Das war ihm jetzt nicht mehr möglich. Er hatte sie niedergemetzelt. Im Innersten konnte er sich nun auch nicht mehr als Held fühlen. Dann dachte er über die verschiedenen Möglichkeiten nach. Es konnte ein Irrtum gewesen sein: Die Bande war großartig mit der *lupara*; die schweren MGs dagegen waren ziemlich ungewohnt für die Männer. Sie hatten bergabwärts schießen müssen – vielleicht hatten sie den Schußwinkel fasch eingeschätzt. Er *konnte* einfach nicht glauben, daß Terranova oder Passatempo falsches Spiel getrieben hatten, und doch bestand immer die furchtbare Möglichkeit, daß einer von ihnen oder beide bestochen worden waren, damit sie dieses Massaker anrichteten. Es war ihm auch, als er die Meldung erhielt, die Idee gekommen, es könne eine dritte Hinterhaltsgruppe gegeben haben.

Doch wenn es Absicht gewesen war, dann wären doch zweifellos mehr Menschen erschossen worden! Dann hätte es doch zweifellos ein weit schrecklicheres Blutbad gegeben. Es sei denn, dachte Giuliano, der Sinn des Massakers wäre es, den Namen Giuliano in den Dreck zu ziehen. Und wessen Idee war er gewesen, dieser Überfall an der Portella della Ginestra? Daß dieser Zusammenhang Zufall sein sollte, war schwer zu glauben.

Die unvermeidliche, demütigende Wahrheit war, daß Don Croce ihn überlistet hatte.

Einundzwanzigstes Kapitel

Das Massaker an der Portella della Ginestra löste in ganz Italien eine schwere Schockwelle aus. In flammenden Schlagzeilen kündeten die Zeitungen vom Hinmorden unschuldiger Männer, Frauen und Kinder. Es gab fünfzehn Tote und über fünfzig Verletzte. Zunächst wurde angenommen, die Mafia habe dieses Blutbad angerichtet, und in seinen Reden legte Silvio Ferra die Untat Don Croce zur Last. Darauf war der Don jedoch vorbereitet. Heimliche Mitglieder der Freunde der Freunde schworen vor richterlichen Beamten, gesehen zu haben, wie Passatempo und Terranova ihren Hinterhalt gelegt hatten. Die Bevölkerung Siziliens fragte sich, warum Giuliano einen derart empörenden Vorwurf nicht mit einem seiner berühmten Briefe an die Presse zurückwies. Er verhielt sich ungewohnt still.

Zwei Wochen vor den Nationalwahlen fuhr Silvio Ferra mit dem Fahrrad von San Giuseppe Iato nach Piani dei Greci. Er radelte am Fluß, dem Iato, entlang und umrundete den Fuß des Berges. Unterwegs begegnete er zwei Männern, die ihm zuriefen, er solle anhalten, aber er radelte rasch weiter. Als er sich umdrehte, sah er, daß ihm die beiden geduldig nachtrotteten, doch er vergrößerte den Abstand sehr schnell, und sie blieben zurück. Als er Piani dei Greci erreichte, waren sie nicht mehr zu sehen.

Die nächsten drei Stunden verbrachte Ferra im Gemeinschaftshaus der Sozialisten in Gesellschaft anderer Parteiführer der Umgebung. Als sie fertig waren, herrschte schon Dämmerung, und er beeilte sich, um vor Einbruch der Dunkelheit wieder zu Hause zu sein. Sein Rad neben sich herschiebend, überquerte er die Piazza, wobei er fröhlich einige Dörfler begrüßte, die er kannte. Plötzlich wurde er von vier Männern umringt. Als er in einem von ihnen den Mafiachef von Montelepre erkannte, war er erleichtert. Er kannte Quintana von klein auf, und außerdem wußte er, daß sich die Mafia in diesem Teil Siziliens überaus vorsichtig verhielt, um Giuliano nicht zu verärgern oder seine Regeln über die »Känkung der Armen« nicht zu verletzen. Er grüßte Quintana lächelnd.

»Hallo, mein Freund«, antwortete Quintana. »Wir werden dich ein Stück begleiten. Mach kein Aufsehen, dann geschieht dir nichts. Wir wollen uns nur mit dir unterhalten.«

»Unterhaltet euch doch hier mit mir«, schlug Silvio Ferra vor. Jetzt verspürte er einen ersten Stich Angst – derselben Angst, die er auf den Schlachtfeldern des Krieges verspürt hatte, einer Angst, von der er wußte, daß er sie zu meistern vermochte. Daher hütete er sich jetzt, eine Dummheit zu machen. Zwei der vier Männer traten rechts und links neben ihn und packten ihn an den Armen. Dann dirigierten sie ihn sanft über die Piazza. Das Fahrrad rollte herrenlos weiter und kippte um.

Ferra sah, daß die Dorfbewohner, die vor ihren Häusern saßen, merkten, was sich abspielte. Sie würden ihm doch sicher zu Hilfe kommen! Aber das Massaker an der Portella della Ginestra, die allgemeine Herrschaft des Terrors hatte ihren Kampfgeist gebrochen. Keiner hob die Stimme zum Aufschrei. Silvio Ferra stemmte die Absätze in den Boden und versuchte sich zum Gemeinschaftshaus umzudrehen. Sogar aus dieser Entfernung sah er einige seiner Parteigenossen in der offenen Tür stehen. Erkannten sie denn nicht, daß er in Gefahr schwebte? Doch keiner von ihnen verließ die erleuchtete Öffnung. »Hilfe!« rief er. Aber im Dorf regte sich nichts, und Silvio Ferra schämte sich abgrundtief für diese Menschen.

Quintana stieß ihn unsanft vorwärts. »Sei kein Idiot«, sagte er, »wir wollen nur mit dir reden. Und jetzt komm ohne Aufsehen mit. Du willst doch nicht, daß deinen Freunden etwas geschieht!«

Es war fast dunkel, der Mond schon aufgegangen. Ferra spürte, wie ihm die Pistole in den Rücken gestoßen wurde, und wußte, falls sie ihn wirklich töten wollten, würden sie ihn auch hier auf der Piazza erschießen. Und sie würden auch jeden Freund erschießen, der ihm zu Hilfe eilen wollte. Deshalb ging er gehorsam mit Quintana auf das Ende des Dorfes zu. Die Möglichkeit, daß sie ihn nicht töten wollten, bestand durchaus; es gab zu viele Augenzeugen, und einige von ihnen hatten Quintana bestimmt erkannt. Wenn er sich jetzt wehrte, gerieten sie womöglich in Panik und begannen zu schießen. Lieber abwarten und zuhören, was sie zu sagen hatten.

»Wir möchten dich überreden, mit diesem Kommunisten-Unsinn aufzuhören«, begann Quintana ruhig und vernünftig. »Deine Attacke gegen die Freunde der Freunde, denen du die Schuld an der Ginestra-Sache zuschiebst, haben wir dir verziehen. Aber leider wurde unsere Geduld nicht belohnt und geht nun allmählich zu Ende. Hältst du das wirklich für klug? Wenn du so weitermachst, zwingst du uns, deinen Kindern den Vater zu nehmen.«

Inzwischen hatten sie das Dorf verlassen und begannen den steinigen Pfad emporzusteigen, der auf den Monte Cumeta führte. Verzweifelt blickte Silvio Ferra zurück, sah aber, daß ihnen niemand folgte. Zu Quintana sagte er: »Würdest du wirklich den Vater einer Familie umbringen – nur wegen etwas so Unwichtigem wie Politik?«

Quintana lachte rauh. »Ich habe Männer umgebracht, weil sie mir auf den Schuh gespuckt haben.« Die Männer, die seine Arme hielten, ließen ihn los, und in dieser Sekunde wußte Silvio Ferra, was ihm bevorstand. Er fuhr herum und begann den mondhellen, steinigen Pfad hinabzulaufen.

Die Dorfbewohner hörten die Schüsse, und einer der Sozialistenführer ging zu den Carabinieri. Am nächsten Morgen wurde Silvio Ferras Leichnam in einer Bergschlucht gefunden. Als die Polizei die Dorfbewohner vernahm, gab niemand zu, mitangesehen zu haben, was geschehen war. Niemand erwähnte die vier Männer, niemand gab offen zu, Guido Quintana erkannt zu haben. So rebellisch sie auch sein mochten, sie waren Sizilianer und würden niemals das Gesetz der Omertà brechen. Einige berichteten jedoch einem Mitglied von Giulianos Bande, was sie gesehen hatten.

Zahlreiche Faktoren zusammen bewirkten, daß die Christdemokraten die Wahl gewannen. Don Croce und die Freunde der Freunde hatten gute Arbeit geleistet. Über das Massaker an der Portella della Ginestra war ganz Italien schockiert, die Auswirkungen auf die Sizilianer waren jedoch weit schwerwiegender: Es hatte die Menschen traumatisiert. Die katholische Kirche, die unter dem Banner Christi Wahlpropaganda betrieb, war zurückhaltender mit ihren Almosen geworden. Der Mord an Silvio Ferra war der Schlag, der allem den Rest gab. Die Christlich-Demokratische Partei errang 1948 in Sizilien einen überwältigenden Sieg, der ihr half, ganz Italien zu erobern. Es war abzusehen, daß sie sehr lange regieren würde. Don Croce war der Herr von Sizilien, die katholische Kirche würde, wie bisher, die Landesreligion vertreten, und die Chancen, daß Minister Trezza –

zwar nicht in den allernächsten Jahren, aber auch nicht zu spät – eines Tages Ministerpräsident von Italien sein würde, standen gut.

Am Ende erwies sich, daß Pisciotta recht hatte. Durch Hector Adonis schickte Don Croce die Nachricht, wegen des Massakers an der Portella della Ginestra könne die Christlich-Demokratische Partei Giuliano und seine Männer nicht begnadigen. Der Skandal sei zu groß. Die Presse würde Amok laufen, und in ganz Italien würde es zu gewalttätigen Streiks kommen. Minister Trezza seien natürlich die Hände gebunden, sagte Don Croce, der Kardinal von Palermo könne einem Mann, der beschuldigt werde, unschuldige Frauen und Kinder niedergemetzelt zu haben, nicht länger helfen; doch er, Don Croce, werde weiterhin auf eine Amnestie hinwirken. Allerdings riet er Giuliano, besser nach Brasilien oder in die Vereinigten Staaten auszuwandern; dabei werde er, Don Croce, ihm auf jede nur mögliche Weise helfen.

Giulianos Männer staunten, daß er angesichts dieses Verrats keinerlei Emotionen zeigte, daß er ihn als etwas Selbstverständliches hinzunehmen schien. Er führte seine Männer tiefer in die Berge hinein und wies die Chefs an, ihr Lager dicht neben dem seinen aufzuschlagen, damit er sie alle in kürzester Frist zusammentrommeln konnte. Im Laufe der Tage schien er sich immer tiefer in seine eigene Welt zurückzuziehen. Wochen vergingen, während die Chefs immer ungeduldiger seine Befehle erwarteten.

Eines Morgens wanderte er ganz allein, ohne Leibwächter, tief in die Berge hinein. Als es dunkel war, kam er zurück und blieb im Schein der Lagerfeuer stehen.

»Aspanu«, befahl er, »ruf mir alle Chefs zusammen!«

Fürst Ollortos Besitz umfaßte riesige Ländereien, auf denen er alles anbaute, was Sizilien tausend Jahre lang zur Kornkammer Italiens gemacht hatte: Zitronen und Orangen, Getreide, Bambus, Olivenbäume, die ganze Ölseen lieferten, Weintrauben, Felder mit Tomaten, Peperoni und Auberginen. Ein Teil dieses Landes war auf einer Fünfzig-zu-fünfzig-Basis an Bauern verpachtet, doch wie die meisten Großgrundbesitzer schöpfte Fürst Ollorto zunächst den Rahm ab: Gebühren für die Benutzung von Maschinen, geliefertes Saatgut und gestellte Transportmittel, alles selbstverständlich plus Zinsen. Der Bauer konnte froh sein, wenn er fünfundzwanzig Prozent des Gewinns bekam, den er sich im Schweiße seines Angesichts erarbeitet hatte. Und doch war er fein heraus im Vergleich zu jenen, die ihre Arbeitskraft tageweise verkaufen und Hungerlöhne akzeptieren mußten.

Der Boden war fruchtbar, doch leider ließen die Aristokraten weite Teile ihre Ländereien brachliegen. Schon 1860 hatte der große Garibaldi den Bauern versprochen, daß sie bald selbst Land besitzen würden. Doch sogar jetzt noch ließ Fürst Ollorto riesige Gebiete brachliegen. Und so wie er machten es auch die anderen Adligen, die ihr Land als Bargeldreserve benutzten und es stückweise verkauften, um ihren Capricen leben zu können.

Bei der letzten Wahl hatten alle Parteien, auch die Christlich-Demokratische, versprochen, die Landverteilung und die diesbezüglichen Gesetze zu fördern und durchzusetzen, die bestimmten, daß brachliegendes Land großer Besitzungen von Bauern durch Bezahlung eines symbolischen Betrags beansprucht werden konnte.

Diese Gesetze wurden von den Aristokraten seit jeher durchkreuzt, indem sie Mafiachefs einsetzten, um eventuelle Landbeansprucher einzuschüchtern. An dem für die Landbeanspruchung bestimmten Tag brauchte nur ein Mafiachef auf seinem Pferd an der Grenze des Besitzes auf und ab zu reiten, und kein Bauer wagte es, einen Anspruch geltend zu machen. Die wenigen, die es doch taten, wurden unweigerlich zum Ziel eines Mordanschlags, und mit ihnen all ihre männlichen Familienangehörigen. So ging es nun schon seit einem Jahrhundert, und jeder Sizilianer kannte die Spielregeln. Wenn ein Besitz einen Mafiachef zum Schutzherrn hatte, wurde kein einziges Stück Land beansprucht. Rom konnte hundert Gesetze erlassen – hier hatten sie keine Wirksamkeit. Wie Don Croce es Minister Trezza gegenüber einmal in einem unbedachten Moment formulierte: »Was gehen uns eure Gesetze an?«

Kurz nach der Wahl kam der Tag, an dem auch bei Fürst Ollorto Landstücke aus den Teilen seines Besitzes beansprucht werden konnten – das gesamte unbebaute Gebiet war von der Regierung freigegeben worden. Linke Parteiführer drängten die Bauern, ihre Ansprüche geltend zu machen. Als der Tag kam, versammelten sich fast fünftausend Personen, darunter auch einige Bauern aus Montelepre, vor dem Tor von Fürst Ollortos Palast. In einem riesigen Zelt auf dem Grundstück, bestückt mit Tischen, Stühlen und anderen Amtsutensilien zur offiziellen Registrierung der Ansprüche, warteten Regierungsbeamte.

Dem Rat Don Croces folgend, hatte Fürst Ollorto sechs Mafiachefs für sich als *gabellotti* engagiert. Sie ritten an diesem strahlenden Morgen, in der rauchigen Sonne Siziliens schwitzend, vor der Mauer, die Fürst Ollortos Besitz umgab, auf ihren Pferden auf und ab. Die unter Olivenbäumen versammelten Bauern beobachteten die sechs Männer, die in ganz Sizilien für ihre Grausamkeit berüchtigt waren. Zu ängstlich, um sich von der Stelle zu rühren, warteten sie, als hofften sie auf ein Wunder.

Doch dieses Wunder würden auf keinen Fall die Hüter des Gesetzes sein. Minister Trezza hatte dem Maresciallo der Carabinieri direkten Befehl geschickt, seine Leute in der Kaserne zu halten. An jenem Tag war in der ganzen Provinz Palermo kein einziger uniformierter Angehöriger der Nationalpolizei zu sehen.

Die Menge vor der Mauer von Fürst Ollortos Besitz wartete, die sechs Mafiachefs ritten auf ihren Pferden mit unbewegter Miene, die Gewehre in den Halterungen, die *lupare* im Schulterriemen, die Pistolen, unter den Jacken versteckt, im Gürtel, so stetig auf und ab wie Metronome. Sie machten keinerlei Drohgesten zu den Wartenden hinüber, ja sie ignorierten sie sogar und ritten ganz einfach schweigend hin und her. Die Bauern, wohl in der Hoffnung, die Pferde würden irgendwann müde werden, öffneten ihre Beutel, entnahmen ihnen Brot und Käse und entkorkten die Weinflaschen. Unter den wenigen Frauen in dieser Menschengruppe befand sich die junge Justina mit ihren Eltern. Sie war gekommen, um den Mördern Silvio Ferras die Stirn zu bieten. Aber keiner von ihnen wagte es, die Linie, auf der sich langsam die Pferde bewegten, zu überschreiten und das Land zu beanspruchen, das ihnen von Rechts wegen zustand.

Es war nicht nur Angst, was sie zurückhielt; dies waren »Männer von Respekt«, die eigentlichen Gesetzgeber der Ortschaften, in denen sie lebten. Die Freunde der Freunde hatten ihre eigene Schattenregierung eingesetzt, die wirkungsvoller arbeitete als die Regierung in Rom. Stahl zum Beispiel ein Viehdieb einem Bauern Rinder und Schafe und meldete das Opfer den Carabinieri das Verbrechen, bekam es sein Eigentum nie wieder. Ging der Mann jedoch zu diesen Mafiachefs und zahlte zwanzig Prozent an sie, wurde das gestohlene Vieh bald gefunden, und er erhielt die Zusicherung, daß so etwas nie wieder vorkommen werde.

Tötete ein jähzorniger Kraftmeier wegen einem Glas Wein einen unschuldigen Arbeiter, konnte ihn die Regierung aufgrund zahlreicher Falschaussagen und des Gesetzes der Omertà nur selten verurteilen. Ging die Familie des Opfers zu einem dieser sechs »Männer von Respekt«, wurde ihr Rache und Gerechtigkeit zuteil.

Unverbesserliche kleine Diebe in armen Bezirken wurden hingerichtet, Fehden ehrenhaft beigelegt, ein Streit über Grundstücksgrenzen ohne teure Anwälte geschlichtet. Diese sechs Männer waren Richter, gegen deren Spruch man keine Berufung einlegen, die man nicht ignorieren und deren sehr schweren Strafen man nicht entgehen konnte, es sei denn, man emigrierte. Diese sechs Männer verfügten über eine Macht in Sizilien, wie sie nicht einmal der Ministerpräsident von Italien ausübte. Deshalb blieb die Menge draußen vor Fürst Ollortos Tor.

Die sechs Mafiachefs ritten nicht dicht zusammen: Das wäre ein Zeichen von Schwäche gewesen. Sie ritten einzeln, wie unabhängige Könige, jeder durch seine ganz spezielle Art von Terror berühmt. Der meistgefürchtete – er ritt auf einem gefleckten grauen Pferd – war Don Siano aus Bisacquino. Er war über sechzig, und sein Gesicht wirkte ebenso grau und gefleckt wie das Fell seines Pferdes. Als Sechsundzwanzigjähriger war er zur Legende geworden, als er den Mafiachef, der sein Vorgänger war, umbrachte. Der Mann hatte Don Sianos Vater ermordet, als der Don erst zwölf Jahre alt war, und Siano hatte vierzehn Jahre auf seine Rache gewartet. Dann hatte er sich eines Tages aus einem Baum auf das Pferd des Opfers fallen lassen, den Mann von hinten umklammert und ihn gezwungen, durch die Hauptstraße des Ortes zu reiten. Und während sie vor aller Augen dahinritten, hatte Siano sein Opfer in Stücke zerhackt, ihm Nase, Lippen, Ohren und Genitalien abgeschnitten, und war dann, den blutigen Leichnam in Arm, vor dem Haus des

Opfers auf und ab geritten. Von da an hatte er seine Provinz mit blutiger und eiserner Faust regiert.

Der zweite Mafiachef, auf einem Rappen, war Don Arzana aus Piani dei Greci, ein ruhiger, bedächtiger Mann, der fand, daß es bei einem Streit immer zwei Seiten gebe, und der sich geweigert hatte, Silvio Ferra aus politischen Gründen zu töten, ja der ihm dieses Schicksal jahrelang erspart hatte. Er war bekümmert über den Mord an Ferra, hatte aber nicht eingreifen können, da Don Croce und die anderen Mafiachefs darauf bestanden hatten, es sei Zeit, in seinem Bezirk ein Exempel zu statuieren. Seine Herrschaft war von Freundlichkeit und Barmherzigkeit gekennzeichnet, so daß von den sechs Tyrannen er sich der größten Beliebtheit erfreuen konnte. Jetzt aber, als er vor den versammelten Bauern auf und ab ritt, war seine Miene grimmig wie die der anderen Mafiachefs.

Der dritte Reiter war Don Piddu aus Caltanissetta, der die Zügel seines Pferdes mit Blumen geschmückt hatte. Er war für Schmeicheleien empfänglich, eitel und eifersüchtig auf seine Macht bedacht. Bei einem Dorffest hatte ein junger bäuerlicher Kavalier die Bewunderung der einheimischen Frauen erregt, weil er Schellen an den Knöcheln, Hemd und Hose aus grünem Samt trug, und zu einer in Madrid hergestellten Gitarre sang. Don Piddu war außer sich gewesen über die Verehrung, die diesem ländlichen Valentino zuteil wurde, und wütend darüber, daß die Frauen nicht einem echten Mann wie ihm Bewunderung zollten, sondern diesem affektierten Gecken – der nach jenem schicksalhaften Tag nicht mehr Gitarre spielte, sondern von Kugeln durchsiebt auf dem Weg zu seinem Hof gefunden wurde.

Der vierte Mafiachef war Don Marcuzzi aus Villamura, der als Asket bekannt war und wie der Adel eine eigene Kapelle in seinem Haus besaß. Von dieser einen Marotte abgesehen, lebte Don Marcuzzi sehr einfach und war, da er sich weigerte, aus seiner Macht Profit zu schlagen, persönlich ein armer Mann. Doch diese Macht genoß er ungeheuer; nie wurde er müde, seinen sizilianischen Landsleuten zu helfen, aber er glaubte auch aufrichtig an die alten Methoden der Freunde der Freunde. Zur Legende war er geworden, als er seinen Lieblingsneffen für eine *infamità* hinrichtete, für den Bruch des Gesetzes der Omertà.

Der fünfte Reiter war Don Buccilla aus Partinico, der an jenem längst vergangenen, schicksalhaften Tag, als Turi Giuliano Bandit wurde, wegen seines Neffen zu Hector Adonis gekommen war. Jetzt, fünf Jahre später, war er um ungefähr vierzig Pfund schwerer. Obwohl er es in der Zwischenzeit zu unermeßlichem Reichtum gebracht hatte, trug er noch immer seine operettenhafte Bauernkleidung. Er war nicht übermäßig gewalttätig, doch Unehrlichkeit konnte er nicht ertragen, und Diebe richtete er mit der gleichen Selbstgerechtigkeit hin, mit der die Richter im England des achtzehnten Jahrhunderts kindliche Taschendiebe zum Tode verurteilten.

Der sechste Mann war Guido Quintana. Er war berühmt geworden, als er, obwohl offiziell aus Montelepre, das blutige Schlachtfeld Corleone übernommen hatte. Dazu war er gezwungen gewesen, weil Montelepre unter dem unmittelbaren Schutz Giulianos stand. In Corleone jedoch fand Guido Quintana das, wonach sich sein Mörderherz gesehnt hatte. Er hatte vier Familienfehden beigelegt, indem er jene, die sich gegen seine Entscheidungen auflehnten, ganz einfach umbrachte. Er hatte Silvio Ferra und andere Gewerkschaftsfunktionäre ermordet. Er war vermutlich der einzige Mafiachef, der mehr gehaßt als respektiert wurde.

Das waren die sechs Männer, die den armen Bauern Siziliens durch ihren Ruf und durch die ungeheure Angst, die sie auszulösen verstanden, den Zugang zum Grundbesitz des Fürsten Ollorto versperrten.

Zwei Jeeps, voll besetzt mit bewaffneten Männern, jagten die Straße Montelepre–Palermo entlang und bogen in den Weg ein, der zur Umfassungsmauer des Besitzes führte. Alle Männer, bis auf zwei, waren mit Wollmützen maskiert, in die sie Schlitze für die Augen geschnitten hatten. Die beiden Unmaskierten waren Turi Giuliano und Aspanu Pisciotta. Zu den Maskierten gehörten Corporal Canio Silvestro, Passatempo und Terranova. Andolini, ebenfalls maskiert, bewachte die Straße nach Palermo. Als die Jeeps etwa fünfzehn Meter vor den Mafia-Reitern hielten, drängten sich weitere Männer durch die Menge der wartenden Bauern. Auch sie waren maskiert. Sie hatten in einem Olivenhain gepicknickt, ihre Körbe, als die beiden Jeeps auftauchten, geöffnet und ihnen Waffen und Masken entnommen. Jetzt verteilten sie sich in weitem Halbkreis und richteten ihre Gewehre auf die Reiter. Alles in allem waren es ungefähr fünfzig. Turi Giuliano sprang aus dem Jeep und kontrollierte, ob jeder an seinem Platz war. Er beobachtete die sechs Männer, die auf und ab ritten. Er wußte, daß sie ihn gesehen hatten, und er wußte auch, daß er von der Menge erkannt worden war. Die Nachmittagssonne übergoß die grüne Landschaft mit rotem Licht. Giuliano fragte sich, warum diese Tausende von harten Bauern sich so einschüchtern ließen, daß sie von sechs Männern daran gehindert werden konnten, ihre Kinder mit Brot zu versorgen.

Neben ihm wartete Aspanu Pisciotta ungeduldig wie eine Viper. Nur er hatte sich geweigert, eine Maske zu tragen; alle anderen fürchteten die *vendetta* der Familien der sechs Mafiachefs und der Freunde der Freunde. Jetzt würde die Hauptwucht der Rache Giuliano und Pisciotta treffen.

Giuliano hatte eine schwere Pistole am Gürtel hängen; er trug den Smaragdring, den er vor Jahren der Herzogin abgenommen hatte. Pisciotta hielt eine Maschinenpistole im Arm. Er war blaß – von seiner Lungenkrankheit und von der Aufregung; er ärgerte sich über Turi, weil der so endlos lange brauchte. Aber Giuliano beobachtete die Szenerie, um sicherzugehen, daß seine Befehle ausgeführt worden waren. Seine Männer hatten den Halbkreis so gebildet, daß für die Mafiachefs ein Fluchtweg blieb, sollten sie sich für den Rückzug entscheiden. Falls sie das taten, würden sie Respekt und damit eine Menge Einfluß verlieren; die Bauern würden sich nicht mehr vor ihnen fürchten. Jetzt wendete Don Siano seinen gefleckten Grauschimmel, und die anderen folgten seinem Beispiel. Wieder begann die Parade vor der Gutsmauer. Sie wollten also nicht fliehen.

Von einem der Türme seines alten Palastes beobachtete Fürst Ollorto das Geschehen durch das Teleskop, mit dem er sonst die Sterne observierte. In allen Einzelheiten erkannte er Turi Giulianos Gesicht: die ovalen Augen, die klaren Züge, den üppigen, jetzt fest zusammengepreßten Mund. Er wußte, daß die Kraft, die in diesem Gesicht lag, die Kraft der Tugend war, und fand es schade, daß Tugend keine barmherzige Eigenschaft war. Denn wenn sie rein war wie Giulianos Tugend, dann konnte sie wahrhaft fürchterlich sein. Fürst Ollorto schämte sich. Er kannte seine sizilianischen Landsleute gut, und nun würde er für das verantwortlich sein, was gleich geschah. Die sechs großen Männer, die er mit Geld gekauft hatte, würden für ihn kämpfen; fliehen würden sie nicht. Sie hatten die große Menschenmenge, die vor seiner Mauer wartete, total eingeschüchtert. Doch nun stand Giuliano vor ihnen wie ein Racheengel. Und schon hatte der Fürst das Gefühl, daß sich die Sonne verdunkelte.

Giuliano schritt auf die Linie zu, auf der die sechs Männer ritten. Es waren schwere, gedrungene Männer, die ihre Pferde einen langsamen, gleichmäßigen Schritt gehen ließen. Ab und zu durften die Tiere von einem großen Haufen Hafer fressen, der an der rauhen, weißen Steinmauer aufgeschüttet worden war. Das geschah, damit die Pferde ständig äpfelten und eine ununterbrochene, beleidigende Spur Mist hinterließen.

Turi Giuliano baute sich dicht an ihrem Weg auf, Pisciotta einen Schritt dahinter. Die sechs Männer sahen nicht zu ihm hinüber und machten nicht halt. Ihre Mienen waren unergründlich. Alle trugen sie eine *lupara* über der Schulter, aber keiner versuchte sie abzunehmen. Giuliano wartete. Noch dreimal ritten die Männer an ihm vorbei. Dann trat Giuliano einen Schritt zurück. Leise sagte er zu Pisciotta: »Hol sie von ihren Pferden herunter und stell sie mir vor.« Er überquerte den Reitpfad und lehnte sich an die weiße Steinmauer.

Er wußte, daß er eine entscheidende Linie überschritten hatte, daß das, was er an diesem Tag unternahm, sein zukünftiges Schicksal bestimmen würde. Aber er zögerte keine Sekunde, empfand keinerlei Unbehagen, nur eine eiskalte Wut auf die ganze Welt. Er wußte, daß hinter diesen sechs Männern die überdimensionale Gestalt Don Croces stand, und daß es der Don war, der sich als sein eigentlicher Feind entpuppt hatte. Er empfand auch Zorn auf diese Menschenmenge hier, der er doch helfen wollte. Warum waren sie so fügsam, so ängstlich? Wenn er sie nur bewaffnen und führen könnte, würde er ein neues Sizilien schaffen! Dann jedoch stieg Mitleid mit diesen armselig gekleideten, hungernden Bauern in ihm auf, und er hob grüßend den Arm, um sie zu ermutigen. Die Menge blieb stumm. Einen Augenblick dachte er an Silvio Ferra, der sie hätte aufrütteln können.

Jetzt übernahm Pisciotta das Kommando. Er trug einen

cremefarbenen Wollpullover, in den dunkle, sich aufbäumende Drachen eingewebt waren. Sein schmaler, dunkler Kopf zeichnete sich scharf vom blutroten Licht der sizilianischen Sonne ab. Und wie eine Messerklinge wandte er diesen Kopf nun den sechs Obelisken auf ihren Pferden zu, um sie lange mit seinem Schangenblick zu betrachten, während sie langsam an ihm vorbeiritten. Plötzlich äpfelte Don Sianos Pferd ihm vor die Füße.

Pisciotta trat einen Schritt zurück. Er nickte Terranova, Passatempo und Silvestro zu, die zu dem Halbkreis der fünfzig bewaffneten Maskierten hinüberliefen. Die Männer verteilten sich noch etwas weiter, um den Fluchtweg zu schließen, der bisher offen geblieben war. Die Mafiachefs ritten hochmütig weiter, als hätten sie nichts bemerkt, obwohl sie natürlich alles gesehen und durchaus richtig gedeutet hatten. Aber sie hatten die erste Runde der Schlacht gewonnen. Jetzt war es an Giuliano, zu entscheiden, ob er den letzten, gefährlichsten Schritt wagen sollte.

Pisciotta trat Don Sianos Pferd in den Weg und hob dem grauen, furchteinflößenden Gesicht gebieterisch die Hand entgegen. Aber Don Siano blieb nicht stehen. Als sein Pferd ausweichen wollte, zog der Reiter hart die Zügel an, und so hätten sie Pisciotta einfach über den Haufen geritten, wäre er nicht zur Seite getreten, um sich mit bösartigem Grinsen tief vor dem vorbeireitenden Don zu verneigen. Dann trat Pisciotta unmittelbar hinter Roß und Reiter, zielte mit seiner Maschinenpistole auf die graue Hinterhand des Pferdes und drückte ab.

Die duftende, blumige Luft füllte sich mit Fetzen von Eingeweiden und einem Regen aus Blut und goldgelbem Pferdemist. Der Kugelhagel fegte dem Pferd die Beine unter dem Körper weg, und es stürzte. Der fallende Körper klemmte Don Siano ein; vier von Giulianos Männern zogen ihn heraus und fesselten ihm die Hände auf dem Rücken. Da das Pferd noch lebte, trat Pisciotta näher und jagte dem Tier einen Feuerstoß in den Kopf.

Ein gedämpftes Murmeln des Entsetzens und des Jubels stieg aus der Menge empor. Giuliano lehnte immer noch an der Wand, die schwere Pistole immer noch im Gürtel. Er stand mit gekreuzten Armen da, als wolle er abwarten, was Aspanu Pisciotta jetzt tat.

Die übrigen Mafiachefs setzten ihren Ritt fort. Beim Rattern der Maschinenpistole hatten ihre Pferde gescheut, aber die Reiter hatten sie schnell wieder in der Gewalt gehabt. Sie ritten genauso gemächlich wie zuvor. Abermals trat Pisciotta auf den Weg. Abermals hob er die Hand. Der Spitzenreiter, Don Buccilla, hielt an. Auch die anderen, hinter ihm, zügelten ihre Pferde.

Laut rief Pisciotta ihnen zu: »Eure Familien werden die Pferde in den nächsten Tagen brauchen. Ich verspreche hiermit, sie ihnen zu schicken. Aber nun sitzt ab und erweist Giuliano euren Respekt.« Seine Stimme klang laut und klar, so daß ihn alle verstehen konnten.

Ein langes Schweigen trat ein; dann saßen die fünf Männer ab. Stolz standen sie da und starrten die Menge mit grimmigen, überheblichen Blicken an. Der weite Bogen aus Giulianos Männern löste sich auf, als zwanzig von ihnen mit schußbereiten Waffen näherkamen. Vorsichtig und sanft fesselten sie den fünfen die Hände auf dem Rücken. Dann führten sie alle sechs Chefs zu Giuliano.

Giuliano musterte sie ausdruckslos. Quintana hatte ihn früher einmal gedemütigt, ja er hatte sogar versucht, ihn umzubringen. Jetzt war die Situation umgekehrt. In diesen fünf Jahren hatte Quintanas Gesicht sich nicht verändert, es besaß noch immer den wölfischen Ausdruck; im Moment jedoch blickten seine Augen leer, versteckt hinter der Mafioso-Maske trotziger Verachtung.

Don Siano starrte Giuliano mit einem Ausdruck der Geringschätzung auf dem grauen Gesicht an. Buccilla wirkte ein bißchen verwundert, als sei er erstaunt über soviel böses Blut in einer Angelegenheit, die ihn doch eigentlich gar nichts anging. Die anderen Dons sahen ihm, wie es sich für hochgestellte Männer von Respekt gehörte, kalt in die Augen. Giuliano kannte sie alle vom Hörensagen; als Kind hatte er sich vor ihnen gefürchtet, vor allem vor Don Siano. Nun hatte er sie vor ganz Sizilien gedemütigt; das würden sie ihm niemals verzeihen und auf ewig seine Todfeinde sein. Er wußte, was er tun mußte; aber er wußte auch, daß sie geliebte Ehemänner und Väter waren, daß ihre Kinder um sie weinen würden. Ohne das geringste Zeichen von Furcht sahen sie stolz an ihm vorbei. Was sie sagen wollten, war deutlich: Soll er doch tun, was er tun muß, wenn er den Mumm dazu hat. Don Siano spie vor Giuliano aus.

Turi sah ihnen, einen nach dem anderen, ins Gesicht. »Kniet nieder und macht euren Frieden mit Gott«, sagte er. Keiner der Männer rührte sich.

Giuliano drehte sich um und ging davon. Nebeneinander standen die sechs Mafiachefs an der weißen Steinmauer. Als Giuliano die Linie seiner Männer erreichte, drehte er sich um. Mit lauter Stimme, die von der ganzen Menschenmenge gehört wurde, sagte er: »Ich richte euch hin im Namen Gottes und Siziliens.« Dann berührte er Pisciottas Schulter.

Im selben Moment wollte Don Marcuzzi niederknien, Pisciotta aber hatte das Feuer bereits eröffnet. Passatempo, Terranova und der Corporal, alle maskiert, feuerten ebenfalls. Die sechs Gefesselten wurden vom Hagel der Geschosse gegen die Mauer geschleudert. Die rauhen, weißen Steine waren in Sekundenschnelle übersät mit tiefroten Blutspritzern und Fleischfetzen, die aus den zuckenden Körpern gerissen wurden. Vom ununterbrochenen Kugelhagel immer wieder emporgeschleudert, schienen sie an Marionettenfäden zu tanzen.

Fürst Ollorto, oben in seinem Turm, wandte sich ab von seinem Teleskop. Daher sah er nicht, was jetzt geschah.

Giuliano trat vor und ging zur Mauer. Er zog die schwere Pistole aus seinem Gürtel und gab langsam, feierlich jedem einzelnen Mafiachef den Fangschuß.

Ein lautes, heiseres Gebrüll stieg aus der Zuschauermenge auf, und innerhalb von Sekunden strömten Tausende durch das Tor von Fürst Ollortos Großbesitz. Giuliano sah zu. Und stellte fest, daß niemand aus der Menge in seine Nähe kam.

Zweiundzwanzigstes Kapitel

Der Ostermorgen des Jahres 1949 brach strahlend an. Die ganze Insel war ein einziger Blumenteppich, und auf den Balkonen von Palermo prangten riesige Pflanzenkübel in ihrer leuchtend bunten Blütenpracht. Aus den Rissen im Gehsteig und sogar aus den Mauern alter Häuser und Kirchen sproß es rot, blau und weiß. In den Straßen drängten sich die Menschen, um rechtzeitig um neun zur Hochmesse in den großen Dom zu gelangen, wo der Kardinal persönlich die Kommunion austeilen würde. Auch aus den nahegelegenen Dörfern waren Männer gekommen, in schwarzen Anzügen und gefolgt von Frau und Kindern; alle, denen sie begegneten, grüßten sie mit dem traditionellen Ostermorgengruß: »Christus ist auferstanden.« Turi Giuliano antwortete mit dem ebenso traditionellen: »Gesegnet sei Sein Name.«

Giuliano und seine Männer hatten sich in der Nacht zuvor nach Palermo hineingeschlichen. Sie waren in das ländlich-nüchterne Schwarz der Bauern gekleidet, aber ihre Jacken waren lose und weit, denn darunter trugen sie Maschinenpistolen. Turi kannte sich aus in den Straßen Palermos; in den sechs Jahren seines Banditenlebens hatte er sich oft in die Stadt gestohlen, um die Entführung eines reichen Aristokraten zu leiten oder in einem berühmten Restaurant zu essen und seine provozierenden Zettel unter dem Teller zu hinterlassen.

Bei diesen Besuchen schwebte er keinen Augenblick in Gefahr. Auf der Straße ging stets Corporal Canio Silvestro an seiner Seite. Zwei weitere Männer schritten zwanzig Meter vor ihm her, vier auf der anderen Straßenseite, zwei zwanzig Meter hinter ihm und noch weiter hinten abermals zwei. Falls Giuliano von den Carabinieri angehalten werden sollte, um seine Personalpapiere vorzuzeigen, waren die Beamten ein leichtes Ziel für diese Männer, die, wenn es sein mußte, rücksichtslos von der Schußwaffe Gebrauch machten. Betrat Giuliano ein Restaurant, saßen im ganzen Raum verteilt seine Leibwächter.

An diesem Morgen hatte Giuliano fünfzig Mann mitgebracht, darunter Aspanu Pisciotta, den Corporal und Terranova; Passatempo und Stefan Andolini waren zurückgelassen worden. Als Giuliano mit Pisciotta die Kirche betrat, wurde er von vierzig Mann begleitet; die übrigen zehn mit Terranova und dem Corporal warteten mit Fluchtfahrzeugen hinter dem Dom.

Der Kardinal las die Messe. Mit seinen weißgoldenen Gewändern und dem großen Kreuz an seinem Hals umgab ihn eine Aura unantastbarer Heiligkeit. Giuliano tauchte die Finger in das mit Reliefs der Leiden Christi geschmückte Weihwasserbecken und stellte sich neben die berühmte Statue der Muttergottes mit den Aposteln.

Giulianos Männer verteilten sich an den Wänden in der Nähe des Altars. Die Bänke waren besetzt mit Andächtigen, die Bauern in Schwarz, die Städter in farbenfrohem Sonntagsstaat. Der Gesang der Priester und Meßdiener, die gemurmelten Responsorien der Betenden, der Duft der subtropischen Blumen auf dem Altar, die Frömmigkeit der Gläubigen beeindruckten Giuliano. Zum letztenmal hatte er die Messe am Ostersonntag vor fünf Jahren besucht, als Frisella, der Barbier, ihn verraten hatte. An diesem Ostermorgen wurde er von einem Gefühl des Verlustes und des Grauens gequält. Wie oft hatte er zu seinen zum Tode verurteilten Feinden gesagt: »Ich richte euch hin im Namen

Gottes und Siziliens«, und darauf gewartet, daß sie die Gebete sprachen, die er jetzt hörte! Sekundenlang wünschte er, er könnte sie alle wiederauferstehen lassen, wie Christus auferstanden war, sie aus der ewigen Finsternis hervorholen, in die er sie geschleudert hatte. Und jetzt, an diesem Ostermorgen, mußte er ihnen vielleicht einen Kardinal nachschicken. Dieser Kardinal hatte sein Wort gebrochen, hatte ihn belogen, ihn verraten und war zu seinem Feind geworden, auch wenn er noch so herrlich sang in diesem weiten Dom. Wäre es impertinent, dem Kardinal zu befehlen, seinen Frieden mit Gott zu machen? Befand sich ein Kardinal nicht immer im Zustand der Gnade? Würde er demütig genug sein, diesen Verrat an Giuliano jetzt zu beichten?

Die Messe ging ihrem Ende zu; die Andächtigen begaben sich zum Altargitter, um die heilige Kommunion zu empfangen. Auch einige von Giulianos Männern an den Wänden knieten nieder. Sie hatten am Tag zuvor bei Abt Manfredi im Kloster gebeichtet und waren rein, denn ihr Verbrechen wollten sie ja erst nach der Zeremonie begehen.

Die Menge der Andächtigen, glücklich über die österliche Auferstehung Christi und froh darüber, ihrer Sünden ledig zu sein, strömte zur Kathedrale hinaus und füllte die Piazza. Der Kardinal trat hinter den Altar, und der Meßdiener drückte ihm die konische Mitra eines Erzbischofs aufs Haupt. Mit dieser Kopfbedeckung wirkte der Kardinal dreißig Zentimeter größer, die reichen Ornamente vorn auf der Mitra überstrahlten sein grobes Sizilianergesicht; man hatte eher den Eindruck von Macht als von Heiligkeit.

Begleitet von einer Gruppe Priester machte er sich auf den Weg zu den traditionellen Gebetsstationen in den vier Kapellen der Kathedrale.

Die erste Kapelle enthielt den Sarkophag König Rogers I., die zweite den Kaiser Friedrichs II., die dritte den

Heinrichs IV. und die letzte die Asche Konstanzes, der Ehefrau Friedrichs II. Alle Sarkophage bestanden aus weißem, mit kostbaren Mosaiken eingelegtem Marmor. Es gab noch eine weitere Kapelle mit dem Silberschrein und einer fünfhundert Kilo schweren Statue der heiligen Rosalie, der Schutzpatronin Palermos, die an ihrem Namenstag von den Bürgern der Stadt durch die Straßen getragen wurde. In dieser Kapelle lagen die sterblichen Reste aller Erzbischöfe von Palermo; dort würde auch der Kardinal selbst beigesetzt werden, wenn er einst starb. Dies war seine erste Gebetsstation, und dort wurde er, als er zum Gebet niederkniete, mit seinem Gefolge von Giuliano und dessen Männern umstellt, nachdem sie die Ausgänge der Kapelle abgeriegelt hatten, damit niemand Alarm schlagen konnte.

Der Kardinal erhob sich, um ihnen gegenüberzutreten. Er sah Pisciotta. An dieses Gesicht erinnerte er sich. Aber nicht so, wie es jetzt war. Jetzt war es die Fratze des Teufels, der ihn holen kam, damit sein Fleisch in der Hölle schmore. »Eminenz«, sagte Giuliano, »Sie sind mein Gefangener. Wenn Sie tun, was ich sage, wird Ihnen nichts geschehen. Sie werden das Osterfest als mein Gast in den Bergen verbringen, und ich verspreche Ihnen, daß Sie dort oben ebenso gut speisen werden wie in Ihrem Palast.«

»Sie wagen es, mit bewaffneten Männern in das Haus Gottes einzudringen?« fuhr der Kardinal auf.

Giuliano lachte; all seine Ehrfurcht verschwand vor der Begeisterung über das, was er vorhatte. »Ich wage noch mehr«, gab er zurück. »Ich wage es, Sie dafür zu tadeln, daß Sie Ihr heiliges Ehrenwort gebrochen haben. Sie haben mir und meinen Männern die Begnadigung versprochen und dieses Versprechen nicht gehalten. Jetzt werden Sie und die Kirche dafür bezahlen.«

Der Kardinal schüttelte den Kopf. »Sie werden mich nicht aus diesem heiligen Ort fortbringen«, sagte er. »Töten

Sie mich, wenn Sie es wagen, und Sie werden auf der ganzen Welt berüchtigt sein.«

»Diese Ehre ist mir bereits zuteil geworden«, entgegnete Giuliano. »Wenn Sie nicht tun, was ich Ihnen befehle, werde ich gewaltsamer vorgehen müssen. Ich werde alle diese Priester hier umbringen und Sie selbst fesseln und knebeln. Wenn Sie freiwillig mitkommen, wird niemandem ein Haar gekrümmt, und Sie werden innerhalb einer Woche wieder in Ihrer Kathedrale sein.«

Der Kardinal bekreuzigte sich und schritt auf die Tür der Kapelle zu, auf die Giuliano gedeutet hatte. Sie führte auf die Rückseite des Doms, wo andere Mitglieder von Giulianos Bande bereits die Amtslimousine des Kardinals mitsamt Chauffeur mit Beschlag belegt hatten. Der große schwarze Wagen war mit Untersträußen geschmückt und trug zu beiden Seiten des Kühlers den Stander der Kirche. Auch die Wagen anderer Würdenträger hatten Giulianos Männer requiriert. Giuliano half dem Kardinal in die Limousine und setzte sich neben ihn. Zu ihnen in den Fond des Wagens stiegen zwei seiner Männer, während Aspanu Pisciotta vorne neben dem Fahrer Platz nahm. Dann rollte die Wagenkolonne durch die Stadt, vorbei an Carabinieri-Streifen, die höflich salutierten. Auf Giulianos Befehl hin winkte der Kardinal segnend zurück. Auf einem einsamen Straßenabschnitt, wo einige Männer der Bande mit einer Sänfte warteten, wurde der Kardinal zum Aussteigen gezwungen. Fahrzeuge und Chauffeure zurücklassend, verschwanden sie zuerst in einem Blütenmeer und dann in den weiten Bergen.

Giuliano hielt Wort: Tief in den Höhlen der Cammarata-Berge speiste der Kardinal nicht weniger gut als in seinem Palast. Die ehrfürchtigen Banditen, die ihn bei Tisch bedienten, baten bei jedem Gang um seinen Segen, so großen Respekt hatten sie vor seiner geistlichen Autorität.

Die italienische Presse tobte vor Empörung, während die Sizilianer von zwei entgegengesetzten Gefühlen bewegt wurden: Entsetzen über das Sakrileg und ganz und gar unfromme Schadenfreude darüber, daß die Carabinieri so gekonnt ausgetrickst worden waren. Übertroffen wurde das alles jedoch von ihrem ungeheuren Stolz auf Giuliano, auf die Tatsache, daß ein Sizilianer Rom besiegt hatte: Mit einemmal war Giuliano der größte aller »Männer von Respekt«.

Was, fragten sich natürlich alle, wird er für den Kardinal verlangen? Die Antwort war einfach: ein gewaltiges Lösegeld.

Die katholische Kirche, die schließlich die Aufgabe hatte, über ihre Seelen zu wachen, erniedrigte sich nicht so weit, daß sie um das Lösegeld feilschte wie die knausrigen Aristokraten und reichen Kaufleute. Sie zahlte die einhundert Millionen Lire umgehend und anstandslos. Giuliano aber hatte ein weiteres Anliegen.

»Ich bin nur ein einfacher Bauer«, erklärte er dem Kardinal, »und nicht bewandert in den Wegen des Himmels. Aber ich habe niemals mein Wort gebrochen, während Sie, ein Kardinal der katholischen Kirche, mit all Ihren heiligen Gewändern und Kreuzen mich belogen haben wie ein heidnischer Maure. Ihr heiliges Amt allein wird Ihr Leben nicht retten.«

Dem Kardinal wurden die Knie weich.

»Aber Sie haben Glück«, fuhr Giuliano fort. »Ich habe einen besonderen Auftrag für Sie.« Und er gab dem Kardinal sein Testament zu lesen.

Nun, da er wußte, daß sein Leben verschont wurde, interessierte sich der Kardinal, darin geübt, die Strafen Gottes auf sich zu nehmen, mehr für die Dokumente des Testaments als für die Vorwürfe Giulianos. Als er den Brief sah, den er für Pisciotta geschrieben hatte, bekreuzigte er sich voll heiligem Zorn.

»Mein lieber Kardinal«, sagte Giuliano, »nehmen Sie das Wissen von diesem Dokument mit zur Kirche und zu Minister Trezza zurück. Sie haben gesehen, daß ich in der Lage bin, die christlich-demokratische Regierung zu stürzen. Mein Tod wird Ihr Unglück sein. Das Testament wird an einem sicheren Ort deponiert, wo es für Sie unerreichbar ist. Wenn irgend jemand an meinen Absichten zweifelt, sagen Sie ihm, er soll Don Croce fragen, wie ich mit meinen Feinden verfahre.«

Eine Woche nach der Entführung des Kardinals verließ La Venera Giuliano.

Drei Jahre lang war er durch den Tunnel zu ihrem Haus und in ihr Bett gekrochen und hatte dort die Wohltaten ihres kräftigen Körpers, hatte Wärme und Schutz genossen. Nie hatte sie geklagt, nie mehr verlangt, als seinem Vergnügen dienen zu dürfen.

In dieser Nacht aber war es anders. Nachdem sie sich geliebt hatten, erklärte sie ihm, sie wolle zu Verwandten ziehen, die in Florenz lebten. »Dein Leben ist die Gefahr«, sagte sie. »Aber mein Herz ist zu schwach, um das alles noch länger zu verkraften. Ich träume schon davon, daß du vor meinen Augen erschossen wirst. Meinen Mann haben die Carabinieri abgeknallt wie einen tollen Hund, hier, vor diesem Haus, und sie haben weitergeschossen, bis sein Leichnam nur noch ein blutendes Bündel war. Ich träume davon, daß mit dir das gleiche geschieht.« Sie zog seinen Kopf auf ihre Brust herunter. »Hör zu«, verlangte sie, »hör dir mein Herz an.«

Er legte den Kopf auf ihre Brust und empfand Mitleid und Liebe, als er das hämmernde, unregelmäßige Klopfen hörte.

Die nackte Haut unter ihren schweren Brüsten war salzig

vom Schweiß der Angst. Sie weinte, und er strich ihr über das schwarze Haar.

»Du hast dich noch niemals zuvor gefürchtet«, sagte Giuliano. »Es hat sich nicht das geringste verändert.«

La Venera schüttelte heftig den Kopf. »Du bist zu leichtsinnig geworden, Turi. Du hast dir Feinde gemacht, mächtige Feinde. Alle deine Freunde haben Angst um dich. Deine Mutter wird blaß bei jedem Klopfen an der Tür. Du kannst nicht ewig auf der Flucht sein.«

»Aber ich habe mich nicht verändert«, behauptete Giuliano.

Wieder begann La Venera zu weinen. »Doch, Turi, doch, du hast dich verändert! Du bist so schnell bei der Hand jetzt mit dem Töten. Ich sage nicht, daß du grausam bist; aber du gehst so achtlos um mit dem Tod.«

Giuliano seufzte. Er sah, wie verängstigt sie war, und das erfüllte ihn mit einem Schmerz, den er nicht ganz begriff. »Dann mußt du gehen«, bestätigte er. »Ich werde dir genug Geld geben, damit du in Florenz leben kannst. Eines Tages wird dies alles vorbei sein. Dann wird es keine Morde mehr geben. Ich habe Pläne. Ich werde nicht ewig Bandit bleiben. Meine Mutter wird bei Nacht wieder schlafen können, und wir werden alle wieder zusammen sein.«

Er spürte, daß sie ihm nicht glaubte.

Am Morgen, bevor er ging, liebten sie sich ein letztes Mal.

Dreiundzwanzigstes Kapitel

Turi Giuliano war gelungen, was noch kein Politiker geschafft hatte: Er hatte die politischen Parteien Italiens geeint. Und nun verfolgten sie ein gemeinsames Ziel: die Vernichtung Giulianos und seiner Bande.

Im Juli 1949 kündigte Minister Trezza der Presse die Aufstellung einer fünftausend Mann starken Carabinieri-Spezialeinheit an, die – ohne auf Giuliano selbst hinzuweisen – »Sondertruppe zur Bekämpfung des Banditenunwesens« genannt werden sollte. Sofort wies die Presse auf diese geschickte Zurückhaltung der Regierung hin, die verhindern sollte, daß Giuliano als Hauptzielperson dargestellt wurde. Die Zeitungen begrüßten den Plan und gratulierten den regierenden Christdemokraten zu diesem Schachzug.

Die nationale Presse lobte auch die wohldurchdachte Zusammenstellung dieser Spezialeinheit durch Minister Trezza. Sie sollte ausschließlich aus Junggesellen bestehen, damit es keine Witwen gab und keine Familien bedroht werden konnten. Sie würde mit Kommando-Truppen, Fallschirmjägern, Panzerwagen, schweren Waffen und sogar Luftfahrzeugen ausgerüstet werden. Wie sollte ein Zweigroschen-Bandit einer solchen Truppe Widerstand leisten?

Noch dazu würde die Einheit befehligt werden von Colonel Ugo Luca, einem der großen italienischen Helden des Zweiten Weltkriegs, der mit dem legendären deutschen General Rommel gekämpft hatte. Der »italienische Wüstenfuchs«, wie ihn die Zeitungen nannten, war ein im Guerillakrieg erfahrener Mann, der mit seiner Taktik und Strategie Turi Giuliano, den unerfahrenen sizilianischen Bauernjungen, in heillose Verwirrung stürzen mußte.

Nur nebenbei erwähnten die Zeitungen in wenigen Worten die Ernennung Frederico Velardis zum Chef der gesamten Sicherheitspolizei Siziliens. Über Inspektor Velardi war kaum etwas bekannt – höchstens, daß er von Minister Trezza persönlich dazu bestimmt worden war, Colonel Luca zur Seite zu stehen.

Nur einen Monat zuvor hatte ein entscheidendes Treffen zwischen Don Croce, Minister Trezza und dem Kardinal von Palermo stattgefunden. Der Kardinal hatte ihnen von Giulianos Testament mit den verhängnisvollen Dokumenten berichtet.

Trezza hatte Angst. Das Testament mußte vernichtet werden, bevor die Armee ihren Auftrag ausführen konnte. Nur zu gern hätte er die Befehle, die er der Spezialeinheit erteilt hatte, rückgängig gemacht, doch seine Regierung stand unter einem zu starken Druck.

Für Don Croce war das Testament nur eine zusätzliche Komplikation, die jedoch nichts an seinem Entschluß änderte. Er hatte beschlossen, Giuliano zu töten: Der Mord an seinen sechs Chefs ließ ihm keine andere Wahl. Aber Giuliano sollte nicht durch die Hand der Freunde oder seine eigene sterben; dafür war er ein zu großer Held. Der Mord an ihm wäre ein so großes Verbrechen, daß selbst die Freunde es nicht überleben würden. Sie würden sich den Haß ganz Italiens zuziehen.

Jedenfalls sah Don Croce ein, daß er sich Trezzas Wünschen fügen mußte. Schließlich war dies der Mann, den er zum Ministerpräsidenten Italiens machen wollte. An den Minister gewandt, sagte er: »Wir sollten folgendermaßen vorgehen: Sie haben natürlich keine Wahl, Sie müssen Giuliano jagen. Aber versuchen Sie ihn am Leben zu lassen, bis ich dem Testament jegliche Beweiskraft nehmen kann, was mir mit Sicherheit gelingen wird.«

Der Minister nickte grimmig. Er schaltete die Gegensprechanlage ein und befahl: »Schicken Sie den Inspektor herein!« Wenige Sekunden darauf betrat ein hochgewachsener Mann mit kalten, blauen Augen den Raum. Er war mager, elegant gekleidet und hatte ein aristokratisches Gesicht.

»Das ist Inspektor Frederico Velardi«, stellte der Minister vor. »Ich habe ihn gerade zum Chef der gesamten Sicherheitspolizei Siziliens ernannt. Er wird seine Arbeit mit dem Chef der Truppe koordinieren, die ich nach Sizilien schicke.« Er stellte auch die anderen Herren vor und erläuterte das Problem des Testaments und seine Gefahr für die christlich-demokratische Regierung.

»Mein lieber Inspektor«, sagte der Minister, »ich bitte Sie, Don Croce als meinen persönlichen Vertreter in Sizilien zu betrachten. Sie werden ihm jede Information geben, die er verlangt. Genauso, wie Sie sie mir geben würden. Haben Sie das verstanden?«

Der Inspektor brauchte lange, um diese Forderung zu verdauen. Dann begriff er. Seine Aufgabe bestand darin, Don Croce von allen Plänen zu unterrichten, die die Spezialeinheit in ihrem Krieg gegen Giuliano ausarbeitete. Don Croce würde diese Informationen an Giuliano weitergeben, damit er der Verhaftung entkommen konnte, bis es der Don für ungefährlich hielt, dem Leben des Banditenchefs ein Ende zu setzen.

»Soll ich Don Croce alle Informationen geben?« fragte Inspektor Velardi. »Colonel Luca ist nicht dumm; er wird bald wittern, daß es ein Leck gibt, und mich vielleicht von seinen Einsatzbesprechungen ausschließen.«

»Sollten Sie auf irgendwelche Schwierigkeiten stoßen«, antwortete der Minister, »dann verweisen Sie ihn an mich. Ihre eigentliche Aufgabe ist es, das Testament in die Hand zu bekommen und Giuliano bis dahin am Leben und in Freiheit zu lassen.«

Der Inspektor richtete den Blick seiner kalten Augen auf Don Croce. »Ich werde Ihnen gerne zu Diensten sein«, sagte er. »Nur eines möchte ich noch wissen: Falls Giuliano lebend verhaftet wird, bevor das Testament vernichtet werden kann – was mache ich dann?«

Der Don nahm kein Blatt vor den Mund; da er kein Regierungsbeamter war, konnte er frei und offen sprechen. »Das wäre ein untragbares Mißgeschick.«

Colonel Ugo Luca, der neu ernannte Kommandeur der »Sondertruppe zur Bekämpfung des Banditenunwesens«, wurde von den Journalisten als geniale Wahl gefeiert. Sie schrieben über seine militärischen Meriten, seine Tapferkeitsauszeichnungen, sein taktisches Genie, sein stilles, zurückhaltendes Wesen und seine Abneigung gegen jegliche Art von Versagen. Er werde der sizilianischen Bande ein ebenbürtiger Gegner sein, hieß es in allen Zeitungen.

Zunächst einmal studierte Colonel Luca sämtliche Geheimdienst-Unterlagen über Turi Giuliano. Minister Trezza fand ihn in seinem Büro, umgeben von Aktenordnern voller Berichte und alten Zeitungen. Als der Minister sich erkundigte, wann er mit seiner Truppe nach Sizilien aufbrechen werde, antwortete der Colonel freundlich, er stelle gerade einen Stab zusammen. Giuliano werde mit Sicherheit noch immer dort sein, und wenn er noch so lange brauchen werde.

Eine Woche lang befaßte sich Colonel Luca eingehend mit den Berichten und kam zu gewissen Schlußfolgerungen. Giuliano war ein Genie im Guerilla-Kampf und wandte eine außergewöhnliche Taktik an. Er umgab sich mit einer Truppe von nur zwanzig Mann, zu der all seine Chefs gehörten: Aspanu Pisciotta als sein stellvertretender Kommandeur, Canio Silvestro als sein persönlicher Leibwächter und Stefan Andolini als Nachrichtenchef und Verbindungsmann zu Don Croce und dem Netz der Mafia. Terranova und Passatempo hatten eigene Banden und durften, solange keine gemeinsamen Aktionen geplant waren, unabhängig von Giulianos Befehlen operieren. Terranova organisierte Giulianos Entführungen, Passatempo die Zug- und Banküberfälle.

Dem Colonel wurde klar, daß die ganze Giuliano-Bande nicht mehr als dreihundert Mann umfaßte. Wieso also, fragte er sich, hatte Giuliano sechs Jahre lang existieren, wie hatte er die Carabinieri einer ganzen Provinz überlisten und im gesamten Nordwesten Siziliens praktisch als Alleinherrscher regieren können? Wie war es ihm und seinen Männern gelungen, den Aktionen starker Regierungsstreitkräfte in den Bergen zu entkommen? Das konnte nur dadurch möglich gewesen sein, daß Giuliano jederzeit in der Lage war, zusätzliche Männer unter den Bauern Siziliens zusammenzurufen, wann immer er sie brauchte. Und wenn die Regierungstruppen dann in den Bergen suchten, flüchteten diese Teilzeit-Banditen in die Dörfer und auf die Bauernhöfe, um dort wie ganz normale Landbewohner zu leben. Auch viele Einwohner von Montelepre waren wohl insgeheim Mitglieder der Bande. Der wichtigste Punkt jedoch war Giulianos Popularität: Es bestand kaum eine Chance, daß er jemals verraten werden würde, und es gab keinen Zweifel daran, daß Tausende zu seinen Fahnen eilen würden, sobald von ihm ein offener Aufruf zur Revolution erginge.

Und da war noch etwas besonders Rätselhaftes: Giulianos

Tarnkappe. Er tauchte an einem bestimmten Ort auf und schien sich dann in Luft aufzulösen. Je mehr Colonel Luca las, desto tiefer beeindruckt fühlte er sich. Plötzlich aber stieß er auf etwas, gegen das er sofort vorgehen konnte. Es sah vielleicht nicht besonders vielversprechend aus, würde auf lange Sicht aber sehr wichtig werden.

Giuliano hatte häufig Briefe an die Presse geschrieben, die alle mit dem Satz begannen: »Wenn wir, wie man behauptet, nicht Feinde sind, werden Sie diesen Brief veröffentlichen.« Anschließend erläuterte er dann seinen Standpunkt hinsichtlich seiner jüngsten Banditenstreiche. In Colonel Lucas Augen war dieser einleitende Satz eine Drohung, ja eine Nötigung. Und der Inhalt der Briefe war Feindpropaganda. Giuliano gab Erklärungen für seine Entführungen und Raubzüge und beschrieb, wie er das Geld an die Armen Siziliens verteilte. Wenn er einen Kampf mit den Carabinieri ausgefochten und einige von ihnen getötet hatte, verfaßte er jedesmal einen Brief, in dem er betonte, daß es in jedem Krieg Opfer gebe. Im Grunde klang es wie eine direkte Aufforderung an die Carabinieri, doch bitte nicht gegen ihn zu kämpfen. Und in dem Brief, den er nach der Hinrichtung der sechs Mafiachefs verfaßt hatte, erklärte er, nur durch diese Tat seien die Bauern endlich in der Lage, Anspruch auf das Land zu erheben, das ihnen aufgrund der Gesetze und der Moral zustehe.

Colonel Luca wunderte sich sehr darüber, daß die Regierung den Abdruck der Briefe genehmigt hatte. Er machte sich eine Notiz, Minister Trezza um die Ermächtigung zu bitten, das Kriegsrecht in Sizilien ausrufen zu dürfen, damit Giuliano von der Öffentlichkeit abgeschnitten war.

Luca ging auch der Information nach, Giuliano sei mit einer Frau befreundet; er fand aber keinen Anhaltspunkt dafür. Zwar existierten Berichte, wonach die Banditen Freudenhäuser in Palermo aufsuchten und Pisciotta ein großer Frauenheld sei, Giuliano schien in den vergangenen sechs Jahren jedoch ein Leben ohne Sex geführt zu haben. Als Italiener hielt Colonel Luca das für praktisch unmöglich. Es mußte eine Frau in Montelepre geben. Wenn er sie fand, war seine Arbeit zur Hälfte getan.

Interessant für ihn war auch die Tatsache, daß Giuliano ebensosehr an seiner Mutter hing wie sie an ihm. Zwar war Turi beiden Elternteilen ein liebevoller Sohn, die Mutter behandelte er jedoch mit besonderer Verehrung. Auch das prägte sich der Colonel ganz genau ein. Falls Giuliano wirklich keine Freundin hatte, konnte die Mutter als Köder für eine Falle dienen.

Nachdem all diese Vorbereitungen getroffen waren, stellte Luca seinen Stab zusammen. Als erstes ernannte er Capitano Antonio Perenze zu seinem Adjutanten und persönlichen Leibwächter. Perenze war ein schwerer, fast fetter Mann mit gutmütigen Zügen und umgänglichem Wesen; doch Colonel Luca kannte seinen außergewöhnlichen Mut.

Es wurde September 1949, bevor Colonel Luca mit einem ersten Kontingent von zweitausend Mann in Sizilien eintraf. Er hoffte, daß diese Anzahl ausreichen würde; er wollte Giuliano nicht noch glorifizieren, indem er eine Fünftausend-Mann-Armee zum Kampf gegen ihn führte. Schließlich war Turi ja nichts weiter als ein Bandit, mit dem man seiner Ansicht nach eigentlich schon längst und ohne große Probleme hätte kurzen Prozeß machen können.

Zuallererst verbot er den sizilianischen Zeitungen, Giulianos Briefe zu veröffentlichen. Dann ließ er Giulianos Eltern wegen Verschwörung mit ihrem Sohn verhaften. Anschließend wurden zweihundert Männer aus Montelepre festgenommen und zur Befragung einbehalten, weil sie im Verdacht standen, heimlich Mitglieder von Giulianos Bande zu sein. Sämtliche Verhafteten wurden in Gefängnisse von Palermo geschafft und von Colonel Lucas

Männern schwer bewacht. All diese Schritte stützten sich auf alte Gesetze aus der Zeit von Mussolinis faschistischem Regime, die tatsächlich noch immer Geltung besaßen.

Man durchsuchte Giulianos Haus und entdeckte den Geheimtunnel. La Venera wurde in Florenz verhaftet, kurz darauf jedoch wieder freigelassen, weil sie behauptete, sie habe keine Ahnung von der Existenz dieses Tunnels gehabt. Nicht etwa, daß man ihr glaubte; Inspektor Velardi verlangte ihre Freilassung in der Hoffnung, Giuliano würde ihr einen Besuch abstatten.

Die italienische Presse spendete Colonel Luca höchstes Lob; hier war endlich einmal ein Mann, der wirklich Ernst machte. Minister Trezza freute sich über seine Wahl, vor allem, als er ein herzliches Glückwunschschreiben des Ministerpräsidenten erhielt.

Nur Don Croce war nicht beeindruckt.

Während des ersten Monats hatte Turi Giuliano Lucas Maßnahmen, vor allem die Aufstellung seiner Carabinieri-Armee, beobachtet. Er bewunderte den klugen Schachzug des Colonels, den Zeitungen den Abdruck seiner Briefe zu verbieten und damit seine, Giulianos, lebenswichtige Verbindung zur sizilianischen Bevölkerung zu kappen. Doch als Luca dann wahllos schuldige wie unschuldige Bürger von Montelepre verhaften ließ, verwandelte sich Turis Bewunderung in tiefen Haß. Und bei der Verhaftung seiner Eltern stieg in ihm eine eiskalte, mörderische Wut auf.

Zwei Tage lang saß er tief in den Cammarata-Bergen in seiner Höhle. Er schmiedete Pläne und rekapitulierte, was er über Colonel Lucas Armee der zweitausend Carabinieri wußte. Mindestens tausend hatte man in Palermo und Umgebung stationiert, wo sie darauf warteten, daß er seine Eltern zu befreien versuchte. Die übrigen tausend waren in der Umgebung der Dörfer Montelepre, Piani dei Greci, San Giuseppe Iato, Partinico und Corleone konzentriert, wo zahlreiche Einwohner heimliche Mitglieder der Bande waren und jederzeit zum Kampf gerufen werden konnten.

Colonel Luca selbst hatte sein Hauptquartier in Palermo aufgeschlagen, wo er buchstäblich unangreifbar war. Er mußte also herausgelockt werden.

Turi Giuliano leitete seine Wut in andere Kanäle: Er entwarf taktische Pläne in Form eines klaren, arithmetischen Schemas – in seinen Augen ein Kinderspiel. Sie funktionierten praktisch immer, und sollte das einmal nicht der Fall sein, konnte er jederzeit in den weiten Bergen verschwinden. Alles hing dabei jedoch von einer fehlerlosen, präzisen Ausführung seiner Befehle ab. Auch das kleinste Detail mußte mit größter Perfektion ablaufen.

Er rief Aspanu Pisciotta zu sich in die Höhle und erklärte ihm seine Pläne. Den anderen Chefs – Passatempo, Terranova, Corporal Silvestro und Stefan Andolini – erläuterte er jeweils nur das, was sie für ihren Teil des Unternehmens wissen mußten.

Das Carabinieri-Hauptquartier in Palermo war die Zahlmeisterei für sämtliche Truppen Westsiziliens. Einmal im Monat wurde ein schwer bewachter Geldwagen auf den Weg geschickt, um sämtliche Garnisonen in den Dörfern und Provinz-Hauptquartieren mit Lohngeldern zu versorgen. Der Sold wurde jeweils in bar ausgezahlt: Für jeden Soldaten gab es ein Kuvert mit der genau abgezählten Summe in Lirescheinen und Münzen. Diese Kuverts wurden in unterteilte Holzkisten gepackt und auf einen verschlossenen Lastwagen, einen ehemaligen Waffentransporter der US-Army, verladen.

Der Fahrer war mit einer Pistole bewaffnet, neben ihm

saß der Carabinieri-Zahlmeister mit einem Gewehr. Wenn dieser mit Millionen von Lire vollgestopfte Lastwagen Palermo verließ, wurde er von drei vorausfahrenden Aufklärungsjeeps – jeder mit vier Mann und aufmontierten Maschinengewehren besetzt – sowie von einem Schützenpanzer mit zwanzig mit Maschinenpistolen und Gewehren schwer bewaffneten Männern begleitet. Dem Geldwagen folgten zwei Befehlsfahrzeuge mit je sechs Mann. All diese Fahrzeuge waren mit Funkgeräten ausgerüstet, um Palermo oder die nächste Carabinieri-Kaserne um Verstärkung bitten zu können. Besorgnis, die Banditen könnten einen solchen Konvoi überfallen, kam nicht auf. Ein derartiger Versuch wäre der reine Selbstmord gewesen.

Die Wagenkolonne verließ Palermo früh am Morgen und hielt zum erstenmal in dem kleinen Dorf Tommaso Natale. Von dort bog sie auf die Gebirgsstraße nach Montelepre ein. Da der Zahlmeister und seine Begleiter wußten, daß es ein langer Tag werden würde, legten sie ein beachtliches Tempo vor. Beim Fahren aßen sie Salami und Brot und tranken Wein direkt aus der Flasche. Sie alberten herum und lachten, und die Fahrer der Jeeps legten ihre Waffen auf den Boden der Fahrzeuge. Doch als der Konvoi den letzten Berg vor Montelepre erreichte, sahen sie zu ihrem Erstaunen, daß die Straße von einer riesigen Schafherde blockiert war. Die vorausfahrenden Jeeps bahnten sich, während ihre Fahrer die Schafhirten mit groben Schimpfworten belegten, einen Weg in die Herde hinein. Denn die Soldaten wollten so schnell wie möglich die kühle Kaserne erreichen, wo sie eine warme Mahlzeit zu sich nehmen, sich bis auf die Unterwäsche ausziehen und sich während der einstündigen Mittagspause aufs Bett werfen oder Karten spielen konnten. Gefahr drohte ihnen dabei nicht: Montelepre, nur noch wenige Meilen entfernt, verfügte über eine Garnison von fünfhundert Mann aus Colonel Lucas Armee.

Hinter sich sahen sie den Lastwagen mit dem Geld in die Schafherde hineinfahren, sahen aber nicht mehr, daß er dort steckenblieb, daß sich für ihn keine Durchfahrt öffnete.

Die Schafhirten versuchten dem Fahrzeug einen Weg zu bahnen. So intensiv waren sie damit beschäftigt, daß sie nicht zu bemerken schienen, wie wild die Schützenpanzer hupten, die Begleitmannschaften lachten, schrien und fluchten. Noch immer war niemand beunruhigt.

Plötzlich befanden sich die sechs Schafhirten unmittelbar am Wagen des Zahlmeisters. Sie zogen Schußwaffen unter den Jacken hervor und holten den Fahrer und den Zahlmeister aus ihrem Fahrzeug heraus. Dann entwaffneten sie die beiden Carabinieri. Die anderen vier Männer warfen die Kisten mit den Soldkurverts aus dem Wagen. Passatempo, der Anführer dieser Bande, schüchterte die Soldaten mit seinem brutalen Gesicht und seiner Gewalttätigkeit nicht weniger ein als mit seinen Waffen.

Im selben Moment erwachten mit einem Schlag die Hänge ringsum zum Leben; es wimmelte von Banditen mit Gewehren und Maschinenpistolen. Den beiden Befehlsfahrzeugen ganz hinten wurden die Reifen zerschossen, und dann stand Pisciotta vor dem ersten Wagen. »Langsam aussteigen, ohne Waffen! Dann könnt ihr eure Spaghetti heute abend in Palermo essen. Spielt nicht die Helden; es ist nicht euer Geld, das wir uns nehmen!«

Inzwischen hatten der Schützenpanzer und die drei Aufklärungsjeeps den Fuß des letzten Hügels erreicht und wollten gerade nach Montelepre hineinfahren, als der befehlshabende Offizier sah, daß hinter ihnen die Straße leer war. Nicht einmal die Schafe waren mehr zu sehen, die ihn vom Rest der Kolonne abgeschnitten hatten. Er griff zum Funkgerät und befahl einem der Jeeps, zurückzufahren. Durch ein Handzeichen wies er die anderen Fahrzeuge an, am Straßenrand zu halten und dort zu warten.

Der Aufklärungsjeep wendete und begann den Hügel hinaufzufahren, den er gerade heruntergekommen war. Auf halber Höhe wurde er von Maschinengewehr- und Gewehrfeuer empfangen. Die vier Mann im Jeep wurden von Kugeln durchsiebt, der fahrerlose Wagen verlor an Schwung und rollte langsam die Straße hinab, zum Konvoi zurück.

Der befehlshabende Carabinieri-Offizier sprang aus seinem Jeep und befahl den Männern im Schützenpanzer, auszusteigen und eine Gefechtslinie zu bilden. Die beiden anderen Jeeps jagten davon wie verängstigte Hasen. Doch die Truppe war total unschädlich gemacht worden. Den Zahlmeisterwagen konnten sie nicht retten, da er sich auf der anderen Seite des Hügels befand; nicht mal auf Giulianos Männer konnten sie feuern, die sich die Geldkuverts in die Jacken stopften; denn die Bandenmitglieder hielten die höher gelegene Stellung und verfügten offensichtlich über genug Feuerkraft, um jeden Angriff blutig zurückzuschlagen. Die Soldaten konnten nur noch eine in Deckung liegende Gefechtslinie bilden und wild drauflosballern.

Der Maresciallo von Montelepre hatte auf den Zahlmeister gewartet. Gegen Monatsende war er stets knapp an Geld und freute sich, wie seine Männer, auf einen Abend in Palermo, wo er in einem guten Restaurant mit Freunden und schönen Frauen erstklassig dinieren konnte. Als er die Schüsse hörte, war er verblüfft. Giuliano würde es doch wohl nicht wagen, am hellichten Tag eine seiner Streifen anzugreifen – doch nicht, nachdem Colonel Lucas Verstärkungstruppe von fünfhundert Mann hier stationiert war!

In diesem Moment hörte der Maresciallo eine ungeheure Detonation am Tor der Bellampo-Kaserne. Einer der hinten geparkten Panzerwagen hatte sich in eine orangerote Fackel verwandelt. Dann vernahm der Maresciallo das Stakkato von Maschinengewehren auf der Straße, die nach Castelvetrano und zur Hafenstadt Trapani führte, gefolgt vom Schnellfeuer der Kleinwaffen am Fuß der Bergkette außerhalb des Ortes. Er sah, wie seine Carabinieri-Streifen aus den Straßen von Montelepre, um ihr Leben fliehend, in Jeeps und zu Fuß in die Kaserne zurückgeströmt kamen; und langsam dämmerte es ihm, daß Turi Giuliano seine gesamte Streitmacht gegen die Fünfhundert-Mann-Garnison Colonel Lucas geführt hatte.

Von einer Klippe hoch über Montelepre beobachtete Giuliano den Geldraub durch seinen Feldstecher. Wenn er sich um neunzig Grad drehte, konnte er auch den Überfall auf die Bellampo-Kaserne und die Gefechte der Carabinieri-Streifen auf den Küstenstraßen beobachten. Alle Chefs arbeiteten erstklassig. Passatempo und seine Männer hatten die Soldgelder an sich genommen, Pisciottas Bande die Nachhut der Carabinieri-Kolonne gestoppt, Terranova, verstärkt durch Neuanwerbungen, die Bellampo-Kaserne überfallen und die Carabinieri-Streifen in ein Gefecht verwickelt. Die unmittelbar unter Giulianos Befehl stehenden Männer beherrschten den Fuß der Berge. Und Stefan Andolini, ein echter Fra Diavolo, bereitete eine Überraschung vor.

In seinem Hauptquartier in Palermo empfing Colonel Luca die Nachricht vom Verlust der Soldgelder mit einer für seine Untergebenen erstaunlichen Ruhe. Innerlich jedoch schäumte er vor Wut über Giulianos Tollkühnheit und fragte sich, wo und wie er sich wohl die Informationen über die Truppenaufstellung der Carabinieri beschafft hatte. Vier Carabinieri waren beim Geldraub getötet, zehn weitere beim Kampf gegen die anderen Bandenmitglieder erschossen worden.

Colonel Luca war noch am Telefon und ließ sich die Verlustliste durchgeben, als Capitano Perenze mit vor Erregung zitternden Hängebacken zur Tür hereinplatzte. Ihm war soeben gemeldet worden, daß einige der Banditen Verwundungen davongetragen hätten, einer sogar getötet und auf dem Kampfplatz zurückgelassen worden sei. Der Tote sei aufgrund von Dokumenten, die er bei sich getragen habe, und der Erklärung zweier Einwohner von Montelepre identifiziert worden: Es sei kein anderer als Turi Giuliano!

Wider alle Vorsicht, wider alle Vernunft stieg in Colonel Lucas Brust eine Woge von Triumph empor. Wie durch ein Wunder hatte eine vom Schicksal gelenkte Kugel das schwer zu fassende Gespenst, diesen großen Banditen getroffen. Doch dann kehrte plötzlich die Vorsicht zurück. Dies war zu schön, um wahr zu sein; es konnte sich als Falle entpuppen. Dann aber wollte er hineintappen und den Fallensteller mit seinen eigenen Waffen schlagen.

Colonel Luca traf seine Vorbereitungen. Eine fliegende Kolonne wurde zusammengestellt, an der sich jeder Angreifer die Zähne ausbeißen mußte. Voraus fuhren Panzerwagen, gefolgt von einem kugelsicheren Wagen mit Colonel Luca und Inspektor Frederico Velardi, der darauf bestanden hatte, bei der Identifizierung des Toten zu helfen, sich in Wirklichkeit jedoch nur vergewissern wollte, daß der Tote nicht das Testament bei sich trug. Gefolgt wurde Lucas Wagen von Schützenpanzern, deren Besatzungen mit entsicherten Gewehren dasaßen. Aufklärungsjeeps, zwanzig im ganzen, voll besetzt mit bewaffneten Fallschirmjägern, fuhren der Kolonne voraus. Die Montelepre-Garnison erhielt Befehl, alle Zufahrtsstraßen zum Dorf zu bewachen und Beobachtungsposten in den nahen Bergen aufzustellen.

Weniger als eine Stunde brauchte Colonel Luca mit seiner

fliegenden Kolonne bis nach Montelepre. Überfälle gab es nicht: Diese Zurschaustellung der Macht war für die Banditen anscheinend zuviel gewesen. Doch auf den Colonel wartete eine Enttäuschung.

Inspektor Velardi behauptete, der Tote, der inzwischen in einer Ambulanz in der Bellampo-Kaserne lag, könne gar nicht Giuliano sein. Die Kugel, durch die der Mann gestorben war, hatte ihn zwar verstümmelt, doch nicht so weit, daß der Inspektor sich irreführen ließ. Weitere Einwohner wurden gezwungen, sich den Toten anzusehen, und auch sie erklärten, es sei nicht Giuliano. Es war also doch eine Falle gewesen; Giuliano hatte wohl gehofft, der Colonel werde überstürzt, mit nur einer kleinen Eskorte, zum Schauplatz eilen und sich in einen Hinterhalt locken lassen. Luca befahl, sämtliche Vorsichtsmaßnahmen zu treffen, konnte es aber kaum erwarten, den Rückweg nach Palermo anzutreten und in sein Hauptquartier zurückzukehren; er wollte Rom persönlich melden, was geschehen war, und sich vergewissern, daß niemand die Falschmeldung von Giulianos Tod herausgegeben hatte. Nachdem er sich überzeugt hatte, daß jeder seiner Männer sich an seinem Platz befand, so daß die Kolonne vor einem Überfall sicher war, setzte er sich in einen der schnellen Aufklärungsjeeps an der Tête. Inspektor Velardi begleitete ihn.

Die Eile des Colonels rettete beiden das Leben. Als sich die fliegende Kolonne, mit Lucas Befehlsfahrzeug in der Mitte, Palermo näherte, gab es eine ungeheure Explosion. Das Befehlsfahrzeug flog über drei Meter hoch in die Luft und kam in brennenden Trümmern wieder herab, die sich weit über die Berghänge verteilten. In dem Schützenpanzer dicht dahinter wurden von insgesamt dreißig Mann acht getötet und fünfzehn verletzt. Die beiden Offiziere in Lucas Wagen wurden völlig zerrissen.

Colonel Luca rief Minister Trezza an, um ihm die

schlimme Nachricht mitzuteilen – aber auch um ihn zu bitten, die dreitausend zusätzlichen Carabinieri, die noch auf dem Festland warteten, sofort nach Sizilien in Marsch zu setzen.

Don Croce wußte, daß diese Überfälle so lange weitergehen würden, wie Giulianos Eltern in Haft gehalten wurden. Deshalb veranlaßte er ihre Freilassung.

Die Ankunft weiterer Truppen konnte er jedoch nicht verhindern, und so war Montelepre mitsamt Umgebung jetzt von zweitausend Soldaten besetzt. Weitere dreitausend durchsuchten die Berge. Siebenhundert Bürger aus Montelepre und der Provinz Palermo waren zur Vernehmung durch Colonel Luca aufgrund der Sondervollmachten, die ihm die christlich-demokratische Regierung in Rom erteilt hatte, ins Gefängnis geworfen worden. Das Ausgehverbot begann mit der Abenddämmerung und endete bei Morgengrauen; die Menschen wurden in ihren Häusern festgehalten. Wer sich gerade zufällig in der Gegend aufhielt und keine Sondergenehmigung hatte, den steckte man ins Gefängnis. Die ganze Provinz stand unter einem offiziellen Terrorregime.

Mit einiger Bestürzung sah Don Croce zu, wie sich Giulianos Blatt wendete.

Vierundzwanzigstes Kapitel

Vor der Ankunft von Colonel Lucas Armee, als Giuliano noch ungehindert nach Montelepre gehen konnte, hatte er Justina Ferra oft gesehen. Sie war manchmal zu den Giulianos gekommen, um das Geld abzuholen, das Turi ihren Eltern gab. Turi hatte gar nicht richtig bemerkt, daß sie zu einer schönen jungen Frau herangewachsen war, bis er sie eines Tages mit ihren Eltern in Palermo auf der Straße sah. Die Familie war in die Stadt gefahren, um dort feine Kleider für Ostern zu kaufen, wie man sie in Montelepre nicht bekam. Giuliano hielt sich mit Mitgliedern seiner Bande in Palermo auf, um frische Vorräte zu besorgen.

Er hatte Justina seit ungefähr sechs Monaten nicht mehr gesehen, eine Zeit, in der sie größer und schlanker geworden war. Für eine Sizilianerin war sie hochgewachsen, mit langen Beinen, die auf den neuen, hochhackigen Schuhen ein wenig schwankten. Zwar war sie erst sechzehn, doch körperlich wirkte sie bereits wie eine reife Frau. Ihr Haar war am Hinterkopf zu einem pechschwarzen Knoten geschlungen, in dem drei hübsche Kämme glitzerten und der einen Hals freigab, so lang und golden wie der einer ägyptischen Prinzessin. Sie hatte große, ausdrucksvolle Augen; ihr Mund war sinnlich und dennoch der einzige Teil ihres Gesichts, der ihre Jugend verriet. Sie trug ein weißes Kleid mit einem roten Band quer über der Brust.

Sie war so schön, daß Giuliano sie wie gebannt anstarrte. Er saß, von seinen Männern an den Nebentischen umgeben, in einem Straßencafé, als sie in Begleitung ihrer Eltern vorüberging. Sie sahen ihn. Justinas Vater verzog keine Miene und gab kein Zeichen des Erkennens. Die Mutter wandte hastig den Blick ab. Nur Justina sah ihn im Vorübergehen an. Sie war Sizilianerin genug, um ihn nicht zu grüßen, aber sie blickte ihm direkt in die Augen, und er entdeckte, daß ihr Mund bebte, als sie ein Lächeln zu unterdrücken versuchte. In dieser sonnenüberfluteten Straße war sie eine schimmernde Lichterscheinung, von jener sinnlichen, sizilianischen Schönheit, die schon in früher Jugend blüht. Seit Giuliano Bandit war, hegte er Mißtrauen gegen die Liebe. Für ihn war sie ein Akt der Unterwerfung und barg den Keim tödlichen Verrats. In diesem Augenblick jedoch empfand er, was er noch nie zuvor empfunden hatte: einen schier unüberwindlichen körperlichen Zwang, vor einem anderen Menschen niederzuknien und sich bereitwillig von ihm versklaven zu lassen. Daß dies Liebe war, erkannte er nicht.

Einen Monat später stellte Giuliano fest, daß seine Gedanken immer wieder um Justina Ferra kreisten, wie sie dort in Palermo in einem Meer goldenen Sonnenlichts auf der Straße gestanden hatte. Er vermutete, es handle sich bei ihm um ein rein sexuelles Verlangen, weil ihm die leidenschaftlichen Nächte mit La Venera fehlten. Dann jedoch stellte er sich in seinen Träumen nicht nur vor, daß er mit Justina schlief, sondern auch, daß er mit ihr in den Bergen umherstreifte, ihr seine Höhlen und die engen Täler voll Blumen zeigte und am offenen Lagerfeuer für sie kochte. Er träumte davon, ihr etwas auf der Gitarre vorzuspielen. Er würde ihr die Gedichte zeigen, die er im Laufe der Jahre geschrieben hatte und die zum Teil in der sizilianischen Presse veröffentlicht worden waren. Ja, er dachte sogar daran, sich trotz der zweitausend Soldaten aus Colonel Lucas Sondertruppe nach Montelepre hineinzuschleichen und Justina zu Hause zu besuchen. An diesem Punkt aber kam er zur Vernunft und mußte einsehen, daß etwas Gefährliches in ihm vorging.

Das war doch alles Unsinn! Es gab nur eine Alternative in seinem Leben: daß ihn die Carabinieri töteten oder daß er in Amerika Zuflucht suchte, und wenn er weiter von diesem Mädchen träumte, würde es ganz gewiß nicht Amerika sein. Er mußte sich Justina aus dem Kopf schlagen. Wenn er sie verführte oder mitnahm, würde er sich ihren Vater zum Todfeind machen, und Todfeinde hatte er weiß Gott schon genug. Einmal hatte er Aspanu ausgepeitscht, weil er ein unschuldiges Mädchen verführt hatte, und drei seiner Männer waren von ihm im Lauf der Zeit wegen Vergewaltigung erschossen worden. Dieses Gefühl, das er für Justina hegte, bestand nur darin, daß er sie glücklich machen wollte; sie sollte ihn lieben und bewundern und ihn so sehen, wie er sich einst selber gesehen hatte. Liebe und Vertrauen wollte er in ihren Augen lesen.

Doch es war nur sein taktischer Verstand, der diese Möglichkeiten erwog. Was er tun würde, stand längst fest: Er würde sie heiraten. Niemand sollte davon erfahren, nur ihre Familie und natürlich Aspanu Pisciotta und ein paar vertrauenswürdige Mitglieder seiner Bande. Immer wenn es möglich wäre, sie ohne Gefahr zu treffen, würde er sie in die Berge holen lassen, damit sie ein oder zwei gemeinsame Tage verbringen konnten. Es würde gefährlich für sie sein, Turi Giulianos Ehefrau zu werden, aber es gab die Möglichkeit, sie nach Amerika zu schicken, wo sie dann auf ihn warten würde, bis er von hier entfliehen konnte. Alles in allem gab es nur ein Problem: Was hielt Justina selbst von ihm?

Seit fünf Jahren war Cesare Ferra heimliches Mitglied von Giulianos Bande – ausschließlich als Informationsbeschaffer, niemals als Teilnehmer an den Operationen. Die Ferras wohnten zehn Häuser vom Haus der Giulianos entfernt in der Via Bella. Cesare war gebildeter als die meisten Einwohner von Montelepre und unzufrieden damit, Bauer zu sein. Als dann Justina damals, als Kind, das Geld verloren und Giuliano es ihr ersetzt und sie mit der schriftlichen Versicherung nach Hause geschickt hatte, die Familie stehe unter seinem Schutz, besuchte Cesare Ferra Maria Lombardo und bot ihrem Sohn durch sie seine Dienste an. Er sammelte in Palermo und Montelepre Informationen über die Bewegungen der Carabinieri-Streifen, der reichen Kaufleute, die von Giulianos Bande entführt werden sollten, und über die Identität von Polizeispitzeln. Dafür erhielt er einen Anteil an der Beute aus diesen Entführungen und eröffnete in Montelepre eine kleine Taverne, die seinen heimlichen Aktivitäten ebenfalls nützlich war.

Als sein Sohn Silvio als sozialistischer Agitator aus dem Krieg heimkehrte, wies Cesare Ferra ihn aus dem Haus – nicht weil er die Überzeugungen seines Sohnes mißbilligte, sondern wegen der Gefahr für die übrige Familie. Er machte sich keine Illusionen über die Demokratie und die Regierenden in Rom. Er erinnerte Turi Giuliano an sein Versprechen, die Familie Ferra zu beschützen, und Giuliano hatte sein Bestes getan, Silvio seinen Schutz angedeihen zu lassen. Nachdem Silvio ermordet worden war, hatte Giuliano dem Vater versprochen, den Mord an seinem Sohn zu rächen.

Ferra hatte Giuliano nie Vorwürfe gemacht. Er wußte, daß das Massaker an der Ginestra Turi Giuliano zutiefst betrübt hatte und ihn noch immer quälte. Er wußte es von seiner Frau, die stundenlang zuhörte, wenn Maria Lombardo von ihrem Sohn erzählte: Wie glücklich sie alle gewesen seien bis zu jenem furchtbaren Tag vor Jahren, als ihr Sohn von den Soldaten niedergeschossen und wider seine Natur gezwungen worden war, zu töten. Und seitdem war natürlich jeder Mord notwendig gewesen, ihm aufgezwungen worden von bösen Menschen. Maria Lombardo wußte eine Entschuldigung für jeden Mord, jedes Verbrechen, doch ihre Stimme versagte, wenn sie von dem Massaker an der Portella della Ginestra sprach. Ach, die kleinen Kinder, zerrissen von Maschinengewehrsalven, und die wehrlosen Frauen – so brutal hingemordet! Wie konnten die Leute nur glauben, daß ihr Sohn zu so etwas fähig sei? War er nicht der Beschützer der Armen, der Kämpfer für Sizilien? Hatte er nicht ein Vermögen hingegeben, um allen Sizilianern zu helfen, die Brot und ein Dach über dem Kopf brauchten? Niemals hätte ihr Turi ein solches Massaker befehlen können! Das hatte sie ihr auf die Statue der schwarzen Madonna geschworen, und dann hatten sie einander umarmt und geweint.

Daraufhin hatte Cesare das Geheimnis des Geschehens an der Portella della Ginestra weiter verfolgt. Hatten Passatempos Maschinengewehrschützen wirklich bei der Berechnung des Schußwinkels einen Fehler gemacht? Hatte Passatempo diese Menschen aus schierem Blutdurst hingemetzelt, für den er berüchtigt war, einfach so, zu seinem Vergnügen? Konnte das Ganze eingefädelt worden sein, um Giuliano zu schaden? Gab es vielleicht eine fremde Bande von Männern, die das Feuer aus ihren Maschinengewehren eröffnet hatten, Männer, die nicht unter Giulianos Befehl standen, sondern vielleicht von den Freunden der Freunde oder sogar von einer Abteilung der Sicherheitspolizei geschickt worden waren? Cesare ließ keinen aus auf seiner Liste der Verdächtigen, nur Turi Giuliano. Denn wenn Giuliano schuldig war, mußte die Welt, in der er lebte, zusammenbrechen. Er liebte Giuliano, wie er seinen eigenen Sohn geliebt hatte. Er hatte ihn vom Kind zum

Mann heranwachsen sehen, und nie hatte er an ihm je eine niederträchtige Gesinnung oder Bösartigkeit bemerkt.

Also hielt Cesare Ferra Augen und Ohren offen. Er lud andere heimliche Mitglieder der Bande, die von Colonel Luca nicht ins Gefängnis geworfen worden waren, zum Trinken ein. Er schnappte Bruchstücke von Gesprächen der Freunde der Freunde auf, die im Dorf wohnten und gelegentlich in seine Taverne kamen, um Wein zu trinken und Karten zu spielen. Und eines Abends hörte er sie lachend über »das Untier« und »den Teufel« sprechen, die Don Croce besucht hätten, und wie der große Don diese beiden gefürchteten Männer in flüsternde Engel verwandelt habe. Ferra erwog diese Information und zog mit der unfehlbaren Intuition der Sizilianer den logischen Schluß. Irgendwann einmal hatten sich Passatempo und Stefan Andolini mit Don Croce getroffen. Passatempo wurde oft »das Untier« genannt, und »Fra Diavolo« war Andolinis Banditenname. Wie kamen diese beiden dazu, sich allein mit Don Croce in dessen Haus in Villaba zu treffen, weit vom Hauptquartier der Banditen in den Bergen entfernt? Er schickte seinen jüngsten Sohn mit einer dringenden Nachricht zum Haus der Giulianos und erhielt zwei Tage später einen Termin für ein Treffen mit Turi in den Bergen. Dort erzählte er Giuliano seine Geschichte. Der junge Mann zeigte keinerlei Reaktion, sondern verpflichtete ihn nur zum Schweigen. Dann hörte Ferra lange nichts mehr von ihm. Doch nun, drei Monate später, wurde er zu Giuliano bestellt und erwartete, den Rest der Geschichte zu hören.

Giuliano und seine Bande hatten sich tief in den Bergen versteckt, weit außer Reichweite von Lucas Armee. Cesare Ferra marschierte bei Nacht und wurde von Aspanu Pisciotta an einem verabredeten Treffpunkt erwartet und zum Lager hinaufgeführt. Als sie am frühen Morgen dort eintrafen, wartete ein warmes Frühstück auf sie. Es war eine recht üppige Mahlzeit, angerichtet auf einem mit weißem Leinen und Silber gedeckten Klapptisch. Turi Giuliano trug ein weißes Seidenhemd und eine braune Moleskin-Hose; seine Haare waren frisch gewaschen und frisiert. Noch nie hatte er so gut ausgesehen.

Pisciotta wurde entlassen, Giuliano und Ferra setzten sich allein zu Tisch. Turi wirkte befangen. Sehr formell sagte er: »Ich möchte mich bei dir für die Informationen bedanken, die du mir gegeben hast. Sie wurden weiter verfolgt, und ich weiß nun, daß sie zutreffen. Sie sind sehr wichtig für mich. Aber ich habe dich kommen lassen, um über etwas anderes zu sprechen, etwas, von dem ich weiß, daß es für dich überraschend kommt, und von dem ich hoffe, daß ich dich damit nicht beleidige.«

Ferra war verdutzt, antwortete aber höflich: »Du könntest mich niemals beleidigen; dafür schulde ich dir zuviel.«

Darüber lächelte Giuliano – das freie, offene Lächeln, das Ferra an die Kindheit des Jüngeren erinnerte.

»Bitte, hör mir aufmerksam zu«, fuhr Giuliano fort. »Die Unterredung mit dir ist nur mein erster Schritt. Wenn du nicht einverstanden bist, wird es keinen zweiten geben. Vergiß meine Position als Chef dieser Bande; hier spreche ich einzig zu dir als Justinas Vater. Du weißt, daß sie schön ist; es müssen sich viele junge Männer aus dem Dorf vor deiner Tür herumgetrieben haben. Ich weiß, daß du ihre Tugend mehr als sorgfältig bewacht hast. Ich muß dir gestehen, daß ich zum erstenmal im Leben derartige Gefühle hege. Ich möchte deine Tochter heiraten. Wenn du nein sagst, wird kein weiteres Wort mehr darüber gesprochen. Du wirst mein Freund bleiben, und deine Tochter wird immer unter meinem speziellen Schutz stehen. Wenn du ja sagst, werde ich deine Tochter fragen, ob diese Vorstellung ihr nicht unangenehm ist. Sagt sie nein, ist die Sache damit erledigt.«

Cesare Ferra war so verblüfft über diese Worte, daß er nur stotternd antworten konnte: »Laß mich nachdenken, laß mich nachdenken!« Dann schwieg er lange. Als er wieder zu sprechen begann, geschah es mit äußerstem Respekt. »Ich hätte dich lieber zum Schwiegersohn als irgend jemanden sonst auf der Welt. Und ich weiß, daß mein Sohn Silvio, er ruhe in Frieden, derselben Meinung gewesen wäre.« Wieder begann er zu stottern. »Aber ich mache mir Sorgen um die Sicherheit meiner Tochter. Wenn du Justina heiraten würdest, nähme Colonel Luca sicher jeden Vorwand zu Hilfe, um sie zu verhaften. Die Freunde sind jetzt deine Feinde und könnten ihr etwas antun. Und du mußt nach Amerika fliehen oder hier in den Bergen sterben. Ich möchte nicht, daß sie so jung schon zur Witwe wird – bitte verzeih, daß ich so offen bin. Aber es könnte auch dein Leben komplizieren, und das beunruhigt mich am meisten. Ein glücklicher junger Ehemann wittert nicht immer alle Fallen, nimmt sich nicht so sehr in acht vor seinen Feinden. Eine Heirat könnte dein Tod sein. Ich spreche nur aus Zuneigung und Respekt vor dir so offen. Dies ist etwas, das man auf einen günstigeren Tag verschieben sollte – wenn du genauer weißt, wie deine Zukunft aussehen wird, und klüger planen kannst.« Er musterte Giuliano aufmerksam, um zu sehen, ob er ihn verärgert hatte.

Aber er hatte ihn nur deprimiert. In Turis Gesicht stand die Enttäuschung eines verliebten jungen Mannes geschrieben. Das überraschte Cesare so sehr, daß er spontan hinzusetzte: »Ich sage nicht nein, Turi.«

Giuliano seufzte. »An all das habe ich auch schon gedacht. Mein Plan sieht folgendermaßen aus: Ich würde deine Tochter heimlich heiraten. Abt Manfredi könnte uns trauen. Wir würden hier oben in den Bergen heiraten, überall sonst wäre es für mich zu gefährlich. Aber ich könnte es arrangieren, daß du und deine Frau eure Tochter begleitet und bei der Trauung anwesend seid. Sie würde drei Tage bei mir bleiben, dann würde ich sie nach Hause schicken. Falls deine Tochter zur Witwe wird, wird sie über genug Geld verfügen, um ein neues Leben zu beginnen. Um ihre Zukunft brauchst du dir also keine Gedanken zu machen. Ich liebe deine Tochter und werde sie mein Leben lang auf Händen tragen und beschützen. Für den Fall, daß das Schlimmste eintritt, werde ich sie für die Zukunft gut versorgen. Immerhin ist es aber ein Risiko, mit einem Mann wie mir verheiratet zu sein, und du als vorsichtiger Vater hast jedes Recht, sie dieses Risiko nicht eingehen zu lassen.«

Cesare Ferra war tief bewegt. Der junge Mann hatte so schlicht und offen gesprochen, und von so sehnsüchtiger Hoffnung erfüllt! Am besten aber gefiel ihm, daß Giuliano Vorkehrungen gegen die Katastrophen des Lebens treffen und für das zukünftige Wohl seiner Tochter sorgen wollte. Ferra erhob sich und umarmte Giuliano. »Ihr habt meinen Segen«, sagte er. »Ich werde mit Justina sprechen.«

Bevor er ging, erklärte Ferra noch, er freue sich, daß seine Information sich als nützlich erwiesen habe. Sofort ging eine seltsame Verwandlung mit Giulianos Miene vor sich. Die Augen schienen sich weiter zu öffnen, das schöne Gesicht zu weißem Marmor zu erstarren.

»Ich habe Stefan Andolini und Passatempo zu meiner Hochzeit eingeladen«, antwortete er. »Dann können wir die Sache bereinigen.« Erst später fiel es Ferra ein, daß das doch seltsam war, wenn diese Heirat geheim bleiben sollte.

In Sizilien war es nicht ungewöhnlich, daß ein Mädchen einen Mann heiratete, mit dem es noch nie auch nur einen Moment allein verbracht hatte. Wenn die Frauen vor ihren Häusern saßen, mußten die Unverheirateten immer seitlich zur Straße sitzen, durften nie direkt auf die Straße blicken, um nicht als schamlos zu gelten. Die jungen Männer, die vorbeikamen, hatten keine andere Möglichkeit, mit ihnen zu sprechen, als in der Kirche, wo die jungen Mädchen von den Statuen der Muttergottes und den kalten Blicken ihrer Mütter beschützt wurden. Verliebte sich ein junger Mann bis über beide Ohren in das Profil oder die paar Worte höflichen Geplauders, dann hatte er mit einem schön abgefaßten Brief seine Absichten zu erklären. Das war eine wichtige Angelegenheit, für die oft sogar ein professioneller Briefschreiber engagiert wurde. Ein falscher Ton konnte durchaus zur Beerdigung statt zur Hochzeit führen. Daher war Turi Giulianos Heiratsantrag über den Vater trotz der Tatsache, daß er Justina selbst kein einziges Zeichen seines Interesses gegeben hatte, keineswegs ungewöhnlich.

Cesare Ferra zweifelte nicht an der Antwort, die Justina Giuliano geben würde. Schon als sie noch klein war, hatte sie ihre Gebete immer mit dem Satz beendet: »Und schütze Turi Giuliano vor den Carabinieri!« Immer war sie darauf aus gewesen, Nachrichten zu Maria Lombardo, seiner Mutter, zu befördern. Und als die Sache mit dem Tunnel herauskam, der zum Haus von La Venera führte, hatte Justina fast einen Tobsuchtsanfall bekommen. Anfangs hatten die Eltern gedacht, es sei der Zorn auf die Verhaftung der Frau und der Eltern Giulianos, aber dann mußten sie einsehen, daß es tatsächlich Eifersucht war.

Daher ahnte Cesare Ferra die Antwort seiner Tochter voraus, und sie war wirklich keine Überraschung. Nur die Art, wie sie auf die Frage reagierte, war ein Schock: Sie lächelte ihrem Vater schelmisch zu, als hätte sie die Verführung bewußt in Szene gesetzt und schon seit langem gewußt, daß sie Giuliano erobern würde.

Hoch oben in den Bergen lag eine kleine normannische Burg, fast eine Ruine, die seit zwanzig Jahren nicht mehr bewohnt war. Giuliano beschloß, dort seine Hochzeit zu feiern und seine »Flitterwochen« zu verbringen. Er befahl Aspanu Pisciotta, eine Vorpostenlinie aus bewaffneten Männern zu bilden, damit das junge Paar vor jedem eventuellen Überfall geschützt war. Abt Manfredi verließ sein Kloster auf einem Eselskarren und wurde anschließend von Mitgliedern der Giuliano-Bande in einer Sänfte die Bergpfade hinaufgetragen. Zu seiner Freude fand er in der alten Burg eine Privatkapelle, aus der die wertvollen Statuen und Schnitzereien zwar alle schon längst gestohlen waren, doch selbst die nackten Steinmauern und der aus Feldsteinen errichtete Altar waren wunderschön. Im Grunde mißbilligte der Abt Giulianos Heirat und sagte, nachdem sie sich umarmt hatten, scherzhaft: »Du hättest dich an das alte Sprichwort halten sollen: ›Der Mann, der allein spielt, kann nie verlieren.‹«

»Ich muß an mein eigenes Glück denken«, antwortete Giuliano und lachte so fröhlich, daß sich die Laune des Abts sofort besserte. Er ließ seinen Dokumentenkasten öffnen und überreichte Turi die Heiratsurkunde. Es war ein wunderschönes Dokument, mit goldener Tinte in mittelalterlicher Kalligraphie ausgeführt.

»Die Trauung wird im Kloster registriert werden«, erklärte der Abt. »Aber keine Angst: Kein Mensch wird jemals davon erfahren.«

Die Braut und ihre Eltern waren in der Nacht zuvor auf Eseln heraufgebracht worden. Sie hatten in Räumen der Burg geschlafen, die von Giulianos Männern gesäubert und mit Betten aus Bambus und Stroh möbliert worden waren. Giuliano versetzte es einen Stich, weil seine Eltern der Trauung nicht beiwohnen konnten, aber sie wurden zu scharf von Colonel Lucas Spezialeinheit beobachtet.

Die einzigen Hochzeitsgäste waren Aspanu Pisciotta, Stefan Andolini, Passatempo, Corporal Silvestro und Terranova. Justina hatte ihre Reisekleider abgelegt und das weiße Kleid angezogen, das sie mit soviel Erfolg in Palermo getragen hatte. Nach der kurzen Zeremonie begaben sich alle auf die Wiese vor der Burg, wo ein Tisch mit Wein, kaltem Fleisch und Brot gedeckt worden war. Alle aßen sie möglichst rasch und tranken dann hastig auf Braut und Bräutigam, denn der Rückweg war für den Abt wie für die Ferras lang und sehr gefährlich. Man fürchtete, daß eine Carabinieri-Streife in ihre Nähe geraten und die Vorpostenkette der bewaffneten Banditen zwingen könnte, sich ihnen zum Kampf zu stellen. Als der Abt sich auf den Heimweg machen wollte, hielt Giuliano ihn zurück.

»Ich möchte mich bei Ihnen bedanken für das, was Sie heute für mich getan haben«, begann Giuliano. »Und bald nach meinem Hochzeitstag möchte ich eine barmherzige Tat ausführen. Aber dazu brauche ich Ihre Hilfe.« Ein paar Minuten unterhielten sie sich leise, dann nickte der Abt.

Justina umarmte ihre Eltern; die Mutter weinte und sah Giuliano flehend an. Da flüsterte Justina ihr etwas ins Ohr, und sie lachte. Noch einmal umarmten sie sich, und die Ferras bestiegen ihre Esel.

Die Jungverheirateten verbrachten die Hochzeitsnacht im Hauptschlafzimmer der Burg. Der Raum war kahlgestohlen worden, doch Turi Giuliano hatte per Esel eine riesige Matratze heraufbringen lassen, mit Seidenlaken und Daunenbetten aus den vornehmsten Geschäften von Palermo. Daneben befand sich ein Badezimmer, ebenso groß wie das Schlafzimmer, mit Marmorwanne und riesigem Waschbecken. Fließendes Wasser gab es natürlich nicht; das Wasser wurde von Giuliano persönlich mit Eimern aus dem Bach geholt, der an der Burg vorbeifloß. Aber er hatte das

Bad mit Toilettenartikeln und Parfüms ausgestattet, die Justina noch nie im Leben gesehen hatte.

Nackt war sie anfangs scheu und hielt die Hände vor ihren Schoß. Ihre Haut war golden. Sie war schlank, besaß aber die vollen Brüste einer reifen Frau. Als er sie küßte, drehte sie den Kopf ein wenig zur Seite, so daß er nur einen Mundwinkel traf. Er war geduldig. Er streichelte ihr langes, pechschwarzes Haar, das ihre Brüste bedeckte, und sprach von Palermo, als er sie an jenem schicksalsschweren Tag zum erstenmal als Frau gesehen hatte. Wie schön sie damals gewesen war! Aus dem Gedächtnis rezitierte er ein paar Gedichte, die er über sie geschrieben hatte, als er allein in den Bergen saß und von ihrer Schönheit träumte. Entspannt ließ sie sich aufs Bett sinken und zog die Daunendecke über sich. Giuliano blieb auf der Decke liegen, aber sie wandte ihren Blick ab.

Sie erzählte ihm, wie sie sich an jenem Tag in ihn verliebt hatte, und wie enttäuscht sie gewesen sei, als ihr klar wurde, daß er in ihr nicht das kleine Mädchen erkannte, dem er Jahre zuvor das verlorene Geld ersetzt hatte. Seit sie elf Jahre alt war, habe sie jeden Abend für ihn gebetet, erzählte sie ihm, und seit jenem Tag liebe sie ihn.

Während er ihr zuhörte, empfand Turi Giuliano ein überwältigendes Glücksgefühl. Darüber, daß sie ihn liebte, daß sie an ihn gedacht und von ihm geträumt hatte, während er allein in den Bergen gewesen war. Immer wieder streichelte er ihr übers Haar, bis sie seine Hand einfing und mit ihrer eigenen warmen, trockenen festhielt. »Warst du überrascht, als ich deinen Vater bat, mit dir über unsere Heirat zu sprechen?« fragte er sie.

Sie lächelte durchtrieben, triumphierend. »Nicht, nachdem du mich in Palermo so angestarrt hattest«, antwortete sie. »Von dem Tag an hab' ich mich auf dich vorbereitet.«

Er beugte sich über sie, um sie auf die vollen, dunkelroten

Lippen zu küssen, und dieses Mal wandte sie das Gesicht nicht ab. Erstaunt spürte er, wie süß ihr Mund, wie süß ihr Atem war und wie stark er selbst darauf reagierte. Zum erstenmal hatte er das Gefühl, als schmelze sein Körper dahin, falle regelrecht von ihm ab. Als er zu erschauern begann, schlug Justina die Daunendecke zurück, damit er zu ihr ins Bett schlüpfen konnte. Sie rollte sich auf die Seite, damit sie die Arme um ihn legen, mit ihm verschmelzen konnte, und ihr Körper fühlte sich anders an als jeder Körper, den er jemals berührt hatte. Sie schloß die Augen.

Turi Giuliano küßte sie auf den Mund, auf die geschlossenen Augen und dann auf die Brüste, daß die Hitze ihres Fleisches ihm beinahe die Lippen verbrannte. Er war benommen von ihrem Duft, so süß, so unberührt vom Schmerz des Lebens, so unendlich weit vom Tod entfernt. Mit der Hand strich er ihr über die Hüften, und die seidige Haut schickte ein Prickeln von seinen Fingern zu seinem Geschlecht und bis in den Kopf hinauf, wo es fast so etwas wie Schmerz auslöste. Als sie dann aber ihre Hand zwischen seine Beine legte, ganz leicht, schwanden ihm fast die Sinne. Er liebte sie mit einer wilden und doch sanften Leidenschaft, und sie erwiderte seine Zärtlichkeiten langsam, zaghaft, und dann, nach einer Weile, mit ebenso großer Leidenschaft. Sie liebten sich den ganzen Rest der Nacht hindurch, schweigend, bis auf die kurzen Ausrufe der Liebe, und als der Tag dämmerte, fiel Justina in einen erschöpften Schlaf.

Als sie gegen Mittag erwachte, fand sie die riesige Marmorwanne mit kühlem Wasser gefüllt. Turi war nirgendwo zu sehen. Einen Augenblick fürchtete sie sich vor dem Alleinsein; dann stieg sie kurz entschlossen in die Wanne und wusch sich. Mit einem großen, groben braunen Handtuch trocknete sie sich ab und benutzte eines der Parfüms, die neben dem Waschbecken aufgereiht waren. Als sie ihre Toilette beendet hatte, zog sie ihre Reisegarderobe an, ein dunkelbraunes

Kleid mit einer weißen Strickjacke darüber. Ihre Füße steckten in festen Wanderschuhen.

Die Maisonne draußen schien heiß, aber die Bergluft wurde von einer leichten Brise gekühlt. Neben dem Tisch brannte ein Lagerfeuer, Giuliano hatte das Frühstück für sie gemacht: geröstete Scheiben von grobem Brot, kalter Schinken und etwas Obst. Die Becher waren mit Milch aus einem Metallbehälter gefüllt, der dick in Blätter gewickelt war.

Da außer ihm niemand zu sehen war, warf sich Justina in Turis Arme und küßte ihn leidenschaftlich. Dann bedankte sie sich dafür, daß er das Frühstück gemacht hatte, schimpfte ihn aber liebevoll, weil er sie nicht geweckt hatte, damit sie es selbst zubereiten konnte. Für einen Sizilianer war so etwas wirklich unerhört.

Sie aßen im Sonnenschein. Die Mauern der Burgruine beschützten sie, beschützten den Zauber, der sie umfing, und über ihnen wachten die Reste des normannischen Turms, dessen Spitze mit einem Mosaik aus leuchtend bunten Steinen geschmückt war. Den Eingang zur Burg bildete ein prächtiges normannisches Portal, durch dessen zerfallene Steine man den Altarbogen der Kapelle sehen konnte.

Sie wanderten über das Burggelände, vorbei an romantischen Mauerruinen, spazierten durch einen Olivenhain, schlenderten unter wilden Zitronenbäumen dahin. Sie gingen durch Gärten voll jener Blumen, die in ganz Sizilien so üppig wucherten: die Narzissen der griechischen Dichter, die rosa Anemonen, die Traubenhyazinthen, die scharlachroten Adonisröschen, die der Legende zufolge vom Blut des Liebhabers der Venus gefärbt sind. Turi Giuliano legte den Arm um Justina; ihr Haar und ihr Körper waren getränkt mit dem Duft dieser Blüten. Mitten im Olivenhain zog Justina ihn kühn auf den weiten Teppich der leuchtend bunten Blumen herab, und sie liebten sich. Über ihnen kreiste eine winzige Wolke gelbschwarzer Schmetterlinge, um dann in den azurblauen Himmel emporzusteigen.

An ihrem dritten und letzten Tag hörten sie weit entfernt in den Bergen Gewehrfeuer. Justina bekam Angst. Giuliano beruhigte sie. Er war während der ganzen drei Tage sorgfältig darauf bedacht gewesen, ihr niemals Anlaß zur Furcht zu geben. Er war nicht bewaffnet, nirgends war eine Waffe zu sehen; die Gewehre und Maschinenpistolen hatte er in der Kapelle versteckt. Er ließ sich seine Vorsicht nicht anmerken und hatte seinen Männern befohlen, sich fernzuhalten. Doch kurz nachdem das Gewehrfeuer verhallt war, erschien Aspanu Pisciotta mit zwei blutverschmierten Kaninchen über der Schulter. Er legte sie Justina vor die Füße und sagte: »Koch die für deinen Mann, es ist sein Lieblingsessen. Und wenn sie dir mißlingen – wir haben noch zwanzig davon.« Er lächelte ihr zu. Während sie sich daranmachte, die Kaninchen abzuziehen, winkte er Giuliano beiseite. Die beiden Männer gingen zu einem eingestürzten Torbogen und setzten sich.

»Nun, Turi«, erkundigte sich Pisciotta grinsend, »hat es sich gelohnt, dafür unser Leben aufs Spiel zu setzen?«

Ruhig antwortete Giuliano: »Ich bin glücklich. Aber jetzt erzähl mir von diesen zwanzig Kaninchen, die ihr geschossen habt.«

»Eine von Lucas Streifen, aber eine besonders starke«, berichtete Pisciotta. »Wir haben sie an der Vorpostenlinie aufgehalten. Zwei Panzerwagen. Einer fuhr auf unser Minenfeld und verbrannte so gründlich, wie deine Frau die Kaninchen verbrennen lassen wird. Der andere Wagen schoß auf die Felsen und raste dann heim nach Montelepre. Morgen früh werden sie natürlich wiederkommen, um ihre Kameraden zu holen, in doppelter und dreifacher Stärke. Ich würde vorschlagen, daß ihr euch noch heute nacht von hier verzieht.«

»Justinas Vater will sie bei Morgengrauen abholen«, erklärte Giuliano. »Hast du unsere kleine Sitzung arrangiert?«

»Ja«, antwortete Pisciotta.

»Sobald meine Frau fort ist...« Giuliano stotterte bei dem Wort »Frau«, und Pisciotta lachte. Giuliano lächelte und fuhr fort: »Sobald sie fort ist, bringst du mir die Männer in die Kapelle, und wir werden die Angelegenheit regeln.« Er hielt einen Moment inne. »Warst du überrascht, als ich dir die Wahrheit über die Portella della Ginestra sagte?« fragte er dann.

»Nein.«

»Bleibst du zum Essen?« wollte Giuliano wissen.

»Am letzten Abend eurer Flitterwochen?« Pisciotta schüttelte den Kopf. »Du kennst doch das Sprichwort: Hüte dich vor den Kochkünsten einer frisch Vermählten.« Der alte Spruch bezog sich natürlich auf den potentiellen Verrat neuer Freunde als Partner bei einem Verbrechen. Was Pisciotta wieder einmal damit sagen wollte, war, daß Giuliano nicht hätte heiraten sollen.

Giuliano lächelte. »Dies alles kann nicht mehr viel länger dauern; wir müssen uns auf ein anderes Leben vorbereiten. Sieh zu, daß die Vorpostenlinie morgen hält, bis wir alle Angelegenheiten geregelt haben.«

Pisciotta nickte. Er sah zum Lagerfeuer hinüber, wo Justina kochte. »Wie schön sie ist!« sagte er. »Wenn man bedenkt, daß sie vor unserer Nase herangewachsen ist und wir sie nie bemerkt haben... Aber hüte dich, ihr Vater sagt, sie ist temperamentvoll. Laß sie nicht mit deinen Waffen hantieren.«

Auch diese leicht obszöne Andeutung schien Giuliano zu überhören. Pisciotta schwang sich über die Gartenmauer und verschwand durch den Olivenhain.

Justina hatte Blumen gepflückt, sie in eine alte Vase gestellt, die sie in der Burg gefunden hatte, und damit den

Tisch geschmückt. Sie servierte das Essen, das sie gekocht hatte, Kaninchen mit Knoblauch und Tomaten, dazu in einer Holzschüssel einen Salat mit Olivenöl und rotem Weinessig. Sie wirkte ein bißchen nervös auf Turi, ein bißchen bedrückt. Vielleicht war es die Schießerei, vielleicht war es, weil Aspanu Pisciotta mit seinem unheilschwangeren Gesicht und bewaffnet in ihr Paradies eingedrungen war.

Sie saßen einander gegenüber und aßen. Sie ist keine schlechte Köchin, dachte Giuliano, und sie beeilte sich, ihn mit Brot und mehr Fleisch zu versorgen und sein Weinglas gefüllt zu halten. Ihre Mutter hatte sie gut erzogen. Anerkennend stellte er fest, daß sie auch eine gute Esserin war – kein bißchen mäkelig. Als sie den Blick hob, sah sie, daß er sie beobachtete. Lächelnd fragte sie ihn: »Ist das Essen so gut wie bei deiner Mutter?«

»Besser«, versicherte er. »Aber das darfst du ihr nicht verraten.«

Noch immer musterte sie ihn wie eine Katze. »Und ist es so gut wie bei La Venera?«

Turi Giuliano hatte niemals etwas mit einem jungen Mädchen gehabt. Er fühlte sich überrumpelt, aber sein taktischer Verstand verarbeitete die Frage sehr schnell. Als nächstes würden Fragen über seine Beziehung zu La Venera kommen. Und er wollte derartige Fragen weder hören noch beantworten. Für die ältere Frau hatte er nicht die Liebe empfunden, die er diesem jungen Mädchen entgegenbrachte. La Venera hatte er Respekt und Zärtlichkeit entgegengebracht. Sie war eine Frau, der großes Unglück widerfahren war, von dem dieses junge Mädchen keine Ahnung hatte. Mit nachdenklichem Lächeln sah er Justina an. Sie war aufgestanden, um den Tisch abzuräumen, wartete aber auf seine Antwort. »La Venera war eine großartige Köchin«, sagte Giuliano. »Es ist nicht fair, dich mit ihr zu vergleichen.«

Ein Teller flog an seinem Kopf vorbei, und er begann lauthals zu lachen. Er lachte vor Freude und Entzücken darüber, Teil einer so häuslichen Szene zu sein, und weil Justina zum erstenmal die Maske der Liebenswürdigkeit und Unterwürfigkeit fallengelassen hatte. Als sie in Tränen ausbrach, nahm er sie in die Arme.

Sie standen da, in jenem überraschenden, silbrigen Zwielicht, das in Sizilien so plötzlich hereinbricht. Er flüsterte ihr ins Ohr: »Das war nur ein Scherz. Du bist die beste Köchin der Welt.« Dabei vergrub er das Gesicht an ihrem Hals, damit sie sein Lächeln nicht sehen konnte.

In ihrer letzten gemeinsamen Nacht redeten sie mehr miteinander, als sie sich liebten. Justina fragte ihn nach La Venera, und er erklärte ihr, das sei vorüber und längst vergessen. Sie wollte wissen, wie sie einander in der Zukunft treffen könnten. Er setzte ihr auseinander, daß er ihre Emigration nach Amerika vorbereiten und selbst später nachkommen werde. Aber das hatte der Vater ihr schon erzählt; sie machte sich vielmehr Gedanken darüber, wie sie einander sehen konnten, bevor sie nach Amerika abreiste. Offensichtlich war sie noch nie auf die Idee gekommen, daß seine Flucht vielleicht mißlingen könnte; sie war zu jung, um sich ein tragisches Ende vorstellen zu können.

Ihr Vater kam bei Tagesanbruch. Justina klammerte sich für einen letzten Moment an Turi. Dann war sie fort.

Giuliano ging in die Kapelle der Burgruine und wartete darauf, daß Aspanu Pisciotta ihm die Chefs brachte. Während des Wartens holte er die Schußwaffen heraus, die er in der Kapelle versteckt hatte.

Bei seinem Gespräch mit Abt Manfredi kurz vor der Trauung hatte Giuliano dem Alten von seinem Verdacht erzählt, daß Stefan Andolini und Passatempo sich zwei Tage vor dem Massaker an der Portella della Ginestra mit Don Croce getroffen hatten. Er beruhigte den Abt, er werde seinem Sohn nichts tun, müsse aber auf jeden Fall die Wahrheit erfahren. Der Abt hatte ihm die ganze Geschichte erzählt. Sein Sohn hatte bei ihm gebeichtet.

Don Croce hatte Stefan Andolini aufgefordert, Passatempo zu einem geheimen Treffen zu ihm nach Villaba zu bringen. Andolini mußte draußen vor dem Zimmer warten, in dem die beiden Männer miteinander sprachen. Das war nur zwei Tage vor dem Blutbad gewesen. Nach der Tragödie vom 1. Mai hatte Stefan Andolini Passatempo zur Rede gestellt, und der hatte zugegeben, Don Croce habe ihm eine ansehnliche Geldsumme gezahlt, damit er Giulianos Befehlen zuwiderhandele und mit seinen Maschinengewehren in die Menschenmenge hineinhalte. Passatempo hatte gedroht, wenn Andolini Giuliano etwas davon sage, werde er schwören, daß Andolini mit in Don Croces Zimmer gewesen sei, als der Handel geschlossen wurde. Andolini hatte zu große Angst gehabt, sich einem anderen anzuvertrauen als Abt Manfredi, seinem Vater. Manfredi hatte ihm geraten, den Mund zu halten. In der Woche nach dem Massaker war Giuliano derart wütend über die Vorkommnisse, daß er die beiden mit Sicherheit hingerichtet hätte.

Abermals versicherte Giuliano dem Abt, daß er seinem Sohn nichts antun werde, Pisciotta erklärte er, was zu tun sei, sagte aber, sie würden die Angelegenheit erst dann bereinigen, wenn Justina nach den »Flitterwochen« nach Montelepre zurückgekehrt sei. Er wollte nicht den Henker spielen, solange er Bräutigam war.

Jetzt wartete er in der Kapelle der normannischen Burgruine, als Dach den blauen Mittelmeerhimmel über sich. Er stand an die Reste des Altars gelehnt, und so empfing er seine Chefs, die Aspanu Pisciotta hereinführte. Der Corporal war von Pisciotta instruiert worden und nahm so Aufstellung, daß er Passatempo und Stefan Andolini vor dem Gewehrlauf hatte. Diese beiden wurden direkt zu Giuliano geführt. Terranova, der von nichts wußte, setzte sich auf eine der Steinbänke in der Kapelle. Er hatte während der langen Nachtstunden die Verteidigung der Vorpostenlinie geleitet und war erschöpft. Keinem von ihnen hatte Giuliano mitgeteilt, was er mit Passatempo vorhatte.

Passatempo glich einem wilden Tier: Er witterte jede Veränderung der Atmosphäre und roch die Gefahr, die von anderen Menschen ausging. Giuliano achtete sehr darauf, daß er sich ihm gegenüber genauso verhielt wie immer. Er war stets auf etwas mehr Abstand zu ihm bedacht als zu den anderen. Er hatte ihm und seiner Bande sogar ein weit entferntes Gebiet bei Trapani zugewiesen, denn Passatempos Grausamkeit erfüllte ihn mit Abscheu. Er setzte ihn bei Hinrichtungen von Spitzeln ein und auch, um widerspenstige »geladene Gäste« einzuschüchtern, bis sie ihr Lösegeld zu zahlen bereit waren. Allein sein Anblick schüchterte die Gefangenen gewöhnlich so weit ein, daß die Verhandlungen verkürzt wurden, und wenn das nicht genügte, dann beschrieb er ihnen detailliert, was er mit ihnen und ihren Familien machen würde, falls das Lösegeld nicht bezahlt werde, und er schilderte es mit so großem Genuß, daß die »Gäste« meistens sehr schnell aufhörten zu feilschen, um nur ja möglichst bald wieder entlassen zu werden.

Mit der Maschinenpistole deutete Giuliano auf Passatempo. »Bevor wir uns trennen, müssen wir alle unsere Schulden begleichen«, sagte er. »Du hast meine Befehle nicht befolgt; du hast dich von Don Croce bezahlen lassen, um die Menschen an der Portella della Ginestra niederzumetzeln.«

Terranova, der Giuliano aus zusammengekniffenen Augen musterte, machte sich Sorgen um die eigene Sicherheit. Vielleicht wollte Giuliano herausfinden, wer schuldig war; vielleicht würde er selbst auch beschuldigt werden. Er wollte gerade eine Bewegung machen, um sich zu verteidigen, da sah er, daß auch Pisciotta seine Pistole auf Passatempo gerichtet hatte.

Zu Terranova sagte Giuliano: »Du und deine Bande, ihr habt meine Befehle befolgt, das weiß ich, Passatempo dagegen nicht. Und damit hat er auch gleichzeitig dein Leben gefährdet, denn hätte ich nicht die Wahrheit erfahren, hätte ich euch beide hinrichten müssen. Jetzt aber müssen wir mit ihm abrechnen.«

Stefan Andolini hatte nicht mit der Wimper gezuckt. Wieder vertraute er seinem Schicksal. Er war Giuliano treu geblieben und glaubte, wie jene Gottgläubigen, die nicht glauben können, daß ihr Gott schlecht ist, und ihm zu Ehren jedes Verbrechen begehen, hundertprozentig daran, daß ihm nichts geschehen werde.

Passatempo wußte, was ihm bevorstand. Mit seinem unfehlbaren, animalischen Instinkt spürte er, daß ihn der Tod erwartete. Nichts konnte ihm jetzt mehr helfen als seine eigene Grausamkeit, aber es waren zwei Waffen auf ihn gerichtet. Jetzt konnte er nur noch versuchen, Zeit zu gewinnen, um eine letzte, verzweifelte Attacke zu wagen. »Stefan Andolini hat mir das Geld und den Befehl überbracht – zieh ihn zur Rechenschaft!« sagte er in der Hoffnung, Andolini werde sich zu verteidigen versuchen, und er könne, von dieser Bewegung gedeckt, einen überraschenden Angriff starten.

Giuliano antwortete ruhig. »Andolini hat seine Sünden gebeichtet, und seine Hand hat kein Maschinengewehr geführt. Don Croce hat ihn hintergangen, wie er mich hintergangen hat.«

Ohne zu begreifen, begehrte Passatempo auf: »Aber ich habe schon mindestens hundert Menschen umgebracht, und du hast dich niemals beschwert. Und die Sache an der Ginestra, das war vor fast zwei Jahren. Seit sieben Jahren sind wir jetzt zusammen, und dies ist das erstemal, daß ich dir nicht gehorcht habe. Don Croce ließ durchblicken, daß du gar nicht so traurig sein würdest über meine Tat. Daß du ganz einfach zu weich wärst, es selber zu tun. Was sind schon ein paar Tote mehr oder weniger nach all den vielen, die wir umgebracht haben! Dich persönlich habe ich niemals verraten.«

Jetzt wußte Giuliano, wie hoffnungslos es war, diesem Mann die Ungeheuerlichkeit seiner Tat begreiflich zu machen. Aber warum kränkte ihn das so sehr? Hatte er selber im Laufe der Jahre nicht beinahe ebenso furchtbare Taten befohlen? Die Hinrichtung des Barbiers, die Kreuzigung des falschen Priesters, die Entführungen, die Morde an den Carabinieri, die gnadenlosen Exekutionen von Spitzeln? Wenn Passatempo durch und durch brutal war – was war dann er, der Kämpfer für Sizilien? Er merkte, wie er zögerte, die Hinrichtung auszuführen. Also sagte er zu Passatempo: »Ich gebe dir Zeit, deinen Frieden mit Gott zu machen. Knie nieder und sprich ein Gebet.«

Die anderen Männer waren vor Passatempo zurückgewichen und ließen ihn allein mit seinem Schicksal. Er tat, als wolle er wirklich niederknien, doch dann schoß seine kleine, gedrungene Gestalt auf Giuliano zu. Der trat ihm einen Schritt entgegen und zog den Abzug seiner Maschinenpistole durch. Die Kugeln erwischten Passatempo mitten in der Luft, aber sein Körper flog weiter vorwärts und streifte im Fallen noch Giuliano. Er trat einen Schritt zur Seite.

Am Nachmittag wurde Passatempos Leichnam auf einer von den Carabinieri überwachten Gebirgsstraße gefunden. An ihm befestigt war ein Zettel mit der Aufschrift: SO STERBEN ALLE, DIE GIULIANO VERRATEN.

Fünftes Buch

Turi Giuliano
und
Michael Corleone
1950

Fünfundzwanzigstes Kapitel

Michael lag in tiefem Schlaf; plötzlich schreckte er auf. Es war, als sei sein Körper aus einer tiefen Grube hochgerissen worden. Im Schlafzimmer war es stockdunkel; er hatte die hölzernen Fensterläden geschlossen, damit ihn das bleiche, zitronengelbe Mondlicht nicht störte. Kein Geräusch war zu hören; ringsum herrschte tiefe Stille, durchbrochen nur vom rasenden Hämmern seines Herzens. Er spürte, daß jemand im Zimmer war.

Als er sich im Bett umdrehte, meinte er ganz in der Nähe auf dem Fußboden einen Fleck aus etwas hellerem Schwarz ausmachen zu können. Er streckte den Arm aus und knipste die Nachttischlampe an. Der Fleck entpuppte sich als der Kopf der schwarzen Madonna. Er mußte vom Tisch gefallen sein, und das Geräusch schien ihn geweckt zu haben. Erleichtert und entspannt lächelte er. In diesem Moment hörte er an der Tür ein leises Rascheln. Als er sich dem Geräusch zuwandte, entdeckte er in dem Dunkel, das das orangefarbene Lampenlicht nicht ganz erreichte, das knochige Gesicht Aspanu Pisciottas.

Der junge Mann saß, an die Tür gelehnt, auf dem Fußboden. Der Mund mit dem Bärtchen hatte sich zu einem triumphierenden Grinsen verzogen, als wolle er sagen: Wo sind denn nun eure Wachen, wie steht es denn nun um die Sicherheit dieses Hauses?

Michael warf einen Blick auf seine Armbanduhr, die auf dem Nachttisch lag. Drei Uhr. »Sie haben sich eine merkwürdige Zeit ausgesucht. Worauf haben Sie gewartet?« erkundigte er sich. Er stieg aus dem Bett, zog sich schnell an und öffnete die Fensterläden. Geisterhaft drang Mondlicht ins Zimmer. »Warum haben Sie mich nicht geweckt?«

Mit einer einzigen Bewegung rollte sich Pisciotta, wie eine Schlange, die den Kopf zum Zustoßen hebt, herum und auf die Füße. »Ich beobachte die Menschen gern im Schlaf. Manchmal verraten sie im Traum ihre Geheimnisse.«

»Ich verrate niemals Geheimnisse«, gab Michael zurück. »Nicht mal im Traum.« Er trat auf die Terrasse hinaus und bot Pisciotta eine Zigarette an. Gemeinsam rauchten sie. Michael hörte, wie es in Pisciottas Brust vor unterdrücktem Husten rasselte, und sah, wie totenbleich sein Gesicht war, wie skelettartig die ganze Gestalt im Mondlicht wirkte.

Sie schwiegen. Dann fragte Pisciotta: »Haben Sie das Testament bekommen?«

»Ja«, antwortete Michael.

Pisciotta seufzte. »Turi hat mehr Vertrauen zu mir als zu jedem anderen Menschen auf der Welt – er vertraut mir sein Leben an. Ich bin der einzige, der in diesem Augenblick weiß, wo er sich aufhält. Aber das Testament hat er mir nicht anvertraut. Haben Sie es?«

Michael zögerte einen Moment. Pisciotta lachte. »Sie sind wie Turi«, stellte er fest.

»Das Testament ist in Amerika«, erklärte Michael. »In Sicherheit. Bei meinem Vater.« Er wollte nicht, daß Pisciotta erfuhr, daß es nach Tunis unterwegs war; das wollte er keinen Menschen wissen lassen.

Fast fürchtete Michael sich, die nächste Frage zu stellen. Dafür, daß Pisciotta ihn so heimlich besuchte, konnte es nur einen einzigen Grund geben. Nur einen einzigen Grund für ihn, das Risiko auf sich zu nehmen und die Wachen zu überlisten, die die Villa ringsum schützten. Oder hatten sie ihn bewußt durchgelassen? Es konnte wirklich nur bedeuten, daß Giuliano endlich bereit war, zu ihm zu kommen. »Wann kommt Giuliano?« fragte er.

»Morgen nacht«, erwiderte Pisciotta. »Aber nicht hierher.«

»Warum nicht?« wollte Michael wissen. »Hier ist er sicher.«

Pisciotta lachte. »Aber ich bin reingekommen – oder?«

Damit hatte er recht, und das ärgerte Michael. Abermals fragte er sich, ob die Wachen Pisciotta nicht vielleicht auf Befehl Don Domenicos durchgelassen oder ihn sogar hergebracht hatten. »Das muß Giuliano selbst entscheiden«, sagte er.

»Nein«, widersprach Pisciotta, »das muß ich für ihn entscheiden. Sie haben seiner Familie versprochen, daß er in Sicherheit sein wird. Aber Don Croce weiß ebenso, daß Sie hier sind, wie Inspektor Velardi. Die haben ihre Spione überall. Was haben Sie für Giuliano geplant? Eine Hochzeit, eine Geburtstagsfeier? Eine Beerdigung? Was für einen Unsinn erzählen Sie uns? Halten Sie uns Sizilianer alle für Esel?« Er sagte es in kaltem, drohendem Ton.

»Ich werde Ihnen meine Fluchtpläne nicht verraten«, wiederholte Michael. »Sie können mir vertrauen oder auch nicht – ganz wie Sie wollen. Teilen Sie mir mit, wo Sie mir Giuliano übergeben wollen, und ich werde dort sein. Teilen Sie es mir nicht mit, werde ich morgen abend in Amerika sein, während Sie und Giuliano hier weiterhin um Ihr Leben laufen müssen.«

Pisciotta lachte. »Gesprochen wie ein echter Sizilianer«, stellte er fest. »Sie haben Ihre Zeit in diesem Land nicht vergeudet.« Er seufzte. »Ich kann es noch gar nicht glauben, daß es endlich vorbei sein soll«, sagte er. »Beinahe sieben Jahre nur Kampf und Flucht, Verrat und Mord. Aber wir waren die Könige von Montelepre, Turi und ich – der Ruhm reichte für uns beide. Er kämpfte für die Armen, ich für mich. Anfangs wollte ich das nicht glauben, aber in unserem zweiten Jahr als Banditen hat er es mir und allen Mitgliedern unserer Bande bewiesen. Vergessen Sie nicht, daß ich sein stellvertretender Kommandeur bin, sein Cousin, der Mann, zu dem er das größte Vertrauen hat. Einmal aber verführte ich die Tochter eines Bauern von Partinico und schwängerte sie. Ihr Vater ging zu Giuliano und beschwerte sich bei ihm. Und wissen Sie, was Turi tat? Er fesselte mich an einen Baum und peitschte mich aus. Nicht vor dem Bauern oder vor unseren Männern – einer solchen Erniedrigung hätte er mich niemals ausgesetzt. Es war unser Geheimnis. Aber ich wußte genau, wenn ich seine Befehle noch einmal mißachtete, würde er mich umbringen. Das ist Turi.« Seine Hand zitterte, als er sie zum Mund führte. Sein schmales Bärtchen glänzte im schwindenden Mondlicht wie ein dünner, schwarzer Knochensplitter.

Eine merkwürdige Geschichte, dachte Michael. Warum hat er sie mir erzählt?

Sie gingen ins Schlafzimmer zurück, und Michael schloß die Fensterläden. Pisciotta hob den Kopf der schwarzen Madonna auf und reichte ihn Michael. »Das da hab' ich auf den Fußboden geworfen, um Sie zu wecken«, erklärte er. »Da drin war das Testament, nicht wahr?«

»Ja«, bestätigte Michael.

Pisciotta zog ein langes Gesicht. »Dann hat Maria Lombardo mich also belogen. Ich fragte sie, ob sie es hätte, und sie verneinte. Dann gab sie es Ihnen – vor meiner Nase!« Er lachte verbittert. »Dabei war ich wie ein Sohn für sie.« Er hielt einen Moment inne und fuhr dann fort: »Und sie war wie eine Mutter für mich.«

Pisciotta bat um eine neue Zigarette. Im Krug auf dem Nachttisch war noch ein Rest Wein, den Michael auf zwei Gläser verteilte. Pisciotta trank durstig. »Danke«, sagte er. »Aber kommen wir zum Geschäft. Ich werde Ihnen Giuliano außerhalb von Castelvetrano übergeben. Fahren Sie in einem offenen Wagen, damit ich Sie erkennen kann, und kommen Sie auf der Straße, die nach Trapani führt. Ich werde Sie an einer Stelle anhalten, deren Wahl ich mir selbst vorbehalte. Sollte Gefahr drohen, setzen Sie eine Mütze auf; dann werden wir uns nicht blicken lassen. Der Zeitpunkt? Ungefähr bei Morgengrauen. Glauben Sie, daß Sie das schaffen?«

»Ja«, versicherte Michael rasch. »Alles ist organisiert. Nur eines sollte ich Ihnen noch mitteilen: Stefan Andolini hat seine Verabredung mit Professor Adonis gestern nicht eingehalten. Der Professor machte sich große Sorgen.«

Pisciotta erschrak. Dann zuckte er die Achseln. »Der Kleine hat uns immer Pech gebracht«, behauptete er. »Jetzt müssen wir uns aber verabschieden – bis morgen früh, bei Tagesanbruch.« Er reichte Michael die Hand.

»Kommen Sie mit uns nach Amerika«, sagte Michael spontan.

Pisciotta schüttelte den Kopf. »Ich habe immer nur in Sizilien gelebt und dieses Leben hier geliebt. Darum will ich, wenn es sein muß, auch in Sizilien sterben. Trotzdem danke.«

Michael war sonderbar berührt von diesen Worten. Er wußte kaum etwas über Pisciotta, aber er spürte, daß man diesen Mann nicht von der Erde und den Bergen Siziliens nach Amerika verpflanzen konnte. Er war zu leidenschaftlich, zu blutdürstig; seine Haut, seine Stimme waren ganz und gar sizilianisch. Niemals würde er zu einem anderen Land Vertrauen fassen.

»Ich begleite Sie zum Tor, damit man Sie hinausläßt«, erbot sich Michael.

»Nein«, wehrte Pisciotta ab. »Unsere Zusammenkunft muß ein Geheimnis bleiben.«

Als Pisciotta gegangen war, dämmerte der Morgen. Michael sah zu, wie die Sonne am Himmel heraufstieg und eine goldene Straße aufs Wasser warf. Auf diesem breiten Lichtband kam das Motorboot auf die Anlegestelle zugejagt. Michael lief aus dem Haus und zum Strand hinab, um Peter Clemenza zu begrüßen.

Während sie gemeinsam frühstückten, erzählte Michael ihm von Pisciottas Besuch. Clemenza schien nicht überrascht zu sein, daß es Pisciotta gelungen war, den Kordon der Wachtposten um die Villa zu durchbrechen. »Hat dein Bruder ihn hereingebracht?« erkundigte sich Michael.

»Frag ihn selbst«, gab Clemenza zurück.

Den Rest des Vormittags verbrachten sie mit Diskussionen über das Treffen mit Giuliano. Möglicherweise wurde die Villa von Spionen überwacht, die jede außergewöhnliche Aktivität verzeichneten; eine Autokolonne würde auf jeden Fall Aufmerksamkeit erregen. Außerdem würde Michael mit Sicherheit ständig beschattet werden. Gewiß, die sizilianische Sicherheitspolizei unter Inspektor Velardi würde nicht eingreifen, aber wer wußte denn, was für Verrätereien im Gange waren?

Nachdem sie alles besprochen hatten, aßen sie zu Mittag. Dann zog Michael sich auf sein Zimmer zurück, um ein bißchen zu schlafen. Er wollte frisch sein für die lange Nacht. Er schloß die Fensterläden in seinem Schlafzimmer und legte sich aufs Bett. Sein ganzer Körper war verkrampft; er fand keinen Schlaf. Innerhalb der nächsten vierundzwanzig Stunden konnte Schreckliches geschehen. Er hatte eine schlimme Vorahnung. Dann jedoch verspann er sich in einen Traum von der Rückkehr in sein Elternhaus auf Long Island, wo Vater und Mutter ihn an der Tür erwarteten und sein langes Exil ein Ende fand.

Sechsundzwanzigstes Kapitel

Im siebten Jahr seines Banditenlebens wußte Turi Giuliano, daß er das Königreich seiner Berge verlassen und nach Amerika fliehen mußte, in das Land, in dem er gezeugt worden war, das Land, von dem seine Eltern immer erzählt hatten, als er noch klein war. In jenes sagenhafte Land, in dem es Gerechtigkeit für die Armen gab, in dem die Regierung nicht der Lakai der Reichen war, in dem selbst arme Sizilianer zu Reichtum gelangen konnten – durch ehrliche Arbeit.

Seine Freundschaftsschwüre immer wieder bestätigend, hatte Don Croce sich an Don Corleone in Amerika gewandt und ihn gebeten, bei der Rettung Giulianos behilflich zu sein, dem jungen Mann Zuflucht zu gewähren. Daß Don Croce dabei auch seine eigenen Ziele verfolgte, war Giuliano klar, doch er hatte keine Wahl. Die Macht seiner Bande war gebrochen.

In dieser Nacht nun sollte er sich auf die Reise machen und sich mit Aspanu Pisciotta treffen; dann würde er sich diesem Amerikaner anvertrauen, diesem Michael Corleone, und die Berge verlassen, seine Berge, die ihm sieben Jahre lang Schutz geboten hatten. Er würde sein Reich zurücklassen, seine Macht, seine Familie und alle seine Kameraden. Seine Armee war dahingeschmolzen; seine Berge wurden überrannt; seine Beschützer, die Menschen von Sizilien, wurden von Colonel Lucas Sondereinheit vernichtet. Wenn er blieb, errang er vielleicht noch ein paar Siege, seine endgültige Niederlage jedoch war sicher. Ihm blieb keine Wahl.

Turi Giuliano hängte sich die *lupara* über, nahm seine Maschinenpistole und machte sich auf den langen Marsch nach Palermo. Er trug ein weißes, ärmelloses Hemd und darüber eine Lederjacke mit großen Taschen, in denen Ladestreifen mit Patronen für seine Waffen steckten. Er ging langsam, mit gleichmäßigen Schritten. Auf seiner Uhr war es neun; am Himmel sah man trotz des zaghaften Mondscheins noch immer einen Schimmer von Tageslicht. Ihm drohte Gefahr von umherstreifenden Patrouillen der »Sondereinheit zur Bekämpfung des Banditenunwesens«, doch Giuliano hatte keine Angst. Im Lauf der Jahre hatte er sich eine Art Unsichtbarkeit zugelegt: Die ganze Landbevölkerung warf ihre Tarnkappen über ihn. Falls es Streifen gab, würden die Bauern es ihm mitteilen; sollte er in Gefahr geraten, würden sie ihn schützen und in ihren Häusern verstecken. Wurde er angegriffen, würden sich die Schafhirten und Bauern noch einmal um sein Banner scharen. Er war ihr Held gewesen; sie würden ihn auch jetzt nicht verraten.

In den Monaten, die auf seine Hochzeit folgten, fanden Kämpfe zwischen Colonel Lucas Sondereinheit und Abteilungen von Giulianos Bande statt. Colonel Luca hatte schon Lorbeeren für Passatempos Tod eingeheimst, und die Zeitungen meldeten in dicken Schlagzeilen, einer von Giulianos meistgefürchteten Chefs sei bei einer heftigen Schießerei mit den heldenhaften Soldaten der »Sondereinheit zur Bekämpfung des Banditenunwesens« getötet worden. Den Zettel, der bei dem Leichnam gefunden worden war, hatte Colonel Luca natürlich unterschlagen; Don Croce jedoch hatte durch Inspektor Velardi davon erfahren und wußte nun, daß Giuliano sich über den Verrat an der Portella della Ginestra im klaren war.

Colonel Lucas Fünftausend-Mann-Armee übte einen ungeheuren Druck auf Giuliano aus. Er konnte es jetzt weder wagen, nach Palermo zu gehen, um Vorräte einzukaufen, noch sich nach Montelepre hineinzuschleichen, um seine Mutter und Justina zu besuchen. Viele von seinen Männern wurden verraten und umgebracht. Manche emigrierten nach Algerien oder Tunesien. Andere verschwanden einfach, versteckten sich an Orten, wo sie von allen Aktivitäten der Bande abgeschnitten waren. Die Mafia bot ihm jetzt offen Paroli und benutzte ihr eng geknüpftes Netz, um Giulianos Männer den Carabinieri in die Hände zu treiben.

Und dann wurde einer der Chefs niedergemacht.

Terranova hatte Pech, und es war allein seine Rechtschaffenheit, die ihm Unglück brachte. Er besaß weder Passatempos Grausamkeit noch Pisciottas hämische List oder Fra Diavolos tödliche Kälte. Er war intelligent, aber auch gutmütig, und Giuliano hatte ihn oft eingesetzt, damit er mit den Entführungsopfern Freundschaft schloß oder Geld und Waren unter die Armen verteilte. Terranova war es auch, der überall in Palermo mit seiner Bande nachts Giulianos Propaganda-Plakate anklebte. An den blutigeren Unternehmungen nahm er nur selten teil.

Er war ein Mann, der Freundlichkeit und Zuneigung brauchte. Vor ein paar Jahren hatte er sich in Palermo eine Geliebte zugelegt, eine Witwe mit drei kleinen Kindern. Sie wußte nicht, daß er ein Bandit war; sie hielt ihn für einen römischen Regierungsbeamten, der in Sizilien Urlaub machte. Dankbar akzeptierte sie das Geld, das er ihr gab, und die Geschenke für die Kinder, aber er hatte ihr offen erklärt, daß er sie niemals heiraten könne. Trotzdem gab sie ihm die Liebe und Fürsorge, die er brauchte. Wenn er sie besuchte, kochte sie seine Lieblingsgerichte; sie wusch seine Kleidung und gab sich ihm mit dankbarer Leidenschaft hin. Eine solche Verbindung konnte nicht ewig vor den Freunden der Freunde geheimgehalten werden; Don Croce legte die Information zu den Akten, um sie sich zu gegebener Zeit nutzbar zu machen.

Justina hatte Giuliano mehrmals in den Bergen besucht; bei diesen Ausflügen war Terranova ihr Leibwächter gewesen. Ihre Schönheit steigerte seine Sehnsucht, und so beschloß er, obwohl er wußte, daß es leichtsinnig war, ein letztes Mal seine Geliebte zu besuchen. Er wollte ihr einen Geldbetrag geben, von dem sie und ihre Kinder in den kommenden Jahren leben konnten.

Eines Abends also schlich er sich ganz allein nach Palermo hinein. Er gab der Witwe das Geld und erklärte ihr, daß er sie jetzt eine lange Zeit nicht mehr besuchen könne. Sie weinte und jammerte, und schließlich gestand er ihr, wer er wirklich war. Sie war verblüfft. Er war so sanft, so liebevoll, und doch gehörte er zu den großen Chefs des berühmten Giuliano! Sie zog ihn zu sich aufs Bett und liebte ihn mit feuriger Leidenschaft. Dann verbrachten sie einen glücklichen Abend mit den drei Kindern. Terranova hatte ihnen ein Kartenspiel beigebracht, und als sie diesmal gewannen, zahlte er seine Spielschulden mit echtem Geld, was sie natürlich begeisterte.

Nachdem die Kinder zu Bett gebracht waren, liebten sich Terranova und die Witwe bis zur Morgendämmerung. Dann machte er sich zum Aufbruch bereit. An der Tür umarmten sie sich ein letztes Mal, dann schritt Terranova rasch die kleine Gasse entlang, auf die große Piazza vor dem Dom zu. Er war ganz und gar entspannt, ganz und gar unachtsam.

Die Stille des Morgens wurde durch Motorengedröhn durchbrochen. Drei schwarze Wagen schossen auf ihn zu. An allen Seiten der Piazza tauchten bewaffnete Männer auf. Weitere Bewaffnete sprangen aus den Wagen. Einer von ihnen forderte Terranova laut schreiend auf, sich zu ergeben, die Hände zu heben.

Terranova warf einen letzten Blick auf den Dom, auf die Heiligenfiguren in den Mauernischen; er sah die blaugelben Balkone, er sah die Sonne aufgehen und den azurblauen Himmel beleuchten. Es war das letzte Mal, daß er diese Wunder sah, das wußte er; und er wußte auch, daß seine sieben Jahre Glück vorbei waren. Jetzt blieb ihm nur noch eines zu tun.

Er machte einen riesigen Satz, als wolle er über den Tod selbst hinwegspringen, sich in ein sicheres Universum stürzen. Und während sein Körper zur Seite hechtete und auf den Boden aufschlug, zog er die Pistole und feuerte. Ein Soldat wurde zurückgeschleudert und sank auf die Knie nieder. Wieder versuchte Terranova abzudrücken, aber jetzt drangen hundert Kugeln in seinen Körper ein, zerrissen ihn, fetzten ihm das Fleisch von den Knochen. In einer Hinsicht wenigstens hatte er Glück: Es ging alles so schnell, daß ihm keine Zeit blieb, sich zu fragen, ob seine Geliebte ihn verraten hatte.

Terranovas Tod löste in Giuliano eine Art Vorgefühl der Verdammnis aus. Er hatte gewußt, daß die Herrschaft seiner Bande beendet war, daß sie keine erfolgreichen Gegenangriffe mehr führen, sich nicht mehr in den Bergen verstecken konnten. Aber er hatte immer geglaubt, daß er und seine Chefs ausbrechen und dem Tod entgehen würden. Jetzt wußte er, daß ihm nur noch sehr wenig Zeit blieb. Es gab da etwas, das er schon immer hatte tun wollen. Er ließ Corporal Canio Silvestro kommen.

»Unsere Zeit ist vorbei«, erklärte er Silvestro. »Du hast mir einmal gesagt, du hättest Freunde in England, die dich jederzeit schützen würden. Dieser Zeitpunkt ist jetzt gekommen: Du mußt fort. Du hast meine Erlaubnis.«

Corporal Silvestro schüttelte den Kopf. »Ich kann immer

noch fort, wenn du in Amerika in Sicherheit bist. Du brauchst mich noch. Du weißt, daß ich dich niemals verraten werde.«

»Das weiß ich«, bestätigte Giuliano. »Und du weißt, daß ich dir immer große Zuneigung entgegengebracht habe. Aber du warst niemals ein echter Bandit. Du warst immer Soldat und Polizist. Im Herzen warst du immer gesetzestreu. Deswegen kannst du dir ein eigenes Leben aufbauen, sobald alles vorüber ist. Für uns andere wird das etwas schwieriger werden. Wir werden ewig Banditen bleiben.«

»Ich habe in dir nie einen Banditen gesehen«, beteuerte Silvestro.

»Ich auch nicht«, gab Giuliano zurück. »Aber – was habe ich in diesen sieben Jahren getan? Ich habe geglaubt, für die Gerechtigkeit zu kämpfen. Ich habe versucht, den Armen zu helfen. Ich hatte die Hoffnung, Sizilien befreien zu können. Ich wollte ein guter Mensch sein. Aber es war der falsche Zeitpunkt und die falsche Methode. Jetzt müssen wir erst einmal alles uns Mögliche tun, um unser eigenes Leben zu retten. Deshalb mußt du nach England gehen. Ich werde glücklich sein, wenn ich dich in Sicherheit weiß.« Er umarmte Silvestro. »Du bist mir ein wahrer Freund gewesen«, sagte er, »und dies sind meine Befehle.«

Als der Abend dämmerte, verließ Turi Giuliano seine Höhle und begab sich in das Kapuzinerkloster bei Palermo, wo er auf Nachricht von Aspanu Pisciotta wartete. Einer der Mönche dort war heimliches Mitglied seiner Bande und verantwortlich für die Katakomben des Klosters, in denen Hunderte von mumifizierten Leichen beigesetzt waren.

Vor dem Ersten Weltkrieg war es bei den reichen und adligen Familien jahrhundertealter Brauch gewesen, die Kleider, in denen man beigesetzt werden wollte, an die

Wände des Klosters zu heften. Wenn ein Familienmitglied starb, wurde sein Leichnam nach der Trauerfeier ins Kloster gebracht. Die Mönche waren Meister in der Kunst, den Körper zu konservieren. Sechs Monate lang setzten sie die Leiche schwacher Hitze aus und trockneten die Weichteile des Körpers. Bei dieser Trocknung schrumpfte die Haut, und die Gesichter verzogen sich zu allen möglichen Todesgrimassen – Masken des Entsetzens, aber auch der Lächerlichkeit –, für den Betrachter alle gleichermaßen grausig. Dann wurden dem Leichnam die Kleidungsstücke angezogen, die für ihn bereitgestellt waren, und man legte ihn in einen Glassarg. Die Särge wurden entweder in Wandnischen gestellt oder hingen an Drähten von der Decke herab. Manche Leichname saßen auf Stühlen, manche lehnten an der Wand, manche waren in Glaskästen ausgestellt wie Trachtenpuppen.

In diesen Katakomben legte Giuliano sich auf einen feuchten Stein, benutzte einen Sarg als Kopfkissen und betrachtete all diese vor Hunderten von Jahren verstorbenen Sizilianer. Da gab es einen Ritter des Königshofs in blauseidener, rüschenbesetzter Uniform, Helm auf dem Kopf, Degenstock in der Hand. Einen Höfling, stutzerhaft gekleidet in französischem Stil mit weißer Perücke und hochhackigen Stiefeln. Einen Kardinal in roter Robe, einen Erzbischof mit hoher Mitra. Es gab Hofdamen, deren goldene Gewänder jetzt wirkten wie Spinnweben, von denen die eingeschrumpften, mumifizierten Leichname gefangengehalten wurden, als seien sie Fliegen. In einem der Glassärge lag ein junges Mädchen, angetan mit weißen Handschuhen und einem weißgerüschten Nachthemd.

Giuliano schlief schlecht in den beiden Nächten, die er dort verbrachte. Wer würde hier wohl einen erholsamen Schlaf finden, dachte er. Dies waren die großen sizilianischen Männer und Frauen der letzten drei, vier Jahrhunderte, die glaubten, auf diese Weise den Würmern zu entgehen. Der Stolz und die Eitelkeit der Reichen, der Lieblinge des Schicksals. O nein, dann schon lieber auf der Straße sterben wie La Veneras Ehemann!

Das, was Giuliano jedoch in Wahrheit nicht schlafen ließ, war eine bohrende Frage: Wie war es Don Croce gelungen, jenem letzten Angriff zu entkommen? Das Unternehmen war perfekt geplant worden. Wochenlang hatte Giuliano darüber gebrütet. Der Don wurde so gut bewacht, daß eine Schwachstelle in seiner Verteidigung hatte gefunden werden müssen. Und Giuliano war zu dem Schluß gekommen, daß er die größten Chancen hatte, wenn sich der Don im schwer bewachten Hotel Umberto in Palermo sicher fühlte. Die Bande hatte einen Spion im Hotel, einen der Kellner. Der hatte ihnen den Terminplan des Don sowie die Einteilung der Wachen beschafft. Mit diesen Informationen in der Hand war Giuliano überzeugt gewesen, daß ein Überfall Erfolg haben werde.

Er hatte dreißig Mann aufgeboten, die sich mit ihm in Palermo treffen sollten. Da er über Michael Corleones Besuch und Mittagessen mit dem Don unterrichtet war, wartete er, bis ihn am Spätnachmittag die Nachricht erreichte, Michael sei fort. Zwanzig seiner Männer täuschten einen Frontalangriff auf das Hotel vor, um die Wachen vom Garten abzuziehen. Dann befestigte er selbst mit den restlichen zehn Mann eine Sprengladung an der Gartenmauer und sprengte ein Loch hinein. Im Garten befanden sich nur noch fünf Wachen: Einen erschoß Giuliano, die anderen vier flohen. Giuliano rannte in die Suite des Don, doch die war leer – und seltsamerweise unbewacht. Inzwischen hatte sich die andere Abteilung seiner Bande den Weg durch die Verteidigungslinien gebahnt und ebenfalls die Suite erreicht. Unterwegs hatten sie sämtliche Zimmer und Korridore abgesucht, doch nichts gefunden. Aufgrund seines Leibesumfangs konnte der Don sich unmöglich schnell bewegen, also blieb nur eine Schlußfolgerung: Er hatte das Hotel kurz nach Michaels Aufbruch verlassen. Und nun kam Giuliano zum erstenmal auf die Idee, Don Croce könnte vor dem Überfall gewarnt worden sein. Ein Jammer, dachte Giuliano. Es wäre ein glorreicher letzter Schlag gewesen, durch den zugleich sein gefährlichster Feind beseitigt worden wäre. Welch wunderschöne Balladen wären gesungen worden, hätte er Don Croce in seinem sonnigen Garten gefunden. Aber es würde einen anderen Tag geben. Er würde nicht ewig in Amerika bleiben.

Am dritten Morgen brachte ihm der Kapuzinermönch, dessen Körper und Gesicht beinahe ebenso eingeschrumpft waren wie die seiner Fürsorge anvertrauten Mumien, eine Nachricht von Pisciotta. »Im Haus Karls des Großen«, lautete der Text. Giuliano begriff sofort. Zu Peppino, der Hauptfuhrmann von Castelvetrano, der Giuliano bei der Entführung von Don Croces Lastwagen geholfen hatte und seitdem heimliches Mitglied seiner Bande war, besaß drei Karren und sechs Esel. Alle drei Karren waren früher mit den Legenden des großen Kaisers bemalt gewesen, deswegen hatten Turi und Aspanu als Kinder das Haus des Kärrners als »Haus Karls des Großen« bezeichnet. Der Zeitpunkt des Treffens war bereits festgelegt worden.

In jener Nacht, seiner letzten in Sizilien, fuhr Giuliano nach Castelvetrano. Bei Palermo las er ein paar von der Feldarbeit heimkehrende Bauern auf, die heimliche Mitglieder seiner Bande waren, und ihm einen Eselskarren zur Verfügung stellten. Die Fahrt verlief so glatt, daß ein leiser Argwohn in Giuliano aufstieg. Etwas außerhalb von Castelvetrano hielt er vor einem kleinen Steinhaus, in dessen Hof drei bemalte Karren standen, die jetzt allerdings die Legenden seines eigenen Lebens trugen. Dies war das Haus von Zu Peppino.

Zu Peppino schien nicht überrascht zu sein, als er ihn sah. Er legte den Pinsel hin, mit dem er gerade an einem seiner Karren gearbeitet hatte, verschloß die Tür und sagte zu Giuliano: »Es gibt Schwierigkeiten. Du ziehst die Carabinieri an wie ein verendetes Maultier die Fliegen.«

Ein kleiner Adrenalinstoß durchzuckte Giulianos Körper. »Von Lucas Spezialtruppe?« erkundigte er sich.

»Ja«, antwortete Zu Peppino. »Sie haben sich versteckt, statt zu patrouillieren. Als ich von der Arbeit kam, hab' ich ein paar von ihren Fahrzeugen entdeckt. Und einige Fuhrleute haben mir gesagt, daß auch sie Fahrzeuge gesehen haben. Wir haben gedacht, sie würden Hinterhalte für die Mitglieder deiner Bande legen, hätten aber nie geglaubt, daß es sich um dich selbst handelt. Du kommst doch sonst nie so weit nach Süden, so weit von deinen Bergen entfernt.«

Giuliano fragte sich, woher die Carabinieri von dem verabredeten Treffen wußten. Waren sie Aspanu gefolgt? Waren Michael Corleone und seine Leute leichtsinnig gewesen? Oder gab es einen Spitzel? Wie dem auch sei, er konnte sich mit Pisciotta nicht in Castelvetrano treffen. Aber sie hatten einen Ersatz-Treffpunkt ausgemacht – für den Fall, daß einer von ihnen den Treffpunkt hier nicht erreichte.

»Danke für die Warnung«, sagte Giuliano. »Paß auf, ob du Pisciotta hier im Dorf siehst, und sag ihm Bescheid. Und wenn du mit deinem Karren nach Montelepre kommst, geh zu meiner Mutter und sag ihr, daß ich in Sicherheit bin, in Amerika.«

»Erlaube einem alten Mann, dich zu umarmen«, bat Zu Peppino und küßte Giuliano auf die Wange. »Ich habe nie daran geglaubt, daß du Sizilien helfen kannst; das kann niemand, das hat noch nie einer gekonnt, nicht einmal Garibaldi, nicht einmal dieser Windbeutel Mussolini. Wenn du möchtest, spanne ich jetzt meine Maultiere vor einen Karren und bringe dich, wohin du willst.«

Pisciotta sollte um Mitternacht erscheinen. Jetzt war es erst zehn. Giuliano war absichtlich zu früh gekommen, um die Umgebung auszukundschaften. Das Treffen mit Michael Corleone war auf die Zeit kurz vor Morgengrauen festgesetzt worden. Der Ersatz-Treffpunkt lag mindestens einen Zwei-Stunden-Marsch von Castelvetrano entfernt. Trotzdem war es besser, zu Fuß zu gehen, als Zu Peppinos Angebot anzunehmen oder allein mit dem Karren weiterzufahren. Er bedankte sich bei dem Alten und schlüpfte in die Nacht hinaus.

Der Ersatz-Treffpunkt war eine berühmte antike griechische Ruine, die Akropolis von Selinus. Südlich von Castelvetrano, bei Mazara del Vallo, steht sie auf einer einsamen Ebene in der Nähe des Meeres, die dort endet, wo die Felsklippen aufragen. Selinus, von den Sizilianern Selinunte genannt, war im frühen Mittelalter durch ein Erdbeben verschüttet worden; nur einige Marmorsäulen und Architrave standen noch aufrecht oder waren vielmehr von Archäologen wieder aufgerichtet worden. Die Hauptstraße, gesäumt von den Ruinen antiker Häuser, konnte man noch erkennen. Die Akropolis selbst, das befestigte Zentrum aller antiken griechischen Städte, erhob sich, wie üblich, auf dem höchsten Punkt, und ihre Ruine blickte hinab auf die kahle Landschaft der Umgebung.

Den ganzen Tag hatte der Schirokko geweht, ein unangenehmer Wüstenwind. Jetzt, bei Nacht und so dicht am Meer, blies er wallende Nebel durch die Ruinen. Giuliano, erschöpft nach dem langen, schnellen Marsch, schlug einen Bogen um die Anlage und ging zu den Klippen, um von oben hinabsehen und die Umgebung auskundschaften zu können.

Der Anblick war so wunderschön, daß er für einige Augenblicke die Gefahr vergaß, in der er sich befand. Der Apollotempel war eingestürzt und bildete nur noch einen wirren Haufen von Säulen. Andere Tempelruinen jedoch glänzten im Mondschein: ohne Mauern, nur noch Säulen und Giebelreste, durch die der Mond schien. Unterhalb der Akropolis, dort, wo die Stadt selbst gelegen hatte, stand eine einzelne Säule, umgeben von eingeebneten Ruinen.

Ausländer hatten die zwölf großen Säulen wiedererrichtet, vor denen Turi Giuliano jetzt stand. Sie strahlten eine herkulaneische Größe aus, doch hinter ihnen befanden sich nur noch Ruinen. Zur Basis dieser zwölf Säulen, die in Reih' und Glied dastanden wie Soldaten vor ihrem Befehlshaber, führte eine Steintreppe empor, die aus dem Boden zu wachsen schien. Giuliano setzte sich auf die oberste Stufe und lehnte sich an eine der Säulen. Er langte unter seine Jacke, holte Maschinenpistole und *lupara* hervor und legte sie auf die Steinstufe unter ihm. Nebel wogte durch die Ruinen, aber er wußte, daß er jeden hören würde, der sich auf dem Geröll der Steintrümmer näherte, und jeden Feind erspähen konnte, bevor dieser ihn entdeckte.

Er saß da, an die Säule gelehnt, froh, endlich ausruhen zu können. Über den grauen Säulen und den Klippen, die aufs Meer hinausblickten, schien der Julimond. Hinter diesem Meer lag Amerika. Und in Amerika wartete Justina mit ihrem noch nicht geborenen Kind. Bald würde er in Sicherheit sein; dann waren die letzten sieben Jahre des Banditentums nur noch ein Traum. Sekundenlang fragte er sich, was für ein Leben das wohl sein würde, ob er außerhalb von Sizilien je glücklich sein könnte. Er lächelte. Eines Tages würde er heimkehren und ihnen allen eine Überraschung bereiten. Er seufzte vor Müdigkeit, löste die Verschnürung seiner Stiefel und zog sie aus. Auch die Socken zog er aus, und seine Füße spürten die Kälte des Steins. Er griff in die Tasche und holte zwei Kaktusfeigen heraus, deren süßer, nachtkühler Saft ihn angenehm erfrischte. Eine Hand auf der Maschinenpistole neben sich, wartete er auf Aspanu Pisciotta.

Siebenundzwanzigstes Kapitel

Michael, Peter Clemenza und Don Domenico verzehrten gemeinsam ein frühes Abendessen. Wenn sie bei Morgengrauen am Treffpunkt sein wollten, mußte das Unternehmen zur Rettung Giulianos bei Einbruch der Abenddämmerung beginnen. Abermals sprachen sie die Pläne durch, und Don Domenico billigte sie. Er ergänzte sie nur um das kleine Detail, daß Michael nicht bewaffnet sein dürfe. Falls etwas schiefging und sie von den Carabinieri oder der Sicherheitspolizei verhaftet wurden, konnte man Michael nichts vorwerfen, und er konnte Sizilien trotzdem verlassen.

Im Garten tranken sie einen Krug Wein mit Zitronen, dann mußten sie aufbrechen. Don Domenico verabschiedete sich mit einem Kuß von seinem Bruder, wandte sich dann Michael zu und umarmte ihn herzlich. »Meine besten Grüße an deinen Vater«, sagte er »Ich bete für deine Zukunft, ich wünsche dir alles Gute. Und solltest du jemals meiner Dienste bedürfen, laß es mich wissen!«

Zu dritt gingen sie zur Pier hinunter. Michael und Peter Clemenza stiegen in das Motorboot, das bereits mit bewaffneten Männern besetzt war. Es legte ab in Richtung Afrika. Don Domenico winkte ihnen von der Pier aus nach. Michael und Peter stiegen in die Kabine hinunter, wo Clemenza sich in eine der Kojen legte und schlief. Er hatte an diesem Tag viel zu tun gehabt, und sie würden fast bis zum Morgengrauen auf See sein.

Sie hatten ihre Pläne geändert. Die Maschine in Mazara

del Vallo, mit der sie nach Afrika hatten fliegen wollen, sollte jetzt nur noch als Lockvogel dienen, während sie selbst per Boot nach Afrika fliehen würden. Clemenza hatte gute Gründe für diesen Plan angeführt: Er könne die Straße und das Boot mit seinen Männern überwachen, nicht aber den kleinen Flugplatz, hatte er erklärt. Das Gelände ringsum sei zu unübersichtlich und die Maschine zu empfindlich; sie könne zur Todesfalle werden, bevor sie überhaupt starte. Tempo sei nicht so wichtig wie Irreführung, und auf dem Meer könne man sich besser verstecken als am Himmel. Außerdem sei es möglich, Vorkehrungen zum Umsteigen in ein anderes Boot zu treffen, wogegen man das Flugzeug nicht wechseln könne.

Clemenza war den ganzen Tag damit beschäftigt gewesen, Männer und Fahrzeuge zu einem Treffpunkt an der Straße nach Castelvetrano zu schicken, während andere die Ortschaft Mazara del Vallo sichern sollten. Er hatte sie in Abständen von einer Stunde auf den Weg gebracht, weil er nicht wollte, daß eventuelle Spione etwas so Außergewöhnliches wie einen ganzen Auto-Konvoi das Grundstück verlassen sahen. Um etwaige Beobachter noch zusätzlich irrezuführen, waren die Wagen in verschiedenen Richtungen davongefahren. Währenddessen umrundete das Motorboot die Südwestspitze von Sizilien, um bis Tagesanbruch hinter dem Horizont zu ankern, dem Zeitpunkt, da es in den Hafen von Mazara del Vallo einlaufen sollte. Dort würden sie von Fahrzeugen und Männern erwartet werden. Von da aus war es dann nur noch eine halbstündige Fahrt bis nach Castelvetrano, obwohl sie einen Haken nach Norden schlagen mußten, um auf die Straße von Trapani zu stoßen, die dorthin führte, wo Pisciotta sie anhalten wollte.

Michael legte sich in eine der Kojen. Er hörte Clemenza schnarchen und bewunderte ihn dafür, daß er in einer solchen Situation schlafen konnte. Michael dachte daran, daß er in vierundzwanzig Stunden in Tunis und zwölf Stunden später zu Hause bei seiner Familie sein würde. Nach zweijährigem Exil würden ihm endlich wieder alle Möglichkeiten eines freien Mannes offenstehen, würde er nicht mehr auf der Flucht vor der Polizei sein, nicht mehr nach der Pfeife seiner Beschützer tanzen müssen, brauchte wirklich nur noch das zu tun, was er tun wollte. Aber nur, wenn er die nächsten sechsunddreißig Stunden hinter sich brachte. Während er sich ausmalte, was er in den ersten Tagen in Amerika tun würde, fand er Entspannung durch den sanften Wellengang, der ihn in einen traumlosen Schlaf wiegte.

Fra Diavolo schlief einen viel tieferen Schlaf.

Am Morgen des Tages, an dem er in Trapani Professor Hector Adonis abholen sollte, fuhr Stefan Andolini zunächst nach Palermo. Er hatte einen Termin beim Chef der sizilianischen Sicherheitspolizei, Inspektor Velardi, eine jener zahlreichen Zusammenkünfte, bei denen der Inspektor Andolini über Colonel Lucas Einsatzpläne für diesen Tag unterrichtete. Seine Informationen würde Andolini dann anschließend an Pisciotta weitergeben, der sie zu Giuliano brachte.

Es war ein wunderschöner Morgen; die Wiesen neben der Straße glichen einem Blumenteppich. Er hatte noch reichlich Zeit bis zu seiner Verabredung, deswegen hielt er auf eine Zigarettenlänge vor einem der Wegrandschreine und kniete nieder vor dem mit einem Vorhängeschloß versehenen Kasten mit der Statue der heiligen Rosalie. Sein Gebet war schlicht und praktisch, eine Bitte an die Heilige, ihn vor seinen Feinden zu schützen. Am folgenden Sonntag wollte er Pater Benjamino seine Sünden beichten und zur Kommunion gehen. Jetzt wärmte die Sonne seinen bloßen Kopf; er war hungrig. Nach der Besprechung mit Inspektor Velardi würde er sich in Palermos bestem Restaurant ein ausgiebiges Frühstück leisten.

Inspektor Velardi, Chef der Sicherheitspolizei von Sizilien, sonnte sich in dem köstlichen, selbstgerechten Triumphgefühl eines Mannes, der geduldig gewartet hat, der immer daran geglaubt hat, Gott werde endlich Ordnung in sein Universum bringen, und der endlich seinen Lohn erhält. Beinahe ein Jahr lang hatte er auf unmittelbaren und geheimen Befehl Minister Trezzas Giuliano geholfen, den Carabinieri und seinen eigenen Überfallkommandos zu entkommen. Dies eine Jahr lang war Inspektor Velardi im Grunde ein Untergebener Don Croce Malos gewesen.

Velardi stammte aus Norditalien, wo die Menschen es durch gute Ausbildung, durch Respekt vor dem Gesellschaftsvertrag, durch den Glauben an das Gesetz und die Regierung zu etwas brachten. Die Dienstjahre in Sizilien hatten ihn mit tiefer Verachtung und eiskaltem Haß auf alle Sizilianer, hoch und niedrig, erfüllt. Die Reichen besaßen kein soziales Gewissen und hielten die Armen durch ihre kriminelle Zusammenarbeit mit der Mafia geknechtet. Die Mafia, die vorgab, die Armen zu schützen, verdingte sich an die Reichen, um eben diese Armen in Knechtschaft zu halten. Die Bauern waren zu stolz, und sie schreckten nicht vor Mord zurück, obwohl sie dabei riskierten, den Rest ihres Lebens im Gefängnis verbringen zu müssen.

Jetzt aber sollte sich einiges ändern. Endlich hatte Inspektor Velardi freie Hand, nun konnte er seine Überfallkommandos von der Leine lassen. Jetzt würden die Leute sehen, was für ein Unterschied bestand zwischen seiner Sicherheitspolizei und diesen Clowns, den Carabinieri!

Zu seinem Erstaunen hatte ihm Minister Trezza persönlich den Befehl erteilt, Giuliano nicht mehr zu beschützen.

Er sollte entweder getötet oder verhaftet werden, wobei es sich von selbst verstand, daß ein Leichnam einem Lebenden mit lockerer Zunge bei weitem vorzuziehen war. Darüber hinaus waren alle Personen mit den vom Minister unterzeichneten rotgerandeten Pässen – jenen allmächtigen Pässen, die es ihren Besitzern ermöglichten, Straßensperren zu passieren, Waffen zu tragen, vor Routine-Festnahmen sicher zu sein – in Einzelhaft zu nehmen. Die Pässe waren einzuziehen. Vor allem die von Aspanu Pisciotta und Stefan Andolini.

Velardi machte sich bereit, ans Werk zu gehen. Andolini wartete im Vorzimmer auf seine Instruktionen. Heute würde er eine Überraschung erleben. Velardi griff zum Telefon und befahl einen Hauptmann und vier Polizeisergeanten zu sich. Er erklärte ihnen, sie müßten sich auf Schwierigkeiten gefaßt machen. Er selbst trug eine Pistole im Gürtelhalfter, was er in seinem eigenen Büro sonst nicht zu tun pflegte. Dann ließ er Stefan Andolini aus dem Vorzimmer hereinführen.

Stefan Andolinis rotes Haar war sorgfältig frisiert. Er trug einen schwarzen Nadelstreifen-Anzug, ein weißes Hemd und eine dunkle Krawatte. Schließlich war ein Besuch beim Chef der Sicherheitspolizei eine offizielle Angelegenheit. Bewaffnet war er nicht, denn er wußte aus Erfahrung, daß jeder durchsucht wurde, der das Präsidium betrat. Vor Velardis Schreibtisch stehend erwartete er die übliche Erlaubnis, Platz zu nehmen. Da sie nicht gegeben wurde, blieb er stehen. In seinem Kopf begannen die ersten Alarmglocken zu schrillen.

»Zeigen Sie mir Ihren Sonderausweis«, verlangte Inspektor Velardi.

Andolini rührte sich nicht. Er versuchte diese seltsame Forderung zu ergründen. Aus Prinzip antwortete er mit einer Lüge. »Ich habe ihn nicht bei mir«, behauptete er.

»Schließlich wollte ich einen Freund besuchen.« Er legte eine besondere Betonung auf das Wort »Freund«.

Damit brachte er Velardi in Wut. Der Inspektor ging um den Schreibtisch herum und baute sich dicht vor Andolini auf. »Sie sind niemals mein Freund gewesen. Ich habe nur einen Befehl ausgeführt, als ich einem Schwein wie Ihnen Informationen gab. Und nun hören Sie mir genau zu. Sie sind verhaftet. Sie werden bis auf weiteres in meinen Zellen festgehalten werden, und ich muß Ihnen mitteilen, daß ich unten im Keller eine *cassetta* habe. Und morgen früh werden wir beide hier in meinem Büro eine kleine, gemütliche Unterredung haben, die Ihnen, wenn Sie klug sind, eine Menge Schmerzen ersparen wird.«

Am nächsten Morgen erhielt Velardi einen weiteren Anruf von Minister Trezza sowie einen ausführlicheren von Don Croce. Kurz darauf wurde Andolini aus seiner Zelle zu Verlardi geführt.

Die ganze Nacht hindurch hatte Andolini in der Einsamkeit seiner Zelle über die seltsame Verhaftung nachgedacht und war zu dem Schluß gekommen, daß er in tödlicher Gefahr schwebte. Mit blitzenden blauen Augen und unverkennbar in höchster Erregung ging Velardi in seinem Büro auf und ab. Stefan Andolini war kalt wie Eis. Nichts entging ihm: nicht der Hauptmann mit den vier Polizei-Sergeanten, nicht die Pistole an Velardis Hüfte. Er wußte, daß der Inspektor ihn immer gehaßt hatte, und er selbst haßte den Inspektor nicht weniger. Wenn er Verlardi dazu bringen konnte, die Polizisten hinauszuschicken, konnte er ihn vielleicht noch töten, bevor er selbst getötet wurde. Deswegen sagte er: »Ich werde reden, aber nicht in Anwesenheit dieser *sbirri* hier.« *Sbirri* – ein beleidigender Schimpfname für Polizisten.

Velardi befahl den vier Sergeanten, den Raum zu verlassen, gab jedoch dem Hauptmann zu verstehen, daß er bleiben und vorsichtshalber seine Waffe ziehen solle. Dann konzentrierte er seine Aufmerksamkeit auf Stefan Andolini.

»Ich verlange sämtliche Informationen darüber, wie ich an Giuliano herankomme«, begann er, »und über Ihr letztes Zusammentreffen mit ihm und Pisciotta.«

Stefan Andolini lachte, daß sich sein Mordbubengesicht zu einer bösartigen Grimasse verzog. Die mit roten Bartstoppeln bedeckte Haut schien vor Gewalttätigkeit zu flammen.

Kein Wunder, daß sie ihn Fra Diavolo nennen, dachte Velardi. Er ist ein wahrhaft gefährlicher Mann, er darf nicht merken, was ihn erwartet.

Gelassen forderte Velardi ihn auf: »Beantworten Sie meine Frage, oder ich lasse Sie auf die *cassetta* binden.«

»Sie verräterisches Schwein!« antwortete Andolini verächtlich. »Ich stehe unter dem Schutz von Minister Trezza und Don Croce. Wenn die meine Freilassung erwirkt haben, werde ich Ihnen Ihr *sbirro*-Herz aus dem Leib reißen!«

Velardi holte aus und schlug Andolini zweimal ins Gesicht, erst mit der Handfläche, sofort darauf mit dem Handrücken. Er sah das Blut aus Andolinis Mund quellen, und auch die Wut in seinem Blick entging ihm nicht. Mit voller Absicht kehrte er ihm den Rücken, um sich wieder hinter den Schreibtisch zu setzen.

Im selben Augenblick riß Stefan Andolini, blind vor einer so rasenden Wut, daß sie seinen Überlebensinstinkt ausschaltete, dem Inspektor die Pistole aus dem Gürtelhalfter und versuchte zu schießen. Gleichzeitig zog der Hauptmann seine Waffe und gab vier Schüsse auf Andolini ab. »Fra Diavolo« wurde gegen die Wand geschleudert und sank zu Boden. Das weiße Hemd war über und über rot und paßte, wie Velardi fand, sehr hübsch zum roten Haar des Toten. Der Inspektor bückte sich und nahm Andolini, während weitere Polizisten hereinstürzten, die Pistole aus der Hand.

Er beglückwünschte den Hauptmann zu seiner Wachsamkeit und lud seine Pistole dann demonstrativ vor den Augen der Polizisten mit den Patronen, die er vor der Unterredung herausgenommen hatte. Er wollte verhindern, daß der Hauptmann größenwahnsinnig wurde und etwa glaubte, er habe einem leichtsinnigen Chef der Sicherheitspolizei das Leben gerettet.

Dann befahl er seinen Männern, den Leichnam zu durchsuchen. Wie er vermutet hatte, steckte der rotgerandete Paß bei den Personalpapieren, die jeder Sizilianer stets bei sich tragen mußte. Velardi nahm den Ausweis an sich und legte ihn in seinen Safe. Er wollte ihn – und, wenn er Glück hatte, auch Pisciottas Ausweis – Minister Trezza persönlich aushändigen.

Einer der Männer brachte Michael und Clemenza, die an der Reling lehnten, kleine Tassen mit heißem Espresso. Das Boot hielt mit gedrosseltem Motor auf den Hafen zu, und sie sahen die Lichter auf der Pier: winzige mattblaue Punkte.

Clemenza, der auf dem Deck umherschlenderte, erteilte den Bewaffneten und dem Bootsführer Befehle. Plötzlich hatte Michael den Eindruck, als rasten die blauen Lichter ihm entgegen. Das Boot nahm Tempo auf, daß die hochschäumenden Wellen das Dunkel der Nacht hinwegzufegen schienen. Ein Streifen Morgengrauen öffnete sich am Himmel. Michael konnte die Pier und den Strand von Mazara del Vallo erkennen; die bunten Sonnenschirme der Straßencafés dahinter schimmerten in dunstigem Rot.

Als sie anlegten, wurden sie von drei Autos und sechs Mann erwartet. Clemenza führte Michael zum ersten Fahrzeug, einem offenen, uralten Tourenwagen, in dem nur ein Fahrer saß. Clemenza ließ sich auf dem Beifahrersitz nieder, Michael stieg hinten ein. »Wenn wir von einer Carabinieri-

Streife angehalten werden, duckst du dich auf den Fußboden«, sagte Clemenza zu Michael. »Wir können uns hier nicht lange auf der Straße rumschlagen, wir müssen sie wegpusten und uns davonmachen.«

Die drei breiten Tourenwagen rollten im bleichen, frühen Sonnenlicht durch eine seit Christi Geburt fast unveränderte Landschaft. Antike Aquädukte und Rohre spien Wasser über die Felder. Schon jetzt war es warm und feucht, und die Luft war erfüllt vom Duft der Blumen, die im heißen sizilianischen Sommer zu welken begannen. Sie kamen durch Selinunte, die Ruinen der antiken griechischen Stadt; immer wieder sah Michael zerfallende Säulen von Marmortempeln, vor über zweitausend Jahren von den griechischen Kolonisten überall in Westsizilien erbaut. Unheilverkündend standen die Tempel im gelben Licht, die Reste ihrer Giebel tropften schwarz wie Regen vor dem blauen Himmel. Die fette, schwarze Erde schäumte empor gegen die Granitklippen. Nirgends ein Haus, ein Tier, ein Mensch. Es war eine Landschaft, geschaffen durch den Hieb eines gigantischen Schwertes.

Sie bogen nach Norden ab, um die Straße Trapani–Castelvetrano zu erreichen. Von nun an waren Michael und Clemenza aufmerksamer, denn auf dieser Straße wollte Pisciotta sie anhalten und zu Giuliano bringen. Michael empfand eine heftige Erregung. Die drei Wagen fuhren jetzt langsamer. Clemenza hatte eine Maschinenpistole links neben sich so auf dem Sitz liegen, daß er sie blitzschnell über den Wagenschlag hochreißen konnte. Seine Hände lagen zum Zugreifen bereit auf der Waffe. Die Strahlen der Sonne, die den Himmel inzwischen beherrschte, schienen aus heißem Gold zu sein. Langsam rollten die Wagen dahin; sie hatten Castelvetrano fast erreicht.

Clemenza befahl dem Chauffeur, noch langsamer zu fahren. Sowohl er als auch Michael hielten Ausschau nach

Pisciotta. Sie befanden sich jetzt an der Peripherie von Castelvetrano, auf einer hügeligen Straße, wo sie anhielten, um einen Blick auf die Hauptstraße der unter ihnen liegenden Stadt werfen zu können. Von hier oben aus sahen sie, daß die Straße nach Palermo von zahllosen Fahrzeugen verstopft war – Militärfahrzeugen; und die Stadt wimmelte von Carabinieri in ihren schwarzen Uniformen mit dem weißen Besatz. Sie hörten das Heulen von Sirenen, die aber die Menschenmenge auf der Hauptstraße nicht auseinanderzutreiben vermochten. Über ihnen kreisten zwei kleine Flugzeuge.

Der Fahrer fluchte und lenkte den Wagen an den Straßenrand. An Clemenza gewandt fragte er: »Wollen Sie, daß ich weiterfahre?«

In Michaels Magen stieg Übelkeit auf. »Wie viele Männer hast du für uns in der Stadt postiert?« fragte er Clemenza.

»Nicht genug«, antwortete Clemenza mürrisch. Er wirkte ängstlich. »Wir müssen hier raus, Mike! Wir müssen zum Boot zurück!«

»Warte noch!« sagte Michael. Den Hügel herauf kam langsam ein Eselskarren auf sie zu. Der Kutscher war ein alter Mann mit einem Strohhut, den er sich tief in die Stirn gezogen hatte. Der Karren war an Rädern, Deichsel und Seiten mit Legenden bemalt. Neben ihnen machte er halt. Das runzlige Gesicht des Fuhrmanns war ausdruckslos; seine auffallend muskulösen Arme waren bis zu den Schultern nackt, denn über der weiten Segeltuchhose trug er nur eine schwarze Weste. Als sein Karren stand, fragte er: »Don Clemenza, sind Sie das?«

Clemenzas Stimme verriet Erleichterung. »Zu Peppino, was zum Teufel geht hier vor? Warum sind meine Männer nicht rausgekommen, um mich zu warnen?«

Zu Peppinos steinerne Miene veränderte sich nicht ein

bißchen. »Sie können nach Amerika zurückkehren«, sagte er. »Turi Giuliano ist tot.«

Ein merkwürdiges Schwindelgefühl überfiel Michael. Auf einmal schien das Licht vom Himmel herabzustürzen. Er dachte an die alten Eltern, an Justina, die in Amerika wartete, an Aspanu Pisciotta, Stefan Andolini und an Hector Adonis. Turi Giuliano war der Stern ihres Lebens gewesen. Es war unmöglich, daß sein Licht nicht mehr leuchtete.

»Sind Sie sicher, daß er es ist?« fragte Clemenza rauh.

Der Alte zuckte die Achseln. »Es gehörte zu Giulianos alten Tricks, einen Toten oder eine Puppe liegen zu lassen, um die Carabinieri anzulocken, damit er sie niedermachen konnte. Aber er ist jetzt schon seit zwei Stunden tot, und nichts ist passiert. Er liegt immer noch in dem Hof, in dem sie ihn getötet haben. Es sind auch schon Presseleute aus Palermo da, die von allem Aufnahmen machen, sogar von meinem Esel. Glauben Sie also, was Sie wollen.«

Obwohl Michael ganz elend zumute war, stieß er hervor: »Wir müssen hin und ihn uns ansehen – um sicherzugehen.«

»Lebend oder tot, wir können ihm nicht mehr helfen«, gab Clemenza barsch zurück. »Ich nehme dich jetzt mit nach Hause, Mike.«

»Nein«, widersprach Michael leise. »Wir müssen hin. Vielleicht erwartet uns Pisciotta, oder Stefan Andolini, um uns mitzuteilen, was wir tun sollen. Vielleicht ist er nicht tot, ich kann einfach nicht glauben, daß er tot ist. Er kann nicht sterben – nicht jetzt, wo er so kurz davor war, all dem hier zu entkommen. Nicht jetzt, wo sein Testament in Amerika ist!«

Clemenza seufzte. Er sah den leidenden Ausdruck auf Michaels Gesicht. Vielleicht war es ja gar nicht Giuliano; vielleicht wartete Pisciotta auf sie. Vielleicht gehörte dies sogar zu dem Plan, die Aufmerksamkeit von seiner Flucht abzulenken.

Die Sonne stand jetzt hoch am Himmel. Clemenza befahl seinen Männern, die Wagen zu parken und ihm zu folgen. Dann schritt er mit Michael die von Menschen wimmelnde Straße hinab. Die meisten drängten sich um den Zugang zu einer Seitenstraße, die mit Militärfahrzeugen vollgestellt und von einem Kordon Carabinieri abgeriegelt war. An dieser Seitenstraße lag eine Reihe einzelner, durch Höfe voneinander getrennter Häuser. Clemenza und Michael standen ganz hinten in der Menge der Neugierigen und sahen zu. Der Carabinieri-Offizier ließ Journalisten und Beamte durch die Absperrung, nachdem er ihre Papiere geprüft hatte. »Kannst du uns an dem Offizier vorbeibringen?« wandte sich Michael an Clemenza.

Clemenza ergriff Michaels Arm und führte ihn von der Menge fort.

Nach einer Stunde befanden sie sich in einem der kleinen Häuser an der Seitenstraße. Auch dieses Haus hatte einen kleinen Hof und lag nur zwanzig Häuser von dort entfernt, wo sich die Menschenmenge versammelt hatte. Hier ließ Clemenza Michael mit vier Mann warten, während er mit zwei anderen in die Stadt zurückkehrte. Ungefähr eine Stunde blieben sie fort. Als Clemenza wiederkam, war er zutiefst erschüttert.

»Es sieht schlimm aus, Mike«, berichtete er. »Sie holen Giulianos Mutter aus Montelepre, um den Toten zu identifizieren. Colonel Luca ist hier, der Kommandeur der Sondertruppe. Und Journalisten aus aller Welt kommen her, sogar aus den Vereinigten Staaten. Die Stadt wird innerhalb kürzester Zeit ein Irrenhaus sein. Wir müssen weg!«

»Morgen«, gab Michael zurück. »Morgen laufen wir davon. Aber jetzt versuchen wir an diesen Wachen vorbeizukommen. Hast du diesbezüglich irgend etwas unternommen?«

»Noch nicht«, antwortete Clemenza.

»Dann laß uns gehen und zusehen, was wir tun können«, bestimmte Michael.

Trotz Clemenzas Protests gingen sie auf die Straße hinaus. Die ganze Stadt schien von Carabinieri überwacht zu werden. Es müssen mindestens tausend sein, dachte Michael. Und buchstäblich Hunderte von Fotografen liefen herum. Die Straße war verstopft mit Lastwagen und Personenautos, und es gab keine Möglichkeit, sich dem Hof auch nur zu nähern. Als eine Gruppe hoher Offiziere ein Restaurant betrat, wurde geflüstert, das sei Colonel Luca, der sich mit seinem Stab ein Festessen genehmige. Michael konnte einen flüchtigen Blick auf den Colonel werfen: ein kleiner, drahtiger Mann mit traurigem Gesicht, der wegen der Hitze seine betreßte Mütze abgenommen hatte und sich mit einem weißen Taschentuch über den teilweise kahlen Schädel wischte. Eine Meute von Fotografen knipste ihn, und ein Haufen Journalisten stellte ihm Fragen. Der Colonel winkte wortlos ab und verschwand im Restaurant.

Das Gewühl in den Straßen der Stadt war so dicht, daß Michael und Clemenza sich kaum bewegen konnten. Clemenza entschied, es sei am besten, in das Haus zurückzukehren und dort auf Informationen zu warten. Am Spätnachmittag brachte einer seiner Männer die Nachricht, Maria Lombardo habe den Toten als ihren Sohn identifiziert.

In einem Straßencafé tranken sie Espresso. Über ihnen plärrte ein Lautsprecher Radioreportagen über Giulianos Tod in die Nacht hinaus. Es hieß, Polizisten hätten ein Haus umstellt, in dem sie Giuliano vermuteten. Als er herauskam, hätten sie ihm befohlen, sich zu ergeben. Giuliano habe sofort das Feuer eröffnet. Hauptmann Perenze, Colonel Lucas Stabschef, gab im Rundfunk eine Pressekonferenz. Er schilderte, wie Giuliano sich zur Flucht gewandt und er, Hauptmann Perenze, ihn verfolgt und in dem Hof gestellt habe. Giuliano sei herumgefahren wie ein in die Enge getriebener Löwe, erzählte Hauptmann Perenze, und er, Perenze, habe das Feuer erwidert und ihn erschossen. Alle Gäste im Restaurant hörten gespannt zu. Niemand aß, und die Kellner machten keine Anstalten, zu servieren. An Michael gewandt sagte Clemenza: »Das Ganze stinkt. Wir werden noch heute nacht aufbrechen.«

In diesem Augenblick füllte sich die Straße rings um das Café mit Sicherheitsbeamten. Ein Polizeiwagen hielt am Bordstein; Inspektor Velardi stieg aus. Er kam an ihren Tisch und legte Michael die Hand auf die Schulter. »Sie sind verhaftet«, sagte er. Dann richtete er den Blick seiner kalten blauen Augen auf Clemenza. »Und für alle Fälle werden wir auch Sie mitnehmen. Einen guten Rat möchte ich Ihnen noch geben: Ich habe dieses Café mit hundert Mann umstellen lassen. Machen Sie also keine Dummheiten, sonst können Sie Giuliano in der Hölle Gesellschaft leisten.«

Ein Polizei-Lastwagen hielt vor dem Café. Michael und Clemenza wurden von den Sicherheitspolizisten durchsucht und unsanft in den Wagen gestoßen. Ein paar Pressefotografen, die auch im Café gesessen hatten, sprangen mit ihren Kameras auf, wurden aber von den Polizisten sofort mit Schlagstöcken zurückgeknüppelt. Inspektor Velardi beobachtete dies alles mit einem Lächeln grimmiger Genugtuung.

Am nächsten Tag sprach Turi Giulianos Vater vom Balkon seines Hauses in Montelepre zu den Menschen auf der Straße unten. Nach alter sizilianischer Tradition rief er eine *vendetta* gegen die Verräter seines Sohnes aus. Und eine spezielle *vendetta* rief er aus gegen den Mann, der seinen Sohn umgebracht hatte. Dieser Mann, erklärte er, sei nicht Hauptmann Perenze und auch kein Carabiniere gewesen. Der Mann, den er nannte, war Aspanu Pisciotta.

Achtundzwanzigstes Kapitel

Seit einem Jahr schon fühlte Aspanu Pisciotta den schwarzen Wurm des Verrats in seinem Herzen wachsen.

Pisciotta war immer loyal gewesen. Seit seiner Kindheit hatte er Giulianos Führerposition ohne jede Eifersucht akzeptiert. Und Giuliano hatte stets verkündet, Pisciotta sei Mitanführer seiner Bande und nicht etwa einer der Unterchefs wie Passatempo, Terranova, Andolini oder der Corporal. Aber Giulianos Persönlichkeit war zu stark, als daß Pisciotta wirklich hätte mitanführen können. Giuliano befahl, und Pisciotta akzeptierte das rückhaltlos.

Giuliano war mutiger als alle anderen. Seine Taktik im Banditenkrieg war unübertroffen, seine Fähigkeit, Liebe in den Sizilianern zu wecken, seit Garibaldi unerreicht. Er war Idealist und Romantiker und verfügte über jenen angeborenen Listenreichtum, der von den Sizilianern so sehr bewundert wird. Und doch hatte er Fehler – Fehler, die Pisciotta sah und zu korrigieren versuchte.

Wenn Giuliano darauf bestand, mindestens fünfzig Prozent der Beute an die Armen zu verteilen, hielt Pisciotta ihm vor: »Du kannst reich sein oder du kannst geliebt werden. Du glaubst, die Bevölkerung von Sizilien wird sich erheben und deinem Banner in einem Krieg gegen Rom folgen. Niemals! Sie werden dich lieben, wenn sie dein Geld nehmen, sie werden dich verstecken, wenn du Zuflucht brauchst, und sie werden dich niemals verraten. Aber zur Revolution haben sie nicht das Zeug!«

Pisciotta war dagegen gewesen, auf die Schmeicheleien Don Croces und der Christdemokraten zu hören. Er war dagegen gewesen, die kommunistischen und sozialistischen Organisationen in Sizilien zu zerschlagen. Als Giuliano auf Begnadigung durch die Christdemokraten hoffte, sagte Pisciotta: »Die werden dich niemals begnadigen, und Don Croce kann es nicht zulassen, daß du auch nur die geringste Macht in die Hand bekommst. Unser Schicksal ist es, uns den Ausweg aus dem Banditenleben mit Geld zu erkaufen oder eines Tages als Banditen zu sterben. Gar keine so schlechte Art zu sterben – für mich jedenfalls.« Doch Giuliano hatte nicht auf ihn gehört, und das hatte schließlich Pisciottas Unmut erregt und dazu geführt, daß in ihm heimlich der Wurm des Verrats heranwuchs.

Giuliano war immer ein Idealist gewesen; Pisciotta hatte stets klar gesehen. Als Colonel Luca mit seiner Sondereinheit auftauchte, wußte Pisciotta, daß das Ende gekommen war. Sie konnten hundert Siege erringen, eine einzige Niederlage jedoch würde ihren Tod bedeuten. Wie Roland und Olivier in der Sage von Karl dem Großen miteinander gestritten hatten, so hatten Giuliano und Pisciotta miteinander gestritten, und Giuliano war in seinem Heldenmut zu starrköpfig gewesen. Pisciotta war sich vorgekommen wie Olivier, der Roland immer wieder bat, ins Horn zu stoßen.

Als sich Giuliano dann in Justina verliebte und sie heiratete, erkannte Pisciotta, daß Giulianos Schicksal anders verlaufen würde als das seine. Giuliano würde nach Amerika fliehen, eine Frau und Kinder haben. Er, Pisciotta, würde ewig auf der Flucht bleiben. Ihm würde kein langes Leben beschieden sein: Eine Kugel oder die Lungenkrankheit würden seinem Dasein ein Ende bereiten. Das war sein Schicksal. Er konnte nicht in Amerika leben.

Was Pisciotta jedoch die größten Sorgen bereitete, war die Tatsache, daß Giuliano, der bei einem jungen Mädchen

Liebe und Zärtlichkeit gefunden hatte, als Bandit immer grausamer wurde. Hatte er früher Carabinieri gefangengenommen, tötete er sie jetzt. Passatempo hatte er während seiner »Flitterwochen« erschossen. Einem mutmaßlichen Spitzel gegenüber kannte er keine Gnade. Pisciotta hatte entsetzliche Angst davor, daß dieser Mann, den er all die Jahre hindurch geliebt und verteidigt hatte, sich gegen ihn wenden könnte, und er fürchtete, daß Giuliano, wenn er von einigen Dingen erfuhr, die er, Aspanu, in letzter Zeit getan hatte, ihn ebenfalls erschießen werde.

Don Croce hatte die Beziehung zwischen Giuliano und Pisciotta in den letzten drei Jahren aufmerksam verfolgt. Die beiden stellten die einzige Gefahr für sein geplantes Imperium dar, die einzigen Hindernisse auf seinem Weg zur Macht über Sizilien. Anfangs hatte er geglaubt, aus Giuliano und seiner Bande die Streitmacht der Freunde der Freunde machen zu können. Er hatte Hector Adonis vorgeschickt, um Giuliano auf den Zahn zu fühlen. Das Angebot war klar gewesen: Turi Giuliano sollte der große Kriegsheld sein, Don Croce der große Staatsmann. Aber Giuliano hätte das Knie beugen müssen, und das zu tun hatte er sich geweigert. Er hatte ein Ideal gehabt, dem er gefolgt war: den Armen helfen, Sizilien befreien, der Insel das römische Joch von den Schultern nehmen. Das konnte Don Croce einfach nicht begreifen.

Von 1943 bis 1947 war Giulianos Stern gestiegen, während der Don die Freunde noch zu einer vereinten Macht hatte zusammenschmieden müssen. Die Freunde hatten sich noch nicht von der schrecklichen Dezimierung ihrer Reihen durch Mussolinis Faschistenregime erholt. Also hatte Don Croce Giulianos Macht beschnitten, indem er ihn zum Bündnis mit der Partei der Christdemokraten verleitete. In der Zwischenzeit hatte er das Mafia-Imperium wieder aufgebaut und wartete ab. Sein erster Schlag, das Einfädeln des Massakers an der Portella della Ginestra, für das Giuliano die Schuld gegeben wurde, war ein Meisterstück gewesen; aber die ihm dafür zustehenden Lorbeeren hatte der Don nicht ernten können. Dieser Schlag hatte jede Chance auf eine Begnadigung Giulianos und auf Unterstützung seines Kampfes um die Macht in Sizilien durch die Regierung in Rom vernichtet. Außerdem war von da an das Bild des Helden besudelt, den Giuliano als Streiter für die Armen Siziliens dargestellt hatte. Und nachdem Giuliano die sechs Mafia-Chefs hingerichtet hatte, war dem Don keine Wahl geblieben: Die Freunde der Freunde und Giulianos Bande mußten einander bis in den Tod bekriegen.

Aus diesem Grund hatte Don Croce sich intensiver auf Pisciotta konzentriert. Pisciotta war clever, so clever, wie junge Männer eben sind: Er unterschätzte die verborgene Angst, das versteckte Böse im Herzen auch des besten Mannes. Auch hatte er eine Schwäche für die süßen Früchte und Versuchungen der Welt. Während Giuliano Geld verachtete, liebte Pisciotta die Annehmlichkeiten, die das Geld brachte. Giuliano besaß nicht eine Lira an persönlichem Vermögen, obwohl er mit seinen Verbrechen über eine Milliarde erbeutet hatte. Er verteilte seinen Anteil an der Beute unter die Armen und versorgte seine Familie.

Pisciotta aber trug, wie Don Croce festgestellt hatte, in Palermo die feinsten Schneideranzüge und besuchte die teuersten Prostituierten. Auch lebte Pisciottas Familie weit besser als die Giulianos. Außerdem hatte der Don erfahren, daß Pisciotta unter falschem Namen auf mehreren Banken in Palermo Konten unterhielt und daß er weitere Vorsichtsmaßnahmen getroffen hatte, wie nur ein Mann sie trifft, der am Weiterleben interessiert ist – falsche Personalpapiere auf drei verschiedene Namen und ein sicheres Haus in Trapani.

Das alles hielt er, wie Don Croce wußte, vor Giuliano geheim. So erwartete er nun Pisciottas Besuch – einen von Pisciotta erbetenen Besuch, der wußte, daß ihm das Haus des Don jederzeit offenstand –, erwartete ihn mit freudigem Interesse, aber auch mit größter Vorsicht. Er war umgeben von bewaffneten Wachtposten und hatte für den Fall, daß alles gutging, Colonel Luca und Inspektor Velardi gebeten, sich für eine Besprechung bereitzuhalten. Ging es nicht gut, hatte er Pisciotta falsch eingeschätzt oder stellte sich das Ganze als eine Falle heraus mit dem Zweck, den Don zu töten, so würde es für Pisciotta das Grab bedeuten.

Bevor er zu Don Croce hineingeführt wurde, ließ sich Pisciotta bereitwillig die Waffen abnehmen. Angst hatte er nicht, denn wenige Tage zuvor erst hatte er dem Don einen sehr großen Dienst erwiesen: Er hatte ihn wissen lassen, daß Giuliano ihn im Hotel überfallen wolle.

Die beiden Männer waren allein. Don Croces Diener hatten auf einem Tisch Speisen und Wein bereitgestellt. Als altmodischer, bäuerlicher Gastgeber füllte Don Croce persönlich Pisciottas Teller und Glas.

»Die guten Zeiten sind vorüber«, stellte Don Croce fest. »Jetzt müssen wir beide, Sie und ich, mit großem Ernst an die Sache herangehen. Die Zeit ist gekommen, einen Entschluß zu fassen, der über unser Leben entscheiden wird. Ich hoffe, Sie sind bereit, sich anzuhören, was ich zu sagen habe.«

»Ich weiß zwar nicht, wo Ihr Problem liegt«, gab Pisciotta zurück, »aber ich weiß, daß ich sehr clever sein muß, wenn ich meine Haut retten will.«

»Sie wollen nicht auswandern?« erkundigte sich der Don. »Sie könnten mit Giuliano nach Amerika gehen. Dort ist der Wein allerdings nicht so gut, das Olivenöl ist wie Wasser, und es gibt den elektrischen Stuhl, denn schließlich sind sie dort nicht so kultiviert wie unsere Regierung hier. Dort darf man nie etwas Unüberlegtes tun. Aber das Leben drüben ist gar nicht so schlecht.«

Pisciotta lachte. »Was sollte ich wohl in Amerika anfangen? Nein, ich lasse es hier darauf ankommen. Sobald Giuliano fort ist, werden sie nicht mehr so intensiv nach mir suchen, und die Berge sind weit.«

»Haben Sie noch Schwierigkeiten mit Ihrer Lunge?« erkundigte sich der Don fürsorglich. »Bekommen Sie regelmäßig Ihre Medikamente?«

»Ja«, antwortete Pisciotta. »Das ist kein Problem. Die Lunge wird vermutlich gar keine Gelegenheit haben, mich umzubringen.« Er grinste Don Croce an.

»Sprechen wir Sizilianisch«, schlug der Don vor. »Solange wir Kinder sind, solange wir jung sind, ist es natürlich, daß wir unsere Freunde lieben, großzügig zu ihnen sind, ihnen ihre Fehler vergeben. Jeder Tag ist neu, wir blicken voll Freude und ohne Angst in die Zukunft. Die Welt ist noch nicht so gefährlich; es ist eine glückliche Zeit. Aber wenn wir älter werden und unser Brot verdienen müssen, bleibt eine Freundschaft nicht so leicht bestehen. Wir müssen ständig auf der Hut sein. Unsere Eltern sorgen nicht mehr für uns, wir geben uns nicht mehr mit den schlichten Freuden der Kindheit zufrieden. Stolz wächst in uns: Wir wollen groß, mächtig oder reich werden oder uns einfach vor dem Unglück schützen. Ich weiß, wie sehr Sie Turi Giuliano lieben, doch nun müssen Sie sich doch einmal fragen: Wie hoch ist der Preis für diese Liebe? Und existiert sie noch, nach all diesen Jahren, oder existiert nur noch die Erinnerung daran?« Er wartete auf Pisciottas Antwort, aber dieser sah ihn mit versteinerter Miene an, steinerner als die Felsen der Cammarata-Berge. Er war totenbleich geworden.

Don Croce fuhr fort: »Ich kann nicht zulassen, daß Giuliano am Leben bleibt und flieht. Und wenn Sie ihm die Treue halten, sind Sie, wie er, mein Feind. Merken Sie sich: Wenn Giuliano fort ist, werden Sie in Sizilien ohne meinen Schutz nicht am Leben bleiben können.«

»Turis Testament ist in Sicherheit bei seinen Freunden in Amerika«, gab Pisciotta zurück. »Wenn Sie ihn töten, wird das Testament veröffentlicht, und die Regierung stürzt. Eine neue Regierung könnte Sie zwingen, sich auf Ihren Bauernhof hier in Villaba zurückzuziehen, oder Schlimmeres.«

Der Don kicherte. Dann brüllte er vor Lachen. Verächtlich fragte er: »Haben Sie dieses berühmte Testament gelesen?«

»Ja«, sagte Pisciotta, verwirrt von Don Croces Reaktion.

»Ich nicht«, erklärte der Don. »Aber ich habe beschlossen, zu handeln, als wäre es nicht vorhanden.«

»Sie verlangen von mir, daß ich Giuliano verrate«, sagte Pisciotta. »Wie kommen Sie darauf, daß an so etwas überhaupt zu denken ist?«

Don Croce lächelte. »Sie haben mich vor seinem Überfall auf mein Hotel gewarnt. War das gehandelt wie ein Freund?«

»Das habe ich für Giuliano getan, nicht für Sie«, erwiderte Pisciotta. »Turi kann nicht mehr vernünftig denken. Er will Sie unbedingt umbringen. Aber wenn Sie tot sind, gibt es für uns keine Hoffnung mehr, das ist mir klar. Die Freunde der Freunde werden, Testament oder nicht, keine Ruhe geben, bis wir tot sind. Er hätte das Land schon vor Tagen verlassen können, aber er zögert, weil er hofft, sich an Ihnen rächen und Sie töten zu können. Ich bin heute zu Ihnen gekommen, um mich mit Ihnen zu arrangieren. Giuliano wird dieses Land innerhalb der nächsten Tage verlassen und damit seine *vendetta* gegen Sie einstellen. Lassen Sie ihn gehen!«

Don Croce schob seinen Teller von sich, lehnte sich zurück und trank einen Schluck Wein. »Sie sind kindisch«, stellte er fest. »Wir sind am Ende der Geschichte angelangt. Giuliano ist zu gefährlich, um am Leben zu bleiben. Ich aber kann ihn nicht umbringen. Ich muß in Sizilien leben; ich kann den größten Helden der Sizilianer nicht umbringen und dann das tun, was ich tun muß. Zu viele Menschen lieben Giuliano, zu viele seiner Anhänger werden seinen Tod rächen wollen. Es müssen die Carabinieri sein, die an seinem Tod schuld sind. Das muß irgendwie arrangiert werden. Und Sie sind der einzige, der Giuliano in eine solche Falle locken kann.« Er hielt einen Augenblick inne und ergänzte dann betont: »Das Ende Ihrer Welt ist gekommen. Sie können mit ihr untergehen, oder Sie können aus ihr heraustreten, um in einer anderen Welt weiterzuleben.«

»Selbst wenn ich unter dem Schutz Christi stünde«, wandte Pisciotta ein, »würde ich nicht lange leben, wenn bekannt würde, daß ich Giuliano verraten habe.«

»Sie brauchen mir nur zu sagen, wo Sie ihn das nächstemal treffen«, sagte Don Croce. »Niemand außer mir wird es erfahren. Ich werde das Entsprechende bei Colonel Luca und Inspektor Velardi veranlassen. Um alles übrige werden die beiden sich kümmern.« Er machte eine kleine Pause. »Giuliano hat sich verändert. Er ist nicht mehr der Gefährte Ihrer Kindheit, Ihr bester Freund. Er ist ein Mann, der nur noch für sein eigenes Wohl sorgt. So, wie Sie das jetzt auch tun müssen.«

Und so hatte sich Pisciotta, als er sich am Abend des 5. Juli auf den Weg nach Castelvetrano machte, Don Croce verpflichtet. Er hatte ihm verraten, wo er sich mit Giuliano treffen wollte, und er wußte, daß der Don diese Information an Colonel Luca und Inspektor Velardi weitergeben würde. Daß es sich bei diesem Treffpunkt um Zu Peppinos Haus handelte, hatte er ihnen verschwiegen und statt dessen nur von Castelvetrano gesprochen. Außerdem hatte er sie ermahnt, besonders vorsichtig zu sein, da Giuliano einen sechsten Sinn für Fallen habe.

Als Pisciotta Zu Peppinos Haus erreichte, begrüßte ihn der Fuhrmann mit ungewohnter Kälte. Pisciotta fragte sich, ob ihn der Alte vielleicht verdächtige. Er mußte die außergewöhnlich starke Aktivität der Carabinieri in der Stadt bemerkt und mit dem unfehlbaren Instinkt der Sizilianer zwei und zwei zusammengezählt haben.

Sekundenlang verspürte Pisciotta einen lähmenden Schmerz. Dann kam ihm ein anderer qualvoller Gedanke: Wenn Giulianos Mutter nun erfuhr, daß es ihr geliebter Aspanu war, der ihren Sohn verraten hatte? Wenn sie eines Tages vor ihm stand, ihm ins Gesicht spie und ihn Verräter und Mörder nannte? Sie hatten einer in des anderen Armen geweint, er hatte geschworen, ihren Sohn zu beschützen, und ihr einen Judaskuß gegeben. Sekundenlang erwog er, den Alten zu töten, erwog sogar, sich selbst zu töten.

Zu Peppino sagte: »Wenn du Turi suchst – der war hier und ist wieder fort.« Er empfand Mitleid mit Pisciotta; das Gesicht des jungen Mannes war schneeweiß, er schien nach Luft zu ringen. »Willst du einen Anisette?«

Pisciotta schüttelte den Kopf und wandte sich zum Gehen. Der Alte warnte: »Sei vorsichtig, in der Stadt wimmelt es von Carabinieri.«

Entsetzen durchzuckte Pisciotta. Wie töricht von ihm, nicht daran zu denken, daß Giuliano die Falle wittern würde! Und wenn Giuliano nun auch den Verräter witterte?

Pisciotta rannte aus dem Haus, schlug einen Bogen um die Stadt und hielt sich an die Feldwege. die ihn zum Ersatz-Treffpunkt bringen würden, der Akropolis von Selinus in der antiken Geisterstadt Selinunte.

Die Ruinen der griechischen Stadt schimmerten im sommerlichen Mondschein. Mitten darin hockte Giuliano auf der zerfallenen Steintreppe eines Tempels und träumte von Amerika.

Er war von einer unerträglichen Trauer erfüllt. Seine ältesten Träume waren zerplatzt. Er hatte so große Hoffnungen für seine und für die Zukunft Siziliens gehegt, so fest an seine Unsterblichkeit geglaubt! So viele Menschen hatten ihn geliebt. Einst war er ein Segen für sie gewesen, und jetzt, so erschien es ihm, war er ihr Fluch. Er fühlte sich verlassen. Dabei hatte er doch immer noch Aspanu Pisciotta. Und einmal würde der Tag kommen, da sie beide zusammen all diese alten Ideale und Träume wieder zum Leben erwecken würden. Schließlich waren sie am Anfang ja auch nur zu zweit gewesen.

Der Mond verschwand, und die uralte Stadt versank im Dunkel; jetzt wirkten die Ruinen wie auf die schwarze Leinwand der Nacht gezeichnete Skelette. Aus dieser Dunkelheit kam ein scharrendes Geräusch. Mit schußbereiter Maschinenpistole rollte Giuliano sich geschickt zwischen die Marmorsäulen zurück. Als der Mond aus den Wolken hervorkam, sah er Aspanu Pisciotta auf dem Weg stehen, der auf die Akropolis zuführte.

Langsam, mit suchendem Blick, schritt Pisciotta die von Geröll übersäte Straße entlang und rief leise Turis Namen. Hinter den Tempelsäulen versteckt, wartete Turi, bis Aspanu an ihm vorbei war, um dann hinter ihm hervorzutreten – das alte Kinderspiel. »Gewonnen, Aspanu – schon wieder einmal«, rief er triumphierend. Überrascht sah er, daß der Freund entsetzt herumfuhr.

Giuliano setzte sich auf die Treppe und legte die Waffe neben sich. »Komm, setz dich einen Moment zu mir«, sagte er. »Du mußt müde sein, und dies ist vielleicht die letzte Gelegenheit für uns, allein miteinander zu reden.«

»Reden können wir in Mazara del Vallo«, widersprach Pisciotta. »Dort sind wir sicherer.«

»Wir haben viel Zeit«, gab Giuliano zurück. »Und wenn du dich nicht ein bißchen ausruhst, wirst du gleich wieder Blut spucken. Komm schon, setz dich!«

Er sah, wie Pisciotta die Maschinenpistole von der Schulter nahm, und glaubte, er wolle sie zur Seite legen. Als er aufstand und die Hand ausstreckte, um Aspanu die Stufen heraufzuhelfen, merkte er plötzlich, daß Pisciotta die Waffe auf ihn richtete, und erstarrte – zum erstenmal seit sieben Jahren total überrumpelt.

Pisciottas Kopf wollte schier bersten aus Angst vor den Fragen, die Giuliano stellen würde, wenn sie miteinander zu reden begannen. »Aspanu«, würde er fragen, »wer ist der Judas in unserer Bande? Aspanu, wer hat Don Croce gewarnt? Aspanu, wer hat die Carabinieri nach Castelvetrano geführt? Aspanu, warum bist du bei Don Croce gewesen?« Vor allem aber fürchtete er, daß Giuliano sagen würde: »Aspanu, du bist mein Bruder.« Dieser letzte, entsetzliche Gedanke war es, der Pisciotta abdrücken ließ.

Der Kugelhagel fegte Giulianos Hand hinweg und zerschmetterte seinen Körper. Voll Grauen über seine Tat wartete Pisciotta darauf, daß sein Freund fiel. Aber Giuliano, aus dessen Wunden das Blut strömte, kam langsam die Steinstufen herab. Von abergläubischem Entsetzen gepackt, machte Pisciotta kehrt und floh. Er sah noch, daß Giuliano ihm folgte, und gleich darauf, daß Giuliano fiel.

Der sterbende Giuliano jedoch glaubte weiterzulaufen. Er glaubte, wie sieben Jahre zuvor mit Aspanu durch die Berge zu laufen, wo frisches Wasser aus den alten römischen Zisternen rann und seltene Blumen berauschenden Duft verströmten, glaubte an den Heiligen in ihren Schreinen vorbeizulaufen und rief wie damals, in jener Nacht: »Aspanu, ich glaube!« – an eine glückliche Zukunft, an die aufrichtige Liebe seines Freundes. Dann bewahrte der Tod ihn barmherzig vor der Erkenntnis, von seinem Freund verraten und endgültig besiegt worden zu sein. Er starb, gefangen in seinem Traum.

Aspanu Pisciotta floh. Er rannte durch die Felder bis auf die Straße nach Castelvetrano. Dort benutzte er seinen Sonderausweis, um mit Colonel Luca und Inspektor Velardi Kontakt aufzunehmen. Diese beiden waren es dann, die behaupteten, Giuliano sei in eine Falle gegangen und von Hauptmann Perenze erschossen worden.

An jenem Morgen des 5. Juli 1950 war Maria Lombardo Giuliano früh aufgestanden. Ein Klopfen an der Tür hatte sie geweckt; ihr Mann war hinuntergegangen, um aufzumachen. Als er ins Schlafzimmer zurückkam, hatte er ihr erklärt, er müsse fort und werde vielleicht den ganzen Tag fortbleiben. Sie hatte zum Fenster hinausgeschaut und gesehen, wie er in Zu Peppinos Eselskarren mit den bunten Legenden auf Seitenwänden und Rädern stieg. Hatten sie etwa Nachricht von Turi? War ihm die Flucht nach Amerika gelungen? Oder war etwas schiefgegangen? Sie spürte, wie die gewohnte Sorge sich zu jener tiefen Angst verdichtete, von der sie seit sieben Jahren so oft gequält wurde. Diese Angst nahm ihr die Ruhe, daher öffnete sie, nachdem sie das Haus geputzt und das Gemüse für die Mahlzeiten des Tages vorbereitet hatte, die Tür und sah auf die Straße hinaus.

Auf der Via Bella war keine einzige von ihren Nachbarinnen zu sehen. Kein einziges Kind spielte vor der Tür. Viele Männer saßen wegen des Verdachts der Verschwörung mit Giulianos Bande im Gefängnis. Die Frauen waren viel zu verängstigt, um ihre Kinder auf die Straße zu lassen. An beiden Enden der Via Bella standen Carabinieri-Abteilungen. Soldaten, das Gewehr über der Schulter, patrouillierten auf und ab. Weitere Soldaten entdeckte sie auf den Dächern. Vor einigen Gebäuden parkten Jeeps. Ein Panzerwagen blockierte das Ende der Via Bella bei der Bellampo-Kaserne. Dort lagen zweitausend Mann von Colonel Lucas Armee, die Montelepre besetzt hielten und sich die Einwohner zu Feinden machten, weil sie die Frauen belästigten, die Kinder einschüchterten und jene Männer, die nicht im Gefängnis saßen, tätlich beleidigten. Und all diese Soldaten waren gekommen, um ihren Sohn umzubringen. Aber er war nach Amerika geflohen, er würde bald frei sein, und wenn die Zeit reif war, würden sie und ihr Mann ihm dorthin folgen. Sie alle würden in Freiheit leben und ohne Angst.

Sie kehrte ins Haus zurück und suchte sich eine Beschäftigung. Zögernd trat sie auf den Balkon an der Rückseite des Hauses hinaus und sah zu den Bergen hinüber, den Bergen, von denen aus Giuliano dieses Haus so oft mit dem Feldstecher beobachtet hatte. Sie hatte stets seine Nähe gespürt; jetzt allerdings nicht. Er war bestimmt schon in Amerika.

Lautes Hämmern an der Haustür ließ sie vor Schreck erstarren. Langsam ging sie aufmachen. Zuerst erkannte sie Hector Adonis, der aussah, wie sie ihn noch niemals gesehen hatte: unrasiert, mit wirrem Haar und ohne Krawatte. Das Hemd unter seinem Jackett war zerknittert. der Kragen dreckverschmiert. Vor allem aber fiel ihr auf, daß die Würde aus seinem Gesicht verschwunden war. Voller Falten, trug es den Ausdruck tiefer, hoffnungsloser Trauer. In seinen Augen standen Tränen. Sie unterdrückte einen Aufschrei.

Als er das Haus betrat, sagte er: »Nicht. Maria – bitte nicht!« In seiner Begleitung befand sich ein blutjunger Carabiniere. An ihnen vorbei warf Maria Lombardo einen Blick auf die Straße hinaus. Vor dem Haus hielten drei schwarze

Wagen mit Carabinieri-Fahrern. Zu beiden Seiten der Tür standen mehrere Bewaffnete.

Der junge Carabiniere hatte rosige Wangen. Er nahm die Mütze ab und klemmte sie sich unter den Arm. »Sind Sie Maria Lombardo Giuliano?« fragte er formell. Sein Akzent verriet, daß er aus dem Norden kam, aus der Toskana.

Maria Lombardo bejahte. Ihre Stimme war nur noch ein heiseres, verzweifeltes Krächzen. Ihr Mund war trocken.

»Ich muß Sie bitten, mich nach Castelvetrano zu begleiten. Mein Wagen wartet. Ihr Freund hier wird uns begleiten. Falls Sie das wollen, selbstverständlich.«

Marias Augen waren riesengroß. Mit etwas festerer Stimme gab sie zurück: »Aus welchem Grund? Ich weiß nichts von Castelvetrano oder von irgend jemandem hier.«

Die Stimme des Carabiniere wurde weicher, zögernder. »Wir haben da einen Mann, den wir Sie bitten zu identifizieren. Wir glauben, daß es sich um Ihren Sohn handelt.«

»Das ist nicht mein Sohn. Mein Sohn geht nie nach Castelvetrano«, protestierte Maria. »Ist er tot?«

»Ja«, antwortete der Offizier.

Sie stieß einen langgezogenen Klagelaut aus und sank auf die Knie. »Mein Sohn geht nie nach Castelvetrano«, wiederholte sie.

Hector Adonis ging auf sie zu und legte ihr die Hand auf die Schulter. »Sie müssen gehen«, erklärte er. »Vielleicht ist es einer von seinen Tricks. Er hat so was doch schon öfter getan.«

»Nein«, sagte sie. »Ich gehe nicht! Ich gehe nicht!«

»Ist Ihr Mann zu Hause?« erkundigte sich der Carabiniere. »Wir könnten an Ihrer Stelle auch ihn mitnehmen.«

Maria Lombardo erinnerte sich, daß ihr Mann am frühen Morgen von Zu Peppino abgeholt worden war. Sie erinnerte sich der schlimmen Ahnungen, die in ihr aufgestiegen waren, als sie den bemalten Eselskarren sah. »Warten Sie«, sagte sie. Dann ging sie ins Schlafzimmer, zog ein schwarzes Kleid an und band sich ein schwarzes Tuch um den Kopf. Der Carabiniere öffnete ihr die Tür. Sie trat auf die Straße hinaus. Überall waren bewaffnete Soldaten. Sie blickte die Via Bella hinab bis dahin, wo sie in die Piazza mündete. Im flimmernden Licht der Julisonne glaubte sie Turi und Aspanu zu sehen, wie sie vor sieben Jahren den Esel zum Decken führten – am selben Tag, an dem ihr Sohn ein Mörder und Bandit werden sollte. Sie brach in Tränen aus. Der Carabiniere ergriff ihren Arm, um ihr in einen der wartenden schwarzen Wagen zu helfen. Hector Adonis setzte sich neben sie. Der Wagen fuhr durch die schweigenden Gruppen der Carabinieri, und sie barg ihr Gesicht an Hector Adonis' Schulter – jetzt nicht mehr weinend, sondern voll tödlicher Angst vor dem, was sie am Ende dieser Fahrt erwartete.

Drei Stunden lang lag Turi Giulianos Leichnam im Hof. Er schien zu schlafen – das nach links gewandte Gesicht nach unten, ein Bein angewinkelt, der Körper lang ausgestreckt. Das weiße Hemd war blutverschmiert. Neben dem verstümmelten Arm lag eine Maschinenpistole. Pressefotografen und Reporter aus Palermo und Rom waren bereits eingetroffen. Ein Fotograf der Zeitschrift *Life* schoß Aufnahmen von Hauptmann Perenze. Der Bildtext zu diesem Foto verkündete später, daß er der Mörder des großen Giuliano sei. Hauptmann Perenzes Gesicht wirkte auf diesem Foto gutmütig, bedrückt und auch ein wenig verständnislos. Er trug eine Mütze, die ihn eher wie einen freundlichen Lebensmittelhändler aussehen ließ als wie einen Polizei-Offizier.

Doch es waren die Fotos von Turi Giuliano, die alle Zeitungen des Weltpresse füllten. An der ausgestreckten Hand funkelte der Smaragdring, den er der Herzogin abgenommen hatte. Unter seinem Körper hatte sich eine Blutlache gebildet.

Bevor Maria Lombardo eintraf, war der Tote in die Leichenhalle des Ortes geschafft und auf einen riesigen, ovalen Marmortisch gelegt worden. Die Leichenhalle gehörte zu dem mit hohen, schwarzen Zypressen umstandenen Friedhof. Dorthin wurde Maria Lombardo gebracht und gebeten, auf einer steinernen Bank Platz zu nehmen. Man wartete darauf, daß der Colonel und der Hauptmann im nahen Hotel Selinus ihr Mittagessen beendeten. Beim Anblick der vielen Journalisten, der neugierigen Einwohner, der zahlreichen Carabinieri, die bemüht waren, sie alle unter Kontrolle zu halten, begann Maria Lombardo wieder zu weinen. Hector Adonis versuchte sie zu trösten.

Endlich führte man sie in die Leichenhalle. Beamte, die sich um den ovalen Tisch drängten, stellten ihr Fragen. Sie hob den Blick und sah sein Gesicht.

Nie hatte er so jung gewirkt! Er sah so aus, wie er als Kind nach einem anstrengenden, vom Spielen mit seinem geliebten Aspanu erfüllten Tag ausgesehen hatte. Er hatte keine Verletzung im Gesicht, nur einen kleinen Schmutzfleck dort, wo seine Stirn auf dem Boden des Hofes gelegen hatte. Die Realität ernüchterte sie, machte sie ganz ruhig. Sie beantwortete die gestellten Fragen. »Ja«, sagte sie, »das ist mein Sohn Turi, vor siebenundzwanzig Jahren aus meinem eigenen Leib geboren. Ja, ich erkenne ihn.« Die Beamten redeten weiterhin auf sie ein, legten ihr Papiere zum Unterschreiben vor, aber sie hörte und sah sie nicht. Sie hörte und sah nicht die Menschen, die sie umdrängten, die laut durcheinander rufenden Journalisten, die Fotografen, die mit den Carabinieri rangen, um Fotos von ihr schießen zu können.

Sie küßte seine Stirn, die so weiß war wie der graugeäderte Marmor, sie küßte seine bläulich verfärbten Lippen, die Hand, die von Kugeln zerrissen war. Sie empfand nichts anderes mehr als Schmerz. »Oh, du mein Blut, mein Blut!« klagte sie. »Welch einen schrecklichen Tod hast du sterben müssen!«

Dann wurde sie ohnmächtig. Als der anwesende Arzt ihr eine Spritze gegeben hatte und sie wieder zu sich kam, bestand sie darauf, sich den Hof anzusehen, in dem der Leichnam ihres Sohnes gefunden worden war. Dort kniete sie nieder und küßte die Blutflecken auf dem Boden.

Als man sie nach Montelepre zurückbrachte, wartete ihr Mann schon auf sie. Von ihm erfuhr sie, wer der wirkliche Mörder ihres Sohnes war: ihr geliebter Aspanu.

Neunundzwanzigstes Kapitel

Unmittelbar nach ihrer Verhaftung wurden Michael Corleone und Peter Clemenza ins Gefängnis von Palermo gebracht. Von dort führte man sie zur Vernehmung in das Büro von Inspektor Velardi.

Velardi war von sechs schwer bewaffneten Carabinieri-Offizieren umgeben. Er begrüßte Michael und Clemenza. »Sie sind amerikanischer Staatsbürger«, begann er. »Sie besitzen einen Paß, in dem es heißt, daß Sie hierhergekommen sind, um Ihren Bruder zu besuchen, Don Domenico Clemenza aus Trapani. Ein höchst ehrenwerter Mann, wie man mir sagt. Ein Mann von Respekt.« Er gebrauchte die traditionelle Formulierung mit nicht zu überhörender Ironie. »Wir entdecken Sie in Begleitung dieses Michael Corleone und im Besitz tödlicher Waffen genau in der Stadt, in der Turi Giuliano wenige Stunden zuvor den Tod gefunden hat. Möchten Sie dazu etwas sagen?«

»Ich war auf der Jagd«, antwortete Clemenza. »Wir wollten Kaninchen und Füchse schießen. Als wir in Castelvetrano in einem Café saßen, bemerkten wir plötzlich diese Unruhe.«

»Pflegt man in Amerika Kaninchen mit der Maschinenpistole zu schießen?« erkundigte sich Inspektor Velardi. Dann wandte er sich an Michael Corleone. »Wir kennen uns schon, Sie und ich. Wir wissen, warum Sie hier sind. Und Ihr dicker Freund weiß das ebenfalls. Aber die Situation hat sich verändert seit unserem hübschen Mittagessen mit Don

Croce vor ein paar Tagen. Giuliano ist tot. Sie sind an einer verbrecherischen Verschwörung zur Bewerkstelligung seiner Flucht beteiligt. Ich bin nicht länger verpflichtet, Abschaum wie Sie zu behandeln, als wären Sie menschlich. Geständnisse sind in Vorbereitung. Ich rate Ihnen dringend, sie zu unterzeichnen.«

In diesem Augenblick betrat ein Carabinieri-Offizier das Büro und flüsterte Inspektor Velardi etwas ins Ohr. »Lassen Sie ihn herein«, befahl Velardi kurz.

Es war Don Croce, noch immer nicht besser gekleidet als bei jenem berühmten Mittagessen. Und sein mahagonibraunes Gesicht war ebenso ausdruckslos wie damals. Er watschelte auf Michael zu und umarmte ihn. Dann schüttelte er Peter Clemenza die Hand. Zuletzt wandte er sich um und starrte Inspektor Velardi schweigend ins Gesicht. Eine große Gewalt ging von dieser massigen Gestalt aus. Gesicht und Augen sprachen von Macht. »Diese beiden Männer sind meine Freunde«, erklärte er. »Aus welchem Grund behandeln Sie sie so respektlos?« Es lag kein Ärger in seiner Stimme, nicht die geringste Emotion. Der Satz schien nichts weiter zu sein als eine Frage, die eine aus Fakten bestehende Antwort verlangte. Aber es war auch eine Stimme, deren Ton darauf hinwies, daß es keine Fakten geben könne, die diese Verhaftung rechtfertigten.

Inspektor Velardi zuckte die Achseln. »Sie werden dem Richter vorgeführt, und der wird über die Sache entscheiden.«

Don Croce setzte sich in einen der Sessel neben Inspektor Velardis Schreibtisch. Er wischte sich die Stirn. Dann sagte er in ruhigem Ton, der keinerlei Drohung erkennen ließ: »Aus Respekt vor unserer Freundschaft – rufen Sie Minister Trezza an und fragen Sie ihn nach seiner Meinung in dieser Angelegenheit. Sie würden mir einen Gefallen tun.«

Inspektor Velardi schüttelte den Kopf. Seine blauen Augen blickten nicht mehr eiskalt, sondern loderten vor Haß. »Wir beide waren niemals Freunde!« entgegnete er. »Ich habe einen Befehl befolgt, der jetzt, da Giuliano tot ist, für mich nicht mehr bindend ist. Diese beiden Männer kommen vor den Richter. Und wenn es in meiner Macht läge, wären Sie hier der dritte im Bunde.«

In diesem Augenblick klingelte das Telefon auf Velardis Schreibtisch. Er ignorierte es und wartete auf Don Croces Antwort. Der Don sagte: »Gehen Sie ans Telefon; das wird Minister Trezza sein.«

Langsam, ohne den Blick von Don Croce zu wenden, griff der Inspektor nach dem Hörer. Er hörte einige Minuten zu, dann sagte er: »Jawohl, Exzellenz«, und legte auf. Er sank in seinem Sessel zusammen. »Sie sind frei, Sie können gehen«, sagte er zu Michael und Peter Clemenza.

Don Croce erhob sich und scheuchte Michael und Clemenza zur Tür hinaus, als seien sie in einem Garten gefangene Hühner. Dann wandte er sich an Inspektor Velardi. »Obwohl Sie ein Fremder in meinem Sizilien sind, habe ich Sie in diesem vergangenen Jahr mit größter Höflichkeit behandelt. Trotzdem haben Sie sich mir gegenüber hier, vor Freunden und vor Ihren Kollegen, höchst respektlos verhalten. Aber ich bin kein nachtragender Mensch. Ich hoffe, daß wir in nächster Zukunft einmal zusammen essen und unsere Freundschaft mit einer klaren Übereinkunft erneuern werden.«

Fünf Tage später wurde Inspektor Frederico Velardi am hellichten Tag mitten in Palermo erschossen.

Zwei Tage später war Michael zu Hause. Es gab ein großes Familienfest: Sein Bruder Fredo kam aus Las Vegas, Connie war da mit ihrem Ehemann Carlo, Clemenza mit seiner Frau, Tom Hagen mit seiner Frau. Sie umarmten Michael, tranken ihm zu und sagten bewundernd, wie gut er aussehe. Niemand sprach von den Jahren des Exils, niemand schien zu bemerken, daß die eine Seite seines Gesichts eingedrückt war, niemand erwähnte Sonnys Tod. Es war eine Willkommensfeier, als wäre Michael auf dem College gewesen oder von einem langen Urlaub zurückgekommen. Er saß zur Rechten seines Vaters, endlich in Sicherheit.

Am nächsten Morgen schlief er lange – die erste wirklich geruhsame Nacht seit seiner Flucht aus Amerika. Die Mutter hatte ihm ein Frühstück bereitet und küßte ihn, als er sich an den Tisch setzte – ein ungewohntes Zeichen der Zuneigung bei ihr. Nur einmal hatte sie das bisher getan: als er aus dem Krieg heimgekehrt war. Er wußte noch genau, wie sie ihn damals, als sie ihm das Frühstück servierte, zum erstenmal geküßt hatte.

Als er fertig gegessen hatte, ging er in die Bibliothek, wo ihn sein Vater erwartete. Erstaunt sah er, daß nicht auch Tom Hagen anwesend war, und ihm wurde klar, daß der Vater ohne Zeugen mit ihm sprechen wollte.

Feierlich schenkte Don Corleone zwei Gläser Anisette ein und reichte eins davon dem Sohn. »Auf unsere Partnerschaft«, sagte der Don.

Auch Michael erhob das Glas. »Danke«, antwortete er. »Ich habe noch viel zu lernen.«

»Allerdings«, pflichtete der Don ihm bei. »Aber wir haben genügend Zeit, und ich bin ja da, um dich in die Lehre zu nehmen.«

»Meinst du nicht, wir sollten zunächst einmal die Giuliano-Sache besprechen?«

Don Corleone setzte sich schwerfällig hin und wischte sich den Likör vom Mund. »Ja«, sagte er. »Ein trauriger Fall. Ich hatte gehofft, er werde entkommen. Seine Eltern waren mir gute Freunde.«

»Ich habe nie ganz verstanden, was zum Teufel da eigentlich los war, ich konnte die Seiten nie richtig auseinanderhalten. Du hast mir geraten, Don Croce zu vertrauen, Giuliano aber haßte ihn. Ich dachte, das Testament, das in deinem Besitz ist, würde sie hindern, Giuliano zu töten, aber sie haben ihn trotzdem getötet. Und wenn wir das Testament jetzt an die Presse geben, dann haben sie sich mit der Sache eigenhändig die Kehle durchgeschnitten.«

Der Don musterte ihn kühl. »Das ist Sizilien«, sagte er. »Dort steckt in einem Verrat stets noch ein Verrat.«

»Don Croce und die Regierung müssen einen Handel mit Pisciotta geschlossen haben«, meinte Michael.

»Zweifellos«, bestätigte der Don.

Michael war noch immer verwirrt. »Warum haben sie das getan? Wir haben das Testament, das beweist, daß die Regierung mit Giuliano zusammengearbeitet hat. Wenn die Presse veröffentlicht, was wir ihr geben, wird die italienische Regierung stürzen. Das ergibt doch alles keinen Sinn!«

Der Don lächelte ein wenig. »Das Testament wird nicht veröffentlicht werden. Wir werden es nicht der Presse geben.«

Es dauerte eine ganze Minute, bis Michael begriff, was Don Corleone gesagt hatte und was es bedeutete. Dann wurde er zum erstenmal in seinem Leben wirklich böse auf seinen Vater. Mit schneeweißem Gesicht fragte er ihn: »Soll das heißen, daß wir die ganze Zeit mit Don Croce zusammengearbeitet haben? Soll das heißen, daß ich Giuliano verraten habe, statt ihm zu helfen? Daß ich seine Eltern belogen habe? Daß du deine Freunde verraten und ihren Sohn in den Tod geführt hast? Daß du mich wie einen Dummkopf, einen Lockvogel benutzt hast? Mein Gott, Dad, Giuliano war ein guter Mann, ein echter Held der Armen Siziliens. Wir *müssen* das Testament veröffentlichen!«

Der Don ließ ihn aussprechen; dann erhob er sich aus

seinem Sessel und legte Michael beide Hände auf die Schultern. »Hör mich an«, bat er den Sohn. »Alles war vorbereitet für Giulianos Flucht. Ich habe mich nicht mit Don Croce gegen Giuliano verschworen. Die Maschine wartete, Clemenza und seine Männer hatten Anweisung, dir in jeder Hinsicht zu helfen. Don Croce wollte, daß Giuliano floh, es war für ihn der einfachste Ausweg. Aber Giuliano hatte ihm Rache geschworen und zögerte die Abreise hinaus, weil er hoffte, die *vendetta* ausführen zu können. Er hätte innerhalb weniger Tage zu dir kommen können, aber er wartete, um einen letzten Versuch zu machen. Das war sein Untergang.«

Michael wandte sich vom Vater ab und setzte sich in einen Ledersessel. »Es gibt doch einen Grund dafür, daß du das Testament nicht veröffentlichen willst«, sagte er. »Du hast einen Handel abgeschlossen.«

»Ja«, bestätigte Don Corleone. »Vergiß nicht, daß mir nach deiner Verletzung durch die Bombe klar wurde, daß ich und meine Freunde dich in Sizilien nicht länger wirksam schützen konnten. Du wärst weiteren Anschlägen ausgesetzt gewesen. Ich mußte jedoch absolut sicherstellen, daß du heil und gesund nach Hause kamst. Deswegen habe ich einen Handel mit Don Croce abgeschlossen. Er beschützte dich, und ich versprach ihm dafür, Giuliano zu überreden, das Testament nicht zu veröffentlichen, wenn er nach Amerika entkommen war.«

Entsetzt erinnerte sich Michael an die Nacht, in der er Pisciotta mitgeteilt hatte, das Testament sei in Sicherheit in Amerika. Damit hatte er Giulianos Schicksal besiegelt. Michael seufzte. »Wir schulden es seinen Eltern«, sagte er. »Und Justina. Geht es ihr gut?«

»Ja«, antwortete der Don. »Für sie wird gesorgt. Es wird ein paar Monate dauern, bis sie verarbeitet hat, was geschehen ist.« Er hielt einen Moment inne. »Sie ist ein sehr kluges Mädchen; sie wird sich hier sehr schnell einleben.«

»Wenn wir das Testament nicht veröffentlichen, hintergehen wir seine Eltern.«

»Nein«, widersprach Don Corleone. »Ich habe im Laufe der Jahre etwas gelernt hier in Amerika. Man muß vernünftig sein, man muß verhandeln. Was würden wir damit erreichen, wenn wir das Testament veröffentlichen? Die italienische Regierung würde vermutlich stürzen, vielleicht aber auch nicht. Minister Trezza würde arbeitslos, aber glaubst du wirklich, er würde bestraft werden?«

»Er ist der Vertreter einer Regierung, die sich zum Mord am eigenen Volk verschworen hat«, gab Michael zornig zurück.

Don Corleone zuckte die Achseln. »Na und? Aber laß mich ausreden. Würde die Veröffentlichung des Testaments Giulianos Eltern oder seinen Freunden helfen? Die Regierung würde sie verfolgen, sie ins Gefängnis stecken, sie auf vielfältige Art drangsalieren. Und weit schlimmer: Don Croce würde sie auf seine schwarze Liste setzen. Laß den alten Leuten ihren Frieden. Ich werde einen Handel mit der Regierung und mit Don Croce schließen, damit sie geschützt sind. Und so wird sich die Tatsache, daß ich im Besitz des Testaments bin, doch noch als recht nützlich erweisen.«

»Und auch für uns, sollten wir es eines Tages in Sizilien brauchen«, ergänzte Michael ironisch.

»Daran kann ich nichts ändern«, gab der Vater mit einem winzigen Lächeln zurück.

Nach langem Schweigen sagte Michael leise: »Ich weiß nicht, ich finde es nicht ehrenhaft, Giuliano war ein echter Held, er ist schon jetzt eine Legende. Wir sollten sein Andenken schützen und dafür sorgen, daß es nicht durch eine Niederlage entehrt wird.«

Zum erstenmal ließ sich der Don Unmut anmerken. Er schenkte sich noch einen Anisette ein und trank. Dann zeigte er mit dem Finger auf seinen Sohn. »Du wolltest lernen«, sagte er. »Also hör zu. Die erste Pflicht eines Mannes ist es, am Leben zu bleiben. Danach kommt das, was wir alle als Ehre bezeichnen. Diese Unehrenhaftigkeit, wie du es nennst, werde ich gern auf mich nehmen. Ich habe sie begangen, um dein Leben zu retten, wie du einst eine Unehrenhaftigkeit auf dich genommen hast, um das meine zu retten. Ohne Don Croces Schutz hättest du Sizilien niemals lebend verlassen. Sei's drum. Würdest du gern ein Held sein wie Giuliano, eine Legende? Und tot? Ich liebe ihn als Sohn meiner teuren Freunde, aber ich neide ihm seinen Ruhm nicht. Du lebst, er ist tot. Vergiß das nie, und lebe dein Leben nicht, um ein Held zu sein, sondern um am Leben zu bleiben. Mit der Zeit wirken Helden ein wenig töricht.«

Michael seufzte. »Giuliano hatte keine Wahl.«

»Da sind wir besser dran«, sagte der Don.

Dies war die erste Lektion, die der Vater Michael erteilte, und jene, die er am gründlichsten lernte. Sie sollte sein zukünftiges Leben beeinflussen, ihn dazu bestimmen, schreckliche Entscheidungen zu treffen, an die er zuvor nicht einmal im Traum gedacht hätte. Sie veränderte seine Auffassung von Ehre und seine Ehrfurcht vor dem Heldentum. Sie half ihm überleben, aber sie machte ihn unglücklich. Wenn auch der Vater Giuliano nicht beneidete – Michael selbst beneidete ihn.

Dreißigstes Kapitel

Giulianos Tod brach den Kampfgeist des sizilianischen Volkes. Er war ihr Held gewesen, ihr Schutz und Schirm vor den Reichen, dem Adel, den Freunden der Freunde, der christlich-demokratischen Regierung in Rom. Als es keinen Giuliano mehr gab, drehte Don Croce Malo die Insel Sizilien durch die Olivenpresse und quetschte aus Reichen und Armen gleichermaßen ein ungeheures Vermögen heraus. Als die Regierung Talsperren bauen wollte, um die Versorgung mit billigem Wasser sicherzustellen, ließ Don Croce wichtige Baugeräte sprengen. Bald kontrollierte er sämtliche Wasserquellen Siziliens; Talsperren, die das Volk mit billigem Wasser versorgt hätten, lagen nicht in seinem Interesse. Während des Baubooms nach dem Krieg konnte Don Croce dank seiner Insider-Informationen und seines unwiderstehlichen Verhandlungsstils die besten Bauplätze zu billigen Preisen erwerben und sie teuer wieder verkaufen. Er nahm sämtliche Geschäftszweige Siziliens unter seinen persönlichen Schutz. Nicht eine Artischocke konnte man auf Palermos Märkten verkaufen, ohne Don Croce ein paar Centesimi zu bezahlen; die Reichen konnten ihren Ehefrauen keinen Schmuck, ihren Söhnen kein Rennpferd kaufen, ohne Don Croce eine Versicherungssumme zukommen zu lassen. Und mit fester Hand vereitelte er all die törichten Hoffnungen der Bauern, die aufgrund unsinniger, vom italienischen Parlament erlassener Gesetze unbearbeitetes Land aus dem Besitz des Fürsten Ollorto beanspruchen wollten. In der

Zwickmühle zwischen Don Croce, dem Adel und der Regierung in Rom gab das sizilianische Volk die Hoffnung auf.

In den zwei Jahren nach Giulianos Tod gingen fünfhunderttausend Sizilianer, die meisten von ihnen junge Männer, in die Emigration. Sie gingen nach England, um Gärtner zu werden, Eisdielen zu eröffnen oder um als Kellner in Restaurants zu arbeiten. Sie gingen nach Deutschland, um körperliche Schwerarbeit zu leisten, in die Schweiz, um das Land sauberzuhalten und Kuckucksuhren zu bauen. Sie gingen nach Frankreich als Küchenhelfer. Sie gingen nach Brasilien, um Lichtungen in den Urwald zu schlagen. Einige gingen in die kalten Winter Skandinaviens. Und dann gab es natürlich die wenigen Glücklichen, die von Clemenza rekrutiert wurden, um der Familie Corleone in den Vereinigten Staaten zu dienen. Diese galten als die Glücklichsten von allen. So wurde Sizilien ein Land voll alter Männer, kleiner Kinder und Frauen, die von der ökonomischen *vendetta* zu Witwen gemacht worden waren. Die Dörfer lieferten den großen Gütern keine Landarbeiter mehr, und so mußten auch die Reichen leiden. Einzig Don Croce ging es gut.

Gaspare »Aspanu« Pisciotta war wegen seiner Verbrechen als Bandit unter Anklage gestellt und zu einer lebenslänglichen Strafe im Ucciardone-Gefängnis verurteilt worden. Es galt jedoch als sicher, daß man ihn begnadigen würde. Seine einzige Sorge war, daß er im Gefängnis ermordet werden könnte, denn als Mörder Turi Giulianos war er ein Gezeichneter. Aber die Begnadigung kam nicht. Pisciotta ließ Don Croce ausrichten, er werde sämtliche Kontakte der Bande mit Trezza offenlegen und schildern, wie der neue Ministerpräsident zusammen mit Don Croce den Mord an seinen eigenen Landsleuten an der Portella della Ginestra geplant habe.

Am Tag nach Minister Trezzas Aufstieg zum Ministerpräsidenten von Italien erwachte Aspanu Pisciotta um acht

Uhr morgens. Er hatte eine große Zelle, angefüllt mit Grünpflanzen und großen Rahmen für Stickarbeiten, die er im Lauf seiner Haftzeit begonnen hatte. Er dachte jetzt oft an seine Kindheit mit Turi Giuliano und daran, wie sehr sie einander geliebt hatten.

Pisciotta kochte sich seinen Frühstückskaffee. Da er fürchtete, vergiftet zu werden, mußte ihm alles, was sich in der Tasse Kaffee befand, von seiner Familie gebracht werden. Vom Gefängnisessen verfütterte er zunächst winzige Portionen an den Papagei, den er in einem Käfig hielt. Und für den Notfall stand auf einem Regal, neben den Sticknadeln und Stoffstapeln, ein großer Krug Olivenöl: Er hoffte, daß es, wenn er es im Ernstfall schnell trank, die Wirkung des Giftes neutralisieren oder bewirken würde, daß er sich erbrach. Andere Anschläge fürchtete er nicht – dazu war er viel zu gut bewacht. Nur ausgewählte Besucher wurden an seine Zellentür geführt; er selbst durfte den Raum niemals verlassen. Geduldig wartete er, bis der Papagei den Bissen gefressen hatte; dann machte er sich mit gutem Appetit über sein Frühstück her.

Hector Adonis verließ seine Wohnung in Palermo und fuhr mit der Straßenbahn zum Ucciardone-Gefängnis. Die Februarsonne schien schon heiß, obwohl es noch früher Morgen war. Er bereute es, einen schwarzen Anzug mit Krawatte gewählt zu haben. Aber er hatte das Gefühl gehabt, sich für eine solche Gelegenheit feierlich anziehen zu müssen. Er berührte ein Blatt Papier, das in der Brusttasche seines Jacketts ganz tief nach unten geschoben war. Ein äußerst wichtiges Blatt Papier.

Als er durch die Straßen der Großstadt fuhr, fuhr Giuliano im Geiste mit. Er dachte an jenen Vormittag, als er mitansah, wie eine Straßenbahn voll Carabinieri in die Luft flog – eine von Giulianos Vergeltungsaktionen dafür, daß seine Eltern in eben dieses Gefängnis gesteckt worden waren. Und wieder fragte er sich, wie dieser sanfte Junge, den er mit den Klassikern vertraut gemacht hatte, eine so furchtbare Tat hatte begehen können. Auch jetzt, da die Wände der Häuser, an denen er vorbeifuhr, leer waren, sah er in Gedanken noch immer die grellrote Farbe, mit der so oft LANG LEBE GIULIANO auf sie gepinselt worden war. Nun, sein Patensohn hatte nicht lange gelebt. Das Schlimmste war für Hector Andonis jedoch die Tatsache, daß Giuliano von seinem lebenslangen Jugendfreund ermordet worden war. Deswegen hatte er sich gefreut, die Anweisung zu erhalten, das Schriftstück in seiner Brusttasche abzuliefern. Es war ihm von Don Croce mit eindeutigen Instruktionen zugesandt worden.

Die Bahn hielt vor dem langgestreckten Backsteingebäude des Ucciardone-Gefängnisses. Eine von Stacheldraht gekrönte Steinmauer trennte es von der Straße. Das Tor war mit Wachtposten besetzt, und um die Mauer patrouillierten schwer bewaffnete Polizisten. Hector Adonis, der alle notwendigen Papiere bereithielt, wurde eingelassen und von einem der Wachtposten zur Apotheke der Krankenstation geführt. Dort empfing ihn der Apotheker, ein Mann namens Cuto. Unter seinem schneeweißen Kittel trug er einen dunklen Anzug mit Krawatte. Auch er hatte sich also der Gelegenheit entsprechend gekleidet. Freundlich begrüßte er Hector Adonis und bat ihn, Platz zu nehmen.

»Nimmt Aspanu regelmäßig seine Medikamente?« erkundigte sich Hector Adonis. Pisciotta mußte noch immer Streptomycin gegen seine Tuberkulose einnehmen.

»O ja!« versicherte Cuto sofort. »Er ist sehr vorsichtig mit seiner Gesundheit. Sogar mit dem Rauchen hat er aufgehört. Es ist wirklich seltsam mit unseren Häftlingen. Solange sie frei sind, treiben sie Schindluder mit ihrer Gesundheit

– sie rauchen und trinken im Übermaß, sie lieben bis zur totalen Erschöpfung. Sie schlafen nicht genug und bewegen sich zu wenig. Aber wenn sie dann den Rest ihres Lebens im Gefängnis verbringen müssen, machen sie Liegestütze, verschmähen den Tabak, achten auf ihr Gewicht und leben in jeder Hinsicht mäßig.«

»Vielleicht weil sie dann weniger Möglichkeiten haben«, meinte Hector Adonis.

»O nein, nein, nein!« gab Cuto zurück. »Im Ucciardone bekommt man alles, was man will. Die Wärter sind arm, die Häftlinge reich; da ist es verständlich, daß Geldscheine den Besitzer wechseln. Hier kann man jedem Laster frönen.«

Adonis sah sich in der Apotheke um. Es gab Regale voller Medikamente und große Eichenschränke mit Bandagen und medizinischen Instrumenten, denn die Apotheke diente gleichzeitig als ärztlicher Notdienstraum für die Häftlinge. In einem Alkoven standen sogar zwei sauber bezogene Betten.

»Ist es schwierig für Sie, ihm das Medikament zu besorgen?« erkundigte sich Adonis.

»Nein, wir haben eine Sonderlizenz«, erklärte Cuto. »Heute morgen habe ich ihm die neue Flasche gebracht – mit allen Spezialsiegeln der Amerikaner für den Export. Ein sehr kostspieliges Medikament. Ich wundere mich, daß die Behörden sich so große Mühe geben, ihn am Leben zu erhalten.«

Die beiden Männer lächelten einander zu.

In seiner Zelle griff Aspanu Pisciotta nach der Flasche Streptomycin und öffnete die vielen Siegel. Er maß seine Dosis ab und schluckte sie. Die eine Sekunde lang, die er noch denken konnte, wunderte er sich über den bitteren Geschmack, dann krümmte sein Körper sich im Bogen nach hinten, und er fiel zu Boden. Er stieß einen Schrei aus, der den Wärter zu seiner Zellentür in Trab setzte. Gegen den wahnsinnigen Schmerz ankämpfend, der seinen Körper zerriß, mühte Pisciotta sich auf die Füße. Seine Kehle brannte furchtbar, er versuchte den Krug mit dem Olivenöl zu erreichen. Wieder verkrampfte sich sein Körper zum Bogen, und er schrie dem Wärter zu: »Man hat mich vergiftet! Hilfe! Hilfe!« Bevor er abermals zu Boden stürzte, erfüllte ihn eine unendliche Wut. Nun hatte Don Croce ihn doch noch überlistet.

Die Wärter, die Pisciotta trugen, hasteten mit dem Ruf in die Apotheke, der Häftling sei vergiftet worden. Cuto befahl ihnen, Pisciotta auf eines der Betten im Alkoven zu legen, und untersuchte ihn. Dann mixte er schnell ein Emetikum und flößte es Pisciotta ein. Die Wärter hatten den Eindruck, er tue alles zu Pisciottas Rettung. Einzig Hector Adonis wußte, daß das Brechmittel nur eine schwache Lösung war, die dem Sterbenden nicht helfen würde. Adonis trat ans Krankenbett, holte das Blatt Papier aus seiner Brusttasche und verbarg es in der hohlen Hand. Unter dem Vorwand, dem Apotheker zu helfen, schob er den Zettel in Pisciottas Hemd. Dabei betrachtete er das hübsche Gesicht des jungen Mannes. Es schien vor Kummer verzerrt zu sein, aber Adonis wußte, daß die Grimasse von den Krämpfen und den gräßlichen Schmerzen ausgelöst worden war. In der Agonie hatte Aspanu einen Teil seines Bärtchens abgenagt. Hector Adonis sprach ein Gebet für seine Seele. Er empfand tiefe Traurigkeit. Er dachte an damals, als dieser Mann mit seinem Patensohn Arm in Arm über die Hügel Siziliens gewandert war und die große Dichtung von Roland und Karl dem Großen rezitiert hatte.

Erst sechs Stunden später wurde das Blatt Papier an dem Leichnam gefunden – immer noch früh genug allerdings, um in den Bericht über Pisciottas Tod aufgenommen und in ganz Sizilien veröffentlicht zu werden. Der Text auf dem Zettel, den Hector Adonis in Aspanus Hemd geschoben hatte, lautete: SO STERBEN ALLE, DIE GIULIANO VERRATEN!

Einunddreißigstes Kapitel

Wenn man in Sizilien auch nur ein bißchen Geld hat, bettet man seine Lieben nicht in die Erde. Das wäre eine zu endgültige Niederlage, und die Erde Siziliens ist schon für allzu viele Würdelosigkeiten verantwortlich. Daher bestehen die Friedhöfe aus vielen kleinen Stein- und Marmor-Mausoleen – winzigen Häuschen, *congregazioni* genannt. Ihr Zugang ist von Gittertüren versperrt. Innen befinden sich Nischen, in die die Särge gestellt und die dann zuzementiert werden. Die leeren Nischen sind für die übrigen Familienmitglieder reserviert.

Hector Adonis wählte einen schönen Sonntag kurz nach Pisciottas Tod, um dem Friedhof von Montelepre einen Besuch abzustatten. Dort wollte er sich mit Don Croce treffen, um an Turi Giulianos Grab zu beten. Und da sie Geschäftliches zu besprechen hatten – wo gab es einen besseren Ort für einen Gedankenaustausch ohne Eitelkeit, für die Vergebung vergangener Kränkungen, für Diskretion?

Und wo gab es einen besseren Ort, um einem Kollegen zu einem gut ausgeführten Auftrag zu gratulieren? Es war Don Croces Pflicht gewesen, Pisciotta, den viel zu Redseligen mit seinem viel zu guten Gedächtnis, zu eliminieren. Und für die möglichst geschickte, unauffällige Ausführung dieses Auftrags hatte er Hector Adonis erwählt. Der Zettel, der bei dem Leichnam gefunden worden war, gehörte zu den feinsinnigsten Gesten des Don. Für Adonis war sie eine Genugtuung, da durch sie einem politischen Mord das Mäntelchen romantischer Gerechtigkeit umgehängt wurde. Vor dem Friedhofstor sah Hector Adonis zu, wie Chauffeur und Leibwächter Don Croce aus seinem Wagen hoben. Der Bauchumfang des Don hatte sich im vergangenen Jahr enorm vergrößert. Sein Körper schien mit der immensen Macht zu wachsen, die er anhäufte.

Gemeinsam durchschritten die beiden Männer das Tor. Adonis blickte zum Bogen des Durchgangs empor, wo schmiedeeiserne Buchstaben eine Botschaft für allzu selbstzufriedene Trauernde formten: WIR WAREN WIE DU – UND DU WIRST SEIN WIE WIR.

Adonis lächelte über diese provokante Ironie. Giuliano wäre zu einer solchen Grausamkeit nicht fähig, Pisciotta hingegen würde genau diese Worte aus seiner Grabstätte heraufschreien. Inzwischen empfand Hector Adonis nicht mehr den bitteren Haß auf Pisciotta, der ihn nach Giulianos Tod gequält hatte. Er hatte Rache genommen. Jetzt dachte er an die beiden, wie sie als Kinder zusammen gespielt hatten, wie sie gemeinsam Banditen geworden waren.

Don Croce und Hector Adonis gingen hinein in dieses Totendorf aus Marmorhäuschen. Der Don wurde von seinen Leibwächtern gestützt; sein Chauffeur schleppte ein riesiges Blumengebinde, das er am Tor des *congregazione* niederlegte, in dem Giulianos Leichnam ruhte. Symbolisch ordnete Don Croce die Blumen und warf einen Blick auf das kleine Foto Giulianos, das an der steinernen Tür befestigt worden war, wobei die Leibwächter ihn fürsorglich festhielten, damit er nicht vornüber kippte.

Don Croce richtete sich wieder auf. »Er war ein tapferer Junge«, sagte der Don. »Wir haben Turi Giuliano alle geliebt. Doch wie hätten wir mit ihm leben können? Er wollte die Welt verändern, sie auf den Kopf stellen. Er liebte seine Mitmenschen, doch wer hat mehr von ihnen ermordet? Er glaubte an Gott und entführte einen Kardinal!«

Hector Adonis betrachtete das Foto. Man hatte es, als Giuliano erst siebzehn und ein ausgesprochen schöner junger Mann war, am Mittelmeer aufgenommen. In seinem Gesicht lag eine Süße, die ihn unwiderstehlich liebenswert machte; nie hätte man sich vorstellen können, daß er tausend Morde befehlen, tausend Seelen zur Hölle schicken würde.

Ach, Sizilien, Sizilien, dachte er, du vernichtest deine Besten und verwandelst sie zu Staub. Kinder, schöner als Engel, entspringen deiner Erde und verwandeln sich in Dämonen. Das Böse gedeiht auf diesem Boden wie der Bambus und der Feigenkaktus. Aber warum war Don Croce hier und legte Blumen auf Giulianos Grab?

»Ah«, sagte der Don, »wenn ich einen Sohn wie Turi hätte! Welch ein Imperium könnte ich ihm hinterlassen! Und wer weiß, welch großen Ruhm er erlangen würde!«

Hector Adonis lächelte. Kein Zweifel, Don Croce war ein großer Mann, aber er hatte keine Ahnung von Geschichte. Don Croce hatte tausend Söhne, die seine Herrschaft fortführen, seinen Listenreichtum erben, Sizilien plündern, Rom korrumpieren konnten. Und er, Hector Adonis, Professor der Geschichte und der Literatur an der Universität Palermo, gehörte zu ihnen.

Hector Adonis und Don Croce wandten sich zum Gehen. Eine lange Reihe von Karren wartete vor dem Friedhof. Jeder Zentimeter an ihnen war in leuchtend bunten Farben mit den Legenden von Turi Giuliano und Aspanu Pisciotta bemalt: dem Raub an der Herzogin, dem großen Abschlachten der Mafia-Chefs, dem Mord an Turi durch Aspanu. Hector Adonis hatte das Gefühl, die Zukunft zu kennen. Don Croce würde trotz seiner Größe vergessen werden, nur Turi Giuliano würde es sein, der weiterlebte. Immer weiter würde die Legende von Giuliano wachsen, bis manche glaubten, er sei nie gestorben, sondern streife noch immer in den Cammarata-Bergen umher und werde eines Tages wiederkommen, um Sizilien aus dem Elend zu erlösen. In Tausenden von Dörfern aus Stein und Lehm würden bisher noch ungeborene Kinder für Giulianos Seele und Auferstehung beten.

Und Aspanu Pisciotta mit seinem scharfen Verstand – wer konnte sagen, er habe nicht zugehört, als Hector Adonis die Legenden von Karl dem Großen, Roland und Olivier erzählte, und darum einen anderen Weg gewählt? Wäre er treu geblieben, wäre Pisciotta vergessen worden, und Giuliano hätte die Legende allein beherrscht. Das größte Verbrechen, das Aspanu in seinem Leben begangen hatte, bewirkte, daß er nunmehr auf ewig unmittelbar neben seinem geliebten Turi stehen würde.

Auch Pisciotta würde auf diesem Friedhof beigesetzt werden. Beide würden sie ewig auf ihre geliebten Berge blicken, auf jene Berge, die das Skelett von Hannibals Elefant bargen, die einstmals widergehallt hatten vom gewaltigen Klang aus Rolands Horn, als er im Kampf gegen die Sarazenen fiel. Turi Giuliano und Aspanu Pisciotta waren jung gestorben, aber sie würden weiterleben – wenn auch nicht ewig, so doch bestimmt länger als Don Croce oder er selbst, Professor Hector Adonis.

Die beiden Männer, der eine so gewaltig groß, der andere so winzig klein, verließen den Friedhof Seite an Seite. Terrassierte Gärten streiften die Flanken der umgebenden Berge mit grünen Bändern, weiße Felsen leuchteten und ein winziger sizilianischer Falke schwebte unter der blendenden Sonne durch die Luft.